JN108343

令和6年版教科書対応

板書で見る 全単元の授業のすべて 国語 小学校3年 上

中村和弘 監修
茅野政徳・櫛谷孝徳 編著

東洋館出版社

まえがき

令和２年に全面実施となった小学校の学習指導要領では、これからの時代に求められる資質・能力や教育内容が示されました。

この改訂を受け、これからの国語科では、

・言語活動を通して「言葉による見方・考え方」を働かせながら学習に取り組むことができるようにする。

・単元の目標／評価を、〔知識及び技能〕と〔思考力、判断力、表現力等〕のそれぞれの指導事項を結び付けて設定し、それらの資質・能力が確実に身に付くよう学習過程を工夫する。

・「主体的・対話的で深い学び」の視点から、単元の構成や教材の扱い、言語活動の設定などを工夫する授業改善を行う。

などのことが求められています。

一方で、こうした授業が全国の教室で実現するには、いくつかの難しさを抱えているように思います。例えば、言語活動が重視されるあまり、「国語科の授業で肝心なのは、言葉や言葉の使い方などを学ぶことである」という共通認識が薄れているように感じています。

あるいは、活動には取り組めているけれども、「今日の学習で、どのような言葉の力が付いたのか」が、子供たちだけでなく教師においても、ややもすると自覚的でない授業を見ることもあります。

国語科の授業を通して「どんな力が付けばよいのか」「何を教えればよいのか」という肝心な部分で、困っている先生方が多いのではないかと思います。

＊　＊

さて、『板書で見る全単元の授業のすべて 小学校国語』（本シリーズ）は、平成29年の学習指導要領の改訂を受け、令和２年の全面実施に合わせて初版が刊行されました。このたび、令和６年版の教科書改訂に合わせて、本シリーズも改訂することになりました。

GIGA スクール構想に加え、新型コロナウイルス感染症の猛威などにより、教室での ICT 活用が急速に進み、この４年間で授業の在り方、学び方も大きく変わりました。改訂に当たっては、単元配列や教材の入れ替えなど新教科書に対応するだけでなく、ICT の効果的な活用方法や、個別最適な学びと協働的な学びを充実させるための手立てなど、今求められる授業づくりを発問と子供の反応例、板書案などを通して具体的に提案しています。

＊　＊

日々教室で子供たちと向き合う先生に、「この単元はこんなふうに授業を進めていけばよいのか」「国語の授業はこんなところがポイントなのか」と、国語科の授業づくりの楽しさを感じながらご活用いただければ幸いです。

令和６年４月

中村　和弘

本書活用のポイント―単元構想ページ―

本書は、各学年の全単元について、単元全体の構想と各時間の板書のイメージを中心とした本時案を紹介しています。各単元の冒頭にある単元構想ページの活用のポイントは次のとおりです。

教材名と指導事項、関連する言語活動例

本書の編集に当たっては、令和6年発行の光村図書出版の国語教科書を参考にしています。まずは、各単元で扱う教材とその時数、さらにその下段に示した学習指導要領に即した指導事項や関連する言語活動例を確かめましょう。

単元の目標

単元の目標を示しています。各単元で身に付けさせたい資質・能力の全体像を押さえておきましょう。

評価規準

ここでは、指導要録などの記録に残すための評価を取り上げています。本書では、記録に残すための評価は❶❷のように色付きの丸数字で統一して示しています。本時案の評価で色付きの丸数字が登場したときには、本ページの評価規準と併せて確認することで、より単元全体を意識した授業づくりができるようになります。

同じ読み方の漢字　（2時間扱い）

単元の目標

知識及び技能	・第5学年までに配当されている漢字を読むことができる。第4学年までに配当されている漢字を書き、文や文章の中で使うとともに、第5学年に配当されている漢字を漸次書き、文や文章の中で使うことができる。((1)エ)
学びに向かう力、人間性等	・言葉がもつよさを認識するとともに、進んで読書をし、国語の大切さを自覚して思いや考えを伝え合おうとする。

評価規準

知識・技能	❶第5学年までに配当されている漢字を読んでいる。第4学年までに配当されている漢字を書き、文や文章の中で使うとともに、第5学年に配当されている漢字を漸次書き、文や文章の中で使っている。((知識及び技能)(1)エ)
主体的に学習に取り組む態度	❷同じ読み方の漢字の使い分けに関心をもち、同訓異字や同音異義語について進んで調べたり使ったりして、学習課題に沿って、それらを理解しようとしている。

単元の流れ

時	主な学習活動	評価
1	学習の見通しをもつ 同訓異字を扱ったメールのやり取りを見て、気付いたことを発表する。 同訓異字と同音異義語について調べるという見通しをもち、学習課題を設定する。 同じ読み方の漢字について調べ、使い分けられるようになろう。 教科書の問題を解き、同訓異字や同音異義語を集める。 〈課外〉・同訓異字や同音異義語を集める。 ・集めた言葉を教室に掲示し、共有する。	❶
2	集めた同訓異字や同音異義語から調べる言葉を選び、意味や使い方を調べ、ワークシートにまとめる。 調べたことを生かして、例文やクイズを作って紹介し合い、同訓異字や同音異義語の意味や使い方について理解する。 学習を振り返る 学んだことを振り返り、今後に生かしていきたいことを発表する。	❷

授業づくりのポイント

〈単元で育てたい資質・能力〉

本単元のねらいは、同じ読み方の漢字の理解を深め、正しく使うことができるようにすることである。

同じ読み方の漢字
156

単元の流れ

単元の目標や評価規準を押さえた上で、授業をどのように展開していくのかの大枠をここで押さえます。各展開例は学習活動ごとに構成し、それぞれに対応する評価をその右側の欄に示しています。

ここでは、「評価規準」で挙げた記録に残すための評価のみを取り上げていますが、本時案では必ずしも記録には残さない、指導に生かす評価も示しています。本時案での詳細かつ具体的な評価の記述と併せて確認することで、指導と評価の一体化を意識することが大切です。

また、学習の見通しをもつ 学習を振り返るという見出しが含まれる単元があります。見通しをもたせる場面と振り返りを行う場面を示すことで、教師が子供の学びに向かう姿を見取ったり、子供自身が自己評価を行う機会を保障したりすることに活用できるようにしています。

そのためには、どのような同訓異字や同音異義語があるか、国語辞典や漢字辞典などを使って進んで集めたり意味を調べたりすることに加えて、実際に使われている場面を想像する力が必要となる。

選んだ言葉の意味や使い方を調べ、例文やクイズを作ることで、漢字の意味を捉えたり、場面に応じて使い分けたりする力を育む。

［具体例］
○教科書に取り上げられている「熱い」「暑い」「厚い」を国語辞典で調べると、その言葉の意味とともに、熟語や対義語、例文が掲載されている。それらを使って、どう説明したら意味が似通っているときでも正しく使い分けることができるかを考え、理解を深めることができる。

〈教材・題材の特徴〉

教科書で扱われている同訓異字や同音異義語は、子どもに身に付けさせたい漢字や言葉ばかりであるが、ともすれば練習問題的な扱いになりがちである。子ども一人一人に応じた配慮をしながら、主体的に考えて取り組める活動にすることが大切である。

本教材での学習を通して、同訓異字や同音異義語が多いという日本語の特色とともに、一文字で意味をもち、使い分けることができる漢字の豊かさに気付かせたい。そのことが、漢字に対する興味・関心や学習への意欲を高めることになる。

［具体例］
○導入では、同訓異字によってすれ違いが起こる事例を提示する。生活の中で起こりそうな場面を設定することで、これから学習することへの興味・関心を高めるとともに、その事例の内容から課題を見つけ、学習の見通しをもたせることができる。

〈言語活動の工夫〉

数多くある同訓異字や同音異義語を区別して正しく使えるようになることを目標に、集めた言葉を付箋紙またはホワイトボードアプリにまとめる。言葉を集める際は、「自分たちが使い分けられるようになりたい漢字」という視点で集めることで、主体的に学習に取り組めるようにする。

さらに、例文やクイズを作成する過程では、使い分けができるような内容になっているかどうか、友達と互いにアドバイスし合いながら対話的に学習を進められるようにする。自分が理解するだけでなく、友達に自分が調べたことを分かりやすく伝えたいという相手意識を大切にしたい。

〈ICT の効果的な活用〉

調査：言葉集めの際は、国語辞典や漢字辞典を用いたい。しかし、辞典の扱いが厳しい児童にはインターネットでの検索を用いてもよいこととし、意味や例文の確認のために辞典を活用するよう声を掛ける。

記録：集めた言葉をホワイトボードアプリに記録していくことで、どんな言葉が集まったのかをクラスで共有することができる。

共有：端末のプレゼンテーションソフトなどを用いて例文を作り、同訓異字や同音異義語の部分を空欄にしたり、選択問題にしたりすることで、もっとクイズを作りたい、友達と解き合いたいという意欲につなげたい。

157

授業づくりのポイント

ここでは、各単元の授業づくりのポイントを取り上げています。

全ての単元において〈単元で育てたい資質・能力〉を解説しています。単元で育てたい資質・能力を確実に身に付けさせるために、気を付けたいポイントや留意点に触れています。授業づくりに欠かせないポイントを押さえておきましょう。

他にも、単元や教材文の特性に合わせて〈教材・題材の特徴〉〈言語活動の工夫〉〈他教材や他教科との関連〉〈子供の作品やノート例〉〈並行読書リスト〉などの内容を適宜解説しています。これらの解説を参考にして、学級の実態に応じた工夫を図ることが大切です。各項目では解説に加え、具体例も挙げていますので、併せてご確認ください。

ICT の効果的な活用

1人1台端末の導入・活用状況を踏まえ、本単元における ICT 端末の効果的な活用について、「調査」「共有」「記録」「分類」「整理」「表現」などの機能ごとに解説しています。活用に当たっては、学年の発達段階や、学級の子供の実態に応じて取捨選択し、アレンジすることが大切です。

本ページ、また本時案ページを通して、具体的なソフト名は使用せず、原則、下記のとおり用語を統一しています。ただし、アプリ固有の機能などについて説明したい場合はアプリ名を記載することとしています。

〈ICT ソフト：統一用語〉
Safari、Chrome、Edge →ウェブブラウザ ／ Pages、ドキュメント、Word →文書作成ソフト
Numbers、スプレッドシート、Excel →表計算ソフト ／ Keynote、スライド、PowerPoint →プレゼンテーションソフト ／ クラスルーム、Google Classroom、Teams →学習支援ソフト

本書活用のポイント―本時案ページ―

単元の各時間の授業案は、板書のイメージを中心に、目標や評価、学習の進め方などを合わせて見開きで構成しています。各単元の本時案ページの活用のポイントは次のとおりです。

本時の目標

本時の目標を示しています。単元構想ページとは異なり、各時間の内容により即した目標を示していますので、「授業の流れ」などと併せてご確認ください。

本時の主な評価

ここでは、各時間における評価について2種類に分類して示しています。それぞれの意味は次のとおりです。

○❶❷などの色付き丸数字が付いている評価

指導要録などの記録に残すための評価を表しています。単元構想ページにある「単元の流れ」の表に示された評価と対応しています。各時間の内容に即した形で示していますので、具体的な評価のポイントを確認することができます。

○「・」の付いている評価

必ずしも記録に残さない、指導に生かす評価を表しています。以降の指導に反映するための教師の見取りとして大切な視点です。指導との関連性を高めるためにご活用ください。

本時案

同じ読み方の漢字

本時の目標

・同訓異字と同音異義語について知り、言葉や漢字への興味を高めることができる。

本時の主な評価

❶同訓異字や同音異義語を集めて、それぞれの意味を調べている。【知・技】

・漢字や言葉の読みと意味の関係に興味をもち、進んで調べたり考えたりしている。

資料等の準備

・メールのやりとりを表す掲示物
・国語辞典
・漢字辞典
・関連図書（『ことばの使い分け辞典』学研プラス、『同音異義語・同訓異字①②』童心社、『のびーる国語 使い分け漢字』KADOKAWA）

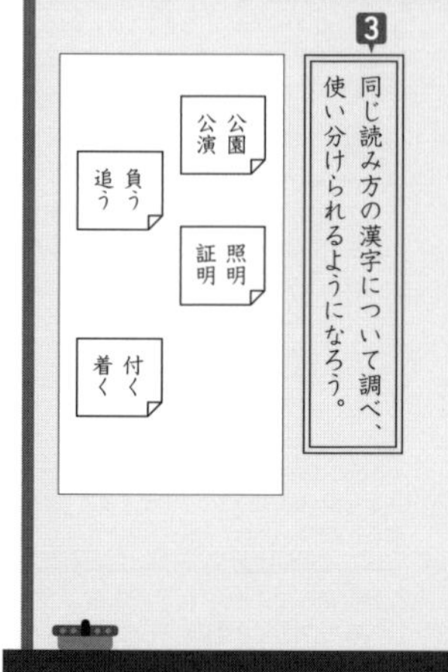

3
同じ読み方の漢字について調べ、使い分けられるようになろう。
公園
公演
負う
追う
照明
証明
付く
着く

授業の流れ ▷▷▷

1 同訓異字を扱ったやり取りを見て、気付いたことを発表する 〈10分〉

T 今から、あるやり取りを見せます。どんな学習をするのか、考えながら見てください。

○「移す」と「写す」を使ったやり取りを見せることで、同訓異字の存在に気付いてその特徴を知り、興味・関心を高められるようにする。

・「移す」と「写す」で意味の行き違いが生まれてしまいました。

・同じ読み方でも、意味が違う漢字の学習をするのだと思います。

・自分も、どの漢字を使えばよいのか迷った経験があります。

ICT 端末の活用ポイント

メールのやり取りは、掲示物ではなく、プレゼンテーションソフトで作成し、アニメーションで示すと、より生活経験に近づく。

2 学習のめあてを確認し、同訓異字と同音異義語について知る 〈10分〉

T 教科書 p.84の「あつい」について、合う言葉を線で結びましょう。

・「熱い」と「暑い」は意味が似ているから、間違えやすいな。

T このように、同じ訓の漢字や同じ音の熟語が日本語にはたくさんあります。それらの言葉を集めて、どんな使い方をするのか調べてみましょう。

○「同じ訓の漢字（同訓異字）」と「同じ音の熟語（同音異義語）」を押さえ、訓読みと音読みの違いを理解できるようにする。

同じ読み方の漢字
158

資料等の準備

ここでは、板書をつくる際に準備するとよいと思われる絵やカード等について、箇条書きで示しています。なお、⤓の付いている付録資料については、巻末にダウンロード方法を示しています。

ICT 端末の活用ポイント／ICT 等活用アイデア

必要に応じて、活動の流れの中での ICT 端末の活用の具体例や、本時における ICT 活用の効果などを解説しています。

学級の子供の実態に応じて取り入れ、それぞれの考えや意見を瞬時に共有したり、分類することで思考を整理したり、記録に残して見返すことで振り返りに活用したりなど、学びを深めるための手立てとして活用しましょう。

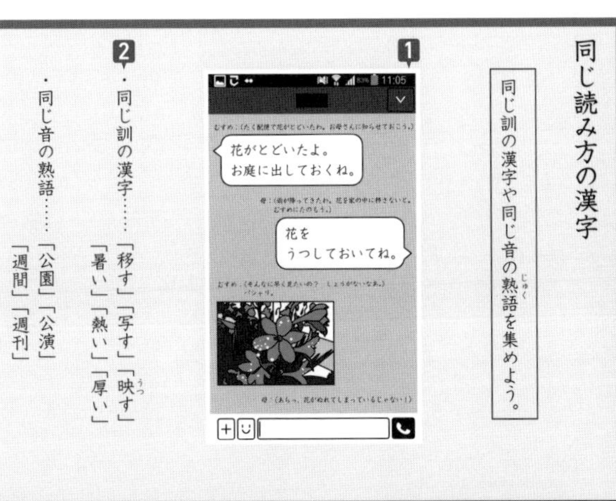

同じ読み方の漢字
同じ訓の漢字や同じ音の熟語を集めよう。
1
花がとどいたよ。
お庭に出しておくね。
花を
うつしておいてね。
2
・同じ訓の漢字……「移す」「写す」「映す」
「暑い」「熱い」「厚い」
・同じ音の熟語……「公園」「公演」
「週間」「週刊」

3 教科書の問題を解き、同訓異字や同音異義語を集める 〈25分〉

T 同じ訓の漢字や同じ音の熟語は、意味を考えて、どの漢字を使うのが適切かを考えなければなりません。教科書の問題を解いて、練習してみましょう。

○初めから辞典で調べるのではなく、まずは子ども自身で意味を考えさせたい。難しい子どもには、ヒントとなるような助言をする。

T これまで習った漢字の中から、自分たちが使い分けられるようになりたい同じ訓の漢字や、同じ音の熟語を集めてみましょう。

○漢字辞典や国語辞典だけでなく、関連図書を準備しておくとよい。

T 次時は、理解を深めたい字の使い分け方について調べて、友達に伝えましょう。

ICT 等活用アイデア

調査活動を広げる工夫

第1時と第2時の間の課外で、同訓異字・同音異義語を集める活動を行う。辞典だけでなく、経験やインタビュー、さらにインターネットなどを活用するとよい。

また、集めた言葉を「同じ訓の字」と「同じ音の熟語」に分けてホワイトボードアプリに記録していくことで、友達がどんな言葉を見つけたのか、どのくらい集まったのかをクラスで共有することができる。

第1時
159

本時の板書例

子供たちの学びを活性化させ、授業の成果を視覚的に確認するための板書例を示しています。学習活動に関する項立てだけでなく、子供の発言例なども示すことで、板書全体の構成をつかみやすくなっています。

板書に示されている1 2などの色付きの数字は、「授業の流れ」の各展開と対応しています。どのタイミングで何を提示していくのかを確認し、板書を効果的に活用することを心掛けましょう。

色付きの吹き出しは、板書をする際の留意点です。実際の板書では、テンポよくまとめる必要がある部分があったり、反対に子供の発言を丁寧に記していく必要がある部分があったりします。留意点を参考にすることで、メリハリをつけて板書を作ることができるようになります。

その他、色付きの文字で示された部分は実際の板書には反映されない部分です。黒板に貼る掲示物などが当たります。

これらの要素をしっかりと把握することで、授業展開と一体となった板書を作り上げることができます。

よりよい授業へのステップ

ここでは、本時の指導についてポイントを絞って解説しています。授業を行うに当たって、子供がつまずきやすいポイントやさらに深めたい内容について、各時間の内容に即して実践的に示しています。よりよい授業づくりのために必要な視点を押さえましょう。

授業の流れ

1時間の授業をどのように展開していくのかについて示しています。

各展開例について、主な学習活動とともに目安となる時間を示しています。導入に時間を割きすぎたり、主となる学習活動に時間を取れなかったりすることを避けるために、時間配分もしっかりと確認しておきましょう。

各展開は、T：教師の発問や指示等、・：予想される子供の反応例、○：留意点等の3つの内容で構成されています。この展開例を参考に、各学級の実態に合わせてアレンジを加え、より効果的な授業展開を図ることが大切です。

板書で見る全単元の授業のすべて
国語 小学校３年上 ―令和６年版教科書対応―
もくじ

1 第３学年における授業づくりのポイント

2 第３学年の授業展開

1

第 3 学年における
授業づくりのポイント

「主体的・対話的で深い学び」を目指す授業づくりのポイント

1 国語科における「主体的・対話的で深い学び」の実現

平成29年告示の学習指導要領では、国語科の内容は育成を目指す資質・能力の３つの柱の整理を踏まえ、〔知識及び技能〕と〔思考力、判断力、表現力等〕から編成されている。これらの資質・能力は、国語科の場合は言語活動を通して育成される。

つまり、子供の取り組む言語活動が充実したものであれば、その活動を通して、教師の意図した資質・能力は効果的に身に付くということになる。逆に、子供にとって言語活動がつまらなかったり気が乗らなかったりすると、資質・能力も身に付きにくいということになる。

ただ、どんなに言語活動が魅力的であったとしても、あるいは子供が熱中して取り組んだとしても、それらを通して肝心の国語科としての資質・能力が身に付かなければ、本末転倒ということになってしまう。

このように、国語科における学習活動すなわち言語活動は、きわめて重要な役割を担っている。その言語活動の質を向上させていくための視点が、「主体的・対話的で深い学び」ということになる。学習指導要領の「指導計画の作成と内容の取扱い」では、次のように示されている。

> 単元など内容や時間のまとまりを見通して、その中で育む資質・能力の育成に向けて、児童の主体的・対話的で深い学びの実現を図るようにすること。その際、言葉による見方・考え方を働かせ、言語活動を通して、言葉の特徴や使い方などを理解し自分の思いや考えを深める学習の充実を図ること。

ここにあるように、「主体的・対話的で深い学び」の実現は、「資質・能力の育成に向けて」工夫されなければならない点を確認しておきたい。

2 主体的な学びを生み出す

例えば、「読むこと」の学習では、子供の読む力は、何度も文章を読むことを通して高まる。ただし、「読みましょう」と教師に指示されて読むよりも、「どうしてだろう」と問いをもって読んだり、「こんな点を考えてみよう」と目的をもって読んだりした方が、ずっと効果的である。問いや目的は、子供の自発的な読みを促してくれる。

教師からの「〇場面の人物の気持ちを考えましょう」という指示的な学習課題だけでは、こうした自発的な読みが生まれにくい。「〇場面の人物の気持ちは、前の場面と比べてどうか」「なぜ、変化したのか」「AとBと、どちらの気持ちだと考えられるか」など、子供の問いや目的につながる課題や発問を工夫することが、主体的な学びの実現へとつながる。

この点は、「話すこと・聞くこと」や「書くこと」の授業でも同じである。「まず、こう書きましょう」「書けましたか。次はこう書きましょう」という指示の繰り返しで書かせていくと、活動がいつの間にか作業になってしまう。それだけではなく、「どう書けばいいと思う？」「前にどんな書き方を習った？」「どう工夫して書けばいい文章になるだろう？」などのように、子供に問いかけ、考えさせながら書かせていくことで、主体的な学びも生まれやすくなる。

3 対話的な学びを生み出す

対話的な学びとして、グループで話し合う活動を取り入れても、子供たちに話し合いたいことがなければ、形だけの活動になってしまう。活動そのものが大切なのではなく、何かを解決したり考えたりする際に、１人で取り組むだけではなく、近くの友達や教師などの様々な相手に、相談したり自分の考えを聞いてもらったりすることに意味がある。

そのためには、例えば、「疑問（○○って、どうなのだろうね？）」「共感や共有（ねえ、聞いてほしいんだけど……）」「目的（いっしょに、○○しよう！）」「相談（○○をどうしたらいいのかな）」などをもたせることが有用である。その上で、何分で話し合うのか（時間）、誰と話し合うのか（相手）、どのように話し合うのか（方法や形態）といったことを工夫するのである。

また、国語における対話的な学びでは、相手や対象に「耳を傾ける」ことが大切である。相手の言っていることにしっかり耳を傾け、「何を言おうとしているのか」という意図など考えながら聞くということである。

大人でもそうだが、思っていることや考えていることなど、頭の中の全てを言葉で言い表すことはできない。だからこそ、聞き手は、相手の言葉を手がかりにしながら、その人がうまく言葉にできていない思いや考え、意図を汲み取って聞くことが大切になってくる。

聞くとは、受け止めることであり、フォローすることである。聞き手がそのように受け止めてくれることで、話し手の方も、うまく言葉にできなくても口を開くことができる。対話的な学びとは、話し手と聞き手とが、互いの思いや考えをフォローし合いながら言語化する共同作業である。対話することを通して、思いや考えが言葉になり、そのことが思考を深めることにつながる。

国語における対話的な学びの場面では、こうした言葉の役割や対話をすることの意味などに気付いていくことも、言葉を学ぶ教科だからこそ、大切にしていきたい。

4 深い学びを生み出す

深い学びを実現するには、言葉による見方・考え方を働かせ、言語活動を通して国語科としての資質・能力を身に付けることが欠かせない（「言葉による見方・考え方」については、次ページを参照）。授業を通して、子供の中に、言葉や言葉の使い方についての発見や更新が生まれるということである。

国語の授業は、言語活動を通して行われるため、どうしても活動することが目的化しがちである。だからこそ、読むことでも書くことでも、「どのような言葉や言葉の使い方を学習するために、この活動を行っているのか」を、常に意識して授業を考えていくことが最も大切である。

そのためには、例えば、学習指導案の本時の目標と評価を、できる限り明確に書くようにすることが考えられる。「○場面を読んで、人物の気持ちを想像する」という目標では、どのような語句や表現に着目し、どのように想像させるのかがはっきりしない。教材研究などを通して、この場面で深く考えさせたい叙述や表現はどこなのかを明確にすると、学習する内容も焦点化される。つまり、本時の場面の中で、どの語句や表現に時間をかけて学習すればよいかが見えてくる。全部は教えられないので、扱う内容の焦点化を図るのである。焦点化した内容について、課題の設定や言語活動を工夫して、子供の学びを深めていく。言葉や言葉の使い方についての、発見や更新を促していく。評価についても同様で、何がどのように読めればよいのかを、子供の姿で考えることでより具体的になる。

このように、授業のねらいが明確になり、扱う内容が焦点化されると、その部分の学習が難しい子供への手立ても、具体的に用意することができる。どのように助言したり、考え方を示したりすればその子供の学習が深まるのかを、個別に具体的に考えていくのである。

「言葉による見方・考え方」を働かせる授業づくりのポイント

1 「言葉を学ぶ」教科としての国語科の授業

国語科は「言葉を学ぶ」教科である。

物語を読んで登場人物の気持ちについて話し合っても、説明文を読んで分かったことを新聞にまとめても、その言語活動のさなかに、「言葉を学ぶ」ことが子供の中に起きていなければ、国語科の学習に取り組んだとは言いがたい。

「言葉を学ぶ」とは、普段は意識することのない「言葉」を学習の対象とすることであり、これもまたあまり意識することのない「言葉の使い方」（話したり聞いたり書いたり読んだりすること）について、意識的によりよい使い方を考えたり向上させたりしていくことである。

例えば、国語科で「ありの行列」という説明的文章を読むのは、アリの生態や体の仕組みについて詳しくなるためではない。その文章が、どのように書かれているかを学ぶために読む。だから、文章の構成を考えたり、説明の順序を表す接続語に着目したりする。あるいは、「問い」の部分と「答え」の部分を、文章全体から見つけたりする。

つまり、国語科の授業では、例えば、文章の内容を読み取るだけでなく、文章中の「言葉」の意味や使い方、効果などに着目しながら、筆者の書き方の工夫を考えることなどが必要である。また、文章を書く際にも、構成や表現などを工夫し、試行錯誤しながら相手や目的に応じた文章を書き進めていくことなどが必要となってくる。

2 言葉による見方・考え方を働かせるとは

平成29年告示の学習指導要領では、小学校国語科の教科の目標として「言葉による見方・考え方を働かせ、言語活動を通して、国語で正確に理解し適切に表現する資質・能力を次のとおり育成することを目指す」とある。その「言葉による見方・考え方を働かせる」ということついて、『小学校学習指導要領解説　国語編』では、次のように説明されている。

> 言葉による見方・考え方を働かせるとは、児童が学習の中で、対象と言葉、言葉と言葉との関係を、言葉の意味、働き、使い方等に着目して捉えたり問い直したりして、言葉への自覚を高めることであると考えられる。様々な事象の内容を自然科学や社会科学等の視点から理解することを直接の学習目的としない国語科においては、言葉を通じた理解や表現及びそこで用いられる言葉そのものを学習対象としている。このため、「言葉による見方・考え方」を働かせることが、国語科において育成を目指す資質・能力をよりよく身に付けることにつながることとなる。

一言でいえば、言葉による見方・考え方を働かせるとは、「言葉」に着目し、読んだり書いたりする活動の中で、「言葉」の意味や働き、その使い方に目を向け、意識化していくことである。

前に述べたように、「ありの行列」という教材を読む場合、文章の内容の理解のみを授業のねらいとすると、理科の授業に近くなってしまう。もちろん、言葉を通して内容を正しく読み取ることは、国語科の学習として必要なことである。しかし、接続語に着目したり段落と段落の関係を考えたりと、文章中に様々に使われている「言葉」を捉え、その意味や働き、使い方などを検討していくことが、言葉による見方・考え方を働かせることにつながる。子供たちに、文章の内容への興味をもたせるとともに、書かれている「言葉」を意識させ、「言葉そのもの」に関心をもたせることが、国語科の授業では大切となる。

3 〔知識及び技能〕と〔思考力、判断力、表現力等〕

言葉による見方・考え方を働かせながら、文章を読んだり書いたりさせるためには、〔知識及び技能〕の事項と〔思考力、判断力、表現力等〕の事項とを組み合わせて、授業を構成していくことが必要となる。文章の内容ではなく、接続語の使い方や文末表現への着目、文章構成の工夫や比喩表現の効果など、文章の書き方に目を向けて考えていくためには、そもそもそういった種類の「言葉の知識」が必要である。それらは主に〔知識及び技能〕の事項として編成されている。

一方で、そうした知識は、ただ知っているだけでは、読んだり書いたりするときに生かされてこない。例えば、文章構成に関する知識を使って、今読んでいる文章について、構成に着目してその特徴や筆者の工夫を考えてみる。あるいは、これから書こうとしている文章について、様々な構成の仕方を検討し、相手や目的に合った書き方を工夫してみる。これらの「読むこと」や「書くこと」などの領域は、〔思考力、判断力、表現力等〕の事項として示されているので、どう読むか、どう書くかを考えたり判断したりする言語活動を組み込むことが求められている。

このように、言葉による見方・考え方を働かせながら読んだり書いたりするには、「言葉」に関する知識・技能と、それらをどう駆使して読んだり書いたりすればいいのかという思考力や判断力などの、両方の資質・能力が必要となる。単元においても、〔知識及び技能〕の事項と〔思考力、判断力、表現力等〕の事項とを両輪のように組み合わせて、目標／評価を考えていくことになる。先に引用した『解説』の最後に、「『言葉による見方・考え方』を働かせることが、国語科において育成を目指す資質・能力をよりよく身に付けることにつながる」としているのも、こうした理由からである。

4 他教科等の学習を深めるために

もう１つ大切なことは、言葉による見方・考え方を働かせることが、各教科等の学習にもつながってくる点である。一般的に、学習指導要領で使われている「見方・考え方」とは、その教科の学びの本質に当たるものであり、教科固有のものであるとして説明されている。ところが、言葉による見方・考え方は、他教科等の学習を深めることとも関係してくる。

これまで述べてきたように、国語科で文章を読むときには、書かれている内容だけでなく、どう書いてあるかという「言葉」の面にも着目して読んだり考えたりしていくことが大切である。

この「言葉」に着目し、意味を深く考えたり、使い方について検討したりすることは、社会科や理科の教科書や資料集を読んでいく際にも、当然つながっていくものである。例えば、言葉による見方・考え方が働くということは、社会の資料集や理科の教科書を読んでいるときにも、「この言葉の意味は何だろう、何を表しているのだろう」と、言葉と対象の関係を考えようとしたり、「この用語と前に出てきた用語とは似ているが何が違うのだろう」と言葉どうしを比較して検討しようとしたりするということである。

教師が、「その言葉の意味を調べてみよう」「用語同士を比べてみよう」と言わなくても、子供自身が言葉による見方・考え方を働かせることで、そうした学びを自発的にスタートさせることができる。国語科で、言葉による見方・考え方を働かせながら学習を重ねてきた子供たちは、「言葉」を意識的に捉えられる「構え」が生まれている。それが他の教科の学習の際にも働くのである。

言語活動に取り組ませる際に、どんな「言葉」に着目させて、読ませたり書かせたりするのかを、教材研究などを通してしっかり捉えておくことが大切である。

1 国語科における評価の観点

各教科等における評価は、平成29年告示の学習指導要領に沿った授業づくりにおいても、観点別の目標準拠評価の方式である。学習指導要領に示される各教科等の目標や内容に照らして、子供の学習状況を評価するということであり、評価の在り方としてはこれまでと大きく変わることはない。

ただし、その学習指導要領そのものが、「知識及び技能」「思考力、判断力、表現力等」「学びに向かう力、人間性等」の資質・能力の３つの柱で、目標や内容が構成されている。そのため、観点別学習状況の評価についても、この３つの柱に基づいた観点で行われることとなる。

国語科の評価観点も、これまでの５観点から次の３観点へと変更される。

これまで		変更後
「(国語への）関心・意欲・態度」 「話す・聞く能力」 「書く能力」 「読む能力」 「(言語についての）知識・理解（・技能)」	→	「知識・技能」 「思考・判断・表現」 「主体的に学習に取り組む態度」

2 「知識・技能」「思考・判断・表現」の評価規準

国語科の評価観点のうち、「知識・技能」と「思考・判断・表現」については、それぞれ学習指導要領に示されている〔知識及び技能〕と〔思考力、判断力、表現力等〕と対応している。

例えば、低学年の「話すこと・聞くこと」の領域で、夏休みにあったことを紹介する単元があり、次の２つの指導事項を身に付けることになっていたとする。

- 音節と文字との関係、アクセントによる語の意味の違いなどに気付くとともに、姿勢や口形、発声や発音に注意して話すこと。　〔知識及び技能〕(1)イ
- 相手に伝わるように、行動したことや経験したことに基づいて、話す事柄の順序を考えること。　〔思考力、判断力、表現力等〕Ａ話すこと・聞くことイ

この単元の学習評価を考えるには、これらの指導事項が身に付いた状態を示すことが必要である。したがって、評価規準は次のように設定される。

観点	評価規準
「知識・技能」	姿勢や口形、発声や発音に注意して話している。
「思考・判断・表現」	「話すこと・聞くこと」において、相手に伝わるように、行動したことや経験したことに基づいて、話す事柄の順序を考えている。

このように、「知識・技能」と「思考・判断・表現」の評価については、単元で扱う指導事項の文末を「〜こと」から「〜している」として置き換えると、評価規準を作成することができる。その際、単元で育成したい資質・能力に照らして、指導事項の文言の一部を用いて評価規準を作成する場合もあることに気を付けたい。また、「思考・判断・表現」の評価を書くにあたっては、例のように、冒頭に「『話すこと・聞くこと』において」といった領域名を明記すること（「書くこと」「読む

こと」も同様）も必要である。

3 「主体的に学習に取り組む態度」の評価規準

一方で、「主体的に学習に取り組む態度」の評価については、指導事項の文言をそのまま使うということができない。学習指導要領では、「学びに向かう力、人間性等」については教科の目標や学年の目標に示されてはいるが、指導事項としては記載されていないからである。そこで、「主体的に学習に取り組む態度」の評価規準は、それぞれの単元で、育成する資質・能力と言語活動に応じて、次のように作成する必要がある。

「主体的に学習に取り組む態度」の評価規準は、次の①〜④の内容で構成される（〈　〉内は当該内容の学習上の例示）。

①粘り強さ〈積極的に、進んで、粘り強く等〉
②自らの学習の調整〈学習の見通しをもって、学習課題に沿って、今までの学習を生かして等〉
③他の２観点において重点とする内容（特に、粘り強さを発揮してほしい内容）
④当該単元（や題材）の具体的な言語活動（自らの学習の調整が必要となる具体的な言語活動）

先の低学年の「話すこと・聞くこと」の単元の場合でいえば、この①〜④の要素に当てはめてみると、例えば、①は「進んで」、②は「今までの学習を生かして」、③は「相手に伝わるように話す事柄の順序を考え」、④は「夏休みの出来事を紹介している」とすることができる。

この①〜④の文言を、語順などを入れ替えて自然な文とすると、この単元での「主体的に学習に取り組む態度」の評価規準は、

「主体的に学習に取り組む態度」	進んで相手に伝わるように話す事柄の順序を考え、今までの学習を生かして、夏休みの出来事を紹介しようとしている。

と設定することができる。

4 評価の計画を工夫して

学習指導案を作る際には、「単元の指導計画」などの欄に、単元のどの時間にどのような言語活動を行い、どのような資質・能力の育成をして、どう評価するのかといったことを位置付けていく必要がある。評価規準に示した子供の姿を、単元のどの時間でどのように把握し記録に残すかを、計画段階から考えておかなければならない。

ただし、毎時間、全員の学習状況を把握して記録していくということは、現実的には難しい。そこで、ABC といった記録に残す評価活動をする場合と、記録には残さないが、子供の学習の様子を捉え指導に生かす評価活動をする場合との、２つの学習評価の在り方を考えるとよい。

記録に残す評価は、評価規準に示した子供の学習状況を、原則として言語活動のまとまりごとに評価していく。そのため、単元のどのタイミングで、どのような方法で評価するかを、あらかじめ計画しておく必要がある。一方、指導に生かす評価は、毎時間の授業の目標などに照らして、子供の学習の様子をそのつど把握し、日々の指導の工夫につなげていくことがポイントである。

こうした２つの学習評価の在り方をうまく使い分けながら、子供の学習の様子を捉えられるようにしたい。

板書づくりのポイント

1 縦書き板書の意義

国語科の板書のポイントの１つは、「縦書き」ということである。教科書も縦書き、ノートも縦書き、板書も縦書きが基本となる。

また、学習者が小学生であることから、板書が子供たちに与える影響が大きい点も見過ごすことができない。整わない板書、見にくい板書では子供たちもノートが取りにくい。また、子供の字は教師の字の書き方に似てくると言われることもある。

教師の側では、ICT 端末や電子黒板、デジタル教科書を活用し、いわば「書かないで済む板書」の工夫ができるが、子供たちのノートは基本的に手書きである。教師の書く縦書きの板書は、子供たちにとっては縦書きで字を書いたりノートを作ったりするときの、欠かすことのできない手がかりとなる。

デジタル機器を上手に使いこなしながら、手書きで板書を構成することのよさを再確認したい。

2 板書の構成

基本的には、黒板の右側から書き始め、授業の展開とともに左向きに書き進め、左端に最後のまとめなどがくるように構成していく。板書は45分の授業を終えたときに、今日はどのような学習に取り組んだのかが、子供たちが一目で分かるように書き進めていくことが原則である。

黒板の右側　授業の始めに、学習日、単元名や教材名、本時の学習課題などを書く。学習課題は、色チョークで目立つように書く。

黒板の中央　授業の展開や学習内容に合わせて、レイアウトを工夫しながら書く。上下二段に分けて書いたり、教材文の拡大コピーや写真や挿絵のコピーも貼ったりしながら、原則として左に向かって書き進める。チョークの色を決めておいたり（白色を基本として、課題や大切な用語は赤色で、目立たせたい言葉は黄色で囲むなど)、矢印や囲みなども工夫したりして、視覚的にメリハリのある板書を構成していく。

黒板の左側　授業も終わりに近付き、まとめを書いたり、今日の学習の大切なところを確認したりする。

3 教具を使って

⑴ 短冊など

画用紙などを縦長に切ってつなげ、学習課題や大切なポイント、キーワードとなる教材文の一部などを事前に用意しておくことができる。チョークで書かずに短冊を貼ることで、効率的に授業を進めることができる。ただ、子供たちが短冊をノートに書き写すのに時間がかかったりするなど、配慮が必要なこともあることを知っておきたい。

⑵ ミニホワイトボード

グループで話し合ったことなどを、ミニホワイトボードに短く書かせて黒板に貼っていくと、それらを見ながら、意見を仲間分けをしたり新たな考えを生み出したりすることができる。専用のものでなくても、100円ショップなどに売っている家庭用ホワイトボードの裏に、板磁石を両面テープで貼るなどして作ることもできる。

⑶ 挿絵や写真など

物語や説明文を読む学習の際に、場面で使われている挿絵をコピーしたり、文章中に出てくる写真や図表を拡大したりして、黒板に貼っていく。物語の場面の展開を確かめたり、文章と図表との関係を考えたりと、いろいろな場面で活用できる。

⑷ ネーム磁石

クラス全体で話合いをするときなど、子供の発言を教師が短くまとめ、板書していくことが多い。そのとき、板書した意見の上や下に、子供の名前を書いた磁石も一緒に貼っていく。そうすると、誰の意見かが一目で分かる。子供たちも「前に出た○○さんに付け加えだけど……」のように、黒板を見ながら発言をしたり、意見をつなげたりしやすくなる。

4 黒板の左右に

⑴ 単元の学習計画や本時の学習の流れ

単元の指導計画を子供向けに書き直したものを提示することで、この先、何のためにどのように学習を進めるのかという見通しを、子供たちももつことができる。また、今日の学習が全体の何時間目に当たるのかも、一目で分かる。本時の授業の進め方も、黒板の左右の端や、ミニホワイトボードなどに書いておくこともできる。

⑵ スクリーンや電子黒板

黒板の上に広げるロール状のスクリーンを使用する場合は、当然その分だけ、板書のスペースが少なくなる。電子黒板などがある場合には、教材文などは拡大してそちらに映し、黒板のほうは学習課題や子供の発言などを書いていくことができる。いずれも、黒板とスクリーン（電子黒板）という２つをどう使い分け、どちらにどのような役割をもたせるかなど、意図的に工夫すると互いをより効果的に使うことができる。

⑶ 教室掲示を工夫して

教材文を拡大コピーしてそこに書き込んだり、挿絵などをコピーしたりしたものは、その時間の学習の記録として、教室の背面や側面などに掲示していくことができる。前の時間にどんなことを勉強したのか、それらを見ると一目で振り返ることができる。また、いわゆる学習用語などは、そのつど色画用紙などに書いて掲示していくと、学習の中で子供たちが使える言葉が増えてくる。

5 上達に向けて

⑴ 板書計画を考える

本時の学習指導案を作るときには、板書計画も合わせて考えることが大切である。本時の学習内容や活動の進め方とどう連動しながら、どのように板書を構成していくのかを具体的にイメージすることができる。

⑵ 自分の板書を撮影しておく

自分の授業を記録に取るのは大変だが、「今日は、よい板書ができた」というときには、板書だけ写真に残しておくとよい。自分の記録になるとともに、印刷して次の授業のときに配れば、前時の学習を振り返る教材として活用することもできる。

⑶ 同僚の板書を参考にする

最初から板書をうまく構成することは、難しい。誰もが見よう見まねで始め、工夫しながら少しずつ上達していく。校内でできるだけ同僚の授業を見せてもらい、板書の工夫を学ばせてもらうとよい。時間が取れないときも、通りがかりに廊下から黒板を見させてもらうだけでも勉強になる。

ICT 活用のポイント

1 ICT を活用した国語の授業をつくる

GIGA スクール構想による１人１台端末の整備が進み、教室の学習環境は様々に変化している。子供たちの手元にはタブレットなどの ICT 端末があり、教室には大型のモニターやスクリーンが用意されるようになった。また、校内のネットワーク環境も整備されて、かつては学校図書館やパソコンルームで行っていた調べ学習も、教室の自分の席に座ったままでいろいろな情報にアクセスできるようになった。

一方、子供たちの机の上には、これまでと同じく教科書やノートもあり、前面には黒板もあって様々に活用されている。紙の本やノート、黒板などを使って手で書いたり読んだりする学習と、ICT を活用して情報を集めたり共有したりする学習との、いわば「ハイブリッドな学び」が生まれている。

それぞれの学習方法のメリットを生かし、学年の発達段階や学習の内容に合わせて、活用の仕方を工夫していきたい。

2 国語の授業での ICT 活用例

ICT の活用によって、国語の授業でも次のような学習活動が可能になっている。本書でも、単元ごとに様々な活用例を示している。

共有する

文章を読んだ意見や感想、また書いた作文などをアップロードして、その場で互いに読み合うことができる。また、付箋機能などを使って、考えを整理したり、意見を視覚化して共有しながら話合いを行ったりすることもできる。ICT を活用した共有や交流は、国語の授業の様々な場面で工夫することができる。

書く

書いたり消したり直したりすることがしやすい点が、原稿用紙に書くこととの違いである。字を書くことへの抵抗感を減らす点もメリットであり、音声入力からまずテキスト化して、それを推敲しながら文章を作っていくという支援が可能になる。同時に、思考の速度に入力の速度が追いつかないと、かえって書きにくいという面もあり、また国語科は縦書きが多いので、その点のカスタマイズが必要な場合もある。

発表資料を作る

プレゼンテーションソフトを使って、調べたことなどをスライドにまとめることができる。写真や図表などの視覚資料も活用しやすく、文章と視覚資料を組み合わせたまとめを作りやすいというメリットがある。また、調べる活動もインターネットを活用する他、アンケートフォームを使うことでクラス内や学年内の様々な調査活動が簡単に行えるようになり、それらの調査結果を生かした意見文や発表資料を作ることが可能になった。

録音・録画する

話合いの単元などでは、グループで話し合っている様子を自分たちで録画し、それを見返しながら学習を進めることができる。また、音読・朗読の学習でも、自分の声を録音しそれを聞きながら、読み方の工夫へとつなげることができ、家庭学習でも活用することができる。一方、教材作成の面からも利便性が高い。例えば、教師がよい話合いの例とそうでない例を演じた動画教材を作って授業中に効果的に使うなど、様々な工夫が可能である。

蓄積する

自分の学習履歴を残したり、見返すことがしやすくなったりする点がメリットである。例えば、毎時の学習感想を書き残していくことで、単元の中の自分の考えの変化に気付きやすくなる。あるいは書いた作文を蓄積することで、以前の「書くこと」の単元でどのような書き方を工夫していたかをすぐに調べることができる。それらによって、自分の学びの成長を実感したり、前に学習したことを今の学習に生かしたりしやすくなる。

3 ICT 活用の留意点

⑴ 指導事項に照らして活用する

例えば、「読むこと」には「共有」の指導事項がある。先に述べたように、ICT の活用によって、感想や意見はその場で共有できるようになった。一方で、そうした活動を行えば、それで「共有」の事項を指導したということにはならない点に気を付ける必要がある。

高学年では「文章を読んでまとめた意見や感想を共有し、自分の考えを広げること」(「読むこと」カ）とあるので、「自分の考えを広げること」につながるように意見や感想を共有させるにはどうすればよいか、そうした視点からの指導の工夫が欠かせない。

⑵ 学びの土俵から思考の土俵へ

ICT は子供の学習意欲を高める側面がある。同時に、例えば、調べたことをプレゼンテーションソフトを使ってスライドにまとめる際に、字体やレイアウトのほうに気が向いてしまい、「元の資料をきちんと要約できているか」「使う図表は効果的か」など、国語科の学習として大切な思考がおろそかになりやすい、そうした一面もある。

ICT の活用で「学びの土俵」にのった子供たちが、国語科としての学習が深められる「思考の土俵」にのって、様々な言語活動に取り組めるような指導の工夫が必要である。

⑶「参照する力」を育てる

ICT を活用することで、クラス内で意見や感想、作品が瞬時に共有できるようになり、例えば、書き方に困っているときには、教師に助言を求めるだけでなく、友達の文章を見て書き方のコツを学ぶことも可能になった。

その際に大切なのは、どのように「参照するか」である。見ているだけは自分の文章に生かせないし、まねをするだけでは学習にならない。自分の周りにある情報をどのように取り込んで、自分の学習に生かすか。そうした力も意識して育てることで、子供自身が ICT 活用の幅を広げることにもつながっていく。

⑷ 子供が選択できるように

ICT を活用した様々な学習活動を体験することで、子供たちの中に多様な学習方法が蓄積されていく。これまでのノートやワークシートを使った学習に加えて、新たな「学びの引き出し」が増えていくということである。その結果、それぞれの学習方法の特性を生かして、どのように学んでいくのかを子供たちが選択できるようになる。例えば、文章を書くときにも、原稿用紙に手で書く、ICT 端末を使ってキーボードで入力する、あるいは下書きは画面上の操作で推敲を繰り返し、最後は手書きで残すなど、いろいろな組み合わせが可能になった。

「今日は、こう使うよ」と教師から指示するだけでなく、「これまで ICT をどんなふうに使ってきた？」「今回の単元ではどう使っていくとよいだろうね？」など、子供たちにも方法を問いかけ、学び方を選択しながら活用していくことも大切になってくる。

〈第３学年及び第４学年　指導事項／言語活動一覧表〉

教科の目標

	言葉による見方・考え方を働かせ、言語活動を通して、国語で正確に理解し適切に表現する資質・能力を次のとおり育成することを目指す。
知識及び技能	(1) 日常生活に必要な国語について、その特質を理解し適切に使うことができるようにする。
思考力、判断力、表現力等	(2) 日常生活における人との関わりの中で伝え合う力を高め、思考力や想像力を養う。
学びに向かう力、人間性等	(3) 言葉がもつよさを認識するとともに、言語感覚を養い、国語の大切さを自覚し、国語を尊重してその能力の向上を図る態度を養う。

学年の目標

知識及び技能	(1) 日常生活に必要な国語の知識や技能を身に付けるとともに、我が国の言語文化に親しんだり理解したりすることができるようにする。
思考力、判断力、表現力等	(2) 筋道立てて考える力や豊かに感じたり想像したりする力を養い、日常生活における人との関わりの中で伝え合う力を高め、自分の思いや考えをまとめることができるようにする。
学びに向かう力、人間性等	(3) 言葉がもつよさに気付くとともに、幅広く読書をし、国語を大切にして、思いや考えを伝え合おうとする態度を養う。

〔知識及び技能〕

（１）言葉の特徴や使い方に関する事項

(1) 言葉の特徴や使い方に関する次の事項を身に付けることができるよう指導する。	
言葉の働き	ア　言葉には、考えたことや思ったことを表す働きがあることに気付くこと。
話し言葉と書き言葉	イ　相手を見て話したり聞いたりするとともに、言葉の抑揚や強弱、間の取り方などに注意して話すこと。 ウ　漢字と仮名を用いた表記、送り仮名の付け方、改行の仕方を理解して文や文章の中で使うとともに、句読点を適切に打つこと。また、第３学年においては、日常使われている簡単な単語について、ローマ字で表記されたものを読み、ローマ字で書くこと。
漢字	エ　第３学年及び第４学年の各学年においては、学年別漢字配当表*の当該学年までに配当されている漢字を読むこと。また、当該学年の前の学年までに配当されている漢字を書き、文や文章の中で使うとともに、当該学年に配当されている漢字を漸次書き、文や文章の中で使うこと。
語彙	オ　様子や行動、気持ちや性格を表す語句の量を増し、話や文章の中で使うとともに、言葉には性質や役割による語句のまとまりがあることを理解し、語彙を豊かにすること。
文や文章	カ　主語と述語との関係、修飾と被修飾との関係、指示する語句と接続する語句の役割、段落の役割について理解すること。
言葉遣い	キ　丁寧な言葉を使うとともに、敬体と常体との違いに注意しながら書くこと。
表現の技法	（第５学年及び第６学年に記載あり）
音読、朗読	ク　文章全体の構成や内容の大体を意識しながら音読すること。

＊…学年別漢字配当表は、『小学校学習指導要領（平成29年告示）』（文部科学省）を参照のこと

（２）情報の扱い方に関する事項

(2) 話や文章に含まれている情報の扱い方に関する次の事項を身に付けることができるよう指導する。	
情報と情報との関係	ア　考えとそれを支える理由や事例、全体と中心など情報と情報との関係について理解すること。
情報の整理	イ　比較や分類の仕方、必要な語句などの書き留め方、引用の仕方や出典の示し方、辞書や事典の使い方を理解し使うこと。

（３）我が国の言語文化に関する事項

(3) 我が国の言語文化に関する次の事項を身に付けることができるよう指導する。	
伝統的な言語文化	ア　易しい文語調の短歌や俳句を音読したり暗唱したりするなどして、言葉の響きやリズムに親しむこと。 イ　長い間使われてきたことわざや慣用句、故事成語などの意味を知り、使うこと。
言葉の由来や変化	ウ　漢字が、へんやつくりなどから構成されていることについて理解すること。
書写	エ　書写に関する次の事項を理解し使うこと。 (ア)文字の組立て方を理解し、形を整えて書くこと。 (イ)漢字や仮名の大きさ、配列に注意して書くこと。 (ウ)毛筆を使用して点画の書き方への理解を深め、筆圧などに注意して書くこと。
読書	オ　幅広く読書に親しみ、読書が、必要な知識や情報を得ることに役立つことに気付くこと。

〔思考力、判断力、表現力等〕

A　話すこと・聞くこと

	(1) 話すこと・聞くことに関する次の事項を身に付けることができるよう指導する。

話すこと	話題の設定 情報の収集 内容の検討	ア　目的を意識して、日常生活の中から話題を決め、集めた材料を比較したり分類したりして、伝え合うために必要な事柄を選ぶこと。
	構成の検討 考えの形成	イ　相手に伝わるように、理由や事例などを挙げながら、話の中心が明確になるよう話の構成を考えること。
	表現 共有	ウ　話の中心や話す場面を意識して、言葉の抑揚や強弱、間の取り方などを工夫すること。
聞くこと	話題の設定 情報の収集	【再掲】ア　目的を意識して、日常生活の中から話題を決め、集めた材料を比較したり分類したりして、伝え合うために必要な事柄を選ぶこと。
	構造と内容の把握 精査・解釈 考えの形成 共有	エ　必要なことを記録したり質問したりしながら聞き、話し手が伝えたいことや自分が聞きたいことの中心を捉え、自分の考えをもつこと。
話し合うこと	話題の設定 情報の収集 内容の検討	【再掲】ア　目的を意識して、日常生活の中から話題を決め、集めた材料を比較したり分類したりして、伝え合うために必要な事柄を選ぶこと。
	話合いの進め方の検討 考えの形成 共有	オ　目的や進め方を確認し、司会などの役割を果たしながら話し合い、互いの意見の共通点や相違点に着目して、考えをまとめること。
(2)　(1)に示す事項については、例えば、次のような言語活動を通して指導するものとする。		
	言語活動例	ア　説明や報告など調べたことを話したり、それらを聞いたりする活動。 イ　質問するなどして情報を集めたり、それらを発表したりする活動。 ウ　互いの考えを伝えるなどして、グループや学級全体で話し合う活動。

B　書くこと

(1)　書くことに関する次の事項を身に付けることができるよう指導する。	
題材の設定 情報の収集 内容の検討	ア　相手や目的を意識して、経験したことや想像したことなどから書くことを選び、集めた材料を比較したり分類したりして、伝えたいことを明確にすること。
構成の検討	イ　書く内容の中心を明確にし、内容のまとまりで段落をつくったり、段落相互の関係に注意したりして、文章の構成を考えること。
考えの形成 記述	ウ　自分の考えとそれを支える理由や事例との関係を明確にして、書き表し方を工夫すること。
推敲	エ　間違いを正したり、相手や目的を意識した表現になっているかを確かめたりして、文や文章を整えること。
共有	オ　書こうとしたことが明確になっているかなど、文章に対する感想や意見を伝え合い、自分の文章のよいところを見付けること。
(2)　(1)に示す事項については、例えば、次のような言語活動を通して指導するものとする。	
言語活動例	ア　調べたことをまとめて報告するなど、事実やそれを基に考えたことを書く活動。 イ　行事の案内やお礼の文章を書くなど、伝えたいことを手紙に書く活動。 ウ　詩や物語をつくるなど、感じたことや想像したことを書く活動。

C　読むこと

(1)　読むことに関する次の事項を身に付けることができるよう指導する。	
構造と内容の把握	ア　段落相互の関係に着目しながら、考えとそれを支える理由や事例との関係などについて、叙述を基に捉えること。 イ　登場人物の行動や気持ちなどについて、叙述を基に捉えること。
精査・解釈	ウ　目的を意識して、中心となる語や文を見付けて要約すること。 エ　登場人物の気持ちの変化や性格、情景について、場面の移り変わりと結び付けて具体的に想像すること。
考えの形成	オ　文章を読んで理解したことに基づいて、感想や考えをもつこと。
共有	カ　文章を読んで感じたことや考えたことを共有し、一人一人の感じ方などに違いがあることに気付くこと。
(2)　(1)に示す事項については、例えば、次のような言語活動を通して指導するものとする。	
言語活動例	ア　記録や報告などの文章を読み、文章の一部を引用して、分かったことや考えたことを説明したり、意見を述べたりする活動。 イ　詩や物語などを読み、内容を説明したり、考えたことなどを伝え合ったりする活動。 ウ　学校図書館などを利用し、事典や図鑑などから情報を得て、分かったことなどをまとめて説明する活動。

第 3 学年の指導内容と身に付けたい国語力

1 第 3 学年の国語力の特色

第 3 学年は、中学年の国語科学習のスタートである。社会科や理科の学習も始まるということで、新たな学びに学習への意欲も高まっている時期でもある。また、読んだり書いたりする能力も急速に伸びていく時期なので、低学年の学習の定着を図りながら、それを基盤として国語学力の中核となる基礎的・基本的な知識や技能、態度をしっかりと身に付けていかなければならない学年でもある。さらに、中学年では、学習の対象が学級・学年から、異学年、学校全体、地域へと広がりをもつようになり、明確な相手意識・目的意識のもとに、現実的・社会的な幅広い枠組みでの表現を考えたり工夫したりすることも必要になってくる。また、ICT 機器の普及で情報活用能力や発信力が一段と求められる学年となってきている。

第 3 学年及び第 4 学年の「知識及び技能」に関する目標は、「日常生活に必要な国語の知識や技能を身に付けるとともに、我が国の言語文化に親しんだり理解したりすることができるようにする。」と書かれており、これは全学年を通して共通のものである。「思考力、判断力、表現力等」に関する目標は、「筋道を立てて考える力や豊かに感じたり想像したりする力を養い、日常生活における人との関わりの中で伝え合う力を高め、自分の思いや考えをまとめることができるようにする。」であり、特に第 3 学年以降では、筋道を立てて考える力の育成と自分の思いや考えをまとめることに重点が置かれている。「学びに向かう力、人間性等」に関する目標は、「言葉がもつよさに気付くとともに、幅広く読書をし、国語を大切にして、思いや考えを伝え合おうとする態度を養う。」と記され、第 3 学年及び第 4 学年では、言葉がもつよさに気付き、読書を幅広く行うことに重点が置かれている。

学習指導要領では「知識及び技能」が「⑴言葉の特徴や使い方に関する事項」「⑵情報の扱い方に関する事項」「⑶我が国の言語文化に関する事項」の三項から構成されているが、「思考力、判断力、表現力等」と「知識及び技能」を個別に身に付けたり順序性をもたせたりするものではない。一方、「学びに向う力、人間性等」に関しては、「知識及び技能」と「思考力、判断力、表現力等」の育成を支えるものとして、併せて育成を図ることが大切である。

2 第 3 学年の学習指導内容

〔知識及び技能〕

⑴に関して、話し言葉と書き言葉に注目してみよう。ここでは、漢字と仮名を用いた表記、送り仮名の付け方、改行の仕方、句読点の打ち方、主語と述語・修飾語・被修飾語の関係、指示する語句と接続する語句の役割、段落の役割、敬体と常体を理解することと、文や文章の中で適切に使えることが大切である。また、言葉の働きとして、思考や感情を表出する働きと他者に伝える働きがあることに気付くことも重要である。また、一文一文というより全体で何が書かれているかを把握したり、登場人物の行動や気持ちの変化を大筋で捉えたりするために、積極的に音読を取り入れたい。

第 3 学年で特に注目すべきは、ローマ字の読み書きの定着であり、ICT 活用の面から重点を置きたい。さらに、様子や行動、気持ちや性格を表す語句の拡充とともに、言葉には性質や役割によってまとまりがあることの理解も求められている。

⑵は、新設された事項であり、注目すべき事項である。話や文章に含まれている情報を取り出して

整理したり、その関係を捉えたりすることは、正確な理解につながる。また、自分のもつ情報を整理してその関係を分かりやすく明確にすることが、適正に表現することにつながる。そのために、「考えとそれを支える理由や事例」「全体と中心」などの情報と情報との関係を理解することが肝要である。情報の整理としては、比較や分類、引用というように、情報の取り出しや活用の仕方を取り上げていることも押さえておきたい。

(3)に関しては、易しい文語調の短歌や俳句を暗唱したり、ことわざや慣用句、故事成語などの言葉の意味を知り、使ったりすることで、言葉への興味や関心を高めることが求められている。また、多様な本や文章があることを知り、読書の幅を広げることに重点が置かれている。読書をすることで、疑問が解決したり新しい世界が広がったりする経験を、学習の中で積み重ねたい。

〔思考力、判断力、表現力等〕

(1)話すこと・聞くこと

まず、どのような目的で、話したり聞いたり話し合ったりするのかを明確にし、そのために集めた材料が目的に合致しているか検討したり、集めた材料の共通点や相違点を探したりする活動を大切にしたい。次に、話の中心が明確になるように理由や事例を挙げるなどの話の構成を考える活動に進む。実際に話す場面では、言葉の抑揚や強弱、間の取り方を工夫させたい。その際に、ICT 機器を使い、実際の活動を振り返ることも効果的である。一方、聞くことでは、話し手の伝えたいことや自分が聞きたいことの中心を意識して、必要なことを記録したり質問したりすることが大切である。その結果、自分の考えがもてるようになることまでを意識することが肝心である。

話し合う活動では、司会などの役割を担うことになる。司会者は、互いの意見の共通点や相違点に着目して全体の考えをまとめていく意識が必要である。教師は、司会者、提案者、参加者の立場を理解し話し合いの流れに沿った発言ができているかなど、評価の視点を明確にもっておきたい。

(2)書くこと

相手意識、目的意識を明確にもち、経験したことや想像したことなどを書くことに重点が置かれている。まずは、集めた材料を比較・分類して中心を明確にした上で、内容のまとまりで段落を作ったり関係性に注意を払ったりして内容と構成を検討する。具体的には、述べたいことの中心を一つに絞り、中心とそれに関わる事柄とを区別しながら、まとまりごとに段落を作ることを意識させたい。自分の考えとそれを支える理由や事例との関係を明確にして書き進める際には、理由や事例を記述するための表現を用いるようにしたり、文末表現まで意識をしたりして書くことを指導したい。最後は、誤字脱字を確認し、相手や目的を意識した表現となっているかを確かめて文章を仕上げるようにする。そのときには、主語と述語、修飾語と被修飾語の関係の明確さや長音、拗音、促音、撥音、助詞の表記の仕方の以外に、敬体と常体、断定や推量、疑問などの文末表現にも意識を向けた推敲を行うよう促すとよい。また、相手や書く目的に照らして、構成や書き表し方が適切かどうかも判断させたい。最終的に、下書きと推敲後の文章を比べるなどして、自分の文章がよりよくなったことが実感できるように指導に当たることが重要である。

(3)読むこと

説明的文章の学習では、「書くこと」と同様に考えとそれを支える理由や事例との関係を把握し、話の中心となる語や文を見つけることに重点が置かれている。そのためには、書き手の考えがどのような理由によって説明され、どのような事例によって具現化されているのか、叙述を基に捉えていくことが求められる。文章全体を目的に沿って要約することも大切である。その結果、必要な情報にたどり着いたり、簡潔に発信したりする力が育まれるのである。

一方、文学的文章では、叙述から登場人物の行動や気持ちを捉え、さらに、登場人物の気持ちの変化や性格、情景を具体的に想像することが求められている。その際、複数の場面の叙述を結び付けながら場面や登場人物の気持ちがどのように変化しているかを見いだし、具体的に想像することが大切である。

説明的文章でも文学的文章でも、「構造と内容の把握」と「精査・解釈」の学習活動をもとに、自分の既有の知識や様々な体験と結び付け、感想や考えをもつことがゴールとなる。感想や考えを共有することは、一人一人の感じ方などには違いがあることに気付き、互いの考えを尊重し自分の考えを広げていくことへつながる。

「読むこと」の学習では、読書の機会を増やし、様々なジャンルやテーマの本にふれるために学校図書館の利用を積極的に取り入れるとよいだろう。

3 第 3 学年における国語科の学習指導の工夫

以上の「国語力の特色」及び「学習指導内容」から、学習指導を工夫する際にいつも意識しておきたいキーワードとして、以下の 5 点を挙げておきたい。

「目的と相手」、「比較と分類」、「理由と事例」、「考えと中心」、「まとまりとつながり」

社会科、理科、総合的な学習の時間が始まる 3 年生。学習を通して新たな事象に出合い、多くの人に出会う。様々な資料を読み、地域の方や働いている人たちから話を聞き、書いたり話したりして自分の思いや考えを伝える場が豊富に用意されている。そんな 3 年生だからこそ、年間を通して上記のキーワードを意識して学習活動を工夫したい。以下、キーワードごとに工夫点を簡単にまとめてみよう。

●**目的と相手**：目的と相手が変われば、内容と表現が変わる。多様な目的と相手を用意する。
●**比較と分類**：手に入れた材料を比較したり分類・整理したりする必要のある課題を設定する。
●**理由と事例**：複数の理由や事例を挙げると自分の考えが補強されることを実感できる場を設ける。
●**考えと中心**：聞く場、読む場でも、自分の考えとその中心を他者に表現する機会を設ける。
●**まとまりとつながり**：内容をまとめたり、内容のつながりに目を向けたりする活動を取り入れる。

3 年生は、粗削りな面が多々ある。だらだらと話したり書いたりし、的を射ないこともあるだろう。しかし、3 年生だからこその自己表出の意欲を大切にしながら、上記のキーワードを意識した学習活動を展開したい。“自分”を伝えようとする子供の姿に教師がどれだけ寛容になれるか、が勝負となる。教師が焦らず、待つ姿勢を心がけることにより、子供は他者との様々な“ずれ”に気付くチャンスが生まれる。その気付きは、自ら対話を求め、対話を生み出す子供の姿へとつながっていく。ここからは、領域ごとに学習活動の具体的な工夫を紹介する。

⑴話すこと・聞くことにおける工夫

【実の場・繰り返し】

同じクラスや学年の友達だけでなく、下級生、保護者、地域の方など様々な**相手**や人数の場を用意する。それによって、相手や人数などが変われば、話したり聞いたりする際の言葉遣いや声の大きさ、視線に対する意識に変化が芽生えることを実感できるようにしたい。また、ICT 機器を使って録音や録画をすることで、自らの話し方や聞き方を振り返って改善し、再度話し、聞き、話し合う機会を設定するとよい。つい最初から上手な活動を求めてしまうが、活動→振り返り→活動というスパイラルを大切にし、まずはやってみるという発想をもちたい。

【話し手：話題・情報・効果】

話し手しか知らないこと、聞き手がつい質問したくなること、みんなで考えたくなること…子供の実態に応じた話題を吟味したい。また、自分の経験、他者から聞いたこと、本などで調べたことをはじめ様々な種類の情報（**事例**）が豊富に集まり、**比較・分類**できるかも大事な点である。多くの情報が集まれば、話の構成を考える必然性が生まれる。最後に効果である。例えば、相手を見て話すことは聞き手の注意を引き付け、話の内容が伝わっているか把握できる。型を示すだけで終わらせず、そのような効果を子供が理解できるように声掛けを進んで行いたい。

【聞き手：質問・効果・変化】

積極的な聞き手へといざなうため、「いつ・どこで・だれが・なにを・どのように・なぜ」といった質問の種類を増やすとよい。また、相手を見て聞くことには、話し手に反応（共感や反対、疑問など）を伝える効果があることなど、話すこと同様、聞くことでも子供にその大切さを知らせたい。話し合いでは、自分や他者の思いや考え、クラスや学年といった身の回りの生活環境の変化を意識するとよい。話し合うと自分、他者、周囲などの何かが変化する。話し合うことは身の回り生活環境の変化につながる、その気付きが、その学習以降の話したり聞いたりする活動に取り組む原動力となる。

⑵書くことにおける工夫

【まとめ、つなぐ】

段落は一つの内容の**まとまり**である。各段落に小見出しを付けたり、キーワードを抜き出したり、重要な一文を決めたりする活動は、内容の**まとまり**に目を向けるきっかけとなる。次に、**つながり**。文章内のつなぎ言葉に線を引いてみる。段落の冒頭につなぎ言葉がない場合には、あえて入れてみる。段落の小見出しをつなげてもよい。つなぎ言葉があまりにも少ない、つなぎ言葉が入れられない、小見出しがつながらない。このような場合、段落同士の**つながり**があいまいだと分かり、自ら段落構成を見直す契機となる。

【観点と自信をもつ】

主語と述語が分かりやすい、敬体と常体が統一されている、**考えと理由・事例**が区別されている、**考えとその中心**が明確になっているなど、既習を基に読み合う観点を設定する。その観点を用いて友達の文章のよいところ、自分が工夫したところを具体的に伝え合いたい。また、学級外の様々な人が読み、文章のよいところを見つけてもらう活動を設定すると、より自信が高まるだろう。自信を積み重ね、最終的に自分の文章のよさ、工夫を進んで表現できる子供を目指したい。

【生かし、広げる】

ミニ物語文を作る、教室にある物に使い方の説明書きを付けるなど、読むことで学んだ説明文や物語文の書き方を生かす短時間の活動を継続したい。また、他教科や領域で文章を書く際に、「国語で学んだ書き方を生かそう！」と投げ掛け、「学習した〇〇の書き方を生かしているね！」と価値付け、国語科の学びを他教科等に積極的に広げ、子供が国語科学習と他教科・領域での活動の関連を自覚できるようにしたい。そのためにも学んだ書き方が一目で共有できる掲示物があるとよいだろう。学びの足跡をタブレットにデータとして保存することも有効である。

⑶読むことにおける工夫

【視点と書き手】

物語文は心が動かされ、説明文は新たな発見に頭が動かされる。作者や筆者は伝えるプロであり、子供の心と頭に届くよう、たくさんの労力をさいている。多くの魅力がつまった文章だけに、つい内容に目が向くが、読む際の視点を共有することを忘れてはならない。物語文ならば例えば、語り手、色彩表現、情景、登場人物の性格など。説明文ならば、要点、要約、事例、理由などが挙げられる。また、３年生から少しずつ書き手の表現の工夫や**考え**に目を向ける発問をし、「作者の○○さんの～な表現が上手！」「筆者の○○さんの考えが～から伝わってくる」など、書き手の名前が飛び交う学習にしたい。物語も説明文も書き手の血が通う熱のこもった文章であることを子供が実感できるように指導を工夫したい。

【まとまりと**つながり】**

中学年になると文章が長くなる。そのため、何となく分かった気持ちになり、漠然と内容を理解している子供も多い。だからこそ、「はじめ、中、おわり」などの**まとまり**、場面の移り変わりや気持ちの変化などの**つながり**を意識したい。その際、心情曲線図や文章構成図、事例と考えの色分け、気持ちが分かる表現に線を引くなど目に見える活動を多くすると自分の読み方を自覚でき、文章理解のあいまいさも少なくなるだろう。

【考え➡“ずれ”**】**

「続き話を書くとしたら。」「その場面がなかったら。」「登場人物や筆者に手紙を書くとしたら。」、など子供が能動的に自分の**考え**をもち、表出したくなる場を多く設定する。それを伝え合うと必ず友達と差異や“ずれ”が生じる。その“ずれ”を交流することで自分にはなかった視点や根拠が理解でき、考えは広がり、深まり、他者と共に学ぶよさの実感に結び付く。

⑷語彙指導や読書指導などにおける工夫

【語彙：たくさん知る、使ってみる】

中学年の「知識及び技能」では、様子や行動、気持ちや性格を表す言葉の量を増やし、使うことが明示された。言葉を知り適切に使うこと。この両方ができてこその語彙力である。気持ちや性格を表す言葉の一覧表を配布したり拡大して教室に掲示したりし、常に子供の目に入る環境をつくる。物語文の学習で生かすのはもちろん、スピーチや短歌・俳句作り、国語辞典の学習と関連させたクイズやかるた遊びなどの活動にも応用できる。国語科以外でも新たに出合う言葉は大量にある。それを短冊で掲示し、年間を通して増やしていくとかなりの量となり積み重ねを実感できる。その地道な取組が、言葉に立ち止まり、言葉に敏感な子供の姿に結び付く。

【読書：ジャンルならではの魅力】

手に取る本のジャンルが偏るのはどの学年でも課題である。新たなジャンルに魅力を感じるには、そのジャンルの読み方を知る必要がある。３年生では「知らないことは学校や地域にある図書館に行けば分かる」と実感できるよう、様々な学習で図書館を利用する機会を増やしたい。その上で、普段手に取る機会の少ない文種、本（例えば、図鑑や科学読み物）を紹介し、どこに着目するのか、どこを見ると便利かなど読み方を知らせ、図鑑や科学読み物だから味わえる「へぇ！」「そうなんだ！」という発見の喜びや楽しさを味わわせたい。

2

第 3 学年の授業展開

ことばのじゅんびうんどう

よく聞いて、じこしょうかい （1時間扱い）

単元の目標

知識及び技能	・相手を見て話したり聞いたりするとともに、言葉の抑揚や強弱、間の取り方などに注意して話すことができる。((1)イ)
思考力、判断力、表現力等	・話し手が伝えたいことの中心を捉えることができる。(A エ)
学びに向かう力、人間性等	・言葉がもつよさに気付くとともに、幅広く読書をし、国語を大切にして、思いや考えを伝え合おうとする。

評価規準

知識・技能	❶相手を見て話したり聞いたりするとともに、言葉の抑揚や強弱、間の取り方などに注意して話している。(〔知識及び技能〕(1)イ)
思考・判断・表現	❷「話すこと・聞くこと」において、話し手が伝えたいことの中心を捉えている。(〔思考力、判断力、表現力等〕A エ)
主体的に学習に取り組む態度	❸積極的に相手を見て話したり聞いたりし、学習課題に沿って自己紹介をしようとしている。

単元の流れ

時	主な学習活動	評価
1	自分の「好きなもの」を1つ考えて、前の人の話を繰り返しながら、順番に自己紹介をする。	❶ ❷ ❸

授業づくりのポイント

〈単元で育てたい資質・能力〉

多くの学校ではクラス替えが行われる。子供たちは新しい教師や友達との出会いに期待、あるいは不安を抱いていることだろう。学級開きとなる本単元では、友達のことを知るきっかけとなり、コミュニケーションをとる楽しさを味わえるようにしたい。そのためにも、聞き手は話し手が伝えたいことの中心を捉え、「しっかり聞いているよ」とメッセージを送ることが大切になる。

自分の思いや考えを生き生きと伝え合える教室にするには、誰もが安心して話せる温かい雰囲気づくりが欠かせない。教室に集った一人一人、つまり「自分自身」がその環境をつくるのだという当事者意識を育む必要がある。話し手の方を見て、うなずきながら、温かい表情で聞いてくれる友達がいるからこそ、言葉を使って伝え合う喜びが生まれる。そのような子供の姿をつぶさに見取り、学級全体に適宜フィードバックしたい。1人の子供のよさを全体へと波及させることで、豊かに話し合うことのできる関係性が育まれるだろう。

〈教材・題材の特徴〉

順番に自己紹介をしていく言語活動であるが、ここでは「輪になる」ことにポイントがある。一人一人の顔がよく見えるだけでなく、机もないため心も身体も解放感を味わうことができる。子供の緊張をほぐし、リラックスして自己紹介をするには、このような場の設定が重要である。

「好きなもの」を一言で表すことで、話すことへのハードルが低くなるだけでなく、聞き手にとっても伝えたいことの中心が捉えやすい。自分は友達の話をしっかり聞けているか、自己評価できる場にもなる。また、前の人の話を繰り返してから自分の話をすることは「○○さんの意見と似ていて」「○○さんの考えとは違うけれど」のように、友達の発言を受けて発表することへとつながっていく。

〈言語活動の工夫〉

この活動で大切になるのが、リズムよく自己紹介をすることである。リズムが悪ければ、聞き手の集中力がもたず、そもそも楽しい活動ではなくなってしまう。そのため、「話し手が自己紹介した後に、全員で拍手を2回打って次の友達が話す」というルールを取り入れる。拍手をそろえるには、全員が友達の自己紹介を聞いている必要がある。この時期の子供は自分が話すことには夢中になるが、友達の話を聞くとなると苦手な子が多く見受けられる。傍観者をつくらないことを念頭に置き、全員参加型で楽しめる自己紹介にしたい。

[具体例]

○自己紹介を終えた後に、教師が「○○さんの好きなものは何だった？」と聞く。しっかりと答えられた子供を認めることができ、聞くことの価値を学級全体で共有することもできる。または、好きなものを2つにして紹介するなどゲーム的に楽しみながら、聞くことへのハードルを高めることも可能である。

〈ICT の効果的な活用〉

記録：端末の録画機能を用いて自己紹介の様子を撮影し、授業後に振り返る。自分の話し方や聞き方が可視化されて認識することができる。また、友達の話し方や聞き方のよさを伝え合い、よりよいモデルを全体で共有することも大切なことである。

本時案

よく聞いて、じこしょうかい

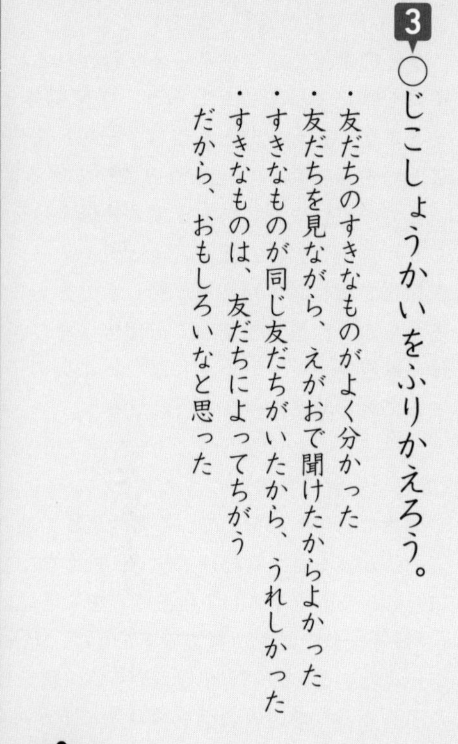

3
○じこしょうかいをふりかえろう。
・友だちのすきなものがよく分かった
・友だちを見ながら、えがおで聞けたからよかった
・すきなものが同じ友だちがいたから、うれしかった
・すきなものは、友だちによってちがう
だから、おもしろいなと思った

本時の目標

・相手の好きなものをよく聞きながら、自己紹介をすることができる。

本時の主な評価

❶相手を見て話したり聞いたりするとともに、間の取り方などに注意して丁寧な言葉を使って自己紹介をしている。【知・技】

❷前の人が話を繰り返してから、自分の好きなことを伝えて自己紹介をしている。【思・判・表】

❸積極的に相手を見て話したり聞いたりし、学習課題に沿って自己紹介をしようとしている。【態度】

資料等の準備

特になし

授業の流れ ▷▷▷

1 自己紹介の方法を確認する〈5分〉

T　新しい友達に自分の好きなものを伝え、自己紹介をします。友達の話をよく聞いて、仲よくなるきっかけにしましょう。

○教科書を見ながら自己紹介の方法を確認し、板書で一連の流れが分かるように示す。

T　自己紹介の方法をもう一度確認します。順番に発表してください。

・最初に、自分の好きなものを考えます。

・次に、輪になって先生から自己紹介をしていきます。

・前の人の話を繰り返してから、自分のことを話します。

○板書を基に子供に発言を促すことで、自己紹介のやり方の定着を図る。

2 よりよい話し方、聞き方を考え、自己紹介を行う〈30分〉

T　自己紹介を楽しむには、どのように話したり、聞いたりすればよいでしょうか。

・話す人は、相手に伝わるようにはっきり話すとよいと思います。

・聞く人は、相手の方を見ながら笑顔で聞くとよいです。

・うなずきながら聞くと、話す人は安心できると思います。

○教師から一方的に提示するのではなく、子供の考えを引き出しながら、よりよい話し方、聞き方を意識できるようにしたい。

T　椅子だけで輪になって座りましょう。

○輪になることで友達の顔がよく見え、楽しい雰囲気で自己紹介をすることができる。

○自己紹介は、テンポよく進める。

よく聞いて、じこしょうかい

友だちのすきなものをよく聞きながら、じこしょうかいをしよう。

1 ○じこしょうかいのやり方をたしかめよう。

①すきなものを一つ考える
②わになって、先生から順にじこしょうかいをする
③前の人の話をくりかえしてから、自分のことを話す

2 ○よりよい話し方と聞き方

〈話し方〉
・みじかいことばで、はっきり話す
・ていねいなことばをつかって話す

〈聞き方〉
・話している人の方を見ながら聞く
・うなずきながら聞く
・友だちのすきなものは何かを考えながら聞く

自己紹介を振り返る際のポイントにもなるよう、「話し方」と「聞き方」に分けて、端的に板書する

3 自己紹介を振り返る 〈10分〉

T 「よく聞いて、じこしょうかい」をして、どうでしたか。感想を教えてください。
・友達のことをたくさん知ることができて、楽しかったです。
・自分と好きなものが一緒の友達がいたので、うれしかったです。
T 話し方、聞き方がよかった友達はいますか。理由と一緒に発表してください。
・○○さんは、友達の方を見て笑顔で聞いていたからよかったと思います。
・○○さんははっきりした声で話していたから、聞きやすかったです。
・○○さんはうなずきながら聞いていました。
○友達の話し方、聞き方のよさを認め合い、全体へ波及するよう促したい。

よりよい授業へのステップアップ

もっと楽しむために

学級によっては、活動が早く終わることも想定される。そのため「好きな給食」「行ってみたい場所」「3年生で楽しみなこと」など、複数のテーマを用意しておきたい。もちろん、子供がテーマを考えて活動してもよいだろう。教科書の「もっと楽しもう」にあるように、好きなものを 2 つにして話すことも考えられる。

また、2周目に行く際には、少人数のグループで行う方法もある。場やテーマ設定など、子供の実態に応じて柔軟に対応できるようにしたい。

詩を楽しもう

どきん （1時間扱い）

単元の目標

知識及び技能	・文章全体の構成や内容の大体を意識しながら音読することができる。((1)ク)
思考力、判断力、表現力等	・文章を読んで感じたことや考えたことを共有し、一人一人の感じ方などに違いがあることに気付くことができる。(C カ)
学びに向かう力、人間性等	・言葉がもつよさに気付くとともに、幅広く読書をし、国語を大切にして、思いや考えを伝え合おうとする。

評価規準

知識・技能	❶文章全体の構成や内容の大体を意識しながら音読している。(〔知識及び技能〕(1)ク)
思考・判断・表現	❷「読むこと」において、文章を読んで感じたことや考えたことを共有し、一人一人の感じ方などに違いがあることに気付いている。(〔思考力、判断力、表現力等〕C カ)
主体的に学習に取り組む態度	❸積極的に文章全体の構成や内容の大体を意識し、学習課題に沿って楽しんで音読しようとしている。

単元の流れ

時	主な学習活動	評価
1	言葉の調子を楽しみながら「どきん」を音読し、読み方を工夫したところを伝え合う。	❶ ❷ ❸

授業づくりのポイント

〈単元で育てたい資質・能力〉

本単元では、詩の様子を想像しながら音読する力を育みたい。その際に重要となるのが、作者が表現する言葉への着目である。

まずは、「つるつる」「ゆらゆら」「ぐらぐら」「えへへ」などの擬態語・擬声語（オノマトペ）から、自分なりにイメージを膨らませることが大切である。次に、「さわってみようかなあ」「ちきゅうはまわってるう」という文末表現のおもしろさに着目する。最後の行には感嘆符（！）があり、言葉を強めたり、驚きを表したりしていることが捉えられる。詩のような短い文章は、言葉への見方を育むことに適している。それは、物語を読んだ際に、作者の紡ぐ表現に立ち止まる力を育むことにつながるだろう。

詩の様子や言葉の響きを共有した後は、一人一人の表現を大切にしながら音読をする。その際には、「抑揚や強弱」「間の取り方」「速さ」がポイントとなる。友達と音読を聞き合いながら、それぞれの表現の違いに気付けるようにしたい。

〈教材・題材の特徴〉

文末表現や擬態語・擬声語などの言葉の響きを楽しみながら、リズムよく読める詩である。各センテンスに主語がなく、主体も不明確であるため、詩の内容を無理に解釈しようとするのではなく、言葉のおもしろさを味わうことに適した教材だと考えたい。解釈が困難だからこそ、一人一人の読み方の違いが浮き彫りになり、声に出して表現することを楽しめる。言葉から連想するものを想像したり、読み方の工夫を考えたりすることで、詩のイメージを豊かに膨らますことのできる教材だといえる。

〈言語活動の工夫〉

音読をする際には、「１人で読む」「ペアで読む」「全員で読む」など多様な形態が考えられる。子供が飽きないように、ねらいに沿って多様な読み方を経験することが効果的である。その際に、「抑揚や強弱」「間の取り方」「速さ」の３点は、必ず意識できるようにしたい。

子供の想像力を豊かにするには、動作化を用いるのがよい。声の調子と動きの両面から表現することにより、一人一人の言葉のもつイメージが膨らんでいくに違いない。

[具体例]

○「つるつる」「ゆらゆら」「えへへ」といった擬態語・擬声語を動作化する。上段の「さわってみようかなあ」は教師が読み、下段の「つるつる」を子供が動作化をして読み進める活動も考えられる。

○どのような場で音読するのかも大切である。１人で練習するときは、①「座って読む」 ②「立って読む」 ③「後ろを向いて読む」のように変化をつけることで、子供は意欲的に取り組むことができる。また、いろいろな友達とペアになって音読を聞き合う活動も考えられる。友達の表現を自分の音読に生かす姿も見られるだろう。単調になりがちな音読練習は、飽きがこないように変化をつけることが大切である。

〈ICT の効果的な活用〉

共有：端末の録画機能を用いて、一人一人の読み方を記録する。教師が模範として取り上げたい子供の動画を選んで、どのようなところがよいのかを全体で考えて共有することができる。

本時案

どきん

本時の目標

・詩の様子を想像したり、言葉の調子を楽しんだりしながら、音読することができる。

本時の主な評価

❶詩の構成や内容の大体を意識し、言葉の調子を楽しみながら音読している。【知・技】
❷詩を読んで感じたことや考えたことを伝え合い、友達の音読のよさに気付いている。【思・判・表】
❸言葉の響きやリズムを楽しみながら、学習課題に沿って音読しようとしている。【態度】

資料等の準備

・教科書 p.16の詩を拡大した模造紙

〈音読のポイント〉
①声の大きさ　②間のとり方　③読むはやさ

○音読を聞いたかんそうをつたえ合おう。
・「!」は強く読み、「どきん」も力強かった
・声の大きさの強弱をくふうしていた
・読むはやさに変化をつけていた

授業の流れ ▷▷▷

1 音読して、詩の特徴をつかむ 〈10分〉

T　「どきん」の詩を読みましょう。
○「個人」「ペア」「全体」「教師と子供」のように、様々な形態で音読を楽しみたい。
○個人で読む際にも、①座って読む、②立って読む、③後ろを向いて読む、のように変化をつけて音読したい。
T　「どきん」を読んで、気付いたことや感じたことはありますか。
・リズムよく読むことができます。
・「なあ」「かあ」など、伸ばす音が付いていて音読するのが楽しくなります。
・「つるつる」「ゆらゆら」などの言葉がおもしろいです。
○「つるつる」「ゆらゆら」などの言葉から、どのような感じがするのかを想像させたい。

2 音読の工夫を考えて、友達と聞き合う 〈30分〉

T　音読をするときに大切なことが３つありました。何か分かりますか。
・声の大きさ、間の取り方、読む速さです。
○子供から出ないとき、教師の方から提示して３つのポイントを意識できるようにしたい。
T　「どきん」の音読の工夫を考えましょう。
・「だれかがふりむいた！」は「！」があるから、強く読むとよいと思います。
・その後の「どきん」も強く音読したいです。
・「なあ」「ねえ」「よお」のところは、どれくらい音を伸ばすのかで工夫できそうです。
・「つるつる」は滑るように、「えへへ」は照れたように、「そよそよ」は優しく読みたいです。
T　出された考えを参考にしながら、グループで音読を聞き合いましょう。

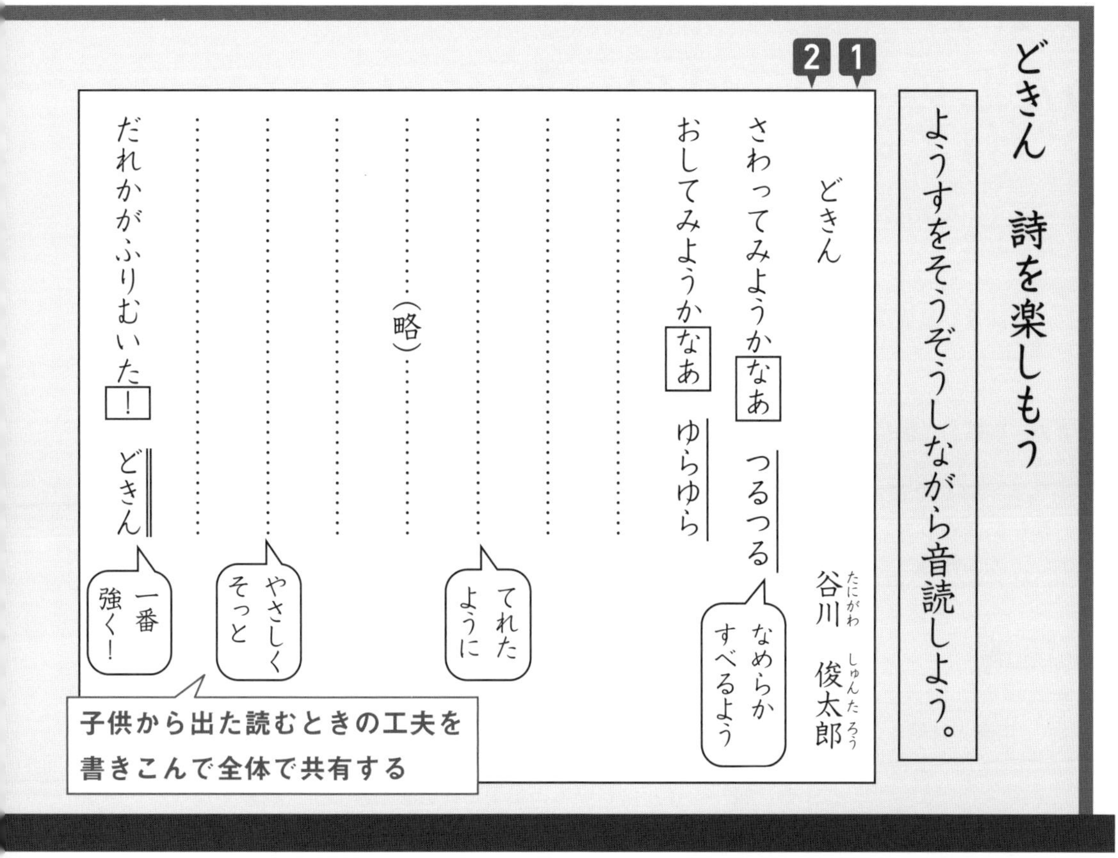

どきん　詩を楽しもう

ようすをそうぞうしながら音読しよう。

1 2

どきん

谷川(たにがわ)　俊太郎(しゅんたろう)

さわってみようかなあ　つるつる

おしてみようかなあ　ゆらゆら

（略）

だれかがふりむいた！　どきん

なめらか すべるよう

てれた ように

やさしく そっと

一番 強く！

子供から出た読むときの工夫を書きこんで全体で共有する

3 音読を聞いた感想を伝え合う〈5分〉

T　友達の音読を聞いて、工夫していたことはありましたか。

・○○さんは声を大きくしたり、小さくしたり、工夫していました。

・「がらがら」を大きく読んでいて、倒れた感じがしました。

・「だれかがふりむいた！」のところは、読むスピードを速くしていました。

○特に工夫が見られた子供に、全体の前で音読してもらうのもよい。その子供が一行を読んだ後に、全員で表現をまねて読むことも効果的である。

T　学習の振り返りを書きましょう。

○自分の音読の工夫、友達の音読のよさを中心にまとめられるようにする。

ICT 等活用アイデア

音読を録画することで効果的な振り返りを

端末の録画機能を用いることにより、一人一人の読み方を記録することができる。教師がお手本として取り上げたい子供の動画を選び、どのようなところがよいのかを全体で考えて共有してもよいだろう。

また、自分の音読を記録して振り返る活動も効果的である。客観的に自分の音読を捉えることができ、読み方の工夫へとつながる。その際には、1人で読む時間の確保、教室以外の多様な場の設定など、学習環境を整えることが大切である。

楽しく書こう

わたしのさいこうの一日／つづけてみよう （1時間扱い）

単元の目標

知識及び技能	・様子や行動、気持ちや性格を表す語句の量を増し、文章の中で使うことができる。((1)オ)
思考力、判断力、表現力等	・相手や目的を意識して、経験したことや想像したことなどから書くことを選び、伝えたいことを明確にすることができる。(B ア) ・自分の考えとそれを支える理由や事例との関係を明確にして、書き表し方を工夫することができる。(B ウ)
学びに向かう力、人間性等	・言葉がもつよさに気付くとともに、幅広く読書をし、国語を大切にして、思いや考えを伝え合おうとする。

評価規準

知識・技能	❶様子や行動、気持ちや性格を表す語句の量を増し、文章の中で使っている。(〔知識及び技能〕(1)オ)
思考・判断・表現	❷「書くこと」において、相手や目的を意識して、経験したことや想像したことなどから書くことを選び、伝えたいことを明確にしている。(〔思考力、判断力、表現力等〕B ア) ❸「書くこと」において、自分の考えとそれを支える理由や事例との関係を明確にして、書き表し方を工夫している。(〔思考力、判断力、表現力等〕B ウ)
主体的に学習に取り組む態度	❹進んで経験したことや想像したことなどから書くことを選び、学習課題に沿って日記を書こうとしている。

単元の流れ

時	主な学習活動	評価
1	自分の「さいこうの一日」を想像して日記を書き、友達と読み合う。	❶ ❷ ❸ ❹

授業づくりのポイント

〈単元で育てたい資質・能力〉

本単元は、「わたしのさいこうの一日」をテーマに日記を書く。「書くこと」における最初の単元であるため、子供が楽しく取り組めるテーマ設定が不可欠である。その中で、経験したことや想像したことから書くことを選び、伝えたいことを明確にする資質・能力を育みたい。そのために、「いつ」「どこで」「何をしたか」「どんな様子や気持ちだったか」と、書く流れを示すことが重要になる。

語彙の拡充を図るには、様子や行動、気持ちを表す言葉に子供の意識を向ける必要がある。その際には、教科書巻末の「言葉のたから箱」を参考にすることができる。「うれしい」という気持ちを表すには、「スキップをしながら」と行動描写で表すことも可能である。繰り返しや比喩を用いて書く子供が見られた際には、その表現を価値付けて全体で共有するとよいだろう。

〈教材・題材の特徴〉

日記は、日々の出来事や感想などを記録する文章である。生活日記や観察日記などがあり、本単元は「さいこうの一日」をテーマにしている。子供がいろいろな想像を膨らませ、意欲的に書けるところにこの題材のよさがある。

日記形式で１日の流れを書くため、「時間の順序」を意識できるようにしたい。「朝は」「午前中は」「午後は」「帰ってから」などの言葉に沿って書くことが大切である。時間の移り変わりで行替えをすれば、内容のまとまりで段落をつくるよさに気付くこともできるだろう。

ただし、日記は出来事を羅列するだけになりがちである。そのときの具体的な様子、自分の気持ちや会話文を入れながら書くように指導する必要がある。

〈言語活動の工夫〉

単元導入では、教科書 p.19の例文を提示する。学級の実態に応じて、教師が実際に作成してもよい。子供が時間の順序に沿って書くこと、具体的な様子や気持ちを入れて書くことのよさに気付けるようにする。

書いた日記を読み合った後は、全体の場で子供の日記を紹介することが考えられる。その日記の表現や内容のよさを学級全体で共有することで、子供たちがこれからの書く活動に対する意識を育むことができる。

［具体例］

○例文を提示する際には、２種類の文章を比べることが効果的である。１つは教科書の例文、もう１つはその文章から時間の経過、主語や気持ちを表す言葉などを抜いたものにする。２つの文章を対比することで、子供はそれらの言葉を入れて書くよさを必然的に捉えていくに違いない。

○日記のテーマは「さいこうの○○」「わたしのすきな○○」「もしも○○があったら」など多様に考えられる。また、学級活動で１年間の目標を書くこともあるだろう。その際には、「１年後、わたしはこうなっている」のようにテーマに工夫を凝らしたい。学校での１日の流れに沿って、成長した自分の様子を想像しながら書くのである。子供が思わず「書いてみたい」と思うようなテーマ設定が、書く活動では重要になる。

本時案

わたしのさいこうの一日／つづけてみよう 1/1

本時の目標

・自分がしたいことや起こってほしいことを想起しながら、日記を書くことができる。

本時の主な評価

❶様子や気持ちを表す語句を、文章の中で使いながら、日記を書いている。【知・技】
❷自分がしたいことや起こってほしいことから書くことを明確にしている。【思・判・表】
❸様子や気持ちを表す言葉を使ったり、繰り返しなどの表現を入れながら、書き表し方を工夫している。【思・判・表】
❹進んで自分がしたいことや起こってほしいことから書くことを明確にし、学習課題に沿って日記を書こうとしている。【態度】

資料等の準備

・ワークシート①② 03-01、03-02

3 ○友だちの日記のよかったところをつたえ合おう。
・ようすをあらわす言葉が、分かりやすかった
・うれしい気もちがつたわってきた
・くりかえしの言葉を使っていた

線のある表現がある場合とない場合とを比べ、その表現のよさに目を向ける

「くりかえし」であまさがつたわる

授業の流れ ▷▷▷

1 自分の「さいこうの一日」を考え、書き出す 〈10分〉

T　自分の「さいこうの一日」を想像しましょう。どんなことが起きてほしいですか。
・おいしいケーキを食べたいです。
・野球の大会でホームランを打ちたいです。
・海へ行って、思いきり遊びたいです。
○想像を膨らませながら、楽しい雰囲気で考えを出せるようにしたい。
T　今から起こってほしいことをメモに書きます。「午前」「午後」「家に着くと」の３つに絞って書きましょう。
○ここでは、時間の順序を意識して書くことが大切である。「午前」「午後」「家に着くと」の３つに絞ることで、時間の流れに沿って分かりやすく書くことができる。
○メモは、短く一文で書くことを伝える。

2 「さいこうの一日」の日記を書く 〈25分〉

T　日記を書くときは、様子や気持ちを表す言葉を使うことが大切です。教科書 p.19の文で確認しましょう。
・「羽がきらきらかがやいて見えました」は、ちょうの様子がよく分かります。
・「きらきら」という言葉がいいと思います。
T　「ホットケーキ」の様子がよく分かるところはどこですか。
・「あまい、あまい」というところが、ホットケーキの甘さを伝えています。
T　では、自分の考えた「さいこうの一日」の日記を書きましょう。
○子供が書いた日記を見取り、よい表現があれば全体で共有できるようにしたい。

わたしのさいこうの一日

さいこうの一日を思いうかべて、その日をすごしたつもりで日記を書こう。

1
○自分がしたいことや、おこってほしいこと。
・おいしいケーキを食べたい
・野きゅうの大会でホームランを打つ
・海へ行ってあそぶ

○時間の流れにそってメモを書こう。
・午前中
・午後
・家につくと

2
○「ようす」や「気もち」をあらわす言葉をつかって書こう。

「きれいなちょうをつかまえました。」
⬇たいようの光で、羽がきらきらかがやいて見えました

「シュートが二回もきまったのがうれしくて」
⬇スキップをしながら帰りました

「大すきなホットケーキが出てきました。」
⬇はちみつがたっぷりかかった、
あまい、あまいホットケーキでした

3 書いた日記を友達と読み合い、感想を伝え合う 〈10分〉

T　書いた日記を友達と読み合いましょう。友達の日記のよいところも伝えましょう。

○ペア、グループ、立ち歩いてなど友達と読み合う方法は学級の実態に応じて選択する。

T　友達の日記のよかったところを教えてください。

・○○さんは、大好きな歌手に会って、歌を歌ってもらったことがおもしろかったです。
・○○さんは、様子を表す言葉を使っていて、よいと思いました。
・○○さんは、教科書のように繰り返しの表現を使っていました。

○教科書 p.20「つづけてみよう」を読み、継続して日記を書こうという意欲につなげたい。

よりよい授業へのステップアップ

比べてみると見えてくる

日記は、様子や気持ちを表す言葉を適切に使って表現することが大切である。また、「スキップをしながら」のように、行動描写からも気持ちが表現できることを感じ取れるようにしたい。

そのために、教科書の例文から様子や気持ちを表す文を削ったものを提示し、比べて考える活動が効果的である。その活動によって、それらの言葉の表現のよさに気付き、自発的に自分の日記に取り入れるだろう。

資料

1 第1時　ワークシート①　03-01

わたしのさいこうの一日

組　名前（　　　　　　　　　　　　）

2 第1時　ワークシート②　03-02

わたしのさいこうの一日

組　名前（　　　　　　　　　　）

きょうは、午前中に、おにいちゃんと虫とりに行き、きれいなちょうをつかまえました。午後は、サッカークラブのれんしゅうじあいでした。シュートが二回もきまりました。家に着くと、おやつに、ホットケーキが出てきました。はちみつがかかったホットケーキでした。

○どんな言葉や文を入れれば、気もちやようすがつたわる日記になるだろう。

きょうは、午前中に、おにいちゃんと虫とりに行き、きれいなちょうをつかまえました。

（そのちょうは、どんなようすだったか）

➡

午後は、サッカークラブのれんしゅうじあいでした。シュートが二回もきまりました。（どんな気もちで、どんなようすか）

➡

家に着くと、おやつに、ホットケーキが出てきました。

（どんなホットケーキか）

➡

登場人物の気持ちをたしかめ、そうぞうしたことをつたえ合おう

春風をたどって　（8時間扱い）

単元の目標

知識及び技能	・様子や行動、気持ちや性格を表す語句の量を増し、語彙を豊かにすることができる。((1)オ) ・文章全体の構成や内容の大体を意識しながら音読することができる。((1)ク)
思考力、判断力、表現力等	・登場人物の行動や気持ちなどについて、叙述を基に捉えることができる。(C イ)
学びに向かう力、人間性等	・言葉がもつよさに気付くとともに、幅広く読書をし、国語を大切にして、思いや考えを伝え合おうとする。

評価規準

知識・技能	❶様子や行動、気持ちや性格を表す語句の量を増し、語彙を豊かにしている。(〔知識及び技能〕(1)オ) ❷文章全体の構成や内容の大体を意識しながら音読している。(〔知識及び技能〕(1)ク)
思考・判断・表現	❸「読むこと」において、登場人物の行動や気持ちなどについて、叙述を基に捉えている。(〔思考力、判断力、表現力等〕C イ)
主体的に学習に取り組む態度	❹進んで登場人物の行動や気持ちなどについて、叙述を基に捉え、学習課題に沿って想像したことを伝え合おうとしている。

単元の流れ

次	時	主な学習活動	評価
一	1	学習の見通しをもつ 題名から物語を想像し、全文を読んで、感想をもつ。	
	2	感想を伝え合い、登場人物や場面を確認し、学習課題を設定する。 登場人物の気持ちをたしかめ、そうぞうしたことを伝え合おう。	
二	3	一場面を読み、ルウの行動や会話文から、気持ちを想像したり場面の様子を捉えたりする。	❶
	4	二場面を読み、ルウとノノンの行動や会話文から、気持ちを想像したり場面の様子を捉えたりする。	❶
	5	三場面を読み、ルウとノノンの行動や会話文から、気持ちを想像したり場面の様子を捉えたりする。	❸
	6	四場面を読み、ルウとノノンの行動や会話文から、気持ちを想像したり場面の様子を捉えたりする。	❷
三	7	ルウとノノンがどのような景色に出会うか話し合い、物語の続きを書く。	
	8	学習を振り返る 前時で書いたお話の続きを友達と読み合い、感想を伝え合い、単元を通して自分ができるようになったことを確かめる。	❹

授業づくりのポイント

〈単元で育てたい資質・能力〉

本単元では、登場人物の行動から気持ちを具体的に想像する力を育むことをねらいとしている。2年生までの学習では、登場人物の行動や場面の様子に着目してきた。3、4年生の指導事項では、登場人物の気持ちや気持ちの変化に着目していくことになる。「うれしい」「かなしい」といった直接表現されている叙述以外からも、気持ちを想像する力を身に付けていきたい。

[具体例]

○教科書 p.23 l. 7 に出てくる「ためいき」と p.28 l. 4 に出てくる「ためいき」では、ルウの気持ちはまるで違う。ため息をつくのはどんな気持ちのときか、どんなときにため息をついたことがあるか経験を話し合えば、行動から気持ちが読み取れること、さらには友達との感じ方の違いにも気付くことができるだろう。

〈教材・題材の特徴〉

本教材の特徴について3つ挙げておく。

1つ目は、場面の変化が分かりやすい点である。登場人物、場所、時の変化によって場面が区切られている。3年生初めの物語教材として、2年生での既習を生かしやすいだろう。

2つ目は、中心人物であるルウの気持ちが場面ごとに変化している点である。自分が住んでいる森に対する気持ち、顔見知り（友達とは思っていない）のノノンへの気持ちの変化が表れている。場面ごとに読み進めていくことで、ルウの気持ちの変化を押さえやすくなるだろう。

3つ目は、対比が使われている点である。同じような叙述や場面を比べることで、ルウの気持ちを想像しやすくなる。また、ルウが見つけた写真と景色の対比にも気付けるようにしたい。ルウの持っている写真は残り2枚あるので、続きのお話を想像したくなる。物語全体を通して見たときに、隠された対比に気付くことで物語のおもしろさを感じられる作品となっている。

〈言語活動の工夫〉

この物語には、ルウのノノンへの気持ちの変化、森に対する気持ちの変化が表れている。しかし、直接表現が少なく、3年生になったばかりの子供には、読み取りづらく、捉えた気持ちや印象を表現しづらいかもしれない。気持ちを表現しやすくする手だてとして、本単元では、吹き出し、動作化を取り入れる。いずれも子供が感じたこと、思ったことを言語化しやすくなる。

〈ICT の効果的な活用〉

調査：端末の検索機能を用いて、「青くすき通った海」「雪をかぶった白一色の山々」「黄金にかがやくさばく」など、いくつか画像検索してみるのもよい。子供には実体験のないものが多いので、画像を見て、ルウのあこがれの気持ちを理解する手だてとできる。

共有：「雪をかぶった白一色の山々」の「雪」や「白」から想像するもの、「黄金にかがやくさばく」の「黄金」や「かがやく」「さばく」から想像するものを、端末の共有機能を用いて出し合う。なかなか想像を広げられない子供の支援になるとともに、理由を聞き合うなど子供同士の関わりが生まれるだろう。

本時案

春風をたどって

本時の目標

・物語の範読を聞き、登場人物や主な出来事を捉え、感想をもつことができる。

本時の主な評価

・登場人物や主な出来事をつかみ、友達の発言や教師の示した視点を用いながら、感想を書いている。

資料等の準備

特になし

3 ○かんそうを書こう。
・おもしろいと思ったところ
・いいな、すてきだなと思ったところ
・どうして、何でと気になったところ

授業の流れ▷▷▷

1 宝物や題名について話し合い、物語への関心をもつ 〈15分〉

○宝物を尋ねることで、これから学習する物語への期待を高める。

T　みなさんには、宝物がありますか。

・お誕生日にもらったぬいぐるみです。

・僕は飼っているペットの犬が宝物です。

T　大切にしている宝物があるのですね。これから読むお話にも宝物を大切にしているりすが登場します。

○題名を板書する。

・春風が宝物なのかな？

T　題名からもお話の内容が想像できますね。題名とお話が関係するものがありましたか。

・「スイミー」は主人公の名前が題名でした。

・「お手紙」は、かえるくんががまくんにお手紙を出してあげるお話でした。

2 範読を聞き、物語のあらすじを確かめる 〈20分〉

○教科書を見ながら、教師の範読を聞く。

T　宝物は分かりましたか。

・景色の写真でした。

・海と雪と砂漠の写真です。

T　誰が出てきましたか。

・りすのルウとノノンです。

T　このお話の登場人物ですね。どんなお話でしたか？

・ルウとノノンがきれいなお花畑を見つけました。

・ノノンがいい匂いに気付いていました。

・「春風」があまり出てきませんでした。

T　題名にもなっているのに、少ないですね。他にも気になったことやおもしろいと思ったことなど、感想を書いてみましょう。

1 みんなのたから物
・ぬいぐるみ
・ペット

題名　春風をたどって　如月（きさらぎ）かずさ
〈登場人物〉
・「スイミー」
・「スーホの白い馬」
〈できごと〉
・「お手紙」
・「おむすびころりん」

これまでの物語の題名とそれらが表しているものをおおまかにまとめる

2 ○どんなお話かたしかめよう。
登場人物　ルウ…たから物―しゃしん
ノノン…ルウの友だち？
できごと　花ばたけを見つける
においをたどって
春風？

登場人物、出来事などに分けながら、子供たちの発言を簡単にまとめる

3 感想を書く　〈10分〉

○感想が書きやすいように、いくつか視点を板書する。
○学習課題につながるような感想や次時に取り上げたい子供の感想を選んでおく。
〈学習課題につながる感想の例〉
・ルウのノノンに対する気持ちの変化や森に対する気持ちの変化
・しっぽやため息、「すごいや」という会話文など繰り返し出てくる表現

ICT 端末の活用ポイント

学習過程２や３で、ルウたちが見つけた花畑に関する発言が出た場合など、子供の想像を補完するために一面花畑の画像を検索して見てみるとよい。

よりよい授業へのステップアップ

題名に着目する

子供はこれまでの学習経験、読書体験から題名と物語の内容には関連があることをつかんでいるはずである。題名からどんなイメージをもつか全体で確認したり、これまでに学んだ物語と題名の関連について話し合ったりしたい。物語をより豊かに味わう１つの力となる。
〈題名の示すものとその例〉
中心人物（例「スイミー」）
主な出来事（例「はなのみち」）
印象的なセリフ
（例「ずうっと、ずっと、大すきだよ」）

本時案

春風をたどって

本時の目標

・登場人物や場所の転換から場面を確かめたり、感想を伝え合ったりして、あらすじを捉え、学習課題をつかむことができる。

本時の主な評価

・場面の変化を考えたり、感想を伝え合ったりしてあらすじを捉え、学習課題をつかみ、今後の学習への見通しをもっている。

資料等の準備

・教科書 p.22–31本文のコピー
（見開きで印刷すれば５枚で収まる。また、指導書には本文の PDF が収録されている）

p.30-31
本文コピー

↓「明日さそってみよう」と言っているからなかよくなった。

↓はじめはなかよくなかったけど、花ばたけを見つけてからはなかよし。

学習のもくひょう

登場人物の気持ちをたしかめ、そうぞうしたことをつたえ合おう。

授業の流れ ▷▷▷

1 感想を発表する 〈15分〉

T　前の時間の感想を発表してください。
・においだけで花畑を見つけたのがおもしろいと思いました。
・青色の花畑がすごくきれいだと思いました。私も見てみたいです。
・花畑のにおいに気付いたのがノノンだけだったのがふしぎでした。
T　「春風」という言葉が何箇所出てきたか、確かめてみましょう。
・２箇所です。
・たどってということは、花のにおいが春風に乗ってきたのだと思います。
T　春風のおかげで、花畑を見つけることができたのですね。
・ルウとノノンが仲良くなってよかったです。

2 範読を聞き、場面を確かめる 〈20分〉

○場面がどこで変わるか考えながら、範読を聞くように声をかける。
T　このお話は、いくつの場面に分けられますか。
・４つです。
T　４つの場面では、何が変わっていますか。
・一場面はルウだけで、二場面からノノンが出てきます。
・三場面は花畑を見つけるところです。
T　登場人物や場所が変わったのですね。
・四場面は、またルウだけです。
・場所もルウのすあなになっています。
・夜になっているから、時間も変わっています。

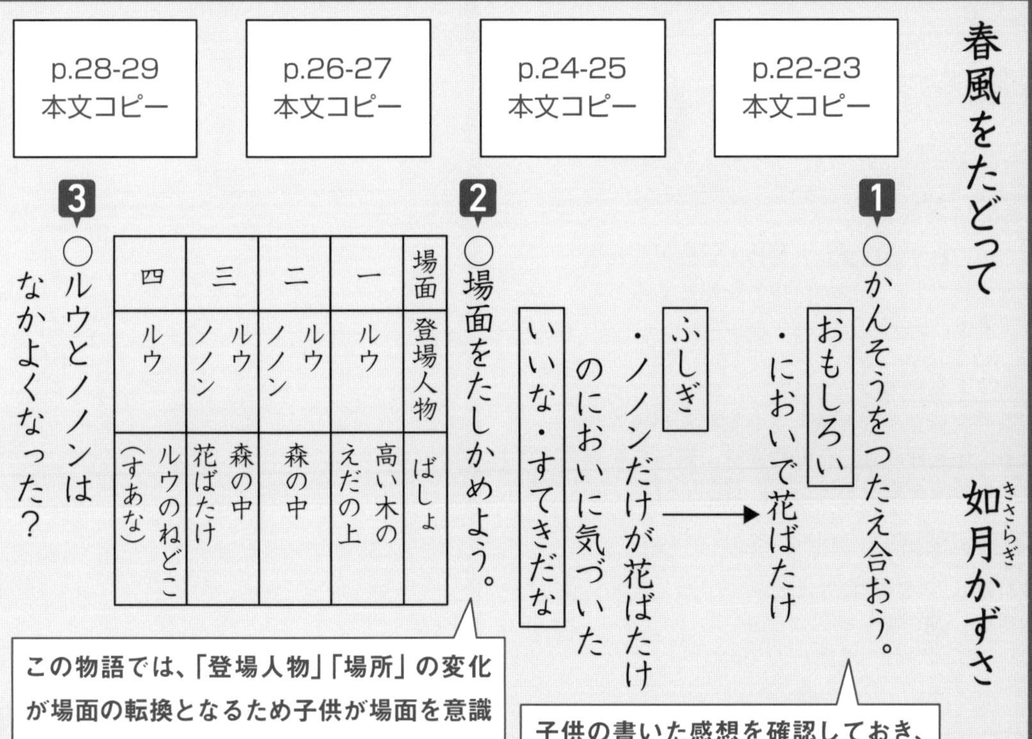

春風をたどって
如月かずさ
p.22-23 本文コピー
p.24-25 本文コピー
p.26-27 本文コピー
p.28-29 本文コピー
1
○かんそうをつたえ合おう。
おもしろい
・においで花ばたけ
ふしぎ
・ノノンだけが花ばたけのにおいに気づいた
いいな・すてきだな
2
○場面をたしかめよう。
場面 登場人物 ばしょ
一 ルウ 高い木のえだの上
二 ルウ ノノン 森の中
三 ルウ ノノン 森の中 花ばたけ
四 ルウ ルウのねどこ（すあな）
3
○ルウとノノンはなかよくなった？
子供の書いた感想を確認しておき、おおまかな視点ごとにまとめていく
この物語では、「登場人物」「場所」の変化が場面の転換となるため子供が場面を意識できるように表にまとめるとよい

3 学習の目標を確認する 〈10分〉

T　みなさんは、ルウとノノンが仲良くなったと思いますか。

・「明日さそってみよう」と言っているので、仲良くなったと思います。

・最初はそんな感じではなかったけど、いっしょに花畑を探したから仲良くなれたと思います。

○今後の学習につながる感想（ルウの気持ちについて）が出た場合は、全体に投げかけ、単元目標につなげる。

T　ルウの気持ちが変わっているようですね。他にもルウの気持ちが分かるところはあるでしょうか。次の時間からルウの気持ちを考えながら、お話を読んでいきましょう。

○学習課題を板書する。

よりよい授業へのステップアップ

初発の感想を生かして

単元目標に迫っていくためには、子供の実態や物語への関心を把握することが大切である。それらをつかみ、今後の授業へのヒントとなるのが初発の感想である。

単元目標に迫る感想や異なる考えをもつ子供を取り上げることで、自然と学習課題へつなげることができるだろう。

また、物語内の対比や行動描写に着目している子供は、3時以降活躍できる場が訪れるはずである。

本時案

春風をたどって

本時の目標

・ルウの行動や会話文など気持ちが読み取れる叙述に着目し、ルウの気持ちを想像することができる。

本時の主な評価

❶行動や会話文から登場人物の気持ちが読み取れることを理解し、行動や会話、気持ちを表す語句の量を増やしている。【知・技】

資料等の準備

・教科書 p.22–31本文のコピー
・教科書 p.22の挿し絵のコピー
・ワークシート（一場面）⤓ 04–01

子供から発言の

p.28-29
本文コピー

p.30-31
本文コピー

ルウの気持ち
〈森にたいして〉
・あきあき　・たいくつ
・うんざり
〈写真にたいして〉
・あこがれ

話し合いで出てきた言葉を基に、「森に対する気持ち」と「写真に対する気持ち」を区別できるよう、分けてまとめるとよい

授業の流れ ▷▷▷

1 前時を振り返り、本時のめあてを確かめる 〈10分〉

T　ルウの気持ちが変わっているのか、場面ごとに確かめましょう。
○叙述を基に、場面の様子を確かめる。
T　一場面はどんな場面ですか。
・森の中です。ルウは高い木の枝の上にいます。
・お昼前だと分かります。
・春ということも分かります。
・出てくるのはルウだけです。
T　では、今日は一場面のルウの気持ちを考えてみましょう。
○本時のめあてを板書する。

2 気持ちが想像できるところを見つけ、ワークシートに書く 〈15分〉

T　ルウの気持ちが分かると思うところに線を引きながら、お話を聞きましょう。
○範読を聞く視点を明確にし、活動内容を示してから範読するようにする。
T　どんなところに線を引きましたか。
・私は p.22 l. 7 の「たいくつそうに」に引きました。
・私は p.23 l. 7 の「ためいきをつきます」に引きました。
・私は p.23最後の「いつかぜったい」からも気持ちが伝わってくると思いました。
T　線を引いたところを基に、ルウの気持ちをワークシートの吹き出しに書き込みましょう。
○ワークシート（一場面）を配付する。

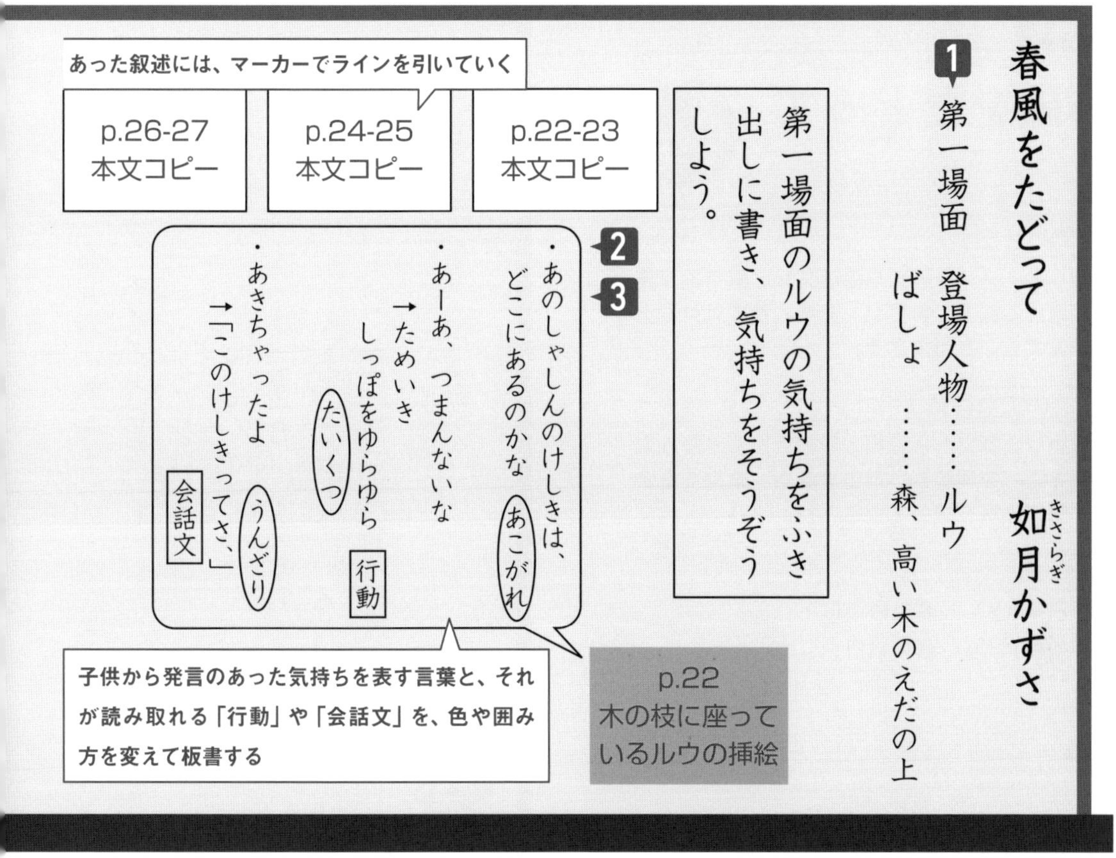

春風をたどって　如月（きさらぎ）かずさ

1 第一場面　登場人物……ルウ
ばしょ……森、高い木のえだの上

第一場面のルウの気持ちをふき出しに書き、気持ちをそうぞうしよう。

p.22-23 本文コピー

p.24-25 本文コピー

p.26-27 本文コピー

あった叙述には、マーカーでラインを引いていく

p.22 木の枝に座っているルウの挿絵

2 3
・あのしゃしんのけしきは、どこにあるのかな　あこがれ
・あーあ、つまんないな
→ためいき
しっぽをゆらゆら　行動　たいくつ
・あきちゃったよ
→「このけしきってさ、」　会話文　うんざり

子供から発言のあった気持ちを表す言葉と、それが読み取れる「行動」や「会話文」を、色や囲み方を変えて板書する

3 書いたことを話し合う 〈20分〉

T　吹き出しに書いたことを発表しましょう。
・「あーあ、つまんないな」と書きました。
・「あの景色が見たいな。この森の景色にはあきちゃったよ」という感じだと思います。
T　どこからそう思いますか。
・p.23の「ためいき」のところです。
T　このときのルウはどんなため息かやってみましょう。
T　では、それが伝わるようにルウのセリフを読んでみましょう。
○他の部分でも実際に演技してみたり、自分の経験と結び付けたりして、ルウの気持ちを想像したり、音読で表したりする。
○授業で出てきた言葉を基に、ルウの気持ちをまとめる。

よりよい授業へのステップアップ

気持ちが表れる叙述を押さえる

第一場面ではルウの気持ちを読み取れる叙述は少ない。下記に示す叙述を本時でしっかり押さえることで、次時からの学習がより深まるだろう。気持ちを表す語句などは教科書巻末の「言葉のたから箱」を活用できる。

①直接表現：「たいくつ」など
②会話文：「この森のけしきってさ、」のように、そのときの様子や言い方も含めて気持ちが伝わる叙述
③行動描写：「ためいき」など

本時案

春風をたどって

本時の目標

・ルウとノノンの行動や会話文など気持ちが読み取れる叙述に着目し、登場人物の気持ちを想像することができる。

本時の主な評価

❶行動や会話文から登場人物の気持ちが読み取れることを理解し、行動や会話、気持ちを表す語句の量を増している。【知・技】

資料等の準備

・教科書 p.22–31本文のコピー
・教科書 p.25–27の挿絵のコピー
・ワークシート（二場面）⤓ 04–02

子供から発言の

p.28-29
本文のコピー

p.30-31
本文のコピー

ルウの気持ち
〈ノノンにたいして〉
・ノノンはじつは
すごいのかも
・こんなノノン知らなかったな
・おっとりしているだけかと
思っていたのに

ノノンの行動、
ルウの行動や
しながら、まと

授業の流れ ▷▷▷

1 前時を振り返り、本時のめあてを確かめる 〈10分〉

T　一場面のルウはどんな気持ちでしたか。
・たいくつしていました。
・自分の森のことがあんまり好きではない様子でした。
T　行動や会話文から、ルウの気持ちを想像することができましたね。それが分かるように一場面を音読してみましょう。
○前時で分かったルウの気持ちを踏まえて音読しているか聞き、よかったところや全体で確かめたいところを伝える。
○本時のめあてを板書する。
T　今日は二場面です。ルウとノノンが登場しますね。気持ちが分かると思うところに線を引きながら、お話を聞きましょう。

2 気持ちが想像できるところを見つけ、ワークシートに書く 〈15分〉

T　どんなところに線を引きましたか。
・p.25最後の行の「首をかしげる」というところから、不思議に思っている感じがしました。
・p.26に「びっくりして」とありました。
・p.27 l. 6の「どんどん進んでいきます」から、ノノンはにおいが何なのか気になって仕方ないと感じました。
T　「かしげる」とはどういうことですか。
○子供が普段使わない語句に関しては、辞書で確かめたり、動作化したりして、意味が理解できるようにする。
T　線を引いたところを基に、ルウの気持ちを吹き出しに書き込みましょう。
○ワークシート（二場面）を配付する。

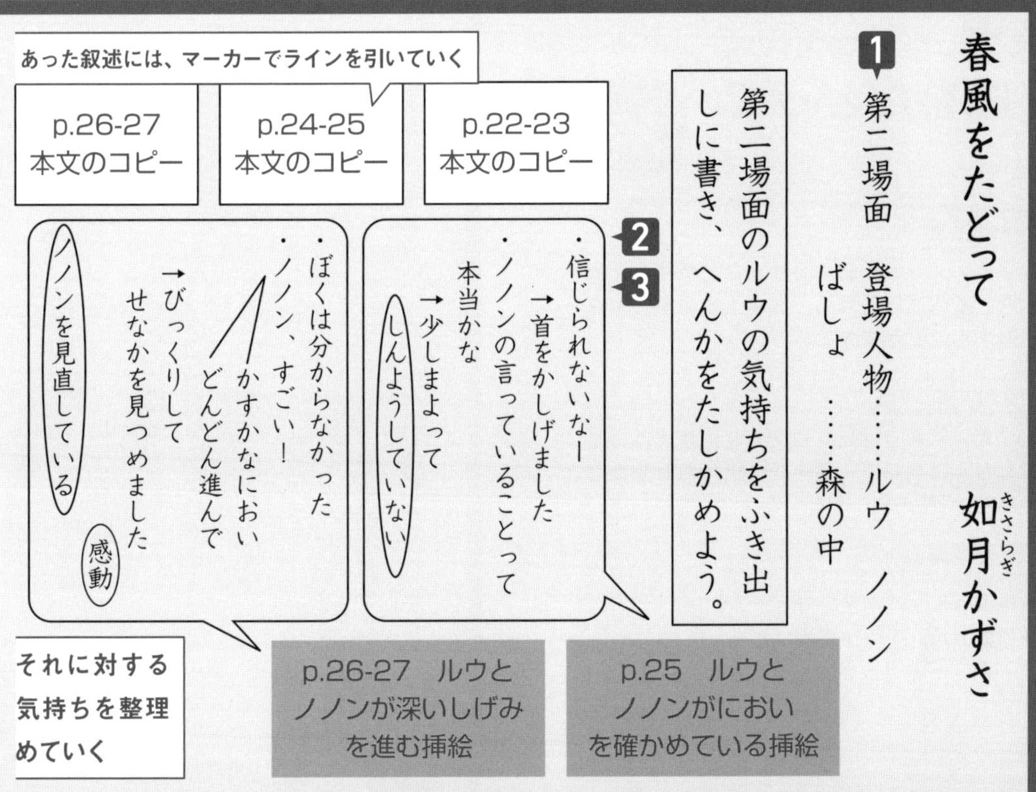

春風をたどって
如月かずさ
1
第二場面　登場人物……ルウ　ノノン
ばしょ……森の中
第二場面のルウの気持ちをふき出しに書き、へんかをたしかめよう。
あった叙述には、マーカーでラインを引いていく
p.22-23 本文のコピー
p.24-25 本文のコピー
p.26-27 本文のコピー
2
3
・信じられないなー
→首をかしげました
・ノノンの言っていることって本当かな
→少しまよって
しんようしていない
・ぼくは分からなかった
・ノノン、すごい！
かすかなにおい
どんどん進んで
→びっくりして
せなかを見つめました
ノノンを見直している
感動
p.25　ルウとノノンがにおいを確かめている挿絵
p.26-27　ルウとノノンが深いしげみを進む挿絵
それに対する気持ちを整理めていく

3 書いたことを話し合う　〈20分〉

T　吹き出しに書いたことを発表しましょう。

・「においがするって本当かな」から疑っている感じがします。

・でも本当にあったから、ノノンのことを見直していると思いました。

・「つかれたけど、ノノンは止まらないな。いつものノノンとは全然ちがうぞ」と驚いていると思います。

○本文のどこからそう思ったのか尋ね、叙述を根拠としながら話し合えるようにする。

○二場面の前半と後半ではルウのノノンへの気持ちが変化してきていることが分かるように板書する。

○授業で出てきた言葉を基に、ルウの気持ちを簡単にまとめる。

よりよい授業へのステップアップ

中心人物と対人物

　物語の登場人物は、大きく中心人物と対人物に分けられる。この物語ではルウが中心人物、ノノンが中心人物に影響を与える対人物となる。学習の要はルウの気持ちだが、子供は対人物のノノンの気持ちや行動も語りたくなるだろう。二場面はルウのノノンへの気持ちが変化するきっかけとなるので、教師が子供の発言を整理したり発問で促したりして、ノノンの行動や気持ちを押さえていきたい。

本時案

春風をたどって

本時の目標

・ルウとノノンの行動や会話文など気持ちが読み取れる叙述に着目し、登場人物の気持ちを想像することができる。

本時の主な評価

❸ルウとノノンの行動や会話文を動作化したり話し合ったりして、具体的に気持ちを想像している。【思・判・表】

資料等の準備

・教科書 p.22–31本文のコピー
・教科書 p.28–29の挿絵のコピー
・ワークシート（三場面）04–03

子供から発言の

p.28-29 本文のコピー

p.30-31 本文のコピー

ルウの気持ち
・ノノン、ありがとう
・ノノンはすごい
・いつまでも見ていたいな
・なんてすてきなんだ

ノノンに対する発言と森や花畑に対する発言を整理しながらまとめる

授業の流れ ▷▷▷

1 前時を振り返り、本時のめあてを確かめる 〈10分〉

T　二場面のルウはどんな気持ちでしたか。
・いつもと違うノノンにびっくりしていました。
T　会話文や、ルウとノノンの行動に気を付けながら音読しましょう。
○前時で分かったルウの気持ちを踏まえて音読しているか聞き、よかったところを伝えたり「見つめました。」などの間をとった方がよいと思われる箇所を、全体で確かめたりする。
○本時のめあてを板書する。
T　今日は三場面です。ルウの気持ちが分かると思うところに線を引きながら、お話を聞きましょう。

2 気持ちが想像できるところを見つけ、ワークシートに書く 〈20分〉

T　どんなところに線を引きましたか。
・p.28 l. 4 に「ためいき」があります。一場面の「ためいき」とは違う感じだと思います。
・p.28 l. 8 に「うっとりと」とあるので、感動している様子だと思います。
T　みなさんが「うっとり」するときは、どんなときですか。
○子供が普段使わない語句に関しては、辞書で確かめたり、経験と結び付けたりして、気持ちが想像できるようにする。
T　線を引いたところを基に、ルウの気持ちを吹き出しに書き込みましょう。
○ワークシート（三場面）を配付する。

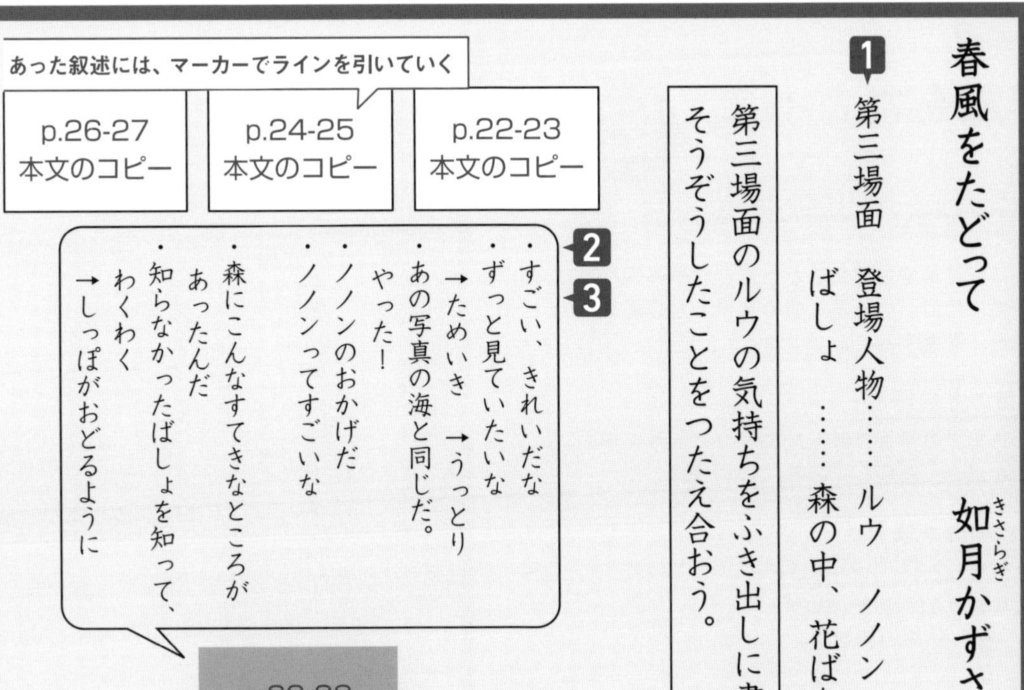

春風をたどって
如月かずさ
きさらぎ
1
第三場面　登場人物……ルウ　ノノン
ばしょ　……森の中、花ばたけ
第三場面のルウの気持ちをふき出しに書き、そうぞうしたことをつたえ合おう。
p.22-23
本文のコピー
p.24-25
本文のコピー
p.26-27
本文のコピー
あった叙述には、マーカーでラインを引いていく
2
3
・すごい、きれいだな
・ずっと見ていたいな
→ためいき　→うっとり
・あの写真の海と同じだ。
やった！
・ノノンのおかげだ
・ノノンってすごいな
・森にこんなすてきなところがあったんだ
・知らなかったばしょを知って、わくわく
→しっぽがおどるように
p.28-29
花畑の挿絵

3 書いたことを話し合う 〈15分〉

T　書いたことを発表しましょう。

・「あの写真と同じだ。やった、見ることができたぞ」といううれしい気持ちです。

・「うわあ、すごい。きれいだな」と感動していると思います。

T　どこからそう思いましたか。

・「ほう、とためいきがこぼれました。」と書いてあるので、胸いっぱいな感じがします。

T　「ためいき」は一場面にもありました。そのときとは違うかやってみましょう。

○ため息を動作化するよう促し、同じため息でも表れている気持ちの違いに気付くようにする。

○授業で出てきた言葉を基に、ノノンや森に対するルウの気持ちを簡単にまとめる。

よりよい授業へのステップアップ

動作化で読みを深める

行動や会話から気持ちを読み取るためには、動作化が有効である。一場面と三場面に出てくる「ためいき」は、同じ「ためいき」ではないだろう。三場面には「すごいや。」という会話文が2回繰り返されているが、この読み方も変わってくるはずだ。実際に動作化してみて、「わくわくしている感じ」など、さらに行動の内面にある気持ちを言語化することができる。行動描写では、具体的な気持ちを言語化していくために、どんどん動作化を取り入れていけるとよい。

本時案

春風をたどって

本時の目標

・ルウの行動や会話文など気持ちが読み取れる叙述に着目し、登場人物の気持ちを想像しながら、音読することができる。

本時の主な評価

❷これまでの学習で考えたルウの気持ちを想像しながら、音読している。【知・技】

資料等の準備

・教科書 p.22–31本文のコピー
・教科書 p.31の挿絵のコピー
・ワークシート（四場面） 04–04

子供から発言の

p.28-29 本文のコピー

p.30-31 本文のコピー

ルウの気持ち
〈ノノンにたいして〉
・友だちになりたいな
・ノノンといっしょにあそびたい
〈森にたいして〉
・森のこと、すきになったな

授業の流れ ▷▷▷

1 前時を振り返り、本時のめあてを確かめる 〈10分〉

T　三場面のルウはどんな気持ちでしたか。
・花畑を見つけて、感動した様子でした。
・ノノンにもありがとうと思っていると思います。
T　ノノンに対する気持ちも考えましたね。ルウの気持ちを想像しながら、音読しましょう。
○ため息や「すごいや。」など、繰り返し出てくる表現の違いが表れていたか、全体で確かめる。
○本時のめあてを板書する。
T　今日は四場面です。ルウの気持ちが分かると思うところに線を引きながら、お話を聞きましょう。

2 気持ちが想像できるところを見つけ、ワークシートに書く 〈15分〉

T　どんなところに線を引きましたか。
・p.30 l.11に、また「うっとり」がありました。辞書にあった「心が引き付けられて」がぴったりな感じです。
・「ノノンをさそって」と書いてあるから、ノノンのことが好きになったと思います。
T　ノノンに対する気持ちが変わっているようですね。他にもルウが変わったなと思うところはありませんか。
・森のすてきな場所を探そうとしています。
T　ルウの気持ちが変わってきていることが分かるように、気持ちを吹き出しに書き込みましょう。
○ワークシート（四場面）を配付する。

春風をたどって　如月（きさらぎ）かずさ

1 第四場面　登場人物……ルウ
ばしょ……ルウのすあな（ねどこ）

第四場面のルウの気持ちをふき出しに書き、そうぞうしたことを音読であらわそう。

2 3
・この森も、すてきなところがあるのだな
・もっとさがしてみよう
・ぜったい、いつか、海も見に行くぞ
・ノノンともっとなかよくなりたいな
・これからはもっと、ノノンとあそんでみよう

p.31　ルウがねどこにねそべっている挿絵

p.22-23 本文のコピー

p.24-25 本文のコピー

p.26-27 本文のコピー

あった叙述には、マーカーでラインを引いていく

3 書いたことを話し合い、音読する〈20分〉

T　書いたことを発表しましょう。

・「この森も悪くないな。ぼくが知らなかっただけなんだ」にしました。

・私も、森のことが好きになったと思います。

T　一場面と大きく変わりましたね。

・「ノノンともっと仲良くなりたいな」と思っていると思います。

T　二場面や三場面でノノンに対する気持ちが変わってきていましたね。

○授業で出てきた言葉を基に、ルウの気持ちを簡単にまとめる。

T　ルウの気持ちが伝わるように物語全体を音読してみましょう。

○ルウの気持ちを表現するためにどんなところに気を付けたいか確かめる。

よりよい授業へのステップアップ

叙述へ立ち返るために

　本教材は、ルウの気持ちの変化が明確に分かりやすい。四場面では、ルウの会話文が多く気持ちを想像しやすい反面、会話文の表現以上のことを想像しにくい子供もいるだろう。ルウの森やノノンに対する気持ちは、最初と最後でどのように変わったか尋ねることで、子供は具体的に発言しやすくなる。その根拠を問うことで、「ノノンをさそって」「ノノンといっしょなら」「わくわくしながら」といった叙述と結び付けていくことができる。

本時案

春風をたどって

本時の目標

・これまでの学習を振り返り、ルウの宝物の写真を基にして、続き話を書くことができる。

本時の主な評価

・写真や画像や話し合ったことを基にしながら、続き話を書いている。

資料等の準備

・ワークシート①②③ 04-05、04-06、04-07
・風景の写真

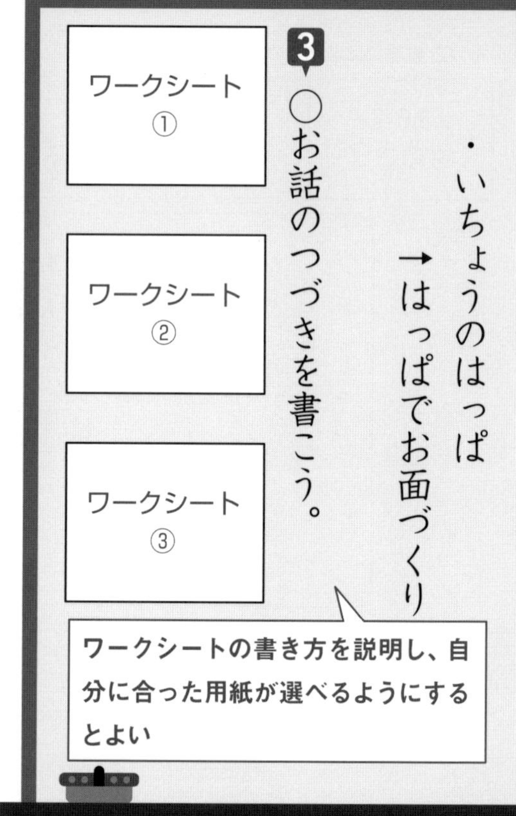

・いちょうのはっぱ
→はっぱでお面づくり
3
○お話のつづきを書こう。
ワークシート①
ワークシート②
ワークシート③
ワークシートの書き方を説明し、自分に合った用紙が選べるようにするとよい

授業の流れ ▷▷▷

1 前時までの学習を振り返り、本時のめあてを確かめる 〈5分〉

T　ルウが森で見つけたのは何でしたか。
・青色の花畑です。
・海色の花畑って書いてあるので、海の写真とそっくりだったのだと思います。
T　ルウとノノンはこれからどんな景色を見つけるでしょうか。今日は、お話の続きを考えてみましょう。
・写真にある、白や黄色に関係しそうだな。
・森の中にあるかな。
○本時のめあてを板書する。

2 イメージを出し合う 〈20分〉

T　ルウの写真から考えてみましょう。青の海は青い花畑でしたね。白は何でしょうか。
・白もお花だと思います。
・冬になって雪がつもるお話もできそうです。
・たんぽぽの綿毛がいいと思います。ふわふわしていて、雪みたいになりそうです。
T　季節も関係してきそうですね。では黄金はどうでしょうか。
・ひまわり畑がいいと思います。
○写真を見たり、画像を検索したりして、イメージを膨らませる。

ICT端末の活用ポイント

景色等の画像は教師側であらかじめ、いくつか用意しておく。気になった画像を一人一人じっくり見ることができるようにしておくとよい。

春風をたどって　如月（きさらぎ）かずさ

1 お話のつづきを考えよう。

2 青くすき通った海
・青色の花ばたけ

雪をかぶった白一色の山々
・白いお花
・雪　↑冬になって
・たんぽぽのわた毛　↑春

黄金にかがやくさばく
・ひまわりばたけ
→かくれんぼしてあそぶ

他の子供の参考になるように、季節やその場所でやることなど、子供から出たアイデアをまとめていく

3 お話の続きを書く　〈20分〉

T　いろいろなアイデアが出ましたね。そのアイデアを使って、お話の続きを書いてみましょう。

・白い動物の群れに出会うようにしたいです。
・雲の中に飛んで行ってしまうお話もおもしろそうです。
・秋になって紅葉したイチョウの葉で２人が遊ぶお話にしたいです。
・画像でお月さまを見たら、黄金に光っている感じがしたから、２人がお月見しているお話にしたいです。

○書き出しをあらかじめ書いたワークシートや、季節や見つけたものを書き込めるワークシートを用意しておき、書くことが苦手な子供も取り組めるようにする。

よりよい授業へのステップアップ

個別最適な学びに向けて

今回は、お話を想像する「読む」学習であるので、構成や段落のまとまりなどを評価する必要はない。読み取った内容からさらにお話を味わうために、続き話を書くのである。子供が自分の想像したことを楽しく書けるよう支援したい。アイデアが思い浮かばず書けないのか、アイデアはあるが書けないのか、同じ「書けない」でも支援の仕方は変わってくる。画像を見たり友達のアイデアを聞いたりすることや、書き出しを指定しておくことで書き始められる子供も少なくないだろう。

本時案

春風をたどって

8/8

本時の目標

・書いたものを読み合い、登場人物の気持ちや行動、会話文に注目し、感想を伝え合うことができる。

本時の主な評価

❹登場人物の気持ちや行動、会話文に注目し、感想を伝えたり、学習を振り返ったりしようとしている。【態度】

資料等の準備

特になし

3

○学習をふりかえろう。

・行動にちゅう目できるようになった

・ルウの気持ちのへんか

次の学習につながるポイントを全員が意識できるように、色で囲むなどする

授業の流れ ▷▷▷

1 書いたものを読み合い、感想を伝え合う 〈15分〉

T　前回書いた物語をペアで読み合って、感想を伝え合いましょう。

○まずはペアで読み合い、感想を伝え合う。

T　友達のお話の続きを読んで、感想を発表してください。

・〇〇さんは、白い景色を氷にしていたので、想像したらきれいだなと思いました。

・〇〇さんのお話は、ルウとノノンがとっても仲良くなっていて、いいなと思いました。

T　２人の関係にも注目したのですね。もう１人と交換して、感想を伝え合いましょう。

○想像した景色や学習した内容（板書参照）について感想を伝えるようしっかり確認する。

2 グループで感想を伝え合う 〈15分〉

T　友達のお話を読んで、感想を伝え合いましたね。友達から感想をもらって、どうでしたか。

・おもしろいと言われて、うれしくなりました。

・読みやすいと言ってもらえて、自信がつきました。

○伝えてもらった側の感想も聞くことで、伝え合うよさを実感できるようにする。

T　次は、人数を増やして読み合ってみましょう。

○生活班や、同じような内容を基にグループをつくったり、自由に読み合ったりするなど、クラスの実態に合わせて活動を決める。

春風をたどって　如月（きさらぎ）かずさ

1 お話を読み合い、かんそうをつたえ合おう。

2 ○グループでつたえ合おう。

〈お話について〉

・白いけしき　―　こおりできれい

・ルウとノノンがなかよし

・ぼうけんみたいになっていた

・会話文が多くて楽しい

〈読んでもらって〉

・うれしい

・自しんになった

・もっと書きたい

行動や会話文、2人の関係など、これまでの学習内容とつながった発言が出た場合は、物語を振り返る

3 単元を振り返る〈15分〉

T　ルウの気持ちを確かめながら、学習してきましたね。自分ができるようになったこと、これからの学習で生かしたいと思うことをノートに書きましょう。

・同じため息でも、気持ちによって、違うため息になることが分かったから、次からも何回も出てくる言葉に気を付けて読みたいです。

・ルウの気持ちが変わったのが分かっておもしろかったです。次のお話でも登場人物の気持ちが変わるか、確かめていきたいです。

○ノートやワークシートを振り返りながら、学習したことを自分の言葉でまとめられるようにする。また、全体で共有する際には、物語に対する自分の読み方を意識するように促す。

よりよい授業へのステップアップ

次へつながる振り返り

書いたものを読んで感想を伝え合う学習は、単元の最後に設定することが多い。「おもしろかった」など漠然とした感想ではなく、単元で学習した内容を振り返り、今後の学習に生かせる時間となるようにしたい。「気持ちが分かる行動を書いている友達はいなかったかな」など、具体的に問うことで、学習内容をもう一度確認できる場とすることができる。

資料

1 第３時　ワークシート（一場面）04-01

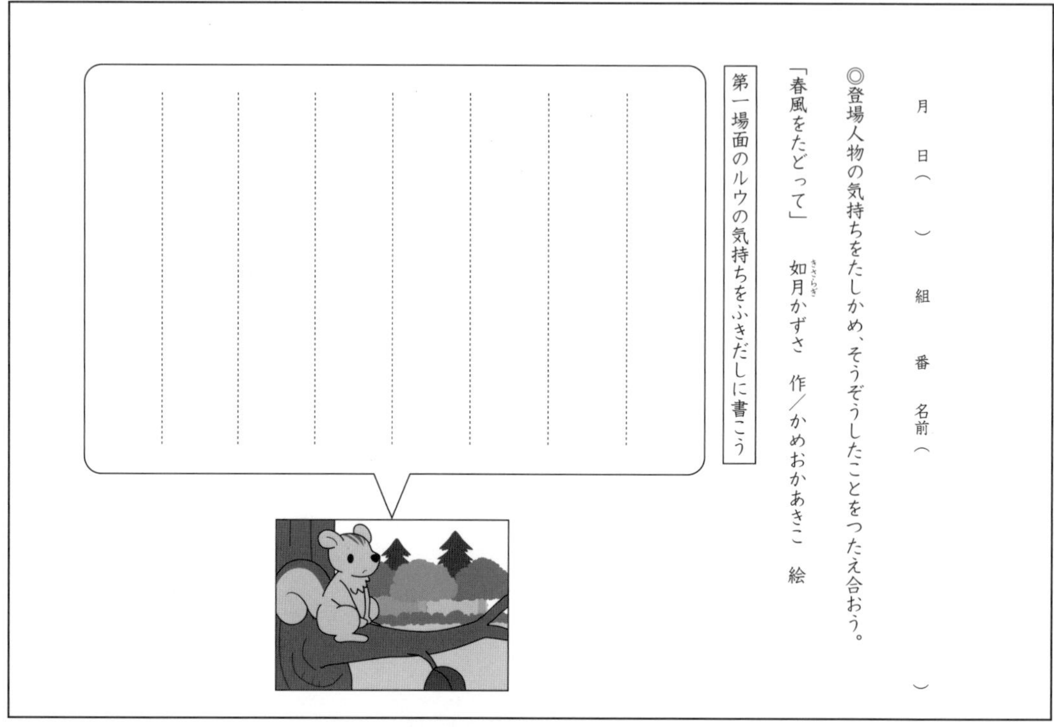

月　日（　）　組　番　名前（　）
◎登場人物の気持ちをたしかめ、そうぞうしたことをつたえ合おう。
「春風をたどって」　如月かずさ　作／かめおかあきこ　絵
第一場面のルウの気持ちをふきだしに書こう

2 第４時　ワークシート（二場面）04-02

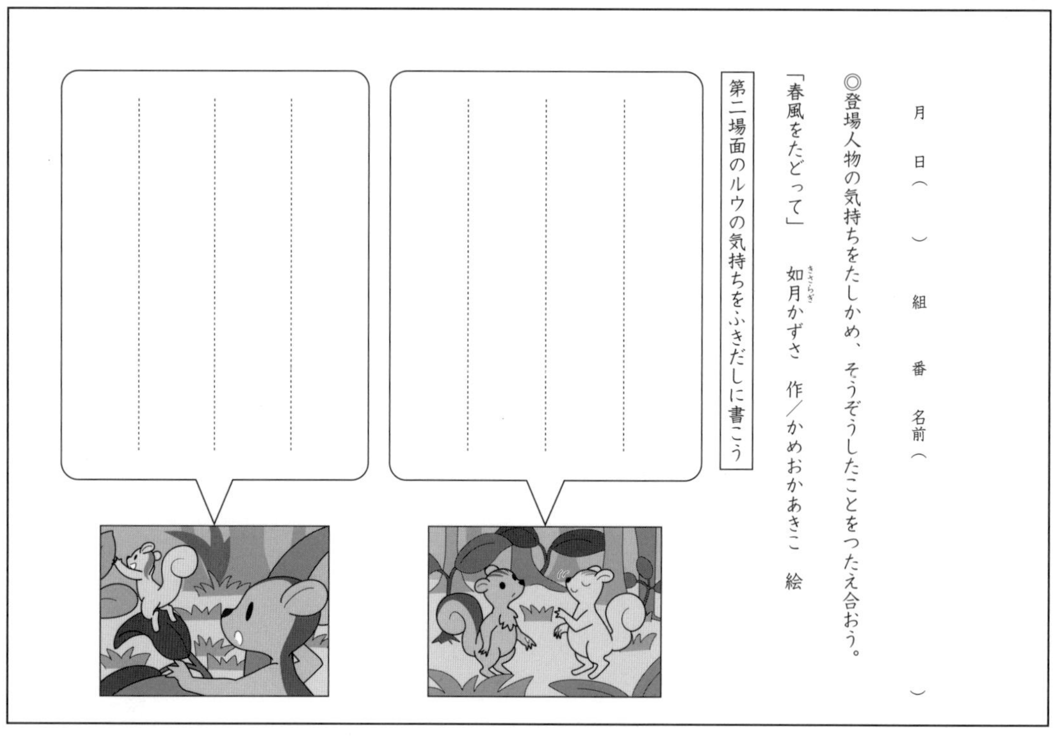

月　日（　）　組　番　名前（　）
◎登場人物の気持ちをたしかめ、そうぞうしたことをつたえ合おう。
「春風をたどって」　如月かずさ　作／かめおかあきこ　絵
第二場面のルウの気持ちをふきだしに書こう

3 第5時　ワークシート（三場面）04-03

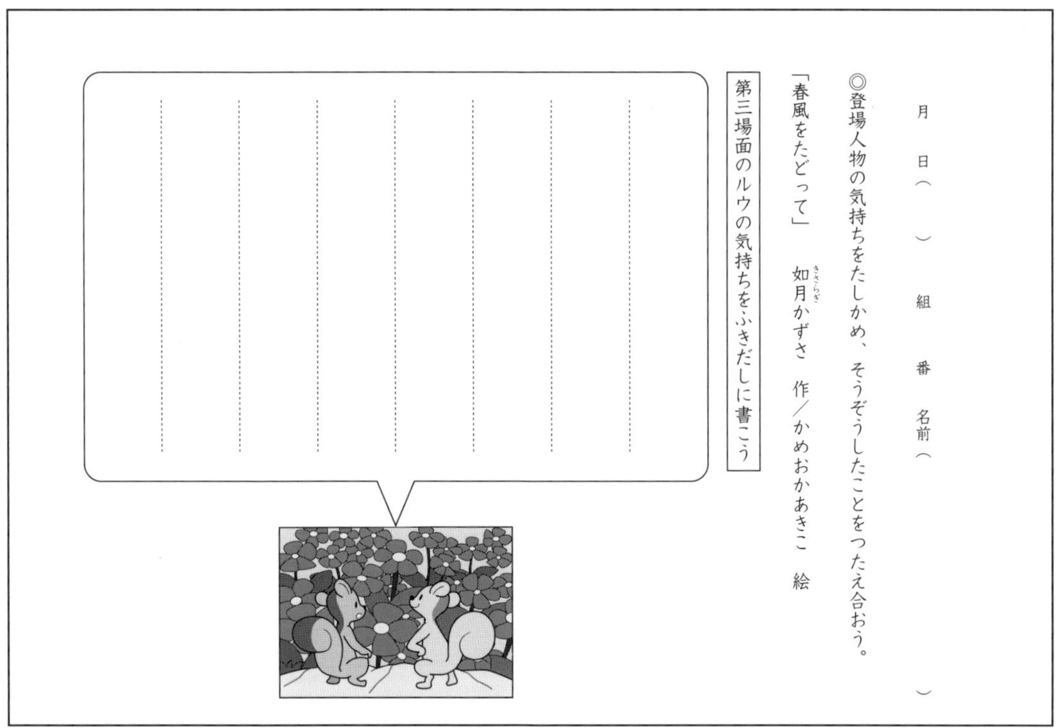

月　日（　）　組　番　名前（　　　　）

◎登場人物の気持ちをたしかめ、そうぞうしたことをつたえ合おう。

「春風をたどって」　如月（きさらぎ）かずさ　作／かめおかあきこ　絵

第三場面のルウの気持ちをふきだしに書こう

4 第6時　ワークシート（四場面）04-04

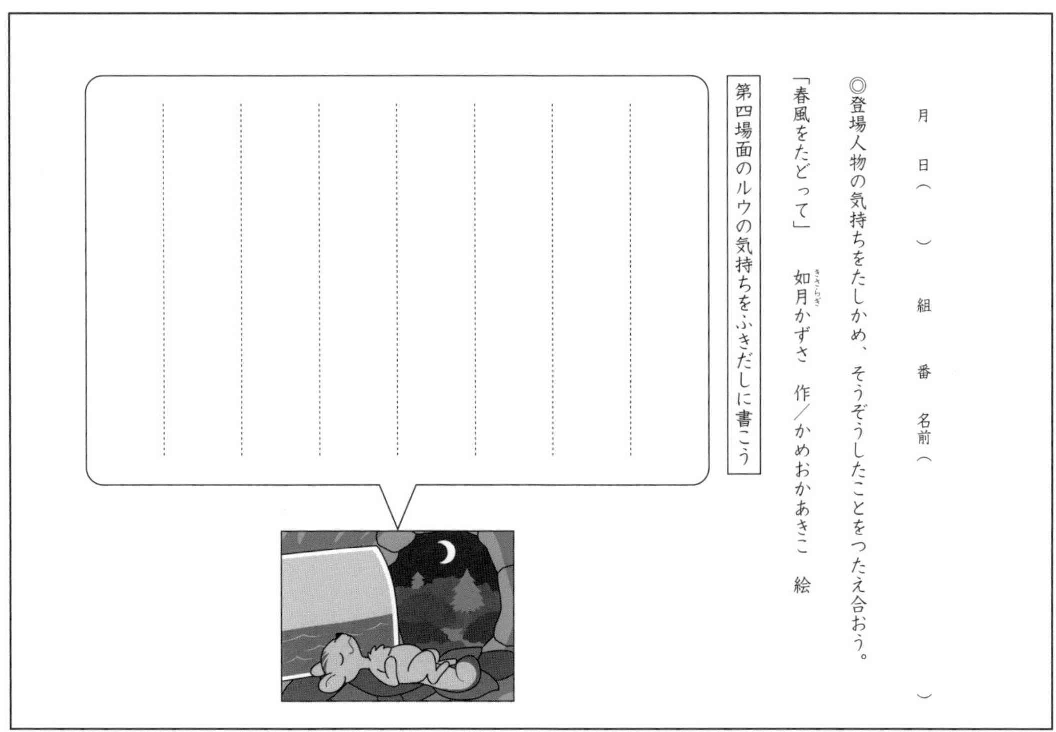

月　日（　）　組　番　名前（　　　　）

◎登場人物の気持ちをたしかめ、そうぞうしたことをつたえ合おう。

「春風をたどって」　如月（きさらぎ）かずさ　作／かめおかあきこ　絵

第四場面のルウの気持ちをふきだしに書こう

5 第７時　ワークシート① 04-05

月　日（　）　組　番　名前（　　　　）

◎登場人物の気持ちをたしかめ、そうぞうしたことをつたえ合おう。

「春風をたどって」　如月（きさらぎ）かずさ 作／かめおかあきこ 絵

お話のつづきを考えよう　ワークシート①

6 第７時　ワークシート② 04-06

月　日（　）　組　番　名前（　　　　）

◎登場人物の気持ちをたしかめ、そうぞうしたことをつたえ合おう。

「春風をたどって」　如月（きさらぎ）かずさ 作／かめおかあきこ 絵

お話のつづきを考えよう　ワークシート②

つぎの日、ルウはノノンをさそって、さっそく森のたんけんに出かけました。森のおくにすすむと、

7 第７時　ワークシート③ 04-07

月　日（　）　組　番　名前（　　　　　　）

◎登場人物の気持ちをたしかめ、そうぞうしたことをつたえ合おう。

「春風をたどって」　如月かずさ　作／かめおかあきこ　絵

お話のつづきを考えよう　ワークシート③

ルウとノノンが見つけたもの	見つけた場所	きせつや時間	ルウとノノンがしたこと

本は友だち

図書館たんていだん　（1時間扱い）

単元の目標

知識及び技能	・読書が、必要な知識や情報を得ることに役立つことに気付くことができる。((3)オ)
学びに向かう力、人間性等	・言葉がもつよさに気付くとともに、幅広く読書をし、国語を大切にして、思いや考えを伝え合おうとする。

評価規準

知識・技能	❶読書が、必要な知識や情報を得ることに役立つことに気付いている。(〔知識及び技能〕(3)オ)
主体的に学習に取り組む態度	❷読書が、必要な知識や情報を得ることに役立つことを積極的に知り、学習課題に沿って学校図書館の工夫について調べようとしている。

単元の流れ

時	主な学習活動	評価
1	・教科書 p.35の写真や教師があらかじめ撮影した写真などを参考にして、学校図書館の工夫を考える。 ・図書館の地図を作るために学校図書館に行き、本の分類に気付いたり学校図書館の工夫を見つけたりする。	❶❷

授業づくりのポイント

〈単元で育てたい資質・能力〉

本単元のねらいは、公共図書館や学校図書館で、必要な知識や情報を得るための本を見つける力を育むことである。そのために、学校図書館における本の配置や日本十進分類法などのきまりについて理解し、必要な本がどこにあるか推測できるようになることが大切である。本時の指導だけでなく、繰り返し書架の分類や配置のきまりを振り返る手だてを講じることで、日常的に読書に親しむ態度を身に付けられるようにしたい。

〈他教科との関連〉

子供たちが日常で親しむ本は、日本十進分類法の９類「文学の本」が多いだろう。それ以外にも図書館には、社会科や理科、総合的な学習の時間など、他教科の学習で生かせる本も数多く用意されている。そのため、年間の教育課程を見通して他教科の学習に生かせる本がどの程度あるのか把握しておきたい。そして、学校図書館の地図への記入が終わった子供に対して、「社会科で勉強する消防署の本はどこにある？」「理科で昆虫の体のつくりを学ぶときはどの本が使えそう？」など、意図的に声をかけることで知識や情報を得るための読書に親しむきっかけとしたい。

〈言語活動の工夫〉

子供が実際に図書館を歩き本にふれる体験を通して、本の配置のきまりや本に親しむための工夫に気付けるようにしたい。そこで本単元では、学校図書館の地図を作成する活動を設定する。一方的に教え込まれるのではなく、自分の力できまりに気付いたり友達が書いたコメントを参考にしたりすることで、より実感を伴った学びを得られるだろう。活動の質を充実させるため、事前に図書館の配置や工夫を予想したり、図書館で自由に活動する時間を確保したりしたい。

［具体例］

○おおまかな本の配置の分類や本に親しむための工夫などを学校図書館の地図に記入する。一人一人個別に記入することもできるが、同時編集が可能なシートを端末に配付することで、協働して活動を進めることもできる。全ての情報を白紙のプリントに記入するのは難しい子供もいるだろう。スムーズに活動が進められるように、図書館の棚を示したプリントや日本十進分類表を用意しておくなどの手だても準備しておきたい。

○作成した学校図書館の地図は、必要に応じて今後も活用できるのが望ましい。一人一人の読書記録カードやファイル等に添付しておくことで、本を探すときに参照したり新たな気付きを追記したりできるようにしたい。教師から与えられたプリントではなく、自分たちの気付きが書き込まれた地図が手元にあることで、読書に親しむきっかけになるのではないだろうか。

〈ICT の効果的な活用〉

共有：同時編集が可能なプレゼンテーションソフト等を用いて、学校図書館の地図を作成することで、それぞれの分担を決めて効率的に活動を進めたり、友達の取り組み状況を即座に確認したりすることができる。

整理：同時編集が可能なプレゼンテーションソフト等を用いて、一人一人の気付きや図書館司書から学んだことをクラウド上の付箋に入力することで、似ているコメントは近くに配置してまとまりごとに分類し、学校図書館の工夫をより分かりやすく整理することができる。

本時案

図書館たんていだん

本時の目標

・読書が、必要な知識や情報を得るために役立つことに気付くことができる。

本時の主な評価

❶読書が、必要な知識や情報を得るために役立つことに気付いている。【知・技】

❷読書が、必要な知識や情報を得ることに役立つことを積極的に知り、学習課題に沿って学校図書館の工夫について調べようとしている。【態度】

資料等の準備

・教科書 p.35の写真（自校の学校図書館の写真）
・図書館マップワークシート ⇩ 05-01
・図書館マップワークシート記入例 ⇩ 05-02

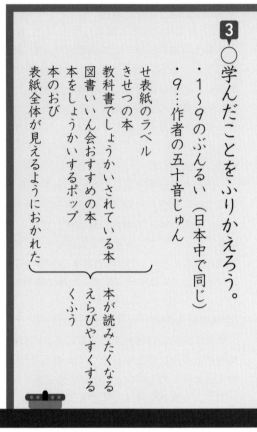

3
○学んだことをふりかえろう。
・1～9のぶんるい（日本中で同じ）
・9…作者の五十音じゅん
せ表紙のラベル
きせつの本
教科書でしょうかいされている本
図書いいん会おすすめの本
本をしょうかいするポップ
本のおび
表紙全体が見えるようにおかれた
本が読みたくなる
えらびやすくする
くふう

授業の流れ ▷▷▷

1 写真等から学校図書館の工夫を見つけたり、予想したりする 〈10分〉

○ p.35の写真や自校の図書館の写真を用意しておく。写真は、本の配置や分類に関する工夫が分かりやすいものを用意する。

T　図書館を訪れる人のために、どんな工夫がされているか見つけられますか。

・図書館の地図があって、どこにどんな本があるのかが分かりやすいです。
・「9日本文学」と、本の種類で番号が決められています。
・おすすめの本が目立つよう並べてあります。

T　他にも図書館を訪れる人のための工夫はありそうですか。

・本の並べ方にもきまりがありそうです。
・「9」の他にも、本の種類を表す数字があるのか気になります。

2 学校図書館に行き、本の分類や配置の工夫を見つける 〈25分〉

T　これから、実際に図書館に行きます。本の分類や置き方のきまり、利用者のための工夫を見つけ、図書館マップに書きましょう。

・4には、自然に関わる本が置いてあります。
・○年生におすすめの本があります。
・今の季節にぴったりな本が紹介されている棚があります。

○子供たちが普段から読むことが多い9類「日本文学」の本以外にも、様々な分類の本があることに目を向けられるようにしたい。「これから社会科で、○○を学習するよね。関係する本はあるかな？」などと問い、他教科との関連も意識できるようにしたい。

図書館たんていだん

図書館のくふうを見つけよう。

1 ○しゃしんから見つけよう。

p.35の写真や自校の図書館の写真

・図書館の地図がある
・本のしゅるいと番号がきまっている
・おすすめの本のコーナーがある
・本のならべ方にもきまりがある？

2 ○図書館マップに書きこもう。

図書館たんていだん　年　組　名前（　　　）

図書館のくふうを見つけよう。
本のしゅるいや、つかう人のためのくふうを見つけて、気づいたことを書きこもう。

かしだしカウンター
1 ものの考え方・心
2 むかしのこと・ちいき
3 社会のしくみ
4 しぜん
5 ぎじゅつやきかい
6 色々なしごと
7 げいじゅつスポーツ
8 言葉
9 文学
E 絵本
おすすめの本
ポスターにおすすめの言葉
作者の50音じゅん
社会科の学習でつかえそう
理科の学習でつかえそう
しゅるいごとにならんでいる

・本の分るい
・置き方のきまり
・利用者のためのくふう

必ずしも、全ての工夫を網羅する必要はなく、今後も図書館を訪れたときにも、工夫を意識する余地を残すようにしたい

ICT 等活用アイデア

個々の気付きを共有する

1人1台端末にワークシート（図書館マップ）を配付することで、本時で学んだ気付きを記録し、残すことが可能になる。そうすることで、今後図書館を利用する際に、今回の学習を振り返る姿を期待したい。さらに、ワークシートをクラウド上でクラス全体に共有すれば、友達の気付きを自分の端末で参照することができ、より多くの工夫に気付く機会となる。実際に図書館の工夫を目で見て、本を手に取る時間を確保することも大切である。

3 分類や配置の工夫を振り返る〈10分〉

T　どんな工夫を見つけましたか。
・１〜９の分類で、本が並んでいます。
・９の本は、作者の50音順に並んでいます。
・本を読みたくなる工夫がたくさんあります。
○本の分類は、学校以外のどこの図書館でも共通していることを伝える。
T　図書館には、本を探しやすくする工夫、本を読みたくなる工夫がたくさんありますね。
○読んだ本の感想やお気に入り度を記録することで、自身の読書を振り返ったり、今後の読書の幅を広げたりすることにつながる。

ICT 端末の活用ポイント

個々の気付きを順に発言してもよいが、各自の端末で友達の学びを参照できるようなら、共同編集したシートを見合う時間を取る。

資料

1 第1時　図書館マップワークシート 05-01

図書館たんていだん

年　　組　名前（　　　　　　　　　）

図書館のくふうを見つけよう。

本のしゅるいや、つかう人のためのくふうを見つけて、気づいたことを書きこもう。

2 第１時　図書館マップワークシート記入例 05-02

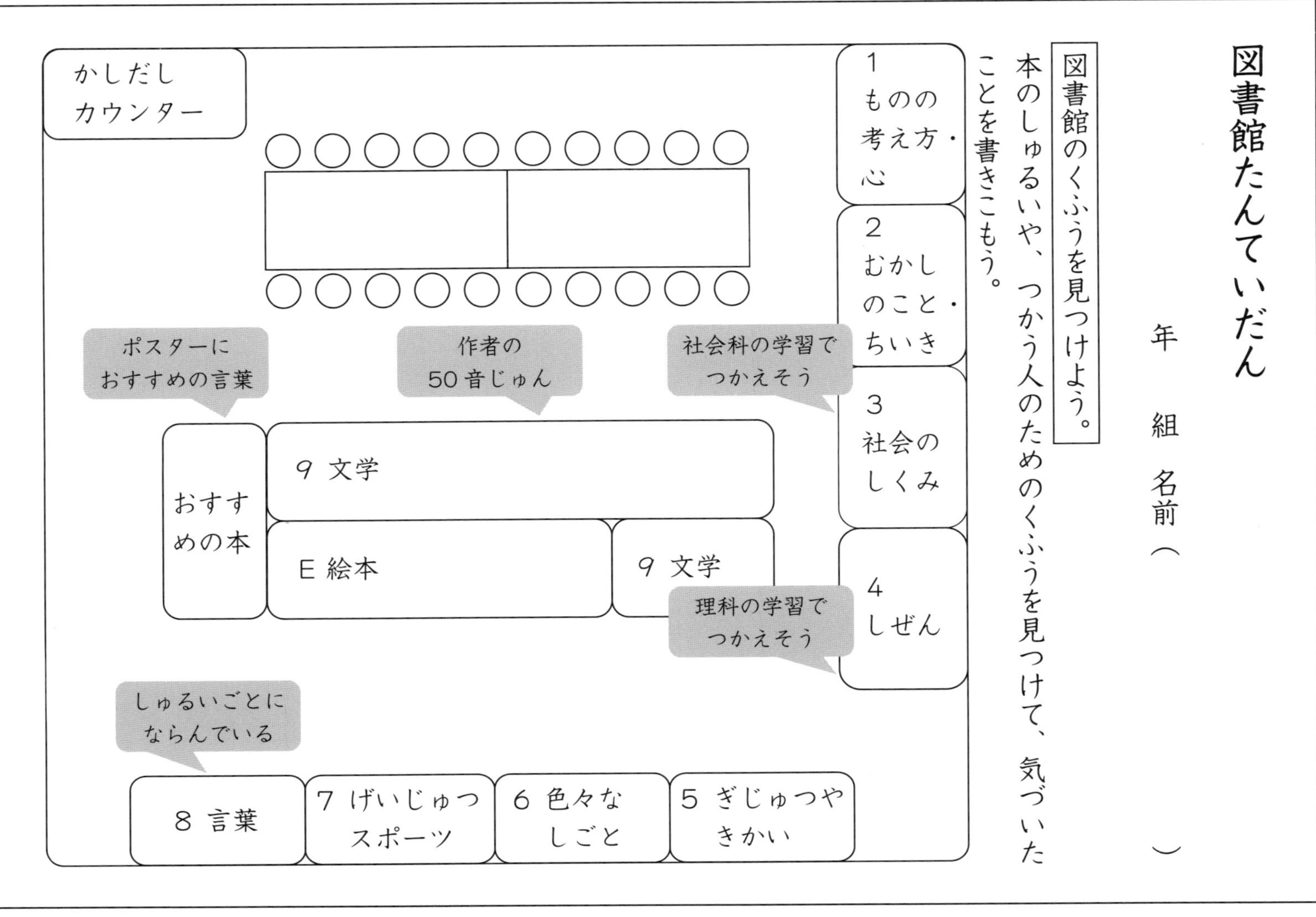

言葉

国語辞典を使おう （2時間扱い）

単元の目標

知識及び技能	・辞書の使い方を理解し使うことができる。((2)イ)
学びに向かう力、人間性等	・言葉がもつよさに気付くとともに、幅広く読書をし、国語を大切にして、思いや考えを伝え合おうとする。

評価規準

知識・技能	❶辞書の使い方を理解し使っている。(〔知識及び技能〕(2)イ)
主体的に学習に取り組む態度	❷進んで辞書の使い方を理解し、学習課題に沿って国語辞典を使おうとしている。

単元の流れ

時	主な学習活動	評価
1	・教科書 p.38の「問いをもとう」を基に、どのようなときに国語辞典を使うのかを考える。 ・国語辞典のつくりを理解し、実際に使ってみる。	❶
2	見出し語の詳しい見つけ方を理解し、国語辞典を使って言葉の意味を調べる。	❷

授業づくりのポイント

〈単元で育てたい資質・能力〉

本単元のねらいは、国語辞典の使い方を理解し、進んで国語辞典を使い語彙を豊かにしていく力を育むことである。国語辞典に書かれている内容や見出し語の並び順のきまりに気付けるよう、国語辞典にふれる時間を十分に確保する。また見出し語に掲載されている複数の意味から、文章や前後の文脈に当てはまる意味を選び出す必要がある。調べた意味を交流したり、実際の文章と意味を照らし合わせて確かめたりする経験を通して、徐々に正確な意味を理解する力を身に付けられるようにしたい。

[具体例]

○子供が実際に国語辞典にふれ、書かれていることを確かめる活動を通して国語辞典のきまりに気付けるようにしたい。例えば、「つめ」や「はしら」があることや見出し語の配列順などの大まかなきまりは、子供自らの気付きを促す。大まかなきまりを見つけた上で、「見出し語の１字目が同じときは、２字目を見る」「清音→濁音→半濁音という順に並んでいる」などの詳しいきまりを確認するようにする。はじめは時間がかかっても焦らず、様々な機会で積極的に使う場面を設けるようにする。

〈言語活動の工夫〉

国語辞典を使用する際には、見出し語を見つけるヒントを互いに出し合ったり、掲載されている意味の中で前後の文脈に当てはまるものがどれかを検討し合ったりし、協働的に活動を進める機会を取り入れたい。見出し語を調べる活動だけでなく、意味から見出し語を推測したり、「うれしいもの」や「こわいもの」などのお題を決めてぴったり合う言葉を見つけたりするなど、ゲーム的な要素を取り入れて学習を進めるのもよい。短時間でも継続して国語辞典を用いた活動を行うことで、この先も国語辞典に親しむ態度を育むことができるだろう。

このような働きかけを通して、楽しみながら正しい意味を検討することができる。そして今後国語辞典で言葉を調べる際、いくつもの意味の中で文章や文脈に当てはまるものを見いだす重要性を実感することができるだろう。

[具体例]

○国語辞典に示された複数の意味の中からぴったりなものを選ぶ活動では、教師が誤った意味を提示するのも有効である。例えば、「算数の問題を『とく』」の「とく」は、「しばってあるものをほどく」「液体に固形物をまぜる」「筋道をたどって解答を出す」など、複数の意味が示されている。これらの意味を確認した後、「『とく』ってことは、算数の問題用紙を水にまぜるってことだよね？」などと、子供が思わず正したくなる解釈を提示する。

〈他教科との関連〉

自分から国語辞典を手に取り調べる習慣を身に付けるために、国語科の学習だけでなく他教科でも国語辞典を活用する機会をつくるようにする。そうすることで、国語辞典を引く習慣が身に付くだけでなく他教科の学習内容についても理解が深まる。国語辞典を常に机の上に置いておいたり、手提げ袋に入れて机の横にかけておいたりして、すぐに使えるようにしておきたい。初めて出会う言葉を見つけたとき、すぐに国語辞典を引く姿を積極的に価値付けたい。

本時案

国語辞典を使おう

本時の目標

・国語辞典の使い方を理解し、必要に応じて活用することができる。

本時の主な評価

❶国語辞典の使い方を理解し使っている。【知・技】

資料等の準備

・国語辞典（１人１冊）
・教科書 p.38「国語辞典のれい」の拡大コピー

だく音、半だく音

ホール ← ボール ← ポール

ホ＝清(せい)音
ボ＝だく音
ポ＝半だく音

のばす音

（し（強）いる） ← シール（い） ← （し入れ）

（風りん） ← プール（う） ← （ふうん）

4 ○「言葉のたから箱」の中から調べたい言葉をきめて、調べよう。

授業の流れ ▷▷▷

1 分からない言葉に出会った経験を想起する 〈５分〉

T　分からない言葉に出会ったとき、どうしていますか。
・本を読んでいるときは飛ばしてしまいます。
・テレビや動画で使われている言葉が分からなくて困ることがありました。
・分からない言葉があったら、人に聞くようにしています。
T　分からない言葉に出会ったときに使うと便利なものがあります。それは国語辞典です。今日は、国語辞典の使い方を学びましょう。
○手元に１人１冊の国語辞典を置いておくことで、つくりや使い方を学びながら自分の国語辞典で確かめられるようにする。
○本時のめあてを板書する。

2 国語辞典のつくりを理解する 〈10分〉

T　国語辞典で調べる言葉を見出し語といいます。見出し語を早く見つけられるようにするために、どんな工夫があるでしょう。国語辞典を見て確かめましょう。
・ページの右上に載っている言葉が最初に書かれています（はしら）。
・ページを閉じたときに、「あかさたな……」が分かるようになっています（つめ）。
○いきなり教科書 p.38でつくりを確認するのではなく、先に国語辞典を手に取って調べる時間を設けるとよい。「つめ」や「はしら」があることに気付いたり、意味の他に熟語や活用例も載っていることを確かめたりした上で、教科書の説明を読むようにする。

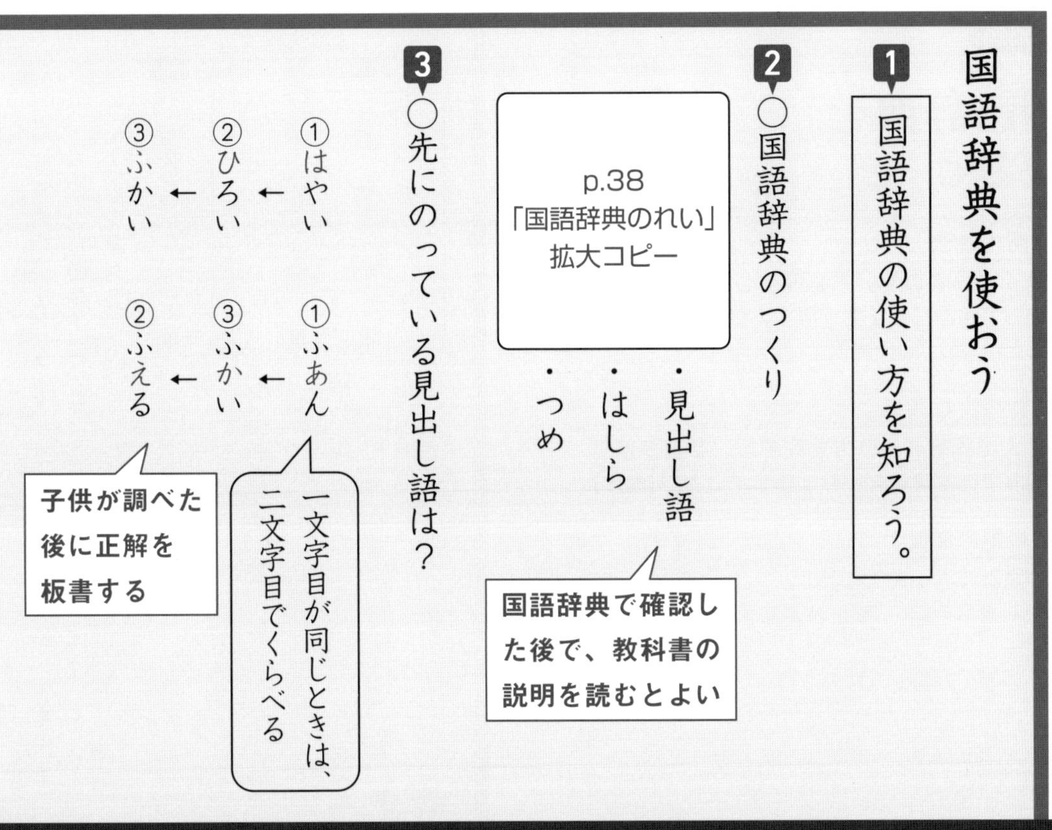

国語辞典を使おう
1
国語辞典の使い方を知ろう。
2
○国語辞典のつくり
p.38
「国語辞典のれい」
拡大コピー
・見出し語
・はしら
・つめ
国語辞典で確認した後で、教科書の説明を読むとよい
3
○先にのっている見出し語は？
①はやい
②ひろい
③ふかい
①ふあん
③ふかい
②ふえる
一文字目が同じときは、二文字目でくらべる
子供が調べた後に正解を板書する

3 見出し語の見つけ方を知る 〈20分〉

T　見出し語は50音順に並んでいます。「はやい」「ひろい」「ふかい」、最初に書いてあるのはどれでしょう。国語辞典で確かめてみましょう。

・「ふ」よりも「は」の方が先に出てきます。

・「ふあん」「ふかい」「ふえる」は１文字目が同じだから、２文字目を調べればいいです。

T　「ホール」「ボール」「ポール」はどんな順に並んでいるでしょう。

・「ホ」→「ボ」→「ポ」の順に並んでいます。

T　伸ばす音がある場合は、「しいる」「ぷうる」のように「あいうえお」に置き換えられて並んでいます。確かめてみましょう。

・「カード」は「かあど」、「ゲーム」は「げえむ」、「ゴール」は「ごおる」で調べます。

4 国語辞典を使って、言葉の意味を調べる 〈10分〉

T　教科書 p.161、162の「言葉のたから箱」の中から調べたい言葉を決めて、国語辞典で引いてみましょう。

・「陽気」は、にぎやかで明るいという意味です。

・「感心」は、りっぱなことに心を動かされるということなんだ。

・「おくびょう」と「弱気」は、似ている言葉だけど、意味は違うのかな。国語辞典で調べてみよう。

○「言葉のたから箱」にある見出し語以外にも、気になる言葉を調べてもよい。授業時間以外の日常的な活用を促したい。

本時案

国語辞典を使おう

本時の目標

・進んで辞書の使い方を理解し、学習課題に沿って国語辞典を使う態度を養うことができる。

本時の主な評価

❷進んで辞書の使い方を理解し、学習課題に沿って国語辞典を使おうとしている。【態度】

資料等の準備

・国語辞典（１人１冊）
・教科書 p.39下「形をかえる言葉」の拡大コピー
・p.40下3の例文の拡大コピー

・算数の問題をとく（すじ道をたどって、かい答を出す）
・たなから新発売の本をとる（注文してとどけてもらう）
・人形を友だちにあげる（あたえる）

4 ○まちがいを見つけよう。

p.40下
3の例文
拡大コピー

×合いに→○会いに

なだらか
→けいしゃがゆるやかな様子

授業の流れ ▷▷▷

1 形を変える言葉の調べ方を知る 〈10分〉

T　前の時間は、見出し語の見つけ方を学びました。「書かない」という言葉を国語辞典で引いてみましょう。
・「書かない」は見つけられません。
・「書く」なら見つかります。
T　文の中で形を変える言葉は、言い切りの形にして調べます。
・「深くなる」は「深い」で調べると見つかります。
・「しずかな」だったら、「しずか」で調べると見つかります。
○言い切りの形をすぐに理解するのは難しいため、いくつかの例を挙げて、国語辞典を引く機会を設定する。

2 拗音や促音、カタカナの見出し語の並び方を調べる 〈10分〉

T　「じゆう（自由）」と「じゅう（十）」、「くらす」と「クラス」、「バレー」と「バレエ」では、どちらが先に載っているでしょう。
・「じゆう」が先に載っていると思います。
○予想してから、国語辞典を引くようにする。
T　国語辞典で引いて確認しましょう。
・「じゆう」が先に載っています。
・私が使っている国語辞典では「じゆう」が後になっています。
T　国語辞典によって、並び方が違う見出し語もあるのですね。
・「くらす」と「クラス」、「バレー」と「バレエ」も調べて、友達と比べてみよう。

国語辞典を使おう

国語辞典を使いこなそう。

1

p.39 下
「形をかえる言葉」
拡大コピー

〈見出し語〉
↓言い切りの形で調べる
・書かない→「書く」
・深くなる→「深い」
・しずかな→「しずか」

2

○どちらが先？
じゆう・じゅう
くらす・クラス
バレー・バレエ

国語辞典によって
ならび方がちがう

3

○どの意味がぴったり？
とく→とくをする
　　→問題をとく
　　→さとうをとかす

・温かいあま酒を出す（いん食物を人前にていきょうする）

3 いくつかの意味がある言葉を調べる 〈20分〉

T　「とく」には、いくつかの意味があります。どんな使い方を思いつきますか。

・「得をする」とか「問題をとく」、「砂糖をとかす」などがあります。

○「『算数の問題をとく』は、問題用紙を水にとかすということですか」と、教師があえて誤った意味を提示するのもよい。

T　「とく」を国語辞典で引いて、それぞれどの意味が当てはまるか考えましょう。

・「解く」は、「筋道をたどって、解答を出す」という意味が合いそうです。

・「解く」の他にも、「説く」「溶く」「得」などの言葉もあります。

T　p.40 2「出す」「とる」「あげる」の言葉も文章にぴったり合う意味を調べましょう。

4 文章を見直すために国語辞典を使う 〈10分〉

T　この文章には1つ間違いがあります。予想できたら、国語辞典で正しい言葉を見つけましょう。

・「合いに」は違う漢字だと思います。

・「さか道ですが、」の後は、「なだらか」が当てはまりそうです。「なめらか、のびやか」との違いを調べてみます。

・自分が「『○○』なので平気でした。」という文としても考えられそうなので、他の言葉で試してみたいです。

○端末のブラウザ検索も言葉の意味を調べる手段の1つになり得るが、ここでは国語辞典のメリット（情報の信頼性が高いことや、前後の見出し語も参考にできることなど）を伝え、国語辞典の積極的な活用を促したい。

2 年生で習った漢字

漢字の広場①　（2 時間扱い）

単元の目標

知識及び技能	・第 2 学年までに配当されている漢字を書き、文や文章の中で使うことができる。((1)エ)
思考力、判断力、表現力等	・間違いを正したり、相手や目的を意識した表現になっているかを確かめたりして、文や文章を整えることができる。(B エ)
学びに向かう力、人間性等	・言葉がもつよさに気付くとともに、幅広く読書をし、国語を大切にして、思いや考えを伝え合おうとする。

評価規準

知識・技能	❶第 2 学年までに配当されている漢字を書き、文や文章の中で使っている。(〔知識及び技能〕(1)エ)
思考・判断・表現	❷「書くこと」において、間違いを正したり、相手や目的を意識した表現になっているかを確かめたりして、文や文章を整えている。(〔思考力、判断力、表現力等〕B エ)
主体的に学習に取り組む態度	❸積極的に第 2 学年までに配当されている漢字を書き、これまでの学習を生かして漢字を適切に使った文章を作ろうとしている。

単元の流れ

時	主な学習活動	評価
1	・平仮名のみの例文を読み、漢字を使うよさを知る。 ・教科書 p.41を見て、提示されている漢字の読み方を確認する。 ・絵をヒントにして、漢字を使って、動物園の様子を文に表す。	❶
2	・前時で書いた文を友達と読み合い、発想を広げる。 ・教師が提示した一文が長い例を全体で直し、推敲のポイントを確認する。 ・書いた文章を読み返し、推敲する。	❷❸

授業づくりのポイント

〈単元で育てたい資質・能力〉

本単元では、２年生までに配当されている漢字を用いて文や文章を書く活動を行う。その活動を通して、文や文章の中で使う習慣を身に付けることをねらいとする。また、書いた文章を読み返し、習った漢字を使うという視点を中心に文章を正し（相手や目的を意識した表現になっているかを確かめるなど）、文や文章を整えることもねらいとする。習った漢字を使うことで、読みやすい文章になることを実感できるように活動を進めたい。

[具体例]

○まずは、子供に教科書の絵と、「くじゃくが、きれいなはねをおおきくひろげています。」のように平仮名で書いた例文を提示する。漢字が使われていない文章の読みづらさを子供が実感した後に、２年生で習った漢字を使って例文を書き換える活動を行う。習った漢字を使うことのよさを理解した上で、主活動に入っていけるようにするとよい。

〈教材・題材の特徴〉

子供たちにとって身近な動物園の絵が用いられているので、自らの経験を基に文を作ることができる教材だといえる。さらに、絵と関連する漢字がセットになって掲載されているため、「キリンの“首”が“長い”」といったように助詞を入れるだけで文となり、どの子供にとっても取り組みやすい。

また、同じページに「強い」と「弱い」、「多い」と「少ない」、「売る」と「買う」など対義語があるのも特徴である。文を作り始める前に、全体で「どんな文章が作れそうかな？」とアイデアを出し合う時間を取ることで、学習の見通しをもち、楽しみながら活動を進めたい。

〈言語活動の工夫〉

できる限り多様な文が書けるような言語活動の工夫をしたい。子供たちは、「キリンの“首”が“長い”」のように、絵と漢字が対応するような文を書き始めることが予想される。活動が進んできたら、「強いサルが、弱いサルからりんごをとった」のように、一文の中に対義語を使ったり、「同じふくをきた小さい子供が、首の長いキリンを見ています」のように複数の絵を使って文を作ったりする子供も出てくるだろう。このように発展的に考える子供を机間指導で見取り、全体で取り上げて価値付けることで、文章の幅を広げていきたい。他にも、クラスの友達の文章を自由に読み合えるようにすることで、発想の幅を広げることができる環境設定も効果的である。

また、活動が進むと、一文を長く書く子供の姿が見られるだろう。一文が長くなると、主語と述語の対応が一致しなくなったり、修飾語と被修飾語の位置が遠くなったりすることが想定できるので、状況を見て指導するとよい。

[具体例]

○主語と述語がねじれた文の例として、「動物園には、同じふくをきた小さい子供が、動物園の中で首の長いキリンや、強いサルが弱いサルからりんごをとっているのを高い木から見ているサルを見ています。」などが考えられる。一文を長く書く子供が増えてきたら、このような読みにくい例を教師が提示し、全体で確認するとよいだろう。主語と述語を確認することも重要だが、一文が長くなってしまうことで、文の内容が理解しづらくなることを実感させたい。

本時案

漢字の広場①

本時の目標

・第２学年までに配当されている漢字を書き、文や文章の中で使うことができる。

本時の主な評価

❶第２学年までに配当されている漢字を書き、文や文章の中で使っている。【知・技】

資料等の準備

・平仮名のみの例文を書いた短冊
・教科書 p.41の挿絵の拡大コピー
・文章を書くための短冊

2 売店…ばいてん
時間…じかん

3 習った漢字を使って、動物園の様子を書こう。

・首の長いキリンがいます
・売店でお父さんがパンダのぬいぐるみを買っています

授業の流れ ▷▷▷

1 平仮名のみの例文を読み、漢字を使うよさを知る〈10分〉

T　今から出す絵をよく見てください。どのような場所で、誰が、何をしていますか。
・動物がたくさんいるから動物園だと思います。
・家族で動物を見に来たり、売店でお土産を買ったりしている人がいます。
T　この絵から分かる動物園の様子を文にしました。先生が今から出す文を、声に出して読んでみましょう。
・平仮名ばかりで読みづらいです。
・習った漢字は使った方がよいと思います。
T　それでは、動物園の様子が分かる文を、習った漢字をできるだけ使って書きましょう。

2 漢字の読み方を確認する〈10分〉

T　この絵にある漢字は全て読めますか。隣の友達と交代で１つずつ読み合ってみましょう。全部読み終えたら、教えてください。
・「売店」は何て読むのか分かりません。
・「強い」の近くに反対の「弱い」もありました。
・分からない漢字もあったけれど、隣の友達が読んでくれたので分かりました。
T　分からない言葉がある人もいたと思います。一度、先生が声に出して読むので、みなさんも声に出して繰り返して読みながら確認しましょう。
○ペアで読み方を確認した後、全体でも間違いがないか確認する。

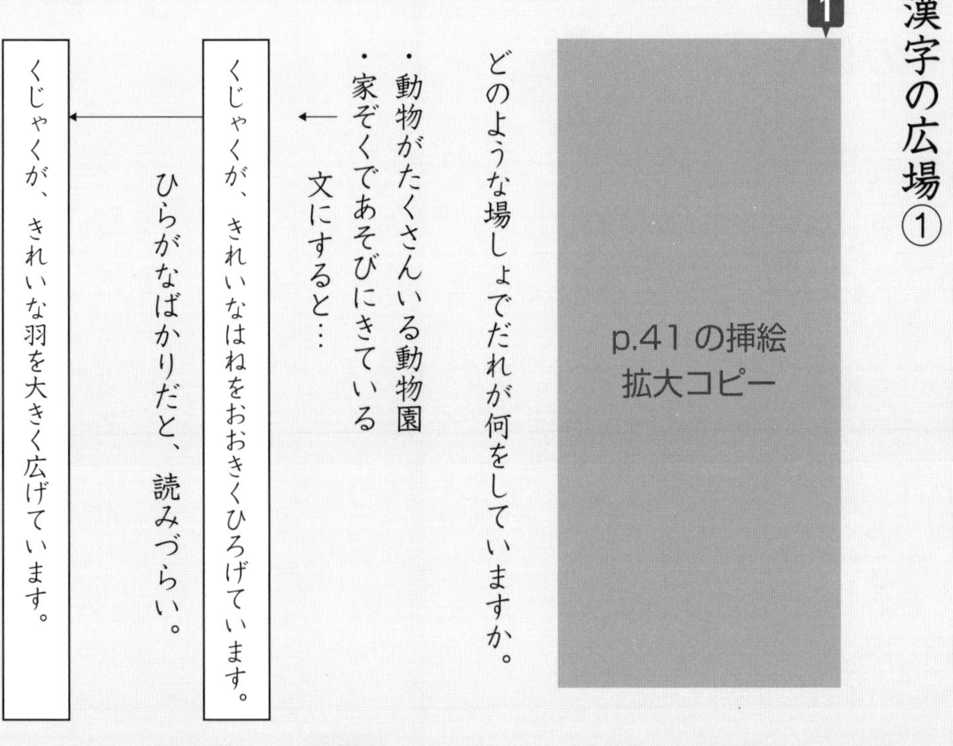

漢字の広場①
1
p.41 の挿絵
拡大コピー
どのような場しょでだれが何をしていますか。
・動物がたくさんいる動物園
・家ぞくであそびにきている
文にすると…
くじゃくが、きれいなはねをおおきくひろげています。
ひらがなばかりだと、読みづらい。
くじゃくが、きれいな羽を大きく広げています。

3 絵をヒントにして、動物園の様子を文に表す 〈25分〉

○文章を書くための短冊を配付する。

T　確認した漢字や言葉を使ったり、絵には書かれていない言葉も使ったりして、動物園の様子が分かる文をたくさん書きましょう。

・首の長い黄色いキリンがいます。
・売店でお父さんがパンダのぬいぐるみを買って、娘にプレゼントしています。
・なかなか思いつかないから、友達が書いた文も読んでみたいです。

○なかなか思いつかない子供の手だてとして、近くの人と交流する時間を取ってもよい。

ICT 端末の活用ポイント

端末の文書作成ソフトを用いた際、なかなか思いつかない子供のために、友達の書いた文を共有できるようにしておくことも有効である。

ICT 等活用アイデア

端末の文書作成ソフトを使い、書くハードルを下げる

文章を書く際に、頭の中で考え、書き出しに困ってしまう子供が少なからずいるだろう。端末の文書作成ソフトを使うと、修正することが容易にできるため、書くハードルが少し下がり、まず書いてみようとする子供が増えてくることが考えられる。また、友達の書いた文を見られるようにすることで、具体的なイメージが湧き、活動が進みやすい。一方、手書きで漢字を書くということも大切にしたいので、実態や活動に応じて使い分けるとよい。

本時案

漢字の広場①

本時の目標

・積極的に習った漢字を使って文章を書き、間違いを正したり、相手や目的を意識した表現になっているかを確かめたりして、文を整えることができる。

本時の主な評価

❷間違いを正したり、相手や目的を意識した表現になっているかを確かめたりして、文を整えている。【思・判・表】

❸積極的に第2学年までに配当されている漢字を適切に使い、文を作ろうとしている。【態度】

資料等の準備

・教科書 p.41の挿絵の拡大コピー
・長い文の例
・前時で子供たちが文を書いた短冊

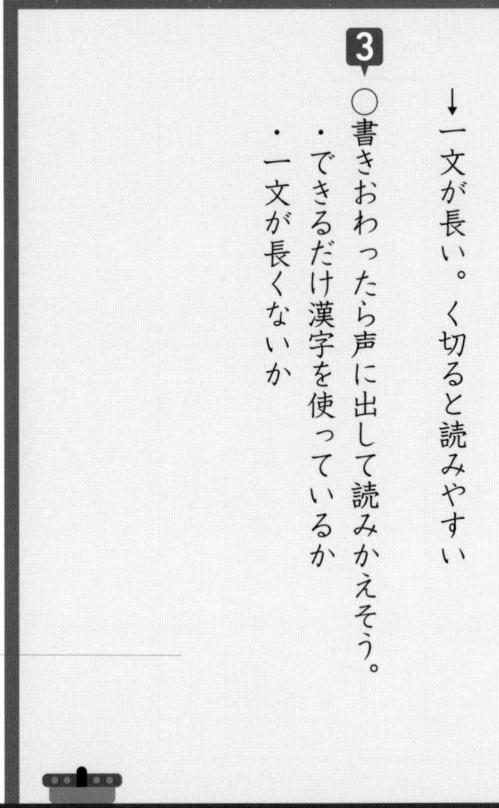

↓一文が長い。く切ると読みやすい
3
○書きおわったら声に出して読みかえそう。
・できるだけ漢字を使っているか
・一文が長くないか

授業の流れ ▷▷▷

1 前時で書いた文を友達と読み合い、発想を広げる〈10分〉

T　前回の学習で書いた文を、友達と読み合いましょう。いいなと思った文があったら教えてください。

・○○さんの「強いサルが弱いサルからりんごをとった。」という文が、「強い」と「弱い」のように、反対の言葉を使っていていいと思いました。

・「同じふくをきた小さい子供が首の長いキリンを見ています」という文がよかったです。キリンの絵と人の絵をつなげて書いているのがいいと思いました。

○友達の書いた文のどこがよかったか、理由も発表できるようにする。

2 一文が長い例を直し、推敲のポイントを確認する〈10分〉

○一文が長い例を掲示する。

T　書き直したり、新しい文を書く前に、今から先生が出す文を読んでみましょう。おかしいなと思うところはありますか。

・一文が長いので、少し読みづらいです。

・どこかに句点（。）を付けて区切ると読みやすいです。

・文の真ん中くらいで区切るといいと思います。

・「売っている売店」を「売っています。」にするといいです。

・自分の文も長くなっているものがあるかもしれないから、見直したいです。

・漢字を使えているのはいいと思います。

漢字の広場①

1 習った漢字を使って、動物園の様子を書こう。

p.41の挿絵
拡大コピー

・「強いサルが弱いサルからりんごをとった。」
→「強い」と「弱い」反対の言葉を使っている
・「同じふくをきた小さい子どもが首の長いキリンを見ています。」
→キリンの絵と人の絵をつなげて書いている

2
×ぼうしをかぶったお兄さんがキリンやライオン、ゾウ、パンダのぬいぐるみを売っている売店で、（ます。）
黄色いふくを着た女の子とおとうさんが一万円を出してパンダのぬいぐるみを買ってうれしそうです。

3 自分の書いた文章を読み返し、推敲する 〈25分〉

T　自分が短冊に書いた文を直したり、新しく書いたりしましょう。書き終わった文は、漢字にできるところはないか、一文が長くないかを確認しながら声に出して読みます。

・習った漢字が使えていないから、直します。
・一文が長くなったので、途中で区切ります。
・首の「長い」キリンと書いたから、反対に首の「みじかい」ペンギンを使います。
・声に出して読むと、間違いに気付きやすかったです。

T　書き終わったら貼っていくので、みなさんで読み合ってみましょう。

○黒板に短冊を並べて、友達の書いた文を見て交流する時間を取るとよい。

よりよい授業へのステップアップ

未習の漢字も積極的に使う

　学習過程が進むと、「長い」の対義語の「短い」のように、未習の漢字に興味をもつ子供が多くいると想定される。このように子供が、自分自身で未習の漢字に興味をもった場合は目的を意識できるようにしたい。同年代や上の年代の人が読む文章を書く場合や、自分のために書く場合の想定で積極的に使うとよい。一方、下の学年の人に読んでもらいたいときには、振り仮名を振るといった読み手のことを考える指導をした上で、興味をもった漢字にふれる機会を大切にしたい。

きせつの言葉１

春のくらし　２時間扱い

単元の目標

知識及び技能	・語句の量を増し、話や文章の中で使い、語彙を豊かにすることができる。((1)オ)
思考力、判断力、表現力等	・経験したことや想像したことなどから書くことを選び、伝えたいことを明確にすることができる。(B ア)
学びに向かう力、人間性等	・言葉がもつよさに気付くとともに、幅広く読書をし、国語を大切にして、思いや考えを伝え合おうとする。

評価規準

知識・技能	❶語句の量を増し、話や文章の中で使い、語彙を豊かにしている。(〔知識及び技能〕(1)オ)
思考・判断・表現	❷「書くこと」において、経験したことや想像したことなどから書くことを選び、伝えたいことを明確にしている。(〔思考力、判断力、表現力等〕B ア)
主体的に学習に取り組む態度	❸進んで身の回りの物事や経験したことの中から、春に関する言葉を見つけ、学習の見通しをもって文章を書こうとしている。

単元の流れ

次	時	主な学習活動	評価
一	1	学習の見通しをもつ ・春のイメージを出し合う。 ・教科書 p.42「みどり」の詩を声に出して読み、感じたことを発表する。 ・「春の食べ物クイズ」をして、春に関する言葉を増やす。 ・単元の学習課題を設定する。 ３年○組　「オリジナル春ブック」を作ろう。	❶
二	2	・「オリジナル春ブック」の書き方を知り、春を感じるものを文章で書く。 ・書いた文章を読み合う。 学習を振り返る ・新しく知った春の言葉をノートに書き、学習を振り返る。	❷❸

授業づくりのポイント

〈単元で育てたい資質・能力〉

本単元では、くらしの中にある春に関する言葉を出し合い、その言葉を用いて文章を作って活用することで、子供の語彙を豊かにすることを目指している。子供たちは日々の生活の中で、春を感じる事象に出会っている。しかし、それは意識しているものではなく、自然と感じているものである。そこで本単元では、身近な春を感じることを言語化したり、文章化したりすることを通して、その季節らしさに気付き、実感を伴った語彙の充実を図りたい。

〈教材・題材の特徴〉

教科書の紙面上部には、生命が息吹き、活気にあふれる春らしさを表したイラストや言葉、詩などがある。「めばえ」という言葉は、子供たちには馴染みのない言葉である。そのため、イラストだけでなく、写真や動画などを通して、どのような様子が「めばえ」なのかをイメージできるようにしたい。また、詩「みどり」は、春の野山のうららかさをリズムよく感じられる教材である。詩を読んで感じたことを自由に発表し、題名でもある「みどり」という言葉に注目できるようにしたい。「まみどり」や「こいみどり」など、同じ緑色にも色の違いがあること、「よりどりみどり」という言葉は、色とは違う意味があるなど、ちょっとした言葉の違いに目を向けて、詩を味わいたい。

紙面下部には、春の「食」に関する言葉が、イラストと一緒に提示されている。子供たちにとって身近な食材であろう「たけのこ」から、あまり耳にしない「ぜんまい」や「わらび」など、多様な言葉が広がっている。この言葉を自分のものにするために、クイズなどを通して興味をもてるようにしたい。さらに、クラスの中でその言葉を耳にしたり、食材を食べたりしたことがある子供がいた場合には、「いつ食べたのか」など詳しく聞きながら、生活経験との結び付きを図るとよい。また、「新じゃが」や「春キャベツ」のような「新」や「春」が付く野菜があることも、ただ教えるのではなく、一工夫して伝え、「もっと探してみたい」という意欲につなげたい。

[具体例]

○「春の食べ物クイズ１」として、教科書に載っている山菜や野原で見かける草をクイズ形式で出題する。挿絵を提示して名前を答えたり、挿絵と名前をバラバラに提示して合わせたりと、子供の実態に応じて全員が楽しめるようにする。挿絵を提示して名前を答える際には、「たけのこ」のように簡単（身近）なものから出していくとよい。また、クイズを出して答えて終わりにするのではなく、写真や実物を見せたり、その食べ物を使った料理を発表したりするなど、より実際の生活に近づけたい。

○「春の食べ物クイズ２」として、教科書に載っている「新」や「春」がつく野菜を、穴埋めクイズで出す。「○玉ねぎ」「○じゃが」「□キャベツ」と○や□に入る文字を考える。「この他にも『新』や『春』が付く野菜があるかな」と投げかけ、主体的な活動への意欲付けを行うのもよい。

〈言語活動の工夫〉

本単元の学習課題を「『オリジナル春ブック』を作ろう」に設定した。オリジナルとすることで特別感が生まれ、自分たちで探して調べたいという意欲が湧く。この「オリジナル春ブック」を書くために、第一次と第二次の間を１週間ほど空けて、自分たちで春を探す時間を取りたい（理科の「春探し」の学習と併せてもよい）。見つけた春の写真を、端末のカメラ機能を用いて撮り溜めたり、教室の後方に模造紙を貼って集めた言葉を掲示し、自由に書き足せるようにしたりして、言葉を増やしていきたい。

〈ICT の効果的な活用〉

記録：端末のカメラ機能を用いて、「オリジナル春ブック」を作成するために、見つけた春を写真に残す。学校で見つけたり、家庭に持ち帰って見つけたりといった様々な方法が考えられる。

本時案

春のくらし

本時の目標

・春に関する詩や事柄、食べ物を基に、春を感じる言葉を増すことができる。

本時の主な評価

❶春に関する語句の量を増し、話や文章の中で使い、語彙を豊かにしている。【知・技】

資料等の準備

・教科書 p.42の詩「みどり」の拡大コピー
・教科書 p.43下段の春の食べ物の挿絵のコピー
・「オリジナル春ブック」を作るまでの手順を書いた模造紙

「オリジナル春ブック」を作るまで
①学校や家などで春らしいものやことを見つける
②見つけた春を記ろくする（教室後ろの紙やタブレットで）
③みじかい文でまとめる（いつ・どこで・思ったことなど）

新しく知った春の言葉や気に入った春の言葉をノートに書こう。

作成手順は模造紙などに書いておくとよい

授業の流れ ▷▷▷

1 春のイメージを出し合い、「みどり」を音読する〈15分〉

T　春と聞くと、どんなことをイメージしますか（物や事柄、色など）。
・入学式やタンポポです。
○「春のくらし」から自由にイメージを出し合い、学習への意欲を高める。
T　春をイメージした「みどり」という詩を読んでみましょう。どんな詩でしたか。
・「みどり」がたくさん出てきました。
T　どんな「みどり」が出てきましたか。
・まみどり、こいみどりが出てきました。
○同じ緑でも色の違いがあること、また「よりどりみどり」という言葉は、色とは違う意味があることを確認する。
T　今日は、春を感じる言葉を増やしていきましょう。

2 春の食べ物クイズをして、春に関する言葉を増やす〈20分〉

T　まず、「春の食べ物クイズ１」です。この食べ物は何でしょう（p.43の挿絵を掲示）。
・たけのこです。
・よもぎです。
・ぜんまいだと思います。
T　続いて、「春の食べ物クイズ２」です。次の○や□に入る文字は何でしょう。
・○には「新」が入ると思います。
・□に入る文字は「春」です。
○様々なクイズを出して、子供たちが春に関する言葉に興味をもてるようにする。写真や実物を見せて、見たことがある子には「どこで見たのか」などを聞き、イメージを広げていく。他にも、春の食べ物で知っているものがあるか聞いてもよい。

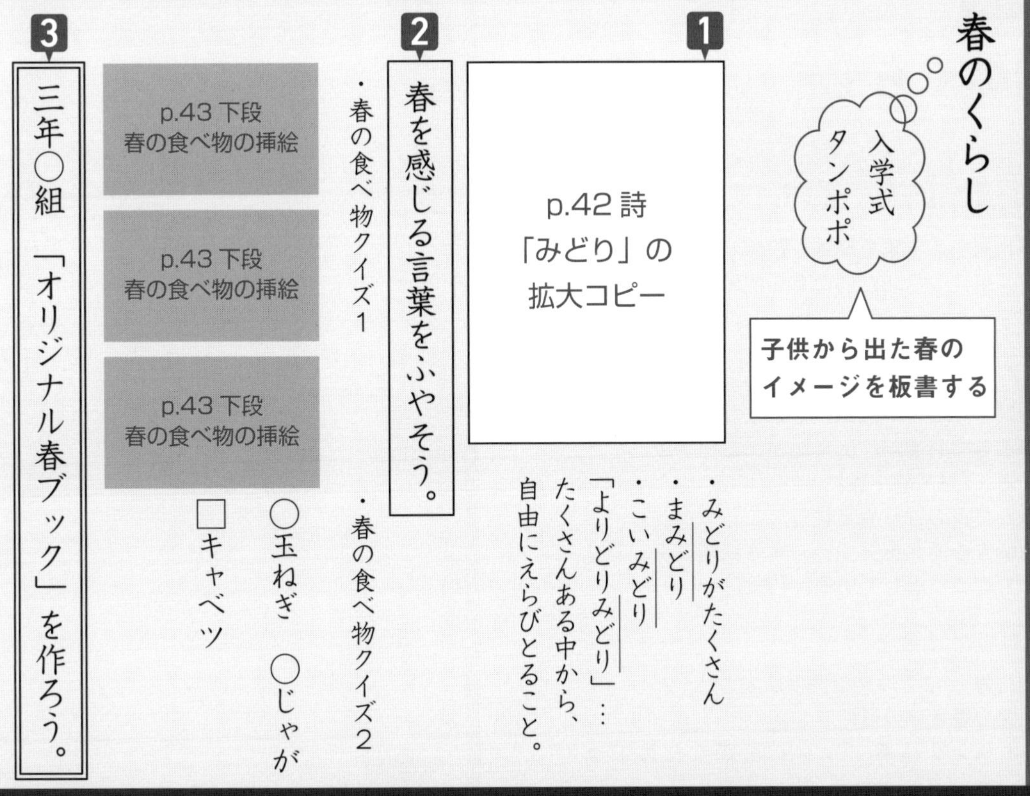

春のくらし
入学式
タンポポ
子供から出た春のイメージを板書する
1
p.42 詩
「みどり」の
拡大コピー
・みどりがたくさん
・まみどり
・こいみどり
「よりどりみどり」…
たくさんある中から、
自由にえらびとること。
2
春を感じる言葉をふやそう。
・春の食べ物クイズ1
・春の食べ物クイズ2
p.43 下段
春の食べ物の挿絵
p.43 下段
春の食べ物の挿絵
p.43 下段
春の食べ物の挿絵
○玉ねぎ　○じゃが
□キャベツ
3
三年○組　「オリジナル春ブック」を作ろう。

3 単元の学習課題を知り、本時の学習を振り返る 〈10分〉

T　これから、春の食べ物や春を感じる言葉を探して、みんなで「オリジナルの春ブック」を作りましょう。

○単元の学習課題を設定する。探し方や文章でまとめるときのポイントを簡単に示す。

T　今日の学習で知った春の言葉や、気に入った春の言葉をノートに書きましょう。

・「たらのめ」を初めて知りました。

・玉ねぎに「新」が付くことを知りました。

T　次の授業では、春ブックを作ります。春の言葉をたくさん見つけておきましょう。

ICT 端末の活用ポイント

端末のカメラ機能を用いて、見つけた春を写真に撮り溜めていく。必要に応じて家庭に持ち帰るようにしてもよい。

よりよい授業へのステップアップ

子供の意欲を引き出す工夫

春の言葉をクイズ形式にして出題し、言葉を知ることの楽しさを感じてほしい。前述したクイズの他に、3択クイズやシルエットクイズなど、全員が参加できるクイズを用意するとよい。

また、単元の学習課題を子供たちの言葉で設定したい。「オリジナル」「世界で1冊」など、特別感のある言葉にするとより意欲が湧くだろう。教室の後方に模造紙を用意し、見つけた春をいつでも書けるようにするなど、「調べたい」「探したい」と思える工夫もするとよい。

本時案

春のくらし

2/2

本時の目標

・春に関する言葉を経験や想像したことから選び、自分の伝えたいことを明確にすることができる。

本時の主な評価

❷経験したことや想像したことなどから春を感じる言葉を選び、伝えたいことを明確にしている。【思・判・表】

❸進んで身の回りや経験したことの中から、春に関する言葉を見つけ、学習課題に沿って文章を書こうとしている。【態度】

資料等の準備

・教科書 p.42下の文章例の拡大コピー
・短文の書き方の短冊
・「オリジナル春ブック」を書くための紙（A 4）

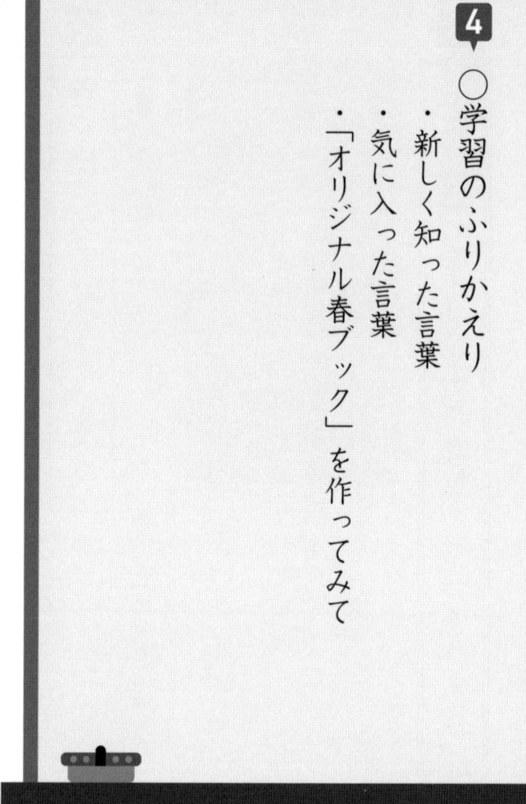
4
○学習のふりかえり
・新しく知った言葉
・気に入った言葉
・「オリジナル春ブック」を作ってみて

授業の流れ ▷▷▷

1 見つけた春をグループで伝え合う 〈7 分〉

T　見つけた春をグループで発表しましょう。
・昨日、校庭でタンポポを見つけました。
・一昨日、家で新玉ねぎを使った料理を食べました。
・火曜日の給食に、たけのこご飯が出ました。

○撮り溜めた春の写真や、描き溜めた春の絵を基に、いつ、どこで見つけたのかグループで発表する。その際、聞く側の子供からは、質問や感想を伝えるようにする。

T　上手にグループで伝えることができました。では、実際に「オリジナル春ブック」を作りましょう。

2 「オリジナル春ブック」の書き方を知り、実際に書く 〈25分〉

T　「オリジナル春ブック」の書き方を説明します。

○ p.42の文章を参考にしながら、説明する。「いつ」「どこで」「なにを」「どうした」「思ったこと」「感じたこと」など、文章を書く際の要点を確認しながら押さえる。

T　今から用紙を渡すので、実際に文章と絵（写真）で書いてみましょう。
・昨日、学校でタンポポを見つけました。黄色の花がとてもきれいで、もっと見つけたくなりました。
・火曜日の給食に、たけのこご飯が出ました。シャキシャキしていて、とてもおいしかったです。

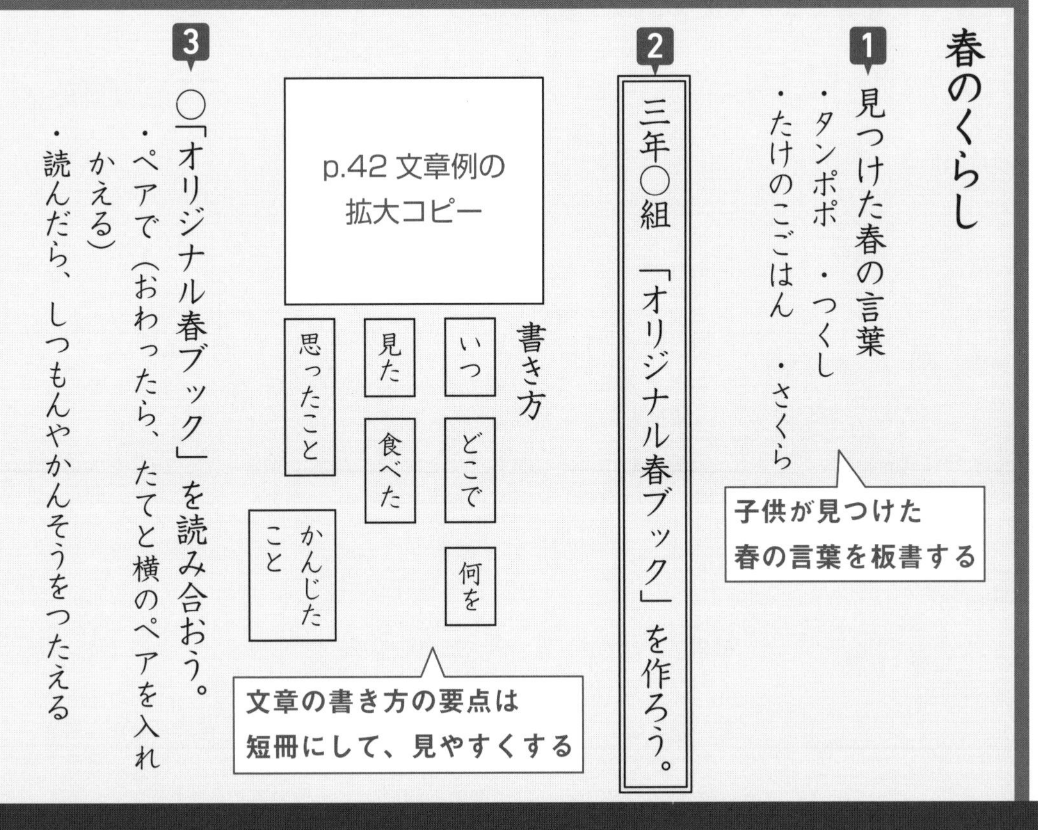

春のくらし
1
見つけた春の言葉
・タンポポ　・つくし
・たけのこごはん　・さくら
子供が見つけた
春の言葉を板書する
2
三年〇組　「オリジナル春ブック」を作ろう。
p.42 文章例の
拡大コピー
書き方
いつ
どこで
何を
見た
食べた
思ったこと
かんじたこと
文章の書き方の要点は
短冊にして、見やすくする
3
〇「オリジナル春ブック」を読み合おう。
・ペアで（おわったら、たてと横のペアを入れかえる）
・読んだら、しつもんやかんそうをつたえる

3 書いた「オリジナル春ブック」を読み合う 〈8分〉

T　完成した「オリジナル春ブック」をペアで読み合い、感想を伝えましょう。

・私も校庭でタンポポを見つけました。とてもきれいでした。

・私もつくしを見つけたいと思いました。

・新玉ねぎのおいしさが伝わってきました。今度食べてみたいです。

〇横や縦のペアで、完成した「オリジナル春ブック」を交換してお互いに読み合い、感想を伝え合う。

T　みんなの前で、発表してくれる人はいますか。

〇時間によっては、全体で発表する時間を取ってもよい。

4 学習を振り返る 〈5分〉

T　これまでの学習を振り返り、新しく知った春の言葉や、気に入った春の言葉、「オリジナル春ブック」を作ってみての感想などをノートに書きましょう。

・〇〇さんが書いていた「つくし」が気に入りました。

・これから、もっと春の言葉を集めていきたいです。

〇完成した「オリジナル春ブック」は、まとめて綴じ込み、教室に置いて、いつでも子供たちが見られるようにする。また、「オリジナル春ブック」の表紙を、子供に作成してもらってもよい。

知りたいことを考えながら聞き、しつもんしよう

もっと知りたい、友だちのこと／【コラム】きちんとつたえるために （6時間扱い）

単元の目標

知識及び技能	・相手を見て話したり聞いたりするとともに、言葉の抑揚や強弱、間の取り方などに注意して話すことができる。((1)イ)
思考力、判断力、表現力等	・必要なことを質問しながら聞き、話し手が伝えたいことや自分が聞きたいことの中心を捉え、自分の考えをもつことができる。(A エ) ・目的を意識して、日常生活の中から話題を決め、伝え合うために必要な事柄を選ぶことができる。(A ア)
学びに向かう力、人間性等	・言葉がもつよさに気付くとともに、幅広く読書をし、国語を大切にして、思いや考えを伝え合おうとする。

評価規準

知識・技能	❶相手を見て話したり聞いたりするとともに、言葉の抑揚や強弱、間の取り方などに注意して話している。(〔知識及び技能〕(1)イ)
思考・判断・表現	❷「話すこと・聞くこと」において、必要なことを質問しながら聞き、話し手が伝えたいことや自分が聞きたいことの中心を捉え、自分の考えをもっている。(〔思考力、判断力、表現力等〕A エ) ❸「話すこと・聞くこと」において、目的を意識して、日常生活の中から話題を決め、伝え合うために必要な事柄を選んでいる。(〔思考力、判断力、表現力等〕A ア)
主体的に学習に取り組む態度	❹友達の話をもっと詳しく聞くために、話し手が伝えたいことや自分が聞きたいことの中心を捉え、進んで質問しようとしている。

単元の流れ

次	時	主な学習活動	評価
一	1	学習の見通しをもつ ・友達のことを知るために、グループになって話を聞き合う方法を知る。 ・「問いをもとう」「もくひょう」を基に、単元のめあてを設定し、学習計画を立てる。 知りたいことを友だちに答えてもらえるようなしつもんをしよう。	
二	2	友達に知らせたいことを決め、簡単なメモを書く。	❸
	3	教科書 p.46の水野さんの話を参考に、話の聞き方や質問の種類を整理する。	
	4	・活動の流れを確認し、グループで「もっと知ろうタイム①」（1回目）を行う。 ・友達の話を聞いて、質問する。 ・活動を振り返り、よかった点と課題を共有する。	❶❷
	5	・p.48「きちんとつたえるために」を基に、相手に何かを伝えるときに気を付けることを確かめる。 ・1回目の課題を生かし、別のグループで「もっと知ろうタイム②」（2回目）を行う。	❶❷

		・友達の話を聞いて、質問する。 ・活動を振り返り、よかった点と心に残ったことを共有する。	
三	6	・どのような質問で話が広がったり、友達のことがよく分かったりしたかを確かめる。 ・心に残った質問についてカードに書き、友達に渡す。 **学習を振り返る** ・単元の学びを振り返り、「たいせつ」「いかそう」で身に付けた力を確かめる。	❹

授業づくりのポイント

〈単元で育てたい資質・能力〉

本単元では、友達のことをもっとよく知るために、質問をしながら話を聞く活動を行う。活動の中で、話し手が伝えたいことや自分が聞きたいことの中心を捉える力を育むことがねらいである。そのために、どのような質問をするとよいかを学ぶ必要がある。日常生活の中でも質問をすることがあるが、目的に応じてどのような質問をするのが適切かということまでは意識していないだろう。したがって、教材を使ったり、これまでの経験を振り返ったりして、目的に応じた質問を意識できるようにしたい。また、質問が十分なものだったかどうか、振り返る時間を設けることも必要である。

[具体例]

○ p.46の水野さんの話に対してどのような質問をするかを出し合い、「はい・いいえ」で答えられる質問、「５Ｗ１Ｈ」で尋ねる質問があることを板書で整理する。その上で、友達の話をもっと詳しく聞くためには、どのような質問が適切かを吟味する。

〈教材・題材の特徴〉

自分自身や身近な存在である友達のことを扱っているため、子供たちにとっては取り組みやすい教材である。知らせたいことが決められない子供がいる場合は、テーマ例を出すとよい。また、友達のことをもっと知るという相手理解が活動の目的であるため、新年度の５月に取り組むことで、子供同士の心をほぐし、距離を縮めるきっかけになり得るという点で、大変意義深い教材であるといえる。

[具体例]

○テーマ例は、自分の好きなものや得意なこと、家での出来事など身近なことがよい。友達に知られていないことをテーマにすると、より聞きたくなる内容になることを伝えるとよい。

〈言語活動の工夫〉

質問することが主な活動になるため、話し手が最初から詳しく話し過ぎないように留意する。また、実際に活動を行うことで感じられるよさや難しさがあるため、話す・聞く、振り返るという活動を２回に分けて行う。１回目と２回目の活動を異なるグループで行うことで、子供たちが意欲的に友達の話を聞くことができるとともに、自分自身の成長を感じることができるだろう。

〈ICT の効果的な活用〉

記録：端末の録画機能を用いて、「もっと知ろうタイム」の様子を撮影し、話し方や聞き方、話や質問の内容等を振り返る。記録は、評価の際にも参照することができる。

本時案

もっと知りたい、友だちのこと

本時の目標

・学習課題に興味をもち、友達のことを知るための方法や学習計画について、進んで話し合うことができる。

本時の主な評価

・友達のことをもっと知るために、話を詳しく聞く方法を考えようとしている。

資料等の準備

特になし

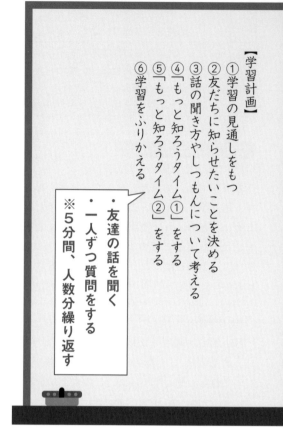

【学習計画】
①学習の見通しをもつ
②友だちに知らせたいことを決める
③話の聞き方やしつもんについて考える
④「もっと知ろうタイム①」をする
⑤「もっと知ろうタイム②」をする
⑥学習をふりかえる

・友達の話を聞く
・一人ずつ質問をする
※5分間、人数分繰り返す

授業の流れ ▷▷▷

1 学習課題をつかむ 〈10分〉

T　私が大切にしているのは、家で飼っている猫のミケです。茶色の毛がふわふわでとても気持ちいいです。あくびをする姿がとてもかわいくて、大好きです。

○教師が自分に関わることを話すことで、子供が「もっと知りたい」という興味をもてるようにする。

T　先生の話を聞いてどう思いましたか。

・猫を飼っているなんて初めて聞きました。
・もっと詳しく知りたいと思いました。
・質問をしてみたいです。
・私も猫を飼っているので気になります。

T　どうすれば、もっと詳しく知ることができるでしょうか。

○本時のめあてを板書する。

2 友達のことを知るための方法を考える 〈25分〉

T　友達のことを詳しく知るためにはどうすればよいですか。

・たくさんしつもんすればいいと思います。
・質問をしたら詳しく知ることができます。
・自分が知りたいことを考えてから、質問した方がよいと思います。
・相手の目を見て話したり聞いたりして、話す人は、相手に聞こえる声でゆっくり話すとよいと思います。
・話す人は、相手が知らないことを話すとよいと思います。

○子供から出た意見を、質問に関すること、話し方・聞き方に関すること、話題に関することに分けて板書する。特に、質問をすることが重要であると確認する。

もっと知りたい、友だちのこと

1

友だちのことを知るためには、どうすればいいだろう？

2

◎たくさんしつもんをする
↓どんなしつもんをすればいいの？

◎話し方や聞き方も大切
↓話したり聞いたりするときに気をつけることは？
・相手を見て
・声の大きさに気をつけて
・ゆっくりと間を空けて

◎相手が知らないことを話題にする
↓友だちに知らせたいことは？

子供から出た意見を分類しながら板書する

3

知りたいことを友だちに答えてもらえるようなしつもんをしよう。

3 学習の見通しをもつ 〈10分〉

○学習過程２で出された意見と、教科書 p.44「問いをもとう」p.45「もくひょう」を基に、学習課題を設定する。また、学習課題を解決するための学習計画を立て、単元の見通しをもつことができるようにする。

T　知りたいことを友だちに答えてもらえるように、どのような学習をしていきたいですか。

・よい質問の仕方について学びたいです。
・実際に友達に質問してみたいです。
・質問をするときに大切なことは何かを知りたいです。

○「もっと知ろうタイム」の活動内容を説明し、３～４人のグループで２回行うことを確認する。

よりよい授業へのステップアップ

主発問から補助発問へ

友達のことを詳しく知るためにはどうすればよいかという主発問から、「質問の内容」「話し方・聞き方」「話し手の話題の設定」という３つの視点を出せるようにする。そして、それぞれを具体化する補助発問をすることで、子供が学習活動のイメージをもつことができるようにしたい。

また、「話し方・聞き方」に関しては、(〔知識・技能〕(1)イ）で示されている部分を板書で強調したり、教室掲示として残したりすることで、知識としての定着を目指したい。

本時案

もっと知りたい、友だちのこと

本時の目標

・目的を意識して、日常生活の中から話題を決め、話したいことを伝えるために必要な事柄を選ぶことができる。

本時の主な評価

❸友達に知らせることを意識して、日常生活の中から話題を決め、伝え合うために必要な事柄を選んでいる。【思・判・表】

資料等の準備

・テーマ例（模造紙などで掲示）
・メモの例（模造紙などで掲示）
09-01、09-02

・3～4つにまとめる（1分で話せるくらい）
◎話すときのポイント
・相手を見て
・声の大きさに気をつけて
・ゆっくりと間を空けて

（メモのれい）
・習い事のスイミングをがんばっている
・週に１回通っている
・クロールのれん習をたくさんしている
・もっとおよげるようにがんばりたい

授業の流れ▷▷▷

1 本時の課題を確認する 〈5分〉

T　前回の授業では、友達のことを詳しく知るためにはどうしたらよいか確認しました。どのような方法や工夫がありましたか。
・話す人は、相手が知らないことを話すといいという意見が出ました。
・聞く人は、質問をたくさんすると、詳しく知ることができます。
・話し方や聞き方も気を付けた方がよいです。
○前時を振り返り、学習課題を確認する。
T　知りたいことを友達に答えてもらえるような質問をするために、学習計画を立てました。今日は、友達に知らせたい内容を決めて、メモを書きましょう。
○本時のめあてを板書する。

2 友達に知らせたいことを考える 〈20分〉

T　友達があまり知らないことの中から、知らせたいことをいくつか考えてみましょう。
・家で飼っているペットについて話したいです。
・最近、家でよくしていることについて話そうかな。
・習い事で頑張っていることを話したいです。
○知らせたいことを決められない子供には、テーマ例を提示することで、どんなことを知らせたいか考えやすくする。
○友達に知られていないことや意外なことの方が、話題に適していることを確認する。
T　いくつか考えた中から一番知らせたいことを決めましょう。
○自分で決められない場合は、友だちに知りたいことを聞いてみるよう促す。

もっと知りたい、友だちのこと

1 友だちに知らせたいことを決めよう。

2
・家で飼っているペットについて
・最近家でよくしていることについて
・習い事でがんばっていることについて

（テーマれい）
・すきなものやこと
・さいきん始めたことや、ねっちゅうしていること
・自分の家ぞくのこと
・かっている生き物や、そだてているしょく物のこと
・休みの日にしたことや、行ったところ
・習い事について

3 ○友だちに一番知らせたいことを決めよう。⇐
◎メモのポイント
・短くまとめる
・話す順番に書く

3 友達に知らせたいことを決め、メモを書く 〈20分〉

T　テーマが決まったら、話す内容についてメモしましょう。

○メモの例を提示し、話す量やメモの量を全体で確認する。メモを書き終えた子供は、話すテーマをICT端末に入力してもよい。

○メモのポイントについては、以下を板書で示して確認できるとよい。

①短くまとめる
②話す順番に書く
③３～４つにまとめる（１分で話せるくらい）

○時間があれば、メモを基に話す練習をするよう促す。第１時で出た意見を基に、目線や声の大きさ、間の空け方に気を付けて話すことを意識するよう声かけをする。

よりよい授業へのステップアップ

後の学習につながる活用を

　学習過程２では、表計算ソフトに子供の名前を入れておき、何について話すのか入力を促すことで、指導者側は誰が何について話すのか把握することができる。第４・５時に行う「もっと知ろうタイム」のグループ編成や一人一人への適切な指導・支援にも生かすことができる。

　話す練習をする場合は、端末の録画機能を使って自分が話す姿を撮影することで、子供自身が自分の話し方を確認し、修正することができる。また、これが子供の主体的な学びにつながる。

本時案

もっと知りたい、友だちのこと

本時の目標

・話し手の話をもっと詳しく聞くために、どのような質問をするとよいかを考えることができる。

本時の主な評価

・話し手の話をもっと詳しく聞くために、話し手が伝えたいことや自分が聞きたいことの中心を捉え、どのような質問をするとよいかを考えている。

資料等の準備

・教科書 p.46水野さんの話の拡大コピー

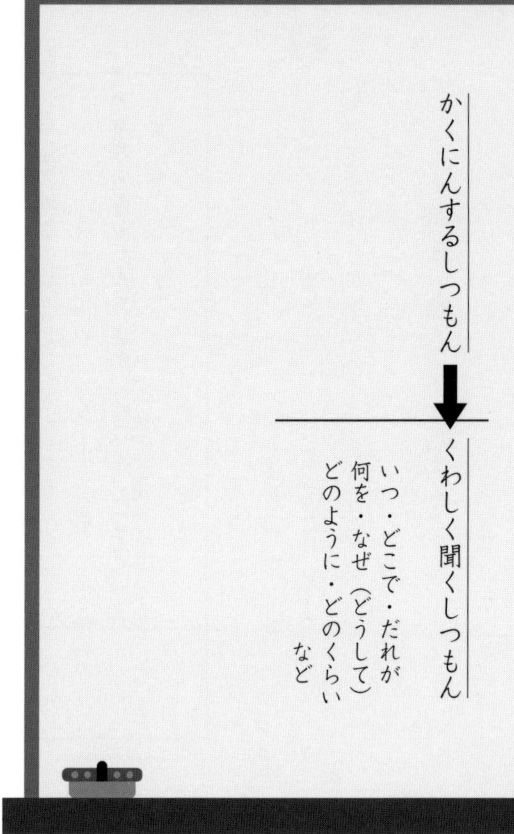

かくにんするしつもん
くわしく聞くしつもん
いつ・どこで・だれが
何を・なぜ（どうして）
どのように・どのくらい
など

授業の流れ ▷▷▷

1 本時の課題を確認する 〈5分〉

T　前回の授業では、友達に知らせたいことを決め、メモを書きました。どんなテーマに決めたのか教えてください。

・私は家で飼っているペットについて話すことにしました。

・私は習い事で頑張っていることを話したいと思います。

○前時を振り返り、学習課題を確認する。

T　友達に知らせたいことを決めて、話すことをメモしました。練習をした人もいるかもしれません。今日は、友達のことを詳しく知るために、どんな質問をすればよいか考えましょう。

○本時のめあてを板書する。

2 水野さんの話に対する質問を考える 〈20分〉

T　p.46の水野さんの話を読んで、自分ならどのような質問をするかを考え、書き出しましょう（ICT 端末またはノート）。

・クマノミはオスですか、メスですか。

・クマノミはどのくらいの大きさですか。

・クマノミのえさは何ですか。

・クマノミはえさをたくさん食べますか。

・クマノミはえさをどのように食べますか。

・プックンという名前は誰が付けたのですか。

・なぜ、プックンという名前にしたのですか。

・どうしてクマノミを飼うことにしたのですか。

・水野さんは、他には何か飼っていますか。

○考えた質問をグループで共有し、他にも質問できないかを考える。

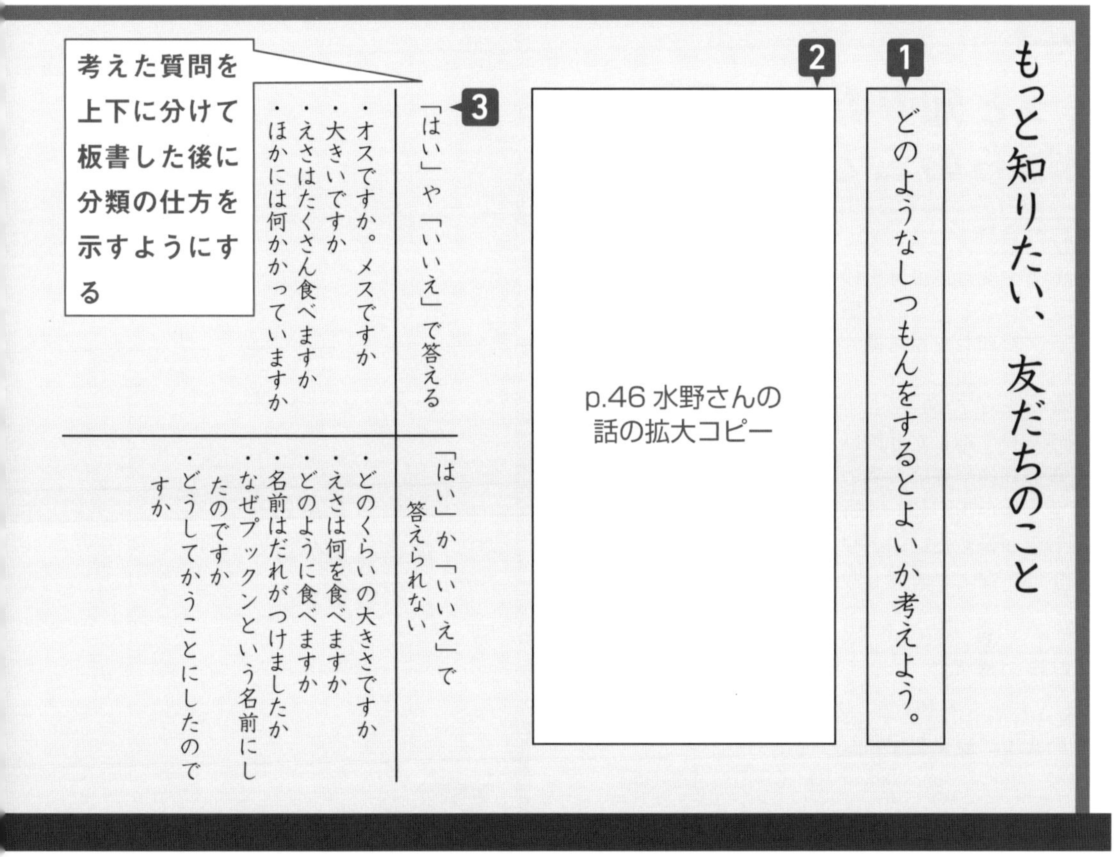

もっと知りたい、友だちのこと

1 どのようなしつもんをするとよいか考えよう。

2 p.46 水野さんの話の拡大コピー

3 「はい」や「いいえ」で答える

・オスですか。メスですか
・大きいですか
・えさはたくさん食べますか
・ほかには何かかっていますか

「はい」か「いいえ」で答えられない

・どのくらいの大きさですか
・えさは何を食べますか
・どのように食べますか
・名前はだれがつけましたか
・なぜプックンという名前にしたのですか
・どうしてかうことにしたのですか

考えた質問を上下に分けて板書した後に分類の仕方を示すようにする

3 質問を分類・整理する 〈20分〉

T　考えた質問を発表してください。

○出た質問を上下に分けて板書することで、質問の違いに気付けるようにする。

T　黒板の上下の質問の違いは分かりますか。

・「はい」や「いいえ」で答えられる質問と、答えられない質問です。

・下の質問は「何」や「どのくらい」や「どうして」が付いています。

T　「はい」や「いいえ」で答えられる質問と答えられない質問の違いは何でしょう。

・「はい」や「いいえ」で答えられない質問の方が、詳しく話してもらえます。

○「はい」や「いいえ」で答えられる質問は確認するためで、５Ｗ１Ｈを尋ねる質問は詳しく聞くためであることを確かめる。

よりよい授業へのステップアップ

意図的に板書して気付けるようにする

はじめから、「はい」や「いいえ」で答えられる質問と答えられない質問があることを伝えるのではなく、板書でどのように分類しているのかを考えることで、子供が自らその違いに気付けるようにする。

また、「はい」や「いいえ」で答えられない質問（５Ｗ１Ｈで尋ねる質問）については、短冊などにして教室掲示として残しておくことで、次時以降の活動や本単元以外の学習・生活場面でも活用できるようにするとよいだろう。

本時案

もっと知りたい、友だちのこと

本時の目標

・話し方や聞き方に気を付けながら、話し手が伝えたいことや自分が聞きたいことの中心を捉え、質問しながら聞くことができる。

本時の主な評価

❶相手を見て話したり聞いたりするとともに、言葉の抑揚や強弱、間の取り方などに注意して話している。【知・技】

❷話し手が伝えたいことや自分が聞きたいことの中心を捉え、質問しながら聞いている。【思・判・表】

資料等の準備

・「もっと知ろうタイム」の進め方（模造紙）
・前時までの要点を記録した掲示物（模造紙）
09-03、09-04

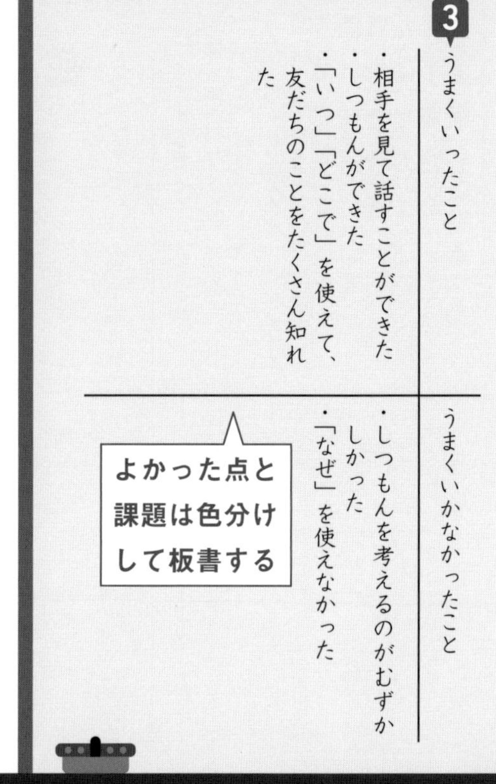

3
うまくいったこと
・相手を見て話すことができた
・しつもんができた
・「いつ」「どこで」を使えて、友だちのことをたくさん知れた
うまくいかなかったこと
・しつもんを考えるのがむずかしかった
・「なぜ」を使えなかった
よかった点と課題は色分けして板書する

授業の流れ ▷▷▷

1 本時の課題を確認する 〈5分〉

T　前回の授業では、水野さんの話に対する質問を考えて、整理しました。どのような質問に分けましたか。
・「はい」と「いいえ」で答えられる質問と、答えられない質問に分けました。
・「何」や「どのくらい」や「どうして」を聞く質問の方が、詳しく聞くことができます。
○前時を振り返り、学習課題を確認する。
T　今日は「もっと知ろうタイム」の1回目をします。学習したことを生かして、質問するようにしましょう。
○本時のめあてを板書する。
○授業前に、メンバー（3～4人）を知らせて、グループで座る。すぐに活動を始められるよう、話す順番まで決めておくとよい。

2 活動の流れを確認し、「もっと知ろうタイム①」を行う 〈25分〉

T　友達の話を聞いた後、1人ずつ質問をします。時間は話す人1人につき5分です。
○活動の進め方を全体で確認する。
○前時までに学習した要点をまとめた資料を掲示し、参照できるようにする。その際、子供たちから「話し方・聞き方」の気を付ける点について先に聞き、確認しておくとよい。
T　友達が伝えたいことは何か、自分が知りたいことは何かを考えて質問しましょう。
・私は習い事のスイミングについて話します。
・スイミングは楽しいですか。
・いつから習っているのですか。
・なぜスイミングを始めたのですか。
○人数の関係で早く終わったグループは、質問の仕方を振り返るように伝えておく。

もっと知りたい、友だちのこと

1 友だちの話を聞いて、もっとくわしく聞くためのしつもんをしよう。

2 もっと知ろうタイム①

活動の進め方
① 友だちの話を聞く
② 一人ずつしつもんをする（時間になるまで）
※①②を合わせて五分間。①②を人数分くりかえす

◎よい話し方・聞き方
・相手を見て　・声の大きさに気をつけて
・ゆっくりと間を空けて

◎しつもんを使い分けよう
かくにんするとき「えさはたくさん食べますか？」
→「はい」「いいえ」で答えられる
くわしく聞きたいとき「どのように食べますか？」
→「はい」「いいえ」で答えられない
いつ・どこで・だれが・何を・なぜ・どのように・どのくらい　など

前時までに確認した内容をまとめておく

3 活動を振り返り、よかった点と課題を出し合う 〈15分〉

T　話し方や聞き方、質問の仕方を振り返って、うまくいったこととうまくいかなかったこと（難しかったことやあまりできなかったこと）を書きましょう（ICT 端末またはノート）。
・相手を見て話したり聞いたりできました。
・質問をすることができました。
・質問を考えるのが難しかったです。
・「なぜ」などを使えませんでした。
○よかった点と課題は色を分けて書き出すと分かりやすい。
○グループで出し合ったことを全体で共有する。よかった点は取り上げて価値付けし、課題については次時の活動につながるように話し合う。

ICT 等活用アイデア

共有して次時につなげる

「もっと知ろうタイム」を振り返り、よかった点と課題を出し合う場面では、端末の共有アプリを用いることで、子供同士が考えを共有しやすくなる。

また、グループごとに「もっと知ろうタイム」の様子を撮影しておくことで、子供自身が振り返りの際に活用したり、指導者側の指導や支援に用いたりすることもできる。発表や質問がよくできていたグループの動画を全体で取り上げ、感想を出し合うのもよい。

本時案

もっと知りたい、友だちのこと／【コラム】きちんとつたえるために

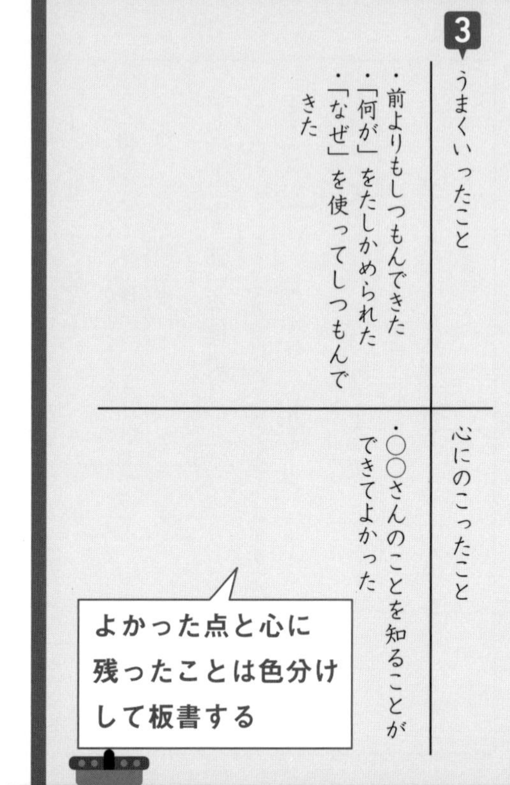

3
うまくいったこと
・前よりもしつもんできた
・「何が」をたしかめられた
・「なぜ」を使ってしつもんできた
心にのこったこと
・○○さんのことを知ることができてよかった
よかった点と心に残ったことは色分けして板書する

本時の目標

・話し方や聞き方に気を付けながら、話し手が伝えたいことや自分が聞きたいことの中心を捉え、質問しながら聞くことができる。

本時の主な評価

❶相手を見て話したり聞いたりするとともに、言葉の抑揚や強弱、間の取り方などに注意して話している。【知・技】

❷話し手が伝えたいことや自分が聞きたいことの中心を捉え、質問しながら聞いている。【思・判・表】

資料等の準備

・「もっと知ろうタイム」の進め方（模造紙）
・前時までの要点を記録した掲示物（模造紙）
09-03、09-04

授業の流れ ▷▷▷

1 本時の課題を確認する 〈5分〉

T　前回の授業では、「もっと知ろうタイム」の1回目を行いました。どうでしたか。
・質問をたくさんすることができました。
・私は質問を考えるのが難しかったです。
・私は「なぜ」などの質問を使えなかったので、今度は使いたいです。
○前時を振り返り、活動の課題を確認する。
T　今日は「もっと知ろうタイム」の2回目をします。前回気付いたことを生かして、質問できるようにしましょう。
○本時のめあてを板書する。
○授業前に、1回目とは異なるメンバー（3～4人）を知らせ、グループで座っておく。すぐに活動を始められるように、話す順番まで決めておくとよい。

2 気を付けることを確認し、「もっと知ろうタイム②」を行う 〈25分〉

○教科書 p.48「きちんとつたえるために」を基に、相手に何かを伝えるときに気を付けることを確かめる。
T　p.48「きちんとつたえるために」では、どうして言いたいことがうまく伝わらなかったのでしょう。
・1つ目の話は「何が」を言っていません。
・2つ目の話は、来てほしい理由が伝わっていません。
T　主語の「何が」や、理由の「なぜ」を質問して確かめ、話を詳しく聞きましょう。
○2回目の活動でも流れを確認できるよう、「もっと知ろうタイム」の進め方を黒板に掲示しておく。
○「もっと知ろうタイム」2回目を行う。

もっと知りたい、友だちのこと

1

友だちの話を聞いて、もっとくわしく聞くためのしつもんをしよう。

・たくさん質問できた
・質問を考えるのがむずかしかった
・「なぜ」の質問を使いたい

2

もっと知ろうタイム②

活動の進め方
① 友だちの話を聞く
② 一人ずつしつもんをする（時間になるまで）
※①②を合わせて五分間。①②を人数分くりかえす

前時までの学習の要点を掲示する

◎よい話し方・聞き方
・相手を見て　・声の大きさに気をつけて
・ゆっくりと間を空けて

◎しつもんを使い分けよう
かくにんするとき「えさはたくさん食べますか？」
→「はい」「いいえ」で答えられる
くわしく聞きたいとき「どのように食べますか？」
→「はい」「いいえ」で答えられない
いつ・どこで・だれが・何を・なぜ・どのように・どのくらい　など

聞いてみよう！
「何が」→主語
「なぜ」→理由

3 活動を振り返り、よかった点と心に残ったことを出し合う　〈15分〉

T　話し方や聞き方、質問の仕方を振り返って、うまくいったことと心に残ったことを書きましょう（タブレット端末またはノート）。
・１回目よりも２回目の方が、たくさん質問することができました。
・話を聞くときは、自分が知っていることとつなげながら聞くことができました。
・「なぜ」を使って質問できました。
・友達の知らなかったことを知ることができてよかったです。
○よかった点と心に残ったことは色を分けて板書すると分かりやすい。
○前回に比べてうまくいったことを振り返り、自らの成長を実感できるようにする。

よりよい授業へのステップアップ

前時までの学びを生かした活動へ

第４時までの学びを生かすことができるよう、掲示物や板書、自分のノートを振り返るようにする。

また、質問する場面では、一方的な一問一答になることが考えられる。話題をつなげながら進行することが理想ではあるが、３年生の段階では難しいだろう。そこで、話し手が答えたことに対して、「そうなんだ」「知らなかった」という感想や、自分が知っていることとつなげて「私は○○と聞いたことがあるよ」など、一言返す姿を価値付けて広めていくとよい。

本時案

もっと知りたい、友だちのこと

本時の目標

・心に残った質問についてカードに書き、どのような質問で話が広がったり、友達のことがよく分かったりしたかを振り返ることができる。

本時の主な評価

❹友達のことを詳しく知るために進んでいいねカードを書き、どのような質問で話が広がったり、友達のことがよく分かったりしたかを振り返っている。【態度】

資料等の準備

・質問いいねカード 09-05

・「なぜ」のしつもんで、友だちが習い事を始めた理由が分かった
・これまでよりもっと友だちのことを知れた
・くわしく聞くしつもんができるようにがんばった
・しつもん → もっとくわしく知ることができる

授業の流れ ▷▷▷

1 本時の課題を確認する 〈5分〉

T 前回の授業では、「もっと知ろうタイム」の2回目を行いました。どうでしたか。
・1回目のときよりもうまく質問することができました。
・「何が」を確かめることができました。
・私は「なぜ」を使って質問できました。
・私は○○さんのことを詳しく知ることができたのがうれしかったです。
○前時を振り返り、感想を共有する。
○本時のめあてを板書する。
T 今日は、友達の質問を聞いていいなと思ったことを「質問いいねカード」に書いて渡します。どんな質問がいいと思いますか。
・もっと詳しく知ることができた質問です。
・自分が思いつかなかった質問です。

2 質問いいねカードを書く 〈20分〉

T 質問いいねカードを書いて、友達に渡しましょう。
・○○さんが習い事のスイミングについて話したときに、「どうしてスイミングを始めたのですか」と質問していて、すごいなと思いました。
・○○さんが飼っている犬について話したときに、「どんなところが好きですか」と質問してくれたので、私もよく分かりました。
○活動から時間が経つと思い出せなくなってしまうので、できるだけ記憶が鮮明なうちに行えるとよい。
○子供全員がメッセージカードを受け取ることができるように、書く相手を1人は指定するなど工夫したい。

もっと知りたい、友だちのこと

1

心にのこったしつもんについてカードに書いてふりかえろう。

○どんなしつもんについて書く？

・もっとくわしく知ることができたしつもん

・自分が思いつかなかったしつもん

2

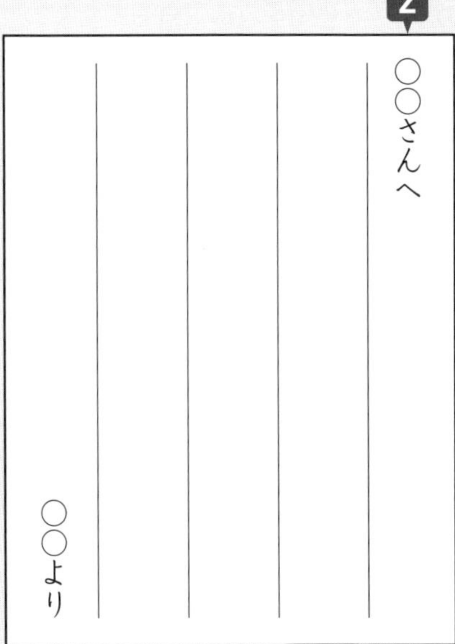
○○さんへ
○○より

3

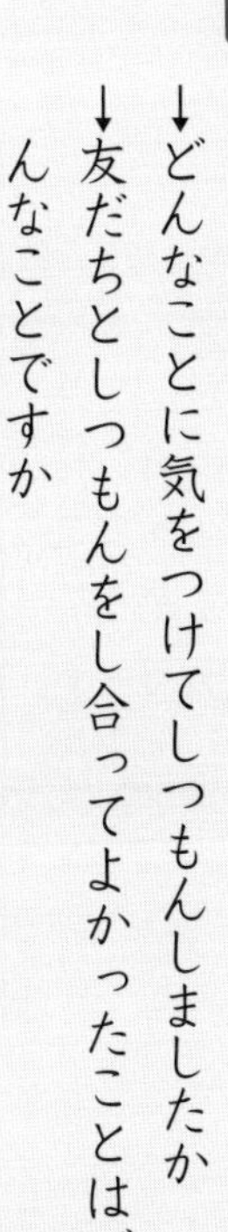
○ふりかえろう
→どんなことに気をつけてしつもんしましたか
→友だちとしつもんをし合ってよかったことはどんなことですか

3 単元を振り返る 〈20分〉

T　この学習を通して、どんなことに気を付けて質問すればよいか分かりましたか。また、友達と質問をし合ってよかったことはどんなことですか。

・「なぜ」の質問をして、友達が習い事を始めた理由を詳しく聞くことができました。

・これまでよりももっと友達のことを知ることができました。

・詳しく聞く質問ができるように頑張りました。そうしたら、友達のペットのことがよく分かりました。

○質問いいねカードの内容を、何人かに発表してもらう。また、その質問によって話し手からどんな話を聞くことができたのかを引き出し、質問の有効性を確認する。

よりよい授業へのステップアップ

日常生活につながる活動に

「話す・聞く」の活動は、本単元のように、国語の学習の中だけでなく様々な生活場面に生かすことができるものが多い。社会科や総合的な学習のインタビュー活動につなげる教科横断的な学習として構成することもできる。

本単元内だけで収まることなく、日常生活につなげていくことを意識したい。また、学級経営につなげるという意味でも、友達との関わりについての振り返りを価値付けていきたい。

資料

1 第２時　友達に知らせたいことのテーマ例 09-01

（テーマれい）
・すきなものやこと
・さいきん始めたことや、ねっちゅうしていること
・自分の家ぞくのこと
・かっている生き物や、そだてているしょく物のこと
・休みの日にしたことや、行ったところ
・習い事について

2 第２時　メモの例 09-02

（メモのれい）
・習い事のスイミングをがんばっている
・週に１回通っている
・クロールのれん習をたくさんしている
・もっとおよげるようにがんばりたい

3 第４・５時「もっと知ろうタイム」の進め方 09-03

活動の進め方
① 友だちの話を聞く
② 一人ずつしつもんをする（時間になるまで）
※①②を合わせて五分間。①②を人数分くりかえす

4 第4・5時　相手の話を詳しく知りたいときのポイント（前時までの要点として）

09-04

◎よい話し方・聞き方

・相手を見て　・声の大きさに気をつけて

・ゆっくりと間を空けて

◎しつもんを使い分けよう

かくにんするとき「えさはたくさん食べますか？」

→「はい」「いいえ」で答えられる

くわしく聞きたいとき「どのように食べますか？」

→「はい」「いいえ」で答えられない

いつ・どこで・だれが・何を・なぜ・どのように・どのくらい　など

5 第6時　質問いいねカード

09-05

〇〇さんへ

〇〇より

言葉

漢字の音と訓 （2時間扱い）

単元の目標

知識及び技能	・第３学年までに配当されている漢字を読むことができる。((1)エ)
学びに向かう力、人間性等	・言葉がもつよさに気付くとともに、幅広く読書をし、国語を大切にして、思いや考えを伝え合おうとする。

評価規準

知識・技能	❶第３学年までに配当されている漢字を読んでいる。(〔知識及び技能〕(1)エ)
主体的に学習に取り組む態度	❷進んで第３学年までに配当されている漢字を読み、学習課題に沿って音読みと訓読みを意識して漢字を学ぼうとしている。

単元の流れ

時	主な学習活動	評価
1	・漢字には「音読み」と「訓読み」があることを知り、その特徴を理解する。 ・漢字の音と訓を使って文を作る。	❶
2	これまでに習った漢字を使って音読み・訓読みカードを作り、友達とクイズ大会をする。	❷

授業づくりのポイント

〈単元で育てたい資質・能力〉

本単元のねらいは、漢字の読み方には「音読み」と「訓読み」があることを知り、その特徴を理解することにある。子供たちは、漢字には複数の読み方があることには気付いているが、その違いについては意識していない。そのため、具体的な漢字を取り上げ、音と訓の読み方を比べて、その特徴や漢字の歴史を実感できるようにする。言葉への理解を深め、漢字の読み方について自覚化できるようにすることが大切である。

[具体例]

○「朝」(音:チョウ/訓:あさ)、「山」(音:サン/訓:やま)など、いくつかの漢字を並べると、音読みは読みだけでは意味がつかみづらく、訓読みでは意味が分かることに気付くことができる。

○「音読み」は中国での発音を基にしていること、「訓読み」は日本の意味に合わせて読まれるようになったことを捉えられるようにする。漢字の歴史と結び付けることにより、音読みと訓読みの違いについて明確化し、理解できるようにする。

〈内容の系統性〉

「漢字の音と訓」については、3年生下巻の「カンジーはかせの音訓かるた」でも扱われている。また、4年生の「漢字辞典を使おう」では、漢字を探す際に「音訓引き」が取り上げられており、本単元についての適切な理解が必要である。さらに、漢字の由来という部分では、5年生の「和語・漢語・外来語」の学習につながるものである。内容の系統性についても意識しながら、学びの定着を図っていきたい。

〈言語活動の工夫〉

音読みと訓読みについて機械的に覚えるのではなく、豊かな言語活動を通して理解を深めることが大切である。これまでに学んだ漢字について調べ、音読みと訓読みを含む文を作る活動をしたり、音読み・訓読みカードを作って友達と交流したりする活動が考えられる。

[具体例]

○カードを作る際は、教科書巻末の「これまでに習った漢字」や国語辞典などを活用し、3年生までに学習した漢字の振り返りという視点を大切にして活動する。また、カードを作るときには、音読みはカタカナ表記、訓読みは平仮名表記にする。視覚的に見分けができるようにすることで、音読みと訓読みについて自覚的に捉えることができるようにする。

○カードには、熟語で書くことも考えられる。例えば、「水」は「水道」「水田」「水面」などの熟語を見つけることができる。言葉に対する感性を磨き、語彙の拡充を図るという観点からも意味のある言語活動になる。

〈ICT の効果的な活用〉

表現:カードづくりは、プレゼンテーションソフトを用いることができる。クイズ大会で大型テレビに映したり、端末を用いてペアやグループで問題を出し合ったりすると効果的である。

本時案

漢字の音と訓

本時の目標

・漢字には、「音」と「訓」の２通りの読み方があることを理解することができる。

本時の主な評価

❶漢字の読み方には「音」と「訓」があることを知り、その特徴を理解している。【知・技】

資料等の準備

・国語辞典

3
○音と訓をどちらも使って、文を作ろう。
（れい）小学校で、小さなねこを見た。
・下（音）カ・ゲ（訓）さがる　くだる　おりる
・回（音）カイ（訓）まわす
・切（音）セツ（訓）きる
・楽（音）ガク（訓）たのしい

授業の流れ▷▷▷

1 漢字の読み方には、「音」と「訓」があることを知る〈10分〉

T　例文を読んで気付いたことはありますか。
・同じ「朝」でも読み方が違います。
・「朝」は「あさ」、「朝食」だと「チョウ」と読みます。
T　「チョウ」と読むとき、どのような言葉があるでしょうか。
・「朝食」「早朝」があります。
T　では、「あさ」と読むときは、どのような言葉があるでしょうか。
・「朝顔」「朝日」があります。
○語彙を増やす観点からも、「朝」のそれぞれの読み方を使って熟語をつくりたい。
T　このように漢字の読み方には、「音」と「訓」の２通りがあります。

2 「音」と「訓」の読み方ができた由来を知る〈15分〉

T　「音」と「訓」の２つの読み方を比べて、気付いたことはありますか。
・「音」はそのままでは意味が分かりにくいけれど、「訓」は聞いただけで意味が分かるようになっています。
・「音」はカタカナで、「訓」は平仮名で書いてあります。
T　では、教科書を読み、「音」と「訓」の由来を調べます。気付いたことを発表しましょう。
・漢字は中国で生まれました。
・「音」は、中国の読み方がそのまま使われています。
・「訓」は、その漢字を日本語の意味に当てはめて使うようになりました。

漢字の音と訓

1

漢字の読み方について考えよう。

今日は、朝早くおきて、
ゆっくり朝食をとった。

・同じ「朝」でも、読み方がちがう
・「朝」は「あさ」、「朝食」は「チョウ」と読む

2

朝

（音）チョウ　朝食　早朝
（訓）あさ　朝顔　朝日

○二つの読み方をくらべよう。

「音」
・聞いただけでは、意味が分からない
・カタカナで書く
・中国での発音がもとになっている

「訓」
・聞いただけで、意味が分かる
・ひらがなで書く
・その漢字のもつ意味を日本語であらわす

「音」と「訓」を対比して捉えられるように、線を引いたり色を変えたりして板書する

3 「音」と「訓」をどちらも使って、文を作る　〈20分〉

○教師が例文を板書する。

T　「音」と「訓」をどちらも使って、文を作りましょう。例文では、どちらが「音」でどちらが「訓」ですか。

・「小学校」が「音」で、「小さな」が「訓」です。

T　教科書 p.51「下」「回」「切」「楽」の「音」と「訓」を確認して、文を作りましょう。

○板書で「音」と「訓」を示し、それを参考にして文を作るように説明する。

○文が作りやすい漢字から取り組むように伝える。

T　みなさんが作った文を発表しましょう。

・３回、こまを回した。

・音楽は楽しい。

よりよい授業へのステップアップ

語彙を豊かに

文を作る際には、巻末の「これまでに習った漢字」を参考にして、自分で自由に選ばせてもよい。一覧すると、多くの漢字に「音」と「訓」があることに気付くだろう。子供が多くの漢字を使って、ノートに文を作る姿を期待したい。

熟語を調べる際には、国語辞典も積極的に活用できる。多様な熟語を用いながら文を作り、それを全体で共有することで、子供の語彙は少しずつ豊かなものになっていく。

本時案

漢字の音と訓

本時の目標

・これまでに習った漢字を使ってクイズ大会を行い、漢字の「音」と「訓」の理解を深めることができる。

本時の主な評価

❷進んで漢字の「音」と「訓」の意味を調べ、友達とクイズ大会を行おうとしている。

【態度】

資料等の準備

・音訓カードを作るための画用紙、あるいはA４サイズ程度の紙
・国語辞典
・例示する音訓カード（表・裏２枚）

3 ○クイズ大会をふりかえろう。

夏休み

算数

朝顔

遠足

・漢字の「音」と「訓」がよく分かって楽しかった
・たくさんの言葉を知ることができた

授業の流れ ▷▷▷

1 漢字の「音」と「訓」の特徴を復習する 〈５分〉

T　漢字の「音」と「訓」の復習をしましょう。「学」の字は、何と読みますか。
・「音」では、「ガク」と読みます。
・「訓」では、「まな（ぶ）」と読みます。
T　では、この「学」を使って、「音」では、どのような言葉ができますか。
○「学校」「学習」「自学」「学園」など、「学」を使った熟語はたくさんある。習っていない場合でも漢字で板書し、その意味を捉えられるように説明する。
T　「音」と「訓」の違いは何でしたか。
・「訓」は聞いて意味が分かるけれど、「音」は意味が分かりにくいです。
・「音」は中国の読み方で、「訓」は日本の読み方に当てはめたものでした。

2 「音訓カード」を作り、クイズ大会を行う 〈30分〉

T　教科書 p.150の「これまでに習った漢字」を見て、漢字の音訓カードを作り、クイズ大会を行います。
○カードの表には漢字、裏には読み方と「音」なのか「訓」なのかを書くように伝える。
○「音」はカタカナ、「訓」は平仮名で書く。
○10分間で５枚程度のカードを作る。
T　ペアになってクイズ大会を行いましょう。
○出題者がカードを提示する。解答者は、読み方と「音」か「訓」かを答える。それを交互に繰り返す。
○終わり次第、ペアを変えて活動する。子供たちが友達を見つけ、自由にクイズを出題してもよい。

漢字の音と訓

「音」と「訓」を調べて、クイズ大会をしよう。

1

学

中国の漢字の読み方

（音）ガク　学習　学園　学校　自学

（訓）まなぶ　学ぶ

日本の読み方に漢字をあてはめた

2

○漢字の「音訓」カードを作ろう。

表　海水

うら　カイスイ「音」

「音」はカタカナ
「訓」はひらがな

表…言葉を漢字で書く

うら…読み方、「音」か「訓」を書く

3　学習を振り返る　〈10分〉

T　みなさんが作ったカードの中から問題を出します。読み方と「音」か「訓」のどちらかを答えましょう。

・「夏休み」は「なつやすみ」と読みます。「訓」です。

・「算数」は、「サンスウ」と読みます。「音」です。

T　「音」と「訓」を使ってクイズ大会を行った感想を伝え合いましょう。

・漢字の「音」と「訓」がよく分かって、楽しかったです。

○国語学習の導入や朝の学習タイムなどで、クイズ大会を行うことができる。短時間でリズムよく行うことで、楽しく漢字の「音」と「訓」の理解が深まるようにしたい。

ICT 等活用アイデア

プレゼンテーションソフトを用いて

クイズ大会は、プレゼンテーションソフトを用いることで、より効果的に進めることができる。

1枚目のスライドに言葉、2枚目のスライドに読み方と「音」か「訓」を書く。熟語の横には、その意味を表す絵や写真を入れると分かりやすく、より楽しく学習ができるだろう。

クイズ大会の際にはグループでクイズを出し合ったり、大型テレビに映し出して全体に出題したりすることもできる。子供の実態に応じて、活用したい。

2年生で習った漢字

漢字の広場② （2時間扱い）

単元の目標

知識及び技能	・第2学年までに配当されている漢字を書き、文や文章の中で使うことができる。((1)エ) ・接続する語句の役割について理解することができる。((1)カ)
思考力、判断力、表現力等	・間違いを正したり、相手や目的を意識した表現になっているかを確かめたりして、文や文章を整えることができる。(B エ)
学びに向かう力、人間性等	・言葉がもつよさに気付くとともに、幅広く読書をし、国語を大切にして、思いや考えを伝え合おうとする。

評価規準

知識・技能	❶第2学年までに配当されている漢字を書き、文や文章の中で使っている。(〔知識及び技能〕(1)エ) ❷接続する語句の役割について理解している。(〔知識及び技能〕(1)カ)
思考・判断・表現	❸「書くこと」において、間違いを正したり、相手や目的を意識した表現になっているかを確かめたりして、文や文章を整えている。(〔思考力、判断力、表現力等〕B エ)
主体的に学習に取り組む態度	❹積極的に第2学年までに配当されている漢字を書き、これまでの学習を生かして漢字を適切に使った文章を作ろうとしている。

単元の流れ

時	主な学習活動	評価
1	・4コマのイラストを提示し、どんなお話かを全体で簡単に考える。 ・平仮名のみで接続する語句のない例文を基に、漢字を使うよさや接続する語句のあるよさを知る。 ・教科書 p.52を見て、漢字の読み方を確認する。 ・提示されている漢字を使って、文章を書く。	❶❷
2	・前時に書いた文章を友達と読み合い、発想を広げる。 ・自分が書いた文章を読み返し、推敲する。	❸❹

授業づくりのポイント

〈単元で育てたい資質・能力〉

本単元では、2年生までに配当されている漢字を用いて簡単なお話を書く活動を行う。その活動を通して、文や文章の中で積極的に漢字を使う習慣を身に付けることや、接続する語句を使うことをねらいとする。習った漢字をできる限り使ったり、接続する語句を使ったりすることで読みやすい文章になることを実感できるように活動を進めたい。また、接続する語句を使うと、次の文章の予測ができて想像しやすいことを理解できるようにしたい。

さらに、書いた文章を読み返し、習った漢字や接続する語句を使っているかという視点をもって文章を正し（相手や目的を意識した表現になっているかを確かめるなど）、文や文章を整えることもねらいとする。

［具体例］

○まずは、教科書の挿絵ではなく、簡単な4コマのイラストを見て、どんなお話かを全体で考える。その際に、黒板には平仮名だけで書き、接続する語句を入れない文章を提示する。習った漢字や接続する語句が使われていない文章の読みづらさを子供が実感した後に、自分のお話を書く活動を行う。

○接続する語句には、同じ順接を表す接続する語句でも、いくつか種類があることに気付けるようにしたい。

〈教材・題材の特徴〉

挿絵に合わせて冒険のお話を作るという活動は、子供たちにとって楽しいものである。挿絵と提示されている漢字を使うだけでも、十分楽しんで取り組めるだろう。自由な発想で取り組む子供もいてよいが、お話が広がりすぎてしまうことも考えられるので、習った漢字を使うことや、接続する語句を使うなどのねらいを共有し、活動時間の見通しをもって取り組めるようにしたい。

また、発想を広げていくと、一文が長くなってしまうことが予想される。「漢字の広場①」と同様に、活動の途中で教師が作成した悪い例を提示し、全体で推敲することで、どこでどのような接続する語句を使うとよいか指導することも必要である。

〈言語活動の工夫〉

お話を書く活動自体は楽しみつつ、習った漢字を使うことと、接続する語句を使うことを指導できるように工夫をしたい。できる限り漢字を使うために、友達と読み合う活動を途中に入れることで、子供が自分から推敲したくなる場面をつくりたい。

また、「漢字の広場①」と同様に、一文が長くなり、主語と述語の対応が一致しなくなったり、修飾語と被修飾語の位置が遠くなったりすることが想定できるので、状況を見て指導するとよい。

［具体例］

○子供たちに提示する順接を表す接続する語句としては「そのため・それで・ゆえに・そこで・すると・したがって・よって」、逆接を表す接続する語句としては「しかし・だが・けれど・けれども・ところが・それでも」などがある。このような接続する語句を板書で共有したり、掲示したりすることで、子供たちが使いやすい環境を設定するとよい。

本時案

漢字の広場②

本時の目標

・第２学年までに配当されている漢字を書き、文や文章の中で使い、接続する語句の役割について理解することができる。

本時の主な評価

❶第２学年までに配当されている漢字を書き、文や文章の中で使っている。【知・技】
❷接続する語句の役割について理解している。【知・技】

資料等の準備

・４コマのイラスト
・平仮名の例文の短冊
・教科書 p.52の挿絵の拡大コピー

3
p.52の挿絵
拡大コピー

4
習った漢字を使って、かんたんなお話を書こう。

授業の流れ ▷▷▷

1 ４コマのイラストから、どんなお話かを考える 〈10分〉

T　今から出す４コマのイラストをよく見てください。どのようなお話だと思いますか。
・昔話の「桃太郎」です。
・１枚目は桃から桃太郎が生まれるところです。
・２枚目は、鬼が悪さをしているところです。
・３枚目は犬・猿・きじの３匹を仲間にしているところです。
・４枚目は、鬼退治をしたところです。
○お話の内容を全体で簡単に捉える。
○１枚目から２枚目へと続けて説明しようとする子供もいるだろう。そのとき、どのような接続する語句を用いているか着目し、全体で確かめるとよい。

2 例文を読み、漢字や接続する語句を使うよさを知る 〈10分〉

T　この絵を使って簡単なお話を作りました。先生が今から出す文章を声に出して読んでみましょう。
・平仮名ばかりで声に出して読みづらいです。
・習った漢字は使った方がいいと思います。
T　読みづらいと思ったところを直すので、声に出して読んでみましょう。
・漢字が使われていると、区切るところが分かって読みやすいです。
・一文の長さがちょうどよいです。区切ったところに「けれども」や「そこで」が使われていると、お話の続きが想像できて読みやすいです。

漢字の広場②

1 どのようなお話かな？

・ももからもも太郎が生まれる
・おにがわるさをしたのでたいじする
・3びきをなかまにする

2

生まれ　三人で　楽しく
ももからももたろうがうまれ、さんにんでたのしく
すごしていました。けれども、おにがいえをこわすな
家
どのわるさをするようになりました。そこで、いぬさ
犬、さ　おにが島　行って　きじ
る、きじをなかまにして、おにがしまにいっておにをた
いじしました。

・ひらがなばかりだと、読みづらい
・「けれども」や「そこで」があるので、お話のつづきが考えやすくて読みやすい

3 漢字の読み方を確認する〈5分〉

T　次に p.52の絵を見ます。この絵にある漢字は全て読めますか。隣の友達と交代で1つずつ読み合ってみましょう。全部読み終えたら、教えてください。
・「地図」はなんて読むのか分かりません。
・分からない漢字もあったけど、隣の友達が読んでくれて分かりました。
T　分からない言葉がある人もいたと思います。一度、先生が声に出して読むので、読んだ言葉を繰り返し声に出して読みながら確認しましょう。
○漢字の読みは全体でも必ず確認する。

4 絵をヒントにして、簡単なお話を書く〈20分〉

T　確認した漢字や言葉を使ったり、絵には書かれていない言葉も使ったりして、簡単なお話を書きましょう。
・「A くんは地図を拾いました。そこで、お母さんに『さようなら』と言って、家を出て冒険に行きました。」と書きました。「そこで」を使ってみました。
・「親友の B 君に会って、うれしかったのでハイタッチをしました。けれども、大きなへびにおそわれてしまいました。」と書きました。「けれども」を使ってみました。
○接続する語句を上手く使えている子供のお話を全体で紹介するのもよい。

本時案

漢字の広場②

本時の目標

・積極的に習った漢字を使って文章を書き、間違いを正したり、相手や目的を意識した表現になっているかを確かめたりして、文や文章を整えることができる。

本時の主な評価

❸間違いを正したり、相手や目的を意識した表現になっているかを確かめたりして、文や文章を整えている。【思・判・表】

❹積極的に第２学年までに配当されている漢字を書き、これまでの学習を生かして漢字を適切に使った文章を作ろうとしている。【態度】

資料等の準備

・教科書 p.52の挿絵拡大コピー
・一文が長い文章の例

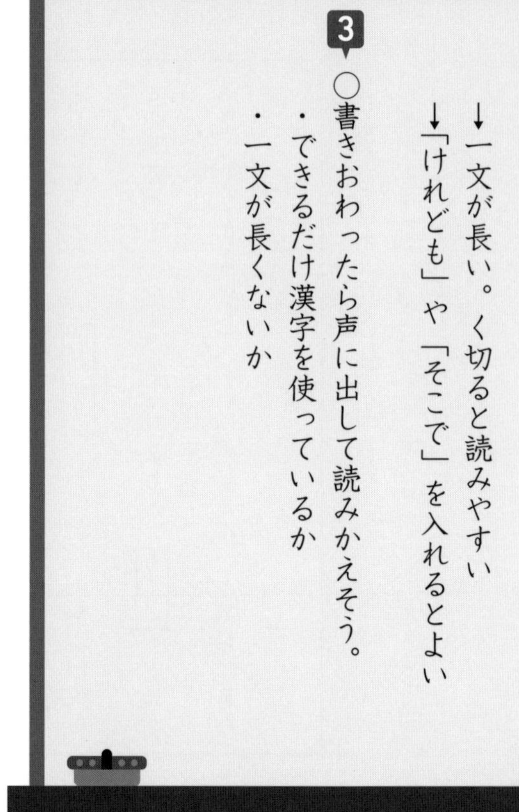

→一文が長い。く切ると読みやすい
→「けれども」や「そこで」を入れるとよい
3
○書きおわったら声に出して読みかえそう。
・できるだけ漢字を使っているか
・一文が長くないか

授業の流れ ▷▷▷

1 前時で書いた文章を友達と読み合い、発想を広げる 〈10分〉

T　前回の学習で、友達が書いた文章を読んでみましょう。いいなと思った文があったら教えてください。
・自分と似ている文がありました。
・自分とは違う内容の人がいて、読んでみておもしろかったです。
・書き方が少し違う人もいました。
・かぎ（「」）を使っていて、会話文があるのがいいと思います。
・「うれしい」や「驚いた」のように、気持ちが書いてあっていいと思います。
・習った漢字が使われていて読みやすかったです。
・「そして」や「けれども」を使っていてよかったです。

2 長い一文を直し、推敲のポイントを確認する 〈10分〉

T　前の時間の続きを書いたり、見直したりする前に、今から先生が出す文を読みましょう。おかしいなと思うところはありますか。
・前の「漢字の広場」でもやったように、一文が長いので、少し読みづらいです。
・句点（。）を付けて区切ると読みやすいです。
・前回出てきた「けれども」や「そこで」も使えるとよいです。
○長い一文例を掲示し、子供の発言を書き込みながら推敲のポイントを確認する。
T　習った漢字を使えているか以外にも、句点（。）を付けて一文を短くしたり、「けれども」や「そこで」も使ったりできるといいですね。

漢字の広場②

1 習った漢字を使って、かんたんなお話を書こう。

p.52の挿絵
拡大コピー

・かぎ（「」）を使って、会話文を書いている
・気持ちを書いている

2
ももからももたろうが生まれ、三人で楽しくすごしていたのに、おにが家をこわすなどのわるさをするようになったので、犬、さる、きじをなかまにして、おにが島に行っておにをたいじしました。

（ました。けれども／りました。そこで）

3 自分の書いた文章を読み返し、推敲する 〈25分〉

T　自分が書いた文を書き直したり、新しく書いたりしましょう。
・習った漢字が使えていないので、直します。
・一文が長くなったので、途中で区切ります。
・「けれども」や「そこで」を使いました。「しかし」も使ってみました。

T　書き終わった人同士で、書いた物語を読み合ってみましょう。よかったところなど、感想を伝えてあげましょう。
・漢字も使われているし、おもしろい物語になっていてよいと思いました。
・「そして」や「けれども」を使っていてよかったです。

よりよい授業へのステップアップ

「気持ち」を表す語彙の拡充

今回は簡単な物語創作ではあるが、「気持ち」を表す言葉に注目する場面が出てくる。教科書の付録にある「言葉のたから箱」を参考にしながら、「気持ち」を表す言葉にはどのような言葉があるかを知る機会をつくりたい。「気持ち」を表す言葉を知る場面を多くつくるよう意識をしておくと、物語を読む活動の際に、子供自ら「気持ち」を表す言葉に気付けるようになる。子供の文章で「気持ち」を表す言葉が使われていたら、積極的に価値付けしていくとよい。

まとまりをとらえて読み、かんそうを話そう／かんけいをとらえよう

文様／こまを楽しむ／【じょうほう】全体と中心

8時間扱い

単元の目標

知識及び技能	・全体と中心など情報と情報との関係について理解することができる。((2)ア) ・段落の役割について理解することができる。((1)カ)
思考力、判断力、表現力等	・段落相互の関係に着目しながら、考えとそれを支える理由や事例との関係などについて、叙述を基に捉えることができる。(C ア) ・目的を意識して、中心となる語や文を見つけることができる。(C ウ)
学びに向かう力、人間性等	・言葉がもつよさに気付くとともに、幅広く読書をし、国語を大切にして、思いや考えを伝え合おうとしている。

評価規準

知識・技能	❶全体と中心など情報と情報との関係について理解している。(〔知識及び技能〕(2)ア) ❷段落の役割について理解している。(〔知識及び技能〕(1)カ)
思考・判断・表現	❸「読むこと」において、段落相互の関係に着目しながら、考えとそれを支える理由や事例との関係などについて、叙述を基に捉えている。(〔思考力、判断力、表現力等〕C ア) ❹「読むこと」において、目的を意識して、中心となる語や文を見つけている。(〔思考力、判断力、表現力等〕C ウ)
主体的に学習に取り組む態度	❺進んで段落相互の関係に着目しながら内容を捉え、学習課題に沿って説明する文章を読んだ感想を伝え合おうとしている。

単元の流れ

次	時	主な学習活動	評価
一	1	学習の見通しをもつ ・扉や写真、実物などを見て、文様やこまについて知っていることを発表し合う。 ・学習課題を設定し、学習計画を立てる。 まとまりをとらえて読み、かんそうをつたえ合おう。	
	2	段落の意味を振り返り、「文様」を読み、「問い」と「答え」の構成を捉える。	❷
二	3	・教科書 p.65「全体と中心」を参考に段落を「はじめ」「中」「おわり」に分ける。 ・「はじめ」を読み問いを2つに分け、「問い」に対する「中」の役割を予想する。	❸
	4	・「中」に書かれている、「問い」に対する「答え」を確かめノートに整理する。 ・「中」には「答え」の他に何が書かれているかを確かめ、その理由を考える。	❹
	5	詳しい説明を「色や形」「回る様子」と「回し方」に分けてノートに整理する。	❸
	6	・「おわり」に書かれていることを確かめ、その役割を考える。 ・具体例の順番に目を向け、「中」の説明の順序を確認する。	❷

三	7	・これまで学習したこまの中から、遊んでみたいこまとその理由をノートに書く。 ・一番遊んでみたいこまについて、グループで紹介し合う。	❺
	8	・友達の感想との共通点や相違点など、気付いたことをノートに書く。 学習を振り返る ・文章の構成の捉え方を振り返り、今後に生かせることを考える。	❶

授業づくりのポイント

〈単元で育てたい資質・能力〉

本単元のねらいは、子供が段落相互の関係に着目しながら、考えと理由や事例との関係を捉え、内容を読み取ることである。「文様」を読んで「問い」と「答え」の関係を確認し、「こまを楽しむ」の「はじめ－中－おわり」の構成の中での段落の役割（問い→答え→まとめ）に気付けるようにする。また、各段落の中心となる文に着目できる力も養いたい。そうすることで、各段落で何をどのように説明しているかが把握でき、遊んでみたいこまの特徴を捉えたり、どのように説明したらよいかを考えたりすることができる。

「こまを楽しむ」は、「はじめ」に２つの問いを立て、「中」の６つの段落でこまを説明しながら問いに対する答えを述べている。段落を分けながら、各こまの説明内容を読み取り、本教材における中心は何かを捉えられるようにする。

〈教材・題材の特徴〉

本教材は６種類のこまを題材とした説明文である。子供が興味を抱く遊びである一方で、必ずしも馴染み深いわけではない昔遊びの「こま」を題材とすることで、子供は「どのように遊ぶのか」「どんな種類があるのか」さらには、「どのような順序で説明されているのか」と関心をもちながら読み進めることができる。文章の内容だけでなく、筆者の説明の仕方に対する課題を設定することで、構成に着目することもできる。「文様／こまを楽しむ」は、「はじめ（問い）」「中（問いの答え）」「おわり（まとめ）」の３部構成となっており、各段落の役割が分かりやすく、構成を捉えやすい説明文である。

〈言語活動の工夫〉

本単元では、「遊んでみたいこまについて話そう」という言語活動を設定した。子供は、自分の興味があるこまを紹介するために「何が書かれているのか」「どのように説明されているのか」を捉える必要がある。子供は、自分が遊びたいこまについて話すことを通して、本教材で説明されている様々な特徴（内容）を読み取りながら、それがどのような構成で書かれているかを考えることができる。説明する相手を具体的に設定することで、相手に理解してもらうという目的が生まれるため、より説明方法（内容と構成）を意識して教材にふれることができるだろう。本単元のねらいは段落相互の関係に着目して叙述を捉えることであり、上手に紹介することではないという点は十分留意したい。

〈ICT の効果的な活用〉

調査：子供にとってこまという遊びが馴染み深くない場合がある。そこで、動画や写真などで視覚的に理解できるようにする。説明文と動画を組み合わせることでより深く理解できる。

記録：紹介活動を行う際、動画機能を活用して自分の紹介している様子を記録する。そうすることで、教材に使われている言葉を意識しながら伝えられているかを子供たち自身が確認できる。

本時案

文様／こまを楽しむ

本時の目標

・学習課題を設定し、学習計画を立てることができる。

本時の主な評価

・自分の経験を振り返りながら学習計画を立て、単元の見通しをもっている。

資料等の準備

・こま（用意できる場合）
・教科書のこまの挿絵拡大コピー
・複数の種類のこまの写真と回っている様子が分かる動画（教科書の二次元コード活用）
・文様が描かれている手ぬぐいなど（あるいは文様のイラストなど）

③遊んでみたいこまのせつめいをする
・分かったせつめいの仕方を使う

3
○段落とは？
・文章を組み立てている、事がらごとのないようのまとまり
・はじめを一字下げて表す

段落の役割や特徴を箇条書きにする

授業の流れ▷▷▷

1 単元の見通しをもつ 〈10分〉

○こまを見せ子供が興味をもてるようにする。

T　（教科書の扉や実物を見せて）みなさんは、このおもちゃを知っていますか。

・こまです。２年生の生活科の時間に遊んだことがあります。

・ひもを括り付けるのが難しいです。

T　知っている人もいるようですね。（他の種類のこまの写真を見せて）では、このこまはどのように遊ぶか知っていますか。

・初めて見ました。どうやって遊ぶのだろう。

T　様々な種類のこまがありますね。遊んでみたいこまを考えて友達と伝え合いましょう。

○学習目標を板書する。

2 学習課題を確認し、学習計画を立てる 〈15分〉

○文様が描かれている手ぬぐいを提示する。

T　こまを見た人はたくさんいましたが、この模様を見たことがある人はいますか。

・テレビで見たことがあります。

・自分のお家にも同じ模様の物があります。

T　「文様」では、この模様に隠された秘密が説明されています。それぞれの模様について考えながら筆者の説明の仕方を知り、次に読む「こまを楽しむ」の学習に生かせるようにしましょう。

○学習計画を確認し、板書する。

ICT 端末の活用ポイント

模様だけの文様と、着物や羽織など実際に身に着けている文様をプロジェクター等で投影する。自主的に子供が調べるようにしてもよい。

1 文様／こまを楽しむ

p.56 こまの挿絵

p.57 色がわりごまの挿絵

p.57 鳴りごまの挿絵

p.58 さか立ちごまの挿絵

学習の目ひょう

まとまりをとらえて読み、かんそうをつたえ合おう。

2 ○学習計画を立てよう。

文様　熊谷(くまがい)　博人(ひろと)

①「文様」を読む
・せつめいの仕方を知る

「文様」で学習したことを「こまを楽しむ」の学習に生かすという見通しをもてるようにする

②「こまを楽しむ」を読む
・どのように何をせつめいしているのかを考える

文様のイラスト（または、p.54-55 の挿絵）

3 段落について確認する　〈20分〉

○段落の役割を確認し、各段落に書いてあることを考えながら読めるようにする。

T　「文様」の文章にも「段落」がありますが、段落とは何か知っていますか。

・文章を分けるためのものです。

・最初を１字下げることは知っているけれど、段落が何かと言われると難しいです。

T　教科書 p.160で確認してみましょう。

・「事柄ごとの内容のまとまり」と書いてあります。内容ごとの部屋のような感じかな。

・それぞれの部屋で何が書いてあるのか分かれば、全体で何を伝えたいのか分かります。

T　「文様」を一度読みます。次の授業で、各段落にどんなことが書かれているのか確認するので、注意して読んでみましょう。

ICT 等活用アイデア

視覚的教材の活用で子供の意欲を UP！

本時では、主に視覚的教材として ICT 端末を活用する。「文様」や「こま」は、馴染みの薄い子供もいるため、「これは何だろう」と子供が興味をもてるように写真を提示する。文様を実際に身に着けている様子の動画を見せたり、こまの回っている様子を動画で見せたりすることで、題材との距離が近づき、意欲的に説明文を読むことができる。また、端末で検索する時間を設けることで、子供が生活の中で見たことがあるものと出会い、さらに意欲を高めることができる。

本時案

文様

本時の目標

・「文様」を読み、「問い」と「答え」の関係に気付き、段落の役割を理解することができる。

本時の主な評価

❷それぞれの段落にどのような内容が書かれているかを捉え、各段落の役割を理解している。【知・技】

資料等の準備

・教科書 p.54–55の文様の挿絵の拡大コピー
・「はじめ」「中」「おわり」「問い」「答え」の短冊

おわり　⑤ まとめ・筆者の思い

3 ○「はじめ」と「おわり」はなぜ書かれているのでしょうか。

はじめ…筆者がつたえたいこと
中　…くわしいせつめい
おわり…つたえたいことのまとめ

つたえたいことをサンドイッチ
双括型（そうかつがた）

構成の型を記述することで今後の説明文にも生かせるようにする

授業の流れ

1 段落の役割を振り返る 〈10分〉

○段落の役割を確認し、学習の見通しをもつ。
T　段落とは何でしたか。
・事柄ごとにまとめているものが段落です。
・それぞれの段落に何が書かれているのか分かると、全体として何を伝えたいかが分かりやすいと p.160に書いてありました。
T　段落の一つ一つが大きな意味のまとまりでした。今日は「文様」を読んで、それぞれの段落でどのようなことが書かれているのかを考えていきましょう。
○学習のめあてを板書する。
T　それでは、「文様」を読みます。それぞれの段落で何が書かれているかを考えながら聞きましょう。
○「文様」を範読する。

2 各段落の内容を把握する 〈20分〉

T　段落はいくつありましたか。
・段落は５つだけど、大きなまとまりが３つあると教科書に書いてあります。
・「はじめ」「中」「おわり」で分かれています。
T　「はじめ」「中」「おわり」には、それぞれどのようなことが書いてありますか。
・「はじめ」には、「問い」が書いてあります。「中」には、その「問い」の「答え」になる文様の説明が書いてあります。
・「おわり」は、文様に対する筆者の思いやまとめが書いてあります。
T　「問い」に対する「答え」は、それぞれの段落のどこに書いてありますか。
・各段落の最後に書いてあります。
○「問い」と「答え」を板書する。

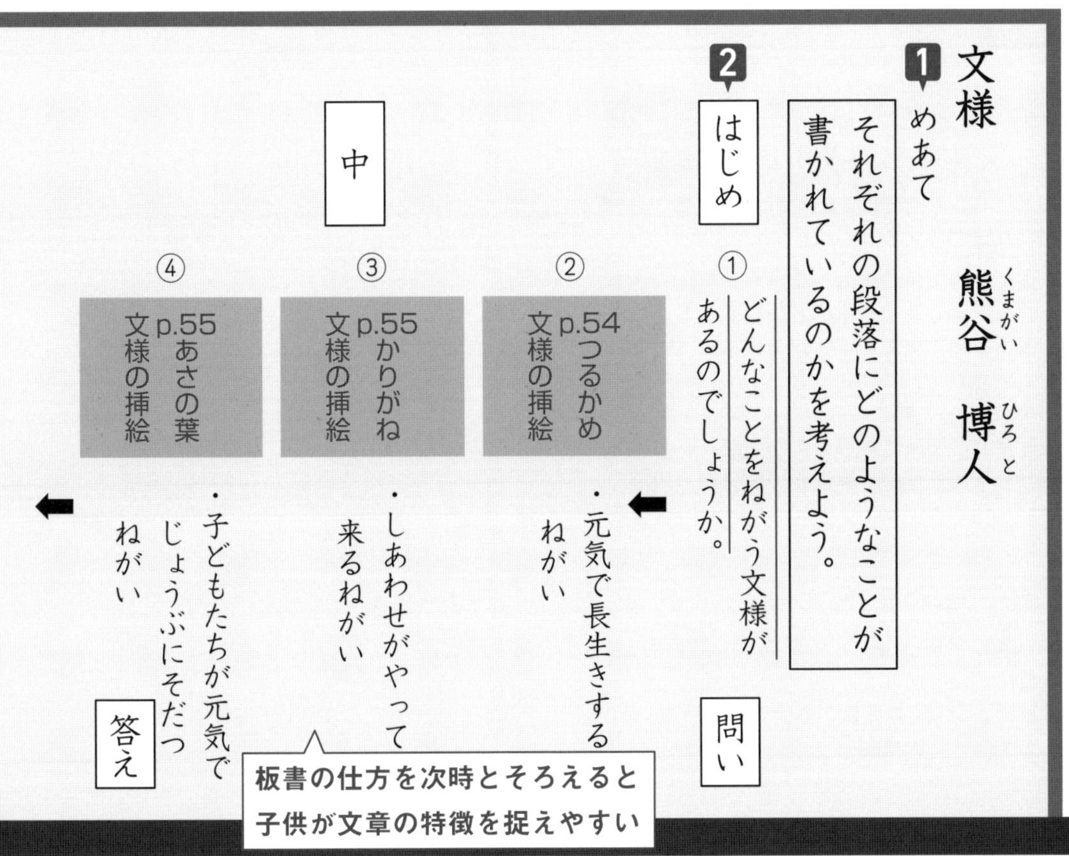

文様
熊谷博人
1 めあて
それぞれの段落にどのようなことが書かれているのかを考えよう。
2
はじめ
① どんなことをねがう文様があるのでしょうか。
問い
中
② p.54 つるかめ 文様の挿絵
・元気で長生きするねがい
③ p.55 かりがね 文様の挿絵
・しあわせがやって来るねがい
④ p.55 あさの葉 文様の挿絵
・子どもたちが元気でじょうぶにそだつねがい
答え
板書の仕方を次時とそろえると
子供が文章の特徴を捉えやすい

3 書いてあることが、なぜ必要なのかを問う 〈15分〉

○何が書かれているかだけではなく、なぜそのような構成で書かれているのかも考える。

T 文様の説明をするなら「中」だけで十分ではないですか？

・「はじめ」は「これから何を説明するのか」を問いかけながら伝えて、筆者の説明したいことが書かれているから必要です。

・「おわり」は、筆者が何を伝えたいのかがまとめられているから必要だと思います。

・「はじめ」と「おわり」で、伝えたいことをサンドイッチして書いています。

T 「はじめ」と「おわり」に、筆者が伝えたいことを書いている説明文の構成を「双括型」といいます。サンドイッチみたいに「中」をはさんでいますね。

よりよい授業へのステップアップ

説明文探偵になって筆者の工夫を探る

説明文を読んで筆者の書き方の工夫や考えを捉える際、子供に「説明文探偵」などの役割を与える。そして、「筆者の考えを解読しよう」「書き方の工夫が隠されているので見つけよう」などと課題を提示すると、子供は探偵になりきって筆者の主張を読み取ったり、筆者の工夫を見つけようとしたりする。

本時で、「問い」と「答え」の関係や文章構成、説明の順序などにまで子供が気付けると、次時に「こまを楽しむ」を読む際、視点を明確にすることができるだろう。

本時案

文様／こまを楽しむ／【じょうほう】全体と中心 3/8

本時の目標

・段落相互の関係に着目しながら読み、考えとそれを支える理由や事例との関係などについて叙述を基に捉えることができる。

本時の主な評価

❸段落相互の関係に着目しながら読み、考えとそれを支える理由や事例との関係から段落を「はじめ」「中」「おわり」に分け、内容を捉えている。【思・判・表】

資料等の準備

・「はじめ」「中」「おわり」「問い」「答え」の短冊
・教科書 p.57–60の挿絵の拡大コピー

⑦
p.60のずぐりの挿絵
⑧ まとめ・筆者の思い
おわり
4 ○「中」の段落のないようをよそうしてみよう。
・「中」にはこまのしゅるいと楽しみ方が書かれている？
・楽しみ方は「回し方」と「回る様子」？

授業の流れ ▷▷▷

1 「文様」を振り返り、順序の役割を確認する 〈5分〉

○「文様」の振り返りをし、各段落の内容と段落同士の関係を確認する。

T 「文様」は、「はじめ」「中」「おわり」にどのようなことが書かれていましたか。

・「はじめ」に「問い」、「中」に「答え」、「おわり」にまとめが書いてありました。

T 「文様」は、段落が５つに分かれていましたが、３つでもよいのではないですか。

・書かれている内容が違うので５つがよいです。「中」で３種類の文様を説明していたから、「おわり」の説明に納得できました。

T では「こまを楽しむ」では、どのように段落が分けられるのか考えましょう。まずは段落に番号を付けましょう。

○本時のめあてを板書する。

2 「はじめ」「中」「おわり」に分ける 〈15分〉

T まずは、先生が「こまを楽しむ」を読みます。「文様」のように「はじめ」「中」「おわり」を考えながら聞きましょう。

○「こまを楽しむ」を範読する。

T では、「こまを楽しむ」を「はじめ」「中」「おわり」に分けましょう。

・１段落は問いの文で終わっているから「はじめ」です。２～７段落まではこまの説明だから「中」だと思います。８段落は「このように……」と全体をまとめているから「おわり」だと思います。

○ p.65を参考にして「こまを楽しむ」を「はじめ」「中」「おわり」の３つに分ける。

T それでは、みなさんがどのように分けたか聞いてみましょう。理由も教えてください。

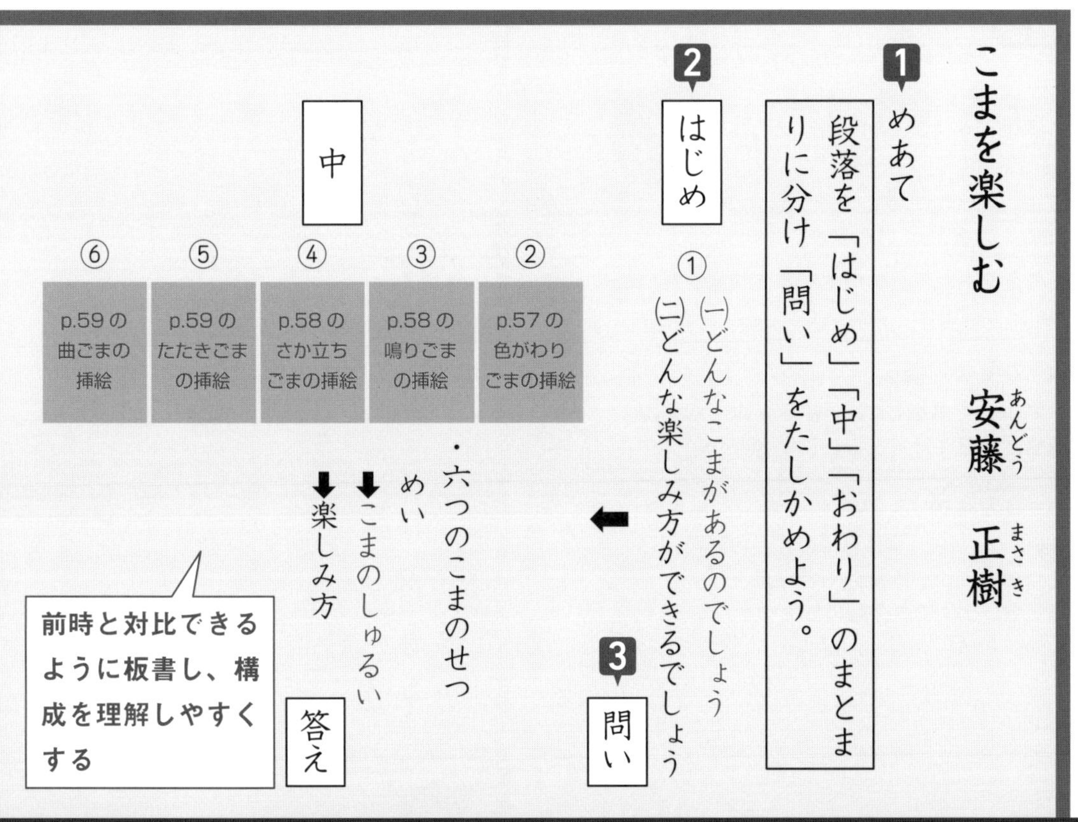

こまを楽しむ
安藤（あんどう）　正樹（まさき）
1
めあて
段落を「はじめ」「中」「おわり」のまとまりに分け「問い」をたしかめよう。
2
はじめ
①
㈠どんなこまがあるのでしょう
㈡どんな楽しみ方ができるでしょう
3
問い
中
②
③
④
⑤
⑥
p.57の色がわりごまの挿絵
p.58の鳴りごまの挿絵
p.58のさか立ちごまの挿絵
p.59のたたきごまの挿絵
p.59の曲ごまの挿絵
・六つのこまのせつめい
➡こまのしゅるい
➡楽しみ方
答え
前時と対比できるように板書し、構成を理解しやすくする

3 「問い」を確認し、「答え」となる文を見通す 〈10分〉

○「問い」を捉えることで、こまの何について説明する文章なのか考える。

T　1段落を「はじめ」とした理由に、「『文様』と同じように「問い」があったから」とありました。「こまを楽しむ」の「問い」は何かノートに書いてみましょう。

・「こまを楽しむ」は、「こまの種類」と「楽しみ方」の2つの問いがあります。

○問いを2つに分けて板書する。

T　「文様」でも、「問い」に対して「答え」が「中」で書いてありました。どのような答えが書いてありそうですか。

・いろいろな「こまの種類」と「楽しみ方」が「答え」として説明されていると思います。

4 「おわり」を確認し、「中」の説明内容を予想する 〈15分〉

○「おわり」から筆者の主張を捉え、「中」の説明の仕方について見通しをもつ。

T　「おわり」の役割は、筆者が伝えたいことをまとめることでした。「中」に「こまの種類」と「楽しみ」が書かれているということは、「おわり」にもそのことが書いてあればいいですね。

・あれ……。それだけではなかったような気がするな。もっと詳しく書いていました。

○8段落を読み返す。

・「楽しみ方」がくわしく書かれています。

・「楽しみ方」には、「回る様子」と「回し方」があるのかもしれません。

T　次回の学習では、「中」がどのように書かれているのかを確かめましょう。

本時案

こまを楽しむ

本時の目標

・目的を意識して、中心となる語や文を見つけることができる。

本時の主な評価

❹「問い」を意識して、「答え」の中心となる語や文を見つけている。【思・判・表】

資料等の準備

・「はじめ」「中」「問い」「答え」の短冊
・２つの「問い」を記述した短冊
・教科書 p.57–60の挿絵の拡大コピー

⑥
p.59の曲ごまの挿絵
㈠曲ごま
㈡おどろくような所で回す

⑦
p.60のずぐりの挿絵
㈠ずぐり
㈡雪の上で回す

次回…
「中」の答えではないところには、何が書いてあるのか考えよう。

授業の流れ ▷▷▷

1 「問い」をもう一度確認し、本時の見通しをもつ 〈10分〉

○２つの「問い」を確認し、「答え」の見通しをもてるようにする。
T 「こまを楽しむ」の「問い」は何でしたか。
・「どんなこまがあるのでしょう」と「どんな楽しみ方ができるのでしょう」です。
・「こまを楽しむ」は「文様」と違って２つの問いがありました。
T 「問い」が２つあるということは、「答え」はどのように書かれているのでしょうか。
・「答え」も２つあると思います。
・「回し方」「回る様子」がまとめに書いてあったので、「答え」にも「回し方」「回る様子」が書いてあると思います。
T 「答え」はどこか意識しながら聞きましょう。
○本時のめあてを板書する。

2 「問い」に対する「答え」を見つけ、中心となる文を捉える〈25分〉

○「答え」を見つけ、こまの種類を赤、楽しみ方を青で教科書にサイドラインを引く。
○「問い」と「答え」の関係を意識して、各段落の中心となる文を捉えられるようにする。
T どこが「答え」か分かりましたか。こまの種類の答えに赤で線を引き、楽しみ方の答えに青で線を引いてみましょう。
・「色がわりごま」は回っているときの色です。
・「鳴りごま」は回っているときの音です。
・「さか立ちごま」は途中から回り方が変わり、その動きを楽しみます。
・「たたきごま」は叩いて回し続けます。
・「曲ごま」は驚くような所で回します。
・「ずぐり」は雪の上で回します。
○「問い」と「答え」を整理して板書する。

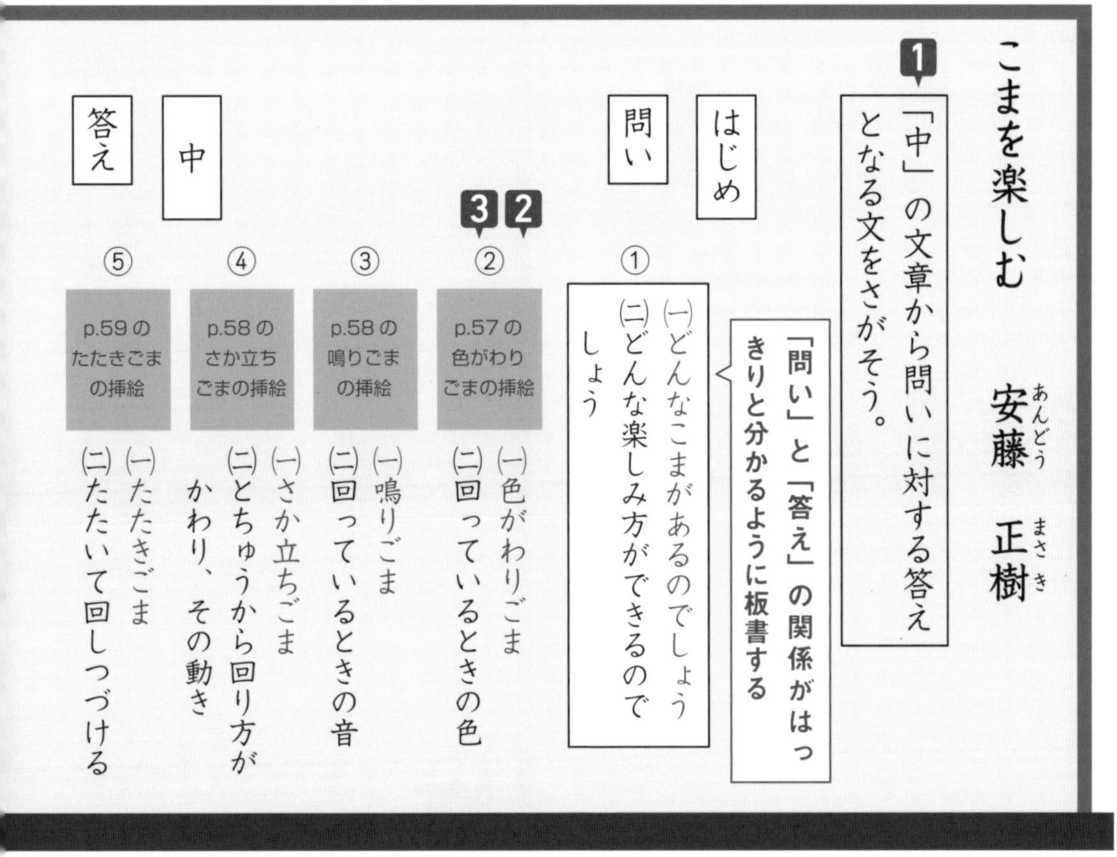

こまを楽しむ　安藤（あんどう）正樹（まさき）

1 「中」の文章から問いに対する答えとなる文をさがそう。

はじめ

問い

①
(一)どんなこまがあるのでしょう
(二)どんな楽しみ方ができるのでしょう

「問い」と「答え」の関係がはっきりと分かるように板書する

中

3 2
②
p.57の色がわりごまの挿絵
(一)色がわりごま
(二)回っているときの色

③
p.58の鳴りごまの挿絵
(一)鳴りごま
(二)回っているときの音

④
p.58のさか立ちごまの挿絵
(一)さか立ちごま
(二)とちゅうから回り方がかわり、その動き

答え

⑤
p.59のたたきごまの挿絵
(一)たたきごま
(二)たたいて回しつづける

3 「問い」と「答え」を確認し、次時の学習のめあてを設定する〈10分〉

○「問い」と「答え」を確認し、他の文の必要性を問い、次時の見通しをもつ。

T　みなさんに「問い」に対する「答え」を見つけてもらいましたが、それぞれの段落に「答え」が書いてあることが分かりますね。「答え」以外の文は必要ですか。

・こまのことが詳しく書いてあるので、必要です。
・どんなことが書いてるのかな。
・必要だから書いてあると思うのだけど……。

T　次回は、「答え」ではないところにどんなことが書いてあるのか考えていきましょう。

○前時の学習過程4で、「中」と「おわり」の関係をどのように予想したか想起すると、次時につながりやすい。

○次回の学習のめあてを板書する。

よりよい授業へのステップアップ

子供一人一人が教材と対話できる時間

一斉型の授業は、教師の発問に対して子供が答えるという一問一答の授業となることが多い。授業はスムーズに進むが、発言を得意とする数名の子供たちによって授業が進むため、一人一人が理解できているのかを評価するのが難しい。そこで、子供がじっくりと試行錯誤をする時間を意図的に設ける。そのことで、教師は子供が何を理解し、何につまずいているのかを見取ることができ、授業改善の視点の1つとなる。本時では、色分けをしながら「答え」を探っていく時間を設けた。

本時案

こまを楽しむ

本時の目標

・段落相互の関係に着目しながら読み、考えとそれを支える理由や事例との関係などについて叙述を基に捉えることができる。

本時の主な評価

❸「中」の段落相互の関係に着目し、叙述を比較、整理し、「おわり」との関係からその理由を考えている。【思・判・表】

資料等の準備

・こまの挿絵
・こまの回る様子と回り方の映像（教科書記載の二次元コードから）

3
○くわしく書く理由
⬇「おわり」で書いてあることが理かいしやすい
⬇「おわり」の文になっとくできる

次回…
8段落「おわり」に何が書いてあるのか考えよう。

授業の流れ ▷▷▷

1 「答え」を確かめ、本時のめあてを理解する 〈5分〉

○前時の学習を振り返る。
T　前回は、こまの「種類」と「楽しみ方」に関する「問い」の「答え」を考えました。どんなことが分かりましたか。
・各段落の最初の一文にこまの種類と楽しみ方の答えが書いてありました。
・各段落の1文目の書き方が「○○ごまは、……楽しむこまです。」となっています。
T　最初の「1文」で答えが書かれていましたね。2文目からは、何が書かれていますか。
・詳しい説明だと思います。
・「おわり」の8段落には【色や形】【回る様子】【回り方】が書いてあるから、その説明だと思います。
○学習のめあてを板書する。

2 各段落の共通点と相違点を確認する 〈25分〉

○範読を聞き、「中」の2文目以降に何が書かれているのかを、ノートやワークシートに整理する。
T　2文目にはどのようなことが書かれているのでしょうか。各段落で同じ所がないか注意して聞いてみましょう。
○「こまを楽しむ」を範読する。
・2文目には、【色や形】が書かれていることが多くて、3文目には、【回る様子】や【回し方】が書いてあります。
・「ずぐり」だけ書き方が少し違います。
T　こまによって少し書き方が違うようですが、【色や形】と、【回る様子】や【回し方】が2文目より後に書いてあるようです。
○子供の発言を聞きながら板書で整理する。

こまを楽しむ　安藤（あんどう）正樹（まさき）

1 「中」の答えではないところには、何が書いてあるのか考えよう。

2 ○二文目、三文目にはどのようなことが書いてあるのでしょう。

こま	色や形	回る様子	回し方
色がわりごま	表面にもよう	・回ると色がまざり合ってかわる ・回す速さで見える色がかわる	ひねって回す
鳴りごま	どうは大きく、中がくうどうになっている 横に細長いあながが空いている	あなから風が入りこんで、ボーッという音が鳴る	ひもを引いて回す

最初の二つのこまは全体で確認し、残りのこまは子供が自力で進めるようにする

3 なぜ書く必要があるのかを問い、筆者の意図に迫る　〈10分〉

○２文目以降の書き方を確認し、筆者の意図を考える。

T　なぜ【色や形】と、【回る様子】や【回し方】を説明しているのでしょうか。最初の１文で「問い」に対する「答え」は書いてありますよね。

・詳しく説明して、読んでいる人にこまの魅力を分かってほしいからだと思います。

・「おわり」の文章を読んだ人が納得できるようにするためだと思います。どんな回り方をするのかが伝わった方が、こまの違いが分かってよいと思います。

T　詳しく書くと８段落の「おわり」に納得できるのですね。次回は８段落「おわり」に何が書いてあるのか考えましょう。

ICT 等活用アイデア

視覚的教材により正しい意味を捉える

　似ている表現によって想像しているものが混在する恐れがある。本時では、「回る様子」と「回し方」の区別がついていない子供がいるかもしれない。そこで、映像や写真を用いて、視覚的に違いを理解できるようにする。

　言葉の意味を問うた上で映像（教科書に記載されている二次元コード）を確認し、こまを持っている人が操作している場面を「回し方」、こまが回っている場面を「回る様子」と、映像を止めながら視覚的に子供が言葉の意味を捉えられるようにする。

本時案

こまを楽しむ

本時の目標

・全体と中心など情報と情報との関係について理解することができる。

本時の主な評価

❷「おわり」の段落の役割を理解することを通して、「中」の段落の構成を理解している。【知・技】

資料等の準備

・８段落「おわり」を文節で区切った短冊
・「中」の各段落１文目の短冊

順番を入れ替えられるよう短冊にして

たたきごまは、たたいて回しつづけることを…

曲ごまは、曲芸で使われ、おどろくような所で…

ずぐりは、雪の上で回して楽しむこま

回し方を楽しむ

・回し方が少しずつむずかしくなっている
・みぢかなこまからせつめいしている

授業の流れ ▷▷▷

1 前時を振り返り、本時の見通しをもつ 〈５分〉

○前時を振り返り、詳しい説明の必要性を問い、「おわり」へ意識を向ける。

T　前回の学習で、詳しく説明する理由を確認しました。なぜ詳しい説明をする必要があるのでしょう。

・詳しい説明をした方が、８段落の「おわり」の文が納得しやすいし、こまの魅力が伝わるからです。

・「文様」も「中」で３種類の文様を詳しく説明していたから、「おわり」の説明に納得できました。

T　８段落「おわり」にはどのようなことが書いてあるのでしょうか。また、「おわり」はどのような役割があるのか考えましょう。

○本時のめあてを板書する。

2 「おわり」の内容と役割を考える 〈25分〉

○８段落に何が書かれているかを確認し、「おわり」の役割を確認する。

T　８段落に書かれていることを確認しましょう。それぞれの文に区切って何を伝えたいのか考えてみてください。

・１文目は、種類について書かれています。２文目は、「色や形」、「回る様子」、「回し方」のことが書いてあります。

・３文目は、いろいろな楽しみ方が生み出されていることを書いてあります。

・全体をまとめてこまの魅力を伝えています。だから各段落に「種類」「楽しみ方」「色や形」「回る様子」や「回し方」を詳しく書いていたのだと思います。

○８段落「おわり」の内容と役割を板書する。

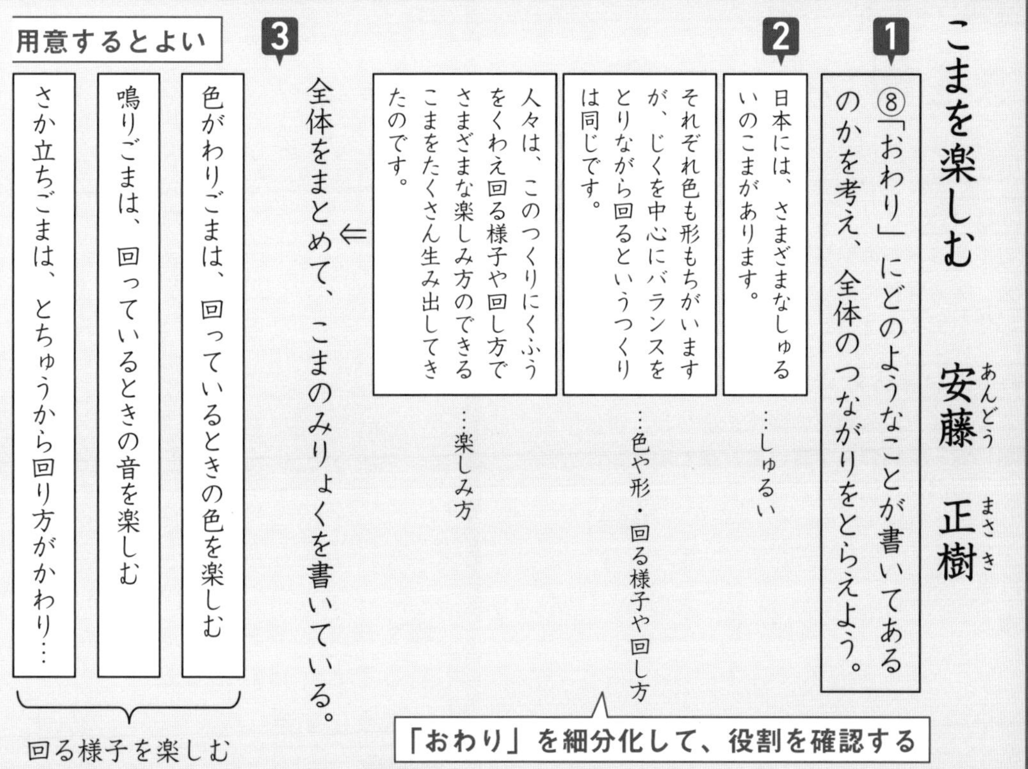

こまを楽しむ
安藤正樹
1
⑧「おわり」にどのようなことが書いてあるのかを考え、全体のつながりをとらえよう。
2
日本には、さまざまなしゅるいのこまがあります。
…しゅるい
それぞれ色も形もちがいますが、じくを中心にバランスをとりながら回るというつくりは同じです。
…色や形・回る様子や回し方
人々は、このつくりにくふうをくわえ回る様子や回し方でさまざまな楽しみ方のできるこまをたくさん生み出してきたのです。
…楽しみ方
「おわり」を細分化して、役割を確認する
3
⇐全体をまとめて、こまのみりょくを書いている。
用意するとよい
色がわりごまは、回っているときの色を楽しむ
鳴りごまは、回っているときの音を楽しむ
さか立ちごまは、とちゅうから回り方がかわり…
回る様子を楽しむ

3 「中」の構成を再確認する〈15分〉

○説明されているこまの順序にも目が向けられるように、並び替えをする。

T 「おわり」の役割が分かったので、最後に文章を整理してみましょう（短冊にした「中」のこまの説明順序をバラバラに貼る）。

・説明されているこまの順序が違います。

T でも内容は伝わるし、バラバラでもいいのではないですか。説明の順序には理由があるのでしょうか。

・２段落から７段落になるにつれて回し方が難しくなっています。前半は「回る様子」を楽しむこまで、後半は「回し方」を楽しむこまを説明しています。

・身近なこまから説明していると思います。曲ごまやずぐりは知らない人が多いです。

よりよい授業へのステップアップ

教師が意図的に間違いのモデルになる

教師が提示するものが必ずしもお手本になる必要はない。視点を明確化したい場合には、意図的に間違いの例を提示する方法もある。本時では、あえて叙述を段落ごとにバラバラに提示した。そうすることで、自然とその順序が正しいのかの理由を考えるようになる。お手本は、ときに子供の思考を制限してしまう恐れがある。教師が意図的に間違えることで子供は「自分だったら」と主体的に自由な発想で思考していくだろう。

本時案

こまを楽しむ

本時の目標

・進んで段落相互の関係に着目しながら内容を捉え、学習課題に沿って説明する文章を読んだ感想を伝え合うことができる。

本時の主な評価

❺進んで学んだ段落相互の関係を生かし、学習課題に沿って紹介文を書いて友達と紹介し合い、その感想を伝え合おうとしている。【態度】

資料等の準備

特になし

〈友だちのしょうかいを聞いて気づいたこと〉
・自分のつたえたいことと、にているところやちがうところをさがす
・友だちの発表の仕方でさん考になったところをさがす

次回…
友だちのしょうかいで気づいたことを話し合おう。

聞く視点を板書し、発表することが目的にならないようにする

授業の流れ▷▷▷

1 「こまを楽しむ」の構成を確認し、紹介への見通しをもつ 〈5分〉

○「こまを楽しむ」を振り返り、説明の仕方と内容を確認する。

T 「こまを楽しむ」では、どのような説明の仕方をしていたか確認しましょう。

・文章は8段落に分かれていました。それを「はじめ」「中」「おわり」の3つに分けることができました。

・各段落で「こまの種類」「楽しみ方」「色や形」「回る様子」「回し方」などを説明をしていました。

・「おわり」にまとめの文が書いてありました。

T 遊んでみたいこまはありましたか。

・私は、色がわりごまで遊んでみたいです。

○本時のめあてを板書する。

2 友達に伝えるために必要な情報を検討する 〈10分〉

○遊んでみたいこまを友達と伝え合う際、どのような伝え方がよいかを「こまを楽しむ」の学習を生かし考えられるようにする。

T では、自分が遊びたいこまを友達と伝え合ってほしいと思います。どのように伝えたら友達に伝わるでしょうか。「こまを楽しむ」の説明の仕方を振り返りましょう。

・まずは、遊びたい「こまの種類」を伝えます。

・次に、選んだこまの「楽しみ方」も伝えた方がよいと思います。

・最後は、そのこまを選んだ理由を書いた方がよいと思います。

○遊びたいこまを伝えるために必要な情報を板書する。

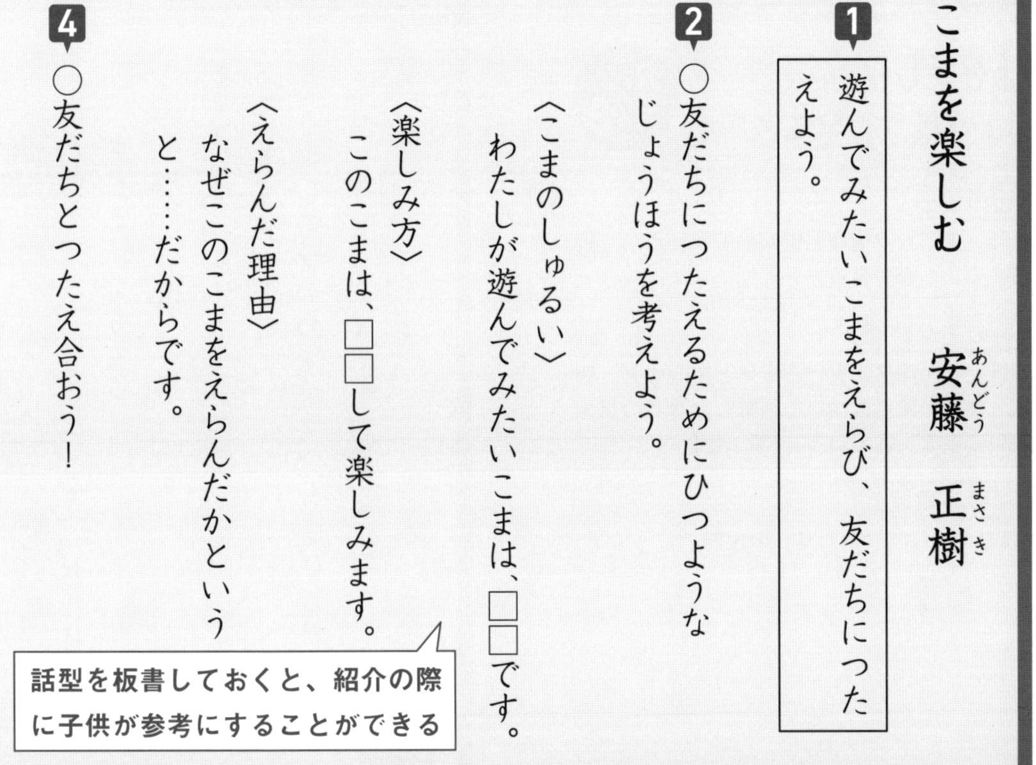

こまを楽しむ
あんどう まさき
安藤　正樹
1
遊んでみたいこまをえらび、友だちにつたえよう。
2
○友だちにつたえるためにひつようなじょうほうを考えよう。
〈こまのしゅるい〉
わたしが遊んでみたいこまは、□□です。
〈楽しみ方〉
このこまは、□□して楽しみます。
〈えらんだ理由〉
なぜこのこまをえらんだかというと……だからです。
4
○友だちとつたえ合おう！
話型を板書しておくと、紹介の際に子供が参考にすることができる

3 自分の遊びたいこまの紹介文を書く 〈15分〉

○伝えるための情報を確認し、自分が遊んでみたいこまの情報をノートに書き込む。また、そのこまを選んだ理由もノートに記述する。

T　自分が紹介したいこまを友達に伝えるための文をノートに書いてみましょう。

・私が遊んでみたいこまは色がわりごまです。このこまは、回っているときの色を楽しむこまです。なぜこのこまを選んだかというと、回す速さによって見える色が変わるのがおもしろいと思ったからです。

T　紹介文を書き終わった人から、紹介する練習をしてみましょう。どのように伝えたらよいのか考えながら練習しましょう。

4 グループで伝え合い、友達の紹介と比較する 〈15分〉

○３人～５人のグループをつくり、共通点や相違点に着目して紹介し合う（様々な意見を聞くことができ、緊張しすぎずに伝え合える人数として３～５人が適当）。

T　グループで遊んでみたいこまを紹介し合います。友達の紹介を聞き、選んだ理由に似ているところや違うところ、紹介の仕方など気付いたことをノートに書きましょう。

・（ノート）ぼくも鳴りごまを選んだけれど、ひもを引っ張って回すという回し方がおもしろいと思って選んだので理由が違う。

・（ノート）Ａさんは、聞いている人の反応を見ながら紹介をしている。

T　次回は、友達の紹介を聞いて気付いたことを話し合いましょう。

本時案

こまを楽しむ／【じょうほう】全体と中心 8/8

本時の目標

・全体と中心など情報と情報の関係について理解することができる。

本時の主な評価

❶段落相互の関係における全体と中心など、情報と情報の関係について理解し、筆者の伝えたいことを捉えている。【知・技】

資料等の準備

・「はじめ」「中」「おわり」の短冊

・自分がつたえるときは、何をつたえたいか考えて、「はじめ」「中」「おわり」のまとまりを考える

〈おすすめの本コーナー〉

・『こども文様じてん』

・『くらしのなかの伝統文化⑥遊びと日本人』

・『昔の子どものくらし事典（じてん）』

授業の流れ ▷▷▷

1 前時を振り返り本時のめあてを確認する 〈10分〉

○前時の活動を振り返り、友達の紹介と自分の紹介を比較する。

T　前回、友達と遊びたいこまを伝え合いました。友達の紹介を聞いて、自分の紹介と似ているところや違うところなど、気が付いたことはありますか。

・私はＡさんと同じ色がわりごまを選びましたが、理由が違いました。私は、回す速さで色が変わる様子を見てみたいという理由でしたが、Ａさんは「他の模様ではどのような様子か見てみたいから」という理由でした。

T　今日はこれまでの学習を振り返りましょう。

○本時のめあてを板書する。

2 文章の組み立ての効果を振り返る 〈10分〉

○教科書 p.64「たいせつ」を読み、説明文の組み立てを確認する。

T　「こまを楽しむ」を振り返ります。「こまを楽しむ」は大きく分けて３つのまとまりになっていました。何でしょう。

・「はじめ」「中」「おわり」です。

T　それぞれどんなことが書いてありましたか。なぜ３つに分けるとよいのでしょう。

・「はじめ」には問いがあり、「中」には答えが各段落にあります。「おわり」はまとめがあります。読む人に伝えたいことを理解してもらいやすくなるためだと思います。

T　段落にはどんな役割がありましたか。

・内容ごとのまとまりにする役割があります。

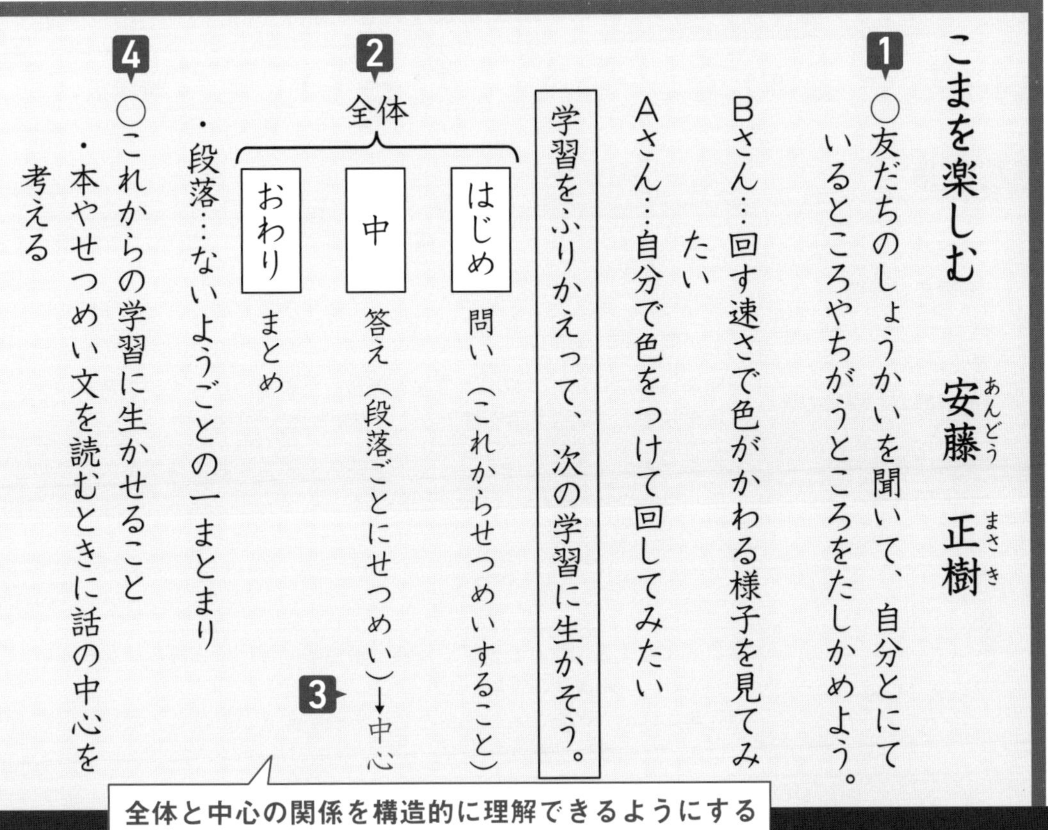

こまを楽しむ
安藤（あんどう）　正樹（まさき）
1
○友だちのしょうかいを聞いて、自分とにているところやちがうところをたしかめよう。
Bさん…回す速さで色がかわる様子を見てみたい
Aさん…自分で色をつけて回してみたい
学習をふりかえって、次の学習に生かそう。
2
全体
はじめ　問い（これからせつめいすること）
中　答え（段落ごとにせつめい）↓中心
おわり　まとめ
3
・段落…ないようごとの一まとまり
4
○これからの学習に生かせること
・本やせつめい文を読むときに話の中心を考える
全体と中心の関係を構造的に理解できるようにする

3 全体と中心を確認し、筆者の主張を捉える 〈15分〉

○ p.65「全体と中心」を読んで「こまを楽しむ」を振り返り、文の全体と中心を意識できるようにする。

T p.65を読んで「こまを楽しむ」で筆者が特に伝えたかった「中心」を考えましょう。

・「中」に書かれているこまの種類と楽しみ方だと思います。「はじめ」で問われているし「おわり」でもまとめているからです。

T 「問い」に対する「答え」が中心となりますね。では、次の話の中心はどこでしょう。

○ p.65左下の話を読む。

・あいさつは、したほうもされたほうも気持ちよくなれることと、みんなで遊んだり歌ったりすることがよいということが話の中心だと思います。

4 本単元で学んだことで、今後に生かせることを考える 〈10分〉

T 前の時間には、「こまを楽しむ」を読み、まとまりを捉えながら友達と遊んでみたいこまを伝え合いました。今回の学習で、これからの学習で生かせることはありますか。

・私は、説明文を読むときに問いと答えや話の中心を考えて読もうと思います。

・私は、説明文を「はじめ」「中」「おわり」に分けられるようになりたいです。

・僕は、「こまを楽しむ」でこまのことが詳しくなったので、別のこまや昔遊びのことも知りたいです。

・自分が伝えたいことを中心に、「はじめ」と「おわり」を考えたいです。

○おすすめの本コーナーを板書し、紹介する。

相手に分かりやすいように、あんないの手紙を書こう

気持ちをこめて、「来てください」 （4時間扱い）

単元の目標

知識及び技能	・丁寧な言葉を使うとともに、敬体と常体との違いに注意しながら書くことができる。((1)キ) ・言葉には、考えたことや思ったことを表す働きがあることに気付くことができる。((1)ア)
思考力、判断力、表現力等	・間違いを正したり、相手や目的を意識した表現になっているかを確かめたりして、文や文章を整えることができる。(Bエ)
学びに向かう力、人間性等	・言葉がもつよさに気付くとともに、幅広く読書をし、国語を大切にして、思いや考えを伝え合おうとする。

評価規準

知識・技能	❶丁寧な言葉を使うとともに、敬体と常体との違いに注意しながら書いている。(〔知識及び技能〕(1)キ) ❷言葉には、考えたことや思ったことを表す働きがあることに気付いている。(〔知識及び技能〕(1)ア)
思考・判断・表現	❸「書くこと」において、間違いを正したり、相手や目的を意識した表現になっているかを確かめたりして、文や文章を整えている。(〔思考力、判断力、表現力等〕Bエ)
主体的に学習に取り組む態度	❹粘り強く間違いを正したり、相手や目的を意識した表現になっているかを確かめたりして、文や文章を整え、学習課題に沿って行事を案内する手紙を書こうとしている。

単元の流れ

次	時	主な学習活動	評価
一	1	学習の見通しをもつ 学校からの手紙を見て、案内の手紙に必要な内容を知るとともに、学習の見通しをもつ。	
二	2	教科書 p.68の例などを参考に伝えたい内容を考え、組み立てを確かめて下書きをする。	❶❷
	3	下書きを読み直したり、友達と読み合ったりして文章を整え、手紙を清書する。	❸
三	4	学習を振り返る 手紙を出す準備をしたり、間違いがないか確認したりして、学習を振り返る。	❹

授業づくりのポイント

〈単元で育てたい資質・能力〉

本単元では、相手や目的に合わせて、適切な語句や表現を考え、選ぶ力を育みたい。３年生の子供の発達段階を踏まえれば、相手に合わせて使用する言葉を変えるという意識はまだまだ低いだろう。教師などの大人に対して敬語を使える子供ももちろんいるが、書き言葉まで意識している子供は少ないと思われる。「来てもらう」ための案内の手紙であるならば、丁寧語を用いたり、敬体の文章にしたりするという感覚を意識できるようにしたい。また、単元を通して、書いた手紙を見直す際に間違いやよりよい言葉に気付き、修正する力を育みたい。

〈教材・題材の特徴〉

手紙は、本来個人的なものであることが多い。だからこそ、行事や個々の家庭の事情などによっては難しい面もあるが、手紙を出す必然性や手紙を出したいと思う意欲を高めることが大切である。そのためには年間計画を見通し、本単元を適切な時期に実施するようにする。題材はできるだけ、多くの子供の保護者などが来校できる行事がよいだろう。案内の手紙なので、日時や場所、内容などが個々やクラス、学年で変わるものであると、より手紙を出す必然性が出てくる。

また、習い事の発表会など、学校行事以外で書きたいと思う子供もいるだろう。全体の学習として書き方や必要な内容は押さえた上で、書く内容は個々で異なってもよい。子供の書きたい、手紙を出したいという気持ちを大切に、柔軟に単元の流れを設定するとよい。

〈言語活動の工夫〉

書いたものを見直し、校正することは子供にとって難しい活動である。校正の前には、見直すポイントを明確にした上で、そのポイントを掲示しておくとよい。また、誤りや修正すべき文章例を用いて、校正する活動を取り入れることも考えられる。子供一人一人が見直し、校正する力を身に付けることができるように活動を工夫したい。

[具体例]

○よい例と悪い例の手紙

子供に気付いてほしい点（例えば「自分の気持ち」など）を、あえて書いていない手紙を用意する。教科書の例と見比べると味気なく感じ、来てほしい気持ちが伝わらないといった感想が出てくるだろう。「ない」ものを見ることで、その必要性を実感し、進んで書く内容を自分から選べるようになってほしい。

〈ICT の効果的な活用〉

記録：案内する行事によっては、共通の内容もあれば、子供によって異なる場合もある。端末のメモ機能を用いれば、活動中に教師がそれぞれの内容を把握しやすい。また、子供同士がメモを見合えるようにすることで、書くことが思いつかない子供が参考にすることができ、支援とすることができる。

本時案

気持ちをこめて、「来てください」 1/4

本時の目標

・案内の手紙に必要な内容を知るとともに、学習の見通しをもつことができる。

本時の主な評価

・案内の手紙に必要な内容を知り、実際に手紙を出す相手や案内したい事柄について、メモを書いている。

資料等の準備

・手紙に書く内容（掲示用）13-01
・学校から届いた手紙（学校側で用意するか家庭から持ち寄ってもよい）

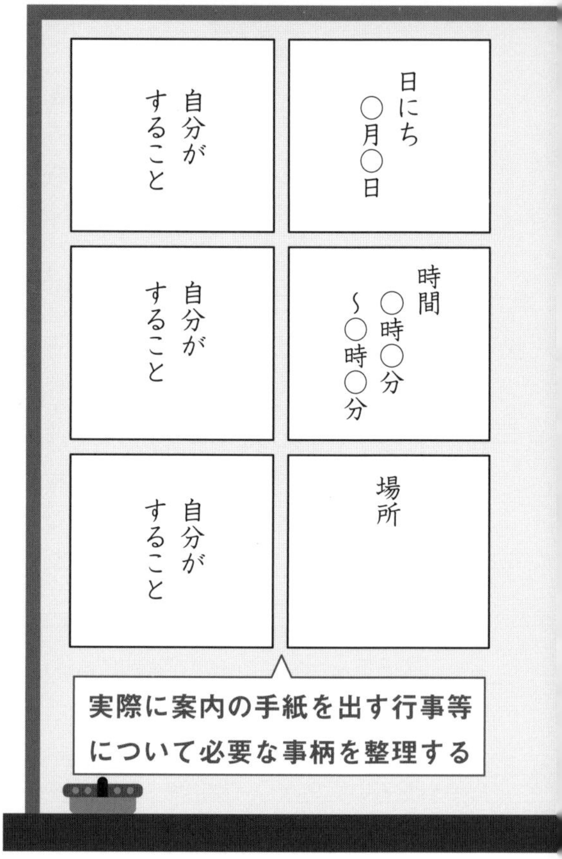

日にち
○月○日

自分が
すること

時間
○時○分
～○時○分

自分が
すること

場所

自分が
すること

実際に案内の手紙を出す行事等について必要な事柄を整理する

授業の流れ ▷▷▷

1 見に来てもらってうれしかった行事を発表する 〈15分〉

T　これまでに、おうちの人などに見に来てもらってうれしかった行事はありますか。
・参観日です。「頑張っていたね」と言われてうれしかったです。
・運動会です。一生懸命に練習したダンスを見てもらえたからです。
・ピアノの発表会に、おじいちゃんやおばあちゃんも来てくれたことがあります。
T　もうすぐ運動会です。みなさんから見に来てほしい人に案内の手紙を書いて、招待しましょう。
○学校行事などに合わせて単元を行う時期を設定し、子供が意欲的に手紙を書きたいと思えるようにする。

2 案内の手紙に必要な内容を考える 〈15分〉

T　案内の手紙にはどんなことを書けばよいでしょうか。
・日にちや時間が必要です。
・どこでやるのか、場所も必要です。
・自分たちが何をするのかも伝えたいです。
・頑張っていることや見てほしいところを伝えると、相手も見に行こうと思ってくれると思います。
○必要な内容とあるとよい内容を分けて板書していく。
○実際に学校から届いた手紙などを用意して見せ、書く内容についての具体をイメージしやすくするとよい。

気持ちをこめて、「来てください」

1 ○来てもらってうれしかった行事を発表しよう。
・さんかん日
・運動会
・ピアノの発表会

2 ○あんないの手紙にひつようなことを考えよう。
〈ひつようなこと〉
・日にち
・時間
・場所

〈あるとよいこと〉
・やること
・地図
・がんばっていること
・見てほしいところ

3 ○手紙に書くことを整理しよう。

案内の手紙に必要な内容と、あるとよい内容について分けて板書する

3 伝える内容を整理する 〈15分〉

T 伝えたい人や内容をノートに整理していきましょう。

○板書を基に案内の手紙に必要な事柄をノートにまとめる。子供の実態に合わせて、ワークシートを用意しておく。端末のメモ機能を利用する方法もある。

○ここでは、「気持ち」までは書く必要はない。案内の手紙に、必要な事柄をしっかりメモできればよい。

○相手がなかなか決まらない子供や一度相手に確認したいという子供もいると思われるので、決められる範囲でメモを書ければよい。

T 次の時間は、手紙の下書きを書きましょう。

よりよい授業へのステップアップ

支援と学習活動の工夫

書くことを苦手としている子供の実態として、①内容が思いつかない ②文章にできない ③書字がままならないなど複数の要因が考えられるので、子供に合わせた支援が必要である。

例えば、学習過程３の時間に、どんなことをメモしたのか板書に整理したり、互いに見合う時間を取ったりして共有することで、内容が思いつかない子供の参考になる。端末のメモ機能を使うと、多くの友達のメモを参照できる。学級の実態に合わせて、学習活動を設定するとよい。

本時案

気持ちをこめて、「来てください」 2/4

本時の目標

・教科書の例などを参考に伝えたい内容を考えたり、組み立てを確かめたりして下書きを書くことができる。

本時の主な評価

❶丁寧な言葉を使ったり、敬体の文末に気を付けて書いたりしている。【知・技】
❷言葉には、考えたことや思ったことを表す働きがあることに気付いている。【知・技】
・２つの手紙の例を基に、案内に必要な事柄と自分の気持ちを区別して書いている。

資料等の準備

・掲示用の手紙の例① 13–02
・掲示用の原稿用紙、ワークシート 13–03
・下書き用の原稿用紙、ワークシート 13–04
・教科書 p.68の土川さんの手紙の例拡大コピー

〈手紙の組み立て〉
・あいての名前はさいごに書く
・はじめに、あいさつを書く
・だん落のはじめは、一マス下げる

3

　みどりがきれいなきせつになりました。高
村先生、お元気ですか。わたしは元気です。

マス目黒板や原稿用紙を拡大したものを掲示し、改行の仕方など、板書しながら確認する

授業の流れ ▷▷▷

1 案内の手紙の内容を考える 〈10分〉

○「すること」や「気持ち」が書かれている教科書 p.68の土川さんの手紙の例と、「すること」や「気持ち」がなく、丁寧な言葉づかいではない手紙の例を用意しておく。

T　２つの案内の手紙を用意しました。違うところはどこでしょうか。

・例①は「わたし」のやることが書いていないので、なんだかさみしい感じがします。
・詳しく書いてある方が、「来てほしい」という気持ちが伝わります。
・例②は「ごあんない」とか「お元気」とか、丁寧な言い方をしています。

2 伝えたい内容を書き加える 〈10分〉

T　どんなことに気を付けて書くとよいでしょう。

・どんなふうに練習したか書きたいです。
・丁寧な言葉を使って書きたいです。

○書くことが苦手な子供のために、発言内容を板書に残しておき、参考にできるようにしておく。

T　伝えたいことをノートやワークシートに書き加えましょう。

○机間指導しながら、他の子供の参考になりそうな内容は、適宜全体で紹介したり、発言を促したりする。

ICT 端末の活用ポイント

ノートやワークシートの代わりに、端末のメモ機能を用いてもよい。

気持ちをこめて、「来てください」

あんないの手紙のないようをたしかめて、手紙を書こう。

1

（れい①）

手紙の例①

〈気づいたこと〉

・日にちや時間だけ
↓さみしい感じ

（れい②）

p.68
土川さんの
手紙の例

・出るきょうぎ
・がんばったこと
・「お元気」「ごあんない」「です。」「ます。」
↓ていねいな書き方

2

○手紙に書きたいことをくわえよう。
・がんばってれん習したこと
・たいへんだったこと
・見てほしいところ

3 原稿用紙の使い方を確かめながら下書きを書く 〈25分〉

○ p.68の例を参考に、組み立てを確かめる。

T　手紙の組み立てを確かめましょう。

・相手の名前は最後になっています。

・はじめにあいさつが書いてあります。

○下書きは、原稿用紙やワークシート、実際に用いる手紙と同じ形式のものなど、子供の実態に合わせて用意しておく。

T　はじめは「あいさつ」です。まずは、１マス下げて、あいさつの文を書きましょう。

○組み立ての順に沿って全体指導しながら、書き進めるようにする。その際、段落を分けているか、日時や場所などの書き方、日付や自分、相手の名前の位置などが合っているかなど、子供が確認できるよう全体に声をかけるとともに、一人一人にも支援する。

よりよい授業へのステップアップ

段落を意識する

本時では、日付や自分の名前、宛名などの書く場所をしっかり押さえる。その上で内容のまとまりによって段落を分けることも意識できるようにしたい。内容が明確な手紙だからこそ、段落を分ける指導が行いやすい。全体指導の中で、「あいさつ」の後は、行を変えて１マス下げる、つまり段落をつくることを確認する。そうすることで、内容ごとに段落を分けるという意識が、今後の書く活動でも生かされるようになるだろう。この点は、本単元に限らず繰り返し指導していきたい。

本時案

気持ちをこめて、「来てください」 3/4

本時の目標

・下書きを読み返したり、友達と読み合ってアドバイスをし合ったりして、手紙をよりよく書き直すことができる。

本時の主な評価

❸漢字などの表記の間違いを正したり、丁寧な言葉を使ったり、必要な内容が書かれているかを確かめたりして、下書きを直している。
【思・判・表】

資料等の準備

・清書用の手紙のワークシート 13-05
・教科書 p.68土川さんの手紙拡大コピー
・教科書 p.68「あんないの手紙を読みかえすときは」の拡大コピー

・だん落を分けた
↓分かりやすい

3
○手紙を書こう。
・ていねいな字で
・ゆっくり
・一だん落ごとに見直そう

授業の流れ ▷▷▷

1 下書きを読み返し、修正する 〈15分〉

T　前の時間に書いた下書きを読み返します。p.68の「あんないの手紙を読みかえすときは」を確かめましょう。

○例の手紙の文面と照らし合わせながら、内容や書き方を確かめる。

T　読み返していて、他に気付いたことはありますか。

・漢字で書けるのに、平仮名になっているところがありました。
・小さい「つ」を飛ばして書いていました。
・読点が多い気がしました。どこに打つか考えたいです。

T　よりよい手紙になりそうですね。気付いたところを直していきましょう。

2 直した手紙を友達と読み合い、さらに文章を整える 〈15分〉

T　どんなところを直しましたか。

・漢字で書けるのに書いていないところがあったので、辞書で確かめました。

T　すばらしいですね。では、今度は友達と読み合い、内容が伝わる手紙になっているか、確かめ合いましょう。

○机間指導しながら、よいアドバイスをしているペアを紹介し、読み合いが充実したものになるようにする。

T　どんなアドバイスをもらいましたか。

・気持ちが伝わるように「やりました」を「頑張りました」に変えてみようと思います。
・段落を変えたほうがよいと言われたところがあったので、直そうと思います。

気持ちをこめて、「来てください」

読み直して、もっとよくつたわる手紙にしよう。

1

p.68
土川さんの手紙
拡大コピー

p.68
「あんないの手紙を読みかえすときは」
拡大コピー

・漢字のまちがい
・小さい「つ」「や」「ゆ」「よ」
・句点（。） 読点（、）

2

○直したところをたしかめ合おう。
・漢字が使えていないところを漢字に直した
↓読みやすい
分かりやすい
・やりました↓がんばりました
↓気持ちがつたわる
ていねい

子供から出てきた発言をまとめる。必要なら具体的な例を出し、確認するとよい

板書は簡潔にまとめつつ、実際に直す前と後では、印象がどう違うかなど、全体で確認するとよい

3 手紙を清書する 〈15分〉

T　しっかり読み直して、よりよい手紙にすることができましたね。下書きを基に手紙を書きましょう。どんなことに気を付けて書きますか。

・ていねいな字で書きたいです。

・ゆっくり書いて、間違いがないようにしたいです。

○罫線の幅などを変えた数種類のワークシートを用意し、字の大きさや文章の量に合わせて、子供が選べるようにする。

T　まとまりごとに書き、1段落書けたら読み返しましょう。

○見直した際に修正できていたとしても、清書で間違うこともある。書いたものは何度も見直すよう指導が必要である。

よりよい授業へのステップアップ

文章を見直すときのポイント

単元の学習内容（ここでは手紙の書き方、丁寧な言葉づかい）の他に、学年を問わず見直したいポイントを押さえておくようにする。

①誤字、脱字…漢字の表記、送り仮名や長音や促音、「は、を、へ」などの助詞。

②読点の位置…多すぎたり、必要のない箇所で用いたりしている。

③一文の長さ…読点でつなぎ、一文が長くなっている。

④主語と述語のねじれ…子供は気付きにくいため、教師が指導する。

本時案

気持ちをこめて、「来てください」

本時の目標

・宛名を書いて準備をしたり、再度手紙を読み直して学習を振り返ったりして、案内の手紙の書き方についてまとめることができる。

本時の主な評価

❹手紙を出す相手に合わせて、手紙を読み直したり、手紙に必要なものを考えたりして、案内の手紙を仕上げようとしている。【態度】

資料等の準備

・封筒（学校側で用意するか家庭から持ち寄ってもよい。封筒のテンプレートを印刷できるウェブサイトもある。好みのものを選ぶことができる）
・教科書 p.147「手紙を送ろう」の拡大コピー

・しっかり見直す
・ていねいな言葉
・手紙の書き方
①あいさつ
②つたえること
③書いた日
④自分の名前
⑤相手の名前

授業の流れ ▷▷▷

1 手紙を送るのに必要なものやあるとよいものを考える〈15分〉

T　手紙が完成しましたね。どのように届けますか。
・私は遠くに住んでいるおじいちゃんに出したいので、住所を書かないといけません。
・封筒が必要です。
・手紙と一緒に、運動会のプログラムを入れたらよいと思います。
○案内する行事や手紙を出す相手に合わせて一緒に送りたいものを考えられるとよい。学校周辺の地図、校舎の案内図、プログラム、発表のメンバー表など。
T　相手のことを考えると、必要なものが分かってきますね。
○その場で準備できないものは後日でもよい。子供が作成するのもよいだろう。

2 宛名の書き方を確かめる〈15分〉

○ここでは全員で、封筒の宛名の書き方を確かめる。p.147の書き方を参考にする。
T　封筒の宛名には、どんなことが書かれていますか。
・住所や郵便番号が書いてあります。
・真ん中が相手の名前です。
・相手の名前が一番大きく書いてあります。
○相手の名前が一番大きくなるようにすることを確認し、相手の名前や自分の名前など書けることから書き始める。
○自分の住所や相手の住所が分からないという子供もいると思われる。分かる範囲で書ければよい。

気持ちをこめて、「来てください」

あんないの手紙をとどけよう。

1
○手紙を送るためにひつようなもの。
・ふうとう
・住所
・地図……………知らない場所
まよわないように
・プログラム…じゅん番が分かる
他のないようも分かる

子供から出た意見をまとめつつ、どうしてそう思うか、理由も確認する

2
○あて名の書き方をたしかめよう。

p.147
「手紙を送ろう」
の拡大コピー

↑相手の住所

↑相手の名前
大きく書く

3
○手紙を読み直し学習をふりかえろう。
〈あんないの手紙を出すときに大切なこと〉

3 もう一度手紙を読み直し、学習を振り返る 〈15分〉

T　案内の手紙の書き方を学習してきました。もう一度手紙を読み直して、学習を振り返りましょう。

・間違いがないか、何度も確かめることが必要だと思いました。
・丁寧な言葉を使うのが、難しかったです。
・手紙をもらった人が困らないように、必要な内容を考えることが大切だと思いました。
・相手の名前は最後に書くことにおどろきました。

T　手紙には書く順番がありましたね。相手に合わせて、内容を工夫していけるとよいですね。ノートに気付いたことや考えたことをまとめましょう。

よりよい授業へのステップアップ

「例」を活用し、ポイントを押さえる

本時では、教科書の資料を参考に、宛名の書き方を確認した。押さえたいポイントは、「例」を上手く活用する。

書く単元においては、教科書に例が載っていることが多い。それを全体で確かめて、必要なポイントを視覚的に確認する。つかみづらいところに関しては、あえてそのポイントをなくしたものと比べるなど、提示の仕方を工夫することで、一気に大切なポイントに近づけるだろう。子供の書く時間を確保するためにも、教科書など身の回りにある「例」を上手に活用したい。

資料

1 第1時　手紙に書く内容（掲示用） 13-01

日にち	時間	場所	すること

2 第2時　手紙の例①（掲示用）

13-02

こんど、わたしが通う小学校で運動会があるので、高村先生
にぜったいきてほしいな。
まってます。

日時　六月一日（土）午前九時から午後三時
場所　ひかり小学校　運動場

五月十三日
土川りえ

高村みちる先生

3 第2時　原稿用紙（掲示用）

13-03

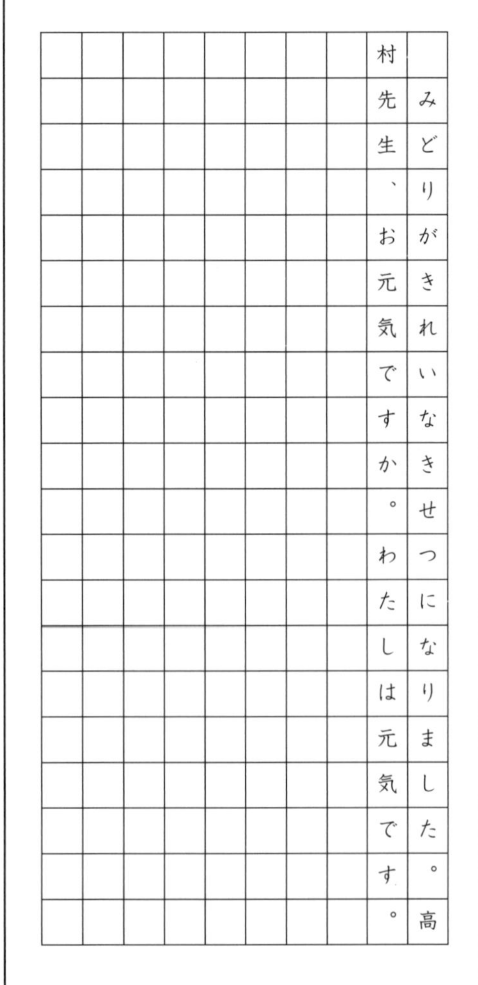
みどりがきれいなきせつになりました。高
村先生、お元気ですか。わたしは元気です。

4 第２時　下書き用のワークシート 13-04

みどりがきれいなきせつになりました。高村先生、
お元気ですか。わたしは元気です。

5 第３時　清書用の手紙のワークシート 13-05

2年生で習った漢字

漢字の広場③　（2時間扱い）

単元の目標

知識及び技能	・第2学年までに配当されている漢字を書き、文や文章の中で使うことができる。((1)エ)
思考力、判断力、表現力等	・間違いを正したり、相手や目的を意識した表現になっているかを確かめたりして、文や文章を整えることができる。(B エ)
学びに向かう力、人間性等	・言葉がもつよさに気付くとともに、幅広く読書をし、国語を大切にして、思いや考えを伝え合おうとする。

評価規準

知識・技能	❶第2学年までに配当されている漢字を書き、文や文章の中で使っている。(〔知識及び技能〕(1)エ)
思考・判断・表現	❷「書くこと」において、間違いを正したり、相手や目的を意識した表現になっているかを確かめたりして、文や文章を整えている。(〔思考力、判断力、表現力等〕B エ)
主体的に学習に取り組む態度	❸積極的に第2学年までに配当されている漢字を書き、これまでの学習を生かして漢字を適切に使った文章を作ろうとしている。

単元の流れ

時	主な学習活動	評価
1	・教科書 p.70の挿絵から想像できる日曜日の出来事や、家の人の今週の予定を考える。 ・平仮名のみの例文を基に、漢字を使うよさを知る。 ・教科書 p.70を見て、漢字の読み方、書き方を確認する。 ・日曜日の出来事や家の人の今週の予定を、提示されている漢字を参考に、時を表す言葉を使って書く。	❶
2	・前時までに書いた文章を友達と読み合い、発想を広げる。 ・自分の書いた文章を読み返し、推敲する。	❷❸

授業づくりのポイント

〈単元で育てたい資質・能力〉

本単元では、２年生までに配当されている漢字を用いて文や文章を書く活動を行う。その活動を通して、文や文章の中で使う習慣を身に付けることをねらいとする。また、書いた文章を読み返し、習った漢字を使うという視点を中心に文章を正し（相手や目的を意識した表現になっているかを確かめるなど）、文や文章を整えることもねらいとする。習った漢字をできる限り使うことで、読みやすい文章になることを実感できるように活動を進めたい。

［具体例］

○習った漢字をできる限り使うという習慣が、身に付いていない子供もいることが想定される。そのため、「漢字の広場①・②」と同様に、漢字が使われていない文章を繰り返し提示し、読みづらさを実感できるようにしたい。また、習っていない漢字を書きたいという思いを抱く子供もいるだろう。日記のように他者に読んでもらうという目的がない場合には、国語辞典の使い方を確認した上で、習っていない漢字も使えるとよい。実際に他者が読むことを前提にした文章の場合には、振り仮名を振るなどして、様々な漢字にふれる機会を増やしたい。

〈教材・題材の特徴〉

出来事や予定を書くということは、子供たちにとって身近で見通しのもちやすい活動である。「父」と「母」や「室内」と「外」、「行く」と「来る」など、対義語に注目すると、語彙を広げられることが実感できるようにしたい。教科書に提示されている「午前・午後」「朝・夜」のように、時を表す言葉にも対義語があることや、「晩」や「夜」の類義語があることにふれるとよい。類義語については、子供たちから出てこないことも想定できるので、日常的に国語辞典を活用できるような環境づくりをしておくとよい。様々な時を表す言葉を使っている子供を価値付けることで、友達の文章を読む際に注目するポイントとなるようにしたい。

〈言語活動の工夫〉

まずはp.70の挿絵を参考にして、掲載されている漢字を一通り使う機会を確保する。その上で、自分が経験した出来事や家の人の今週の予定を書いてもよい。昨今の家庭状況の多様化を考えると、状況に応じて実際とは違うことを書いてもよい。これまで習った漢字を見返しながら、こんなことがあったらいいなと想像しながら楽しんで書けるような工夫をしたい。

［具体例］

○習った漢字を日常的に使うためには、継続的な取り組みが効果的である。例えば、毎日日記を書いたり、本当にあった出来事でなくても習った漢字を使って空想日記を書いたりするなど、それぞれの子供が楽しみながら取り組める活動を選べるようにしたい。空想日記の場合は、友達に読まれることで、意欲を高める子供がいると想定できるため、ICT 端末を使って共有できるような工夫をすることも考えられる。

本時案

漢字の広場③

日曜日の朝、水道で水を出しっぱなしにしながら顔をあらっています。

3
小刀…こがたな
当番…とうばん

4
習った漢字を使って、日曜日の出来事や家の人の今週の予定を書こう。

本時の目標

・第２学年までに配当されている漢字を書き、文や文章の中で時を表す語句の役割について理解することができる。

本時の主な評価

❶第２学年までに配当されている漢字を書き、文や文章の中で使っている。【知・技】

資料等の準備

・教科書 p.70の挿絵の拡大コピー
・平仮名のみの例文の短冊

授業の流れ ▷▷▷

1 絵からどのような文が書けそうか簡単に考える 〈５分〉

T　今から出す絵をよく見てください。誰が何をしていますか。

・お父さんやお母さんと料理をしたことを日記に書こうとしています。
・友達が家に遊びに来て、バウムクーヘンを出そうとしています。
・女の人が、東京に行く予定を立てています。
・男の子が、うさぎにえさをあげようとしています。

〇自分の経験とつなげて考えている子供を価値付ける。

2 例文を読み、漢字を使うよさを知る 〈10分〉

T　この絵から１日を振り返った日記を考えて文にしました。先生が今から出す文を声に出して読んでみましょう。

〇教師が作成した平仮名のみの例文を掲示する。

T　直した方がいいと思うところはありますか。

・平仮名ばかりで声に出して読みづらいです。
・習った漢字は使った方がいいと思います。
・「日曜日」や「水道」が漢字にできます。
・「出しっぱなし」や「顔」も漢字にできます。

〇これまでの漢字の広場の学びを、想起できるように教科書やノートを振り返るとよい。

漢字の広場③

1

p.70 の挿絵

だれが何をしていますか。

・おとうさんやお母さんと、りょうりをしたことを日記に書こうとしています

・女の人が東京に行く予定を立てています

2

にちようびのあさ、すいどうでみずをだしっぱなしにしながらかおをあらっています。

ひらがなばかりだと、読みづらい。

3 漢字の読み方を確認する〈10分〉

T　この絵にある漢字は全て読めますか。隣の友達と交代で１つずつ読み合ってみましょう。全部読み終えたら、教えてください。

・「小刀」は何と読むのか分からないです。

・「午前」や「午後」、「朝」や「夜」のように時を表す言葉が多いです。

T　分からない言葉がある人もいたと思います。一度、先生が声に出して読むので、読んだ言葉を繰り返し声に出して読みながら確認しましょう。

○漢字の読み方を全体で確認する

4 絵をヒントにして、出来事や予定を書く〈20分〉

T　確認した漢字や言葉をできるだけ使ったり、ここにない言葉も使ったりして、日曜日の出来事や家の人の今週の予定をたくさん書きましょう。

・「日曜日の朝、おきてすぐに顔をあらいました。」と書きました。漢字と時を表す言葉を使いました。

・「午前10時に外でお母さんになわとびをしているところを見せました。お母さんはお花に水やりをしていました。」と書きました。絵には書いていない漢字も使いました。

○絵に書かれている漢字は網羅した上で、他の漢字の使用まで広げたい。

本時案

漢字の広場③

本時の目標

・積極的に習った漢字を使って文章を書き、間違いを正したり、相手や目的を意識した表現になっているかを確かめたりして、文や文章を整えることができる。

本時の主な評価

❷間違いを正したり、相手や目的を意識した表現になっているかを確かめたりして、文や文章を整えている。【思・判・表】

❸積極的に第２学年までに配当されている漢字を書き、これまでの学習を生かして漢字を適切に使った文章を作ろうとしている。【態度】

資料等の準備

・教科書 p.70の挿絵拡大コピー
・一文が長い文章の例

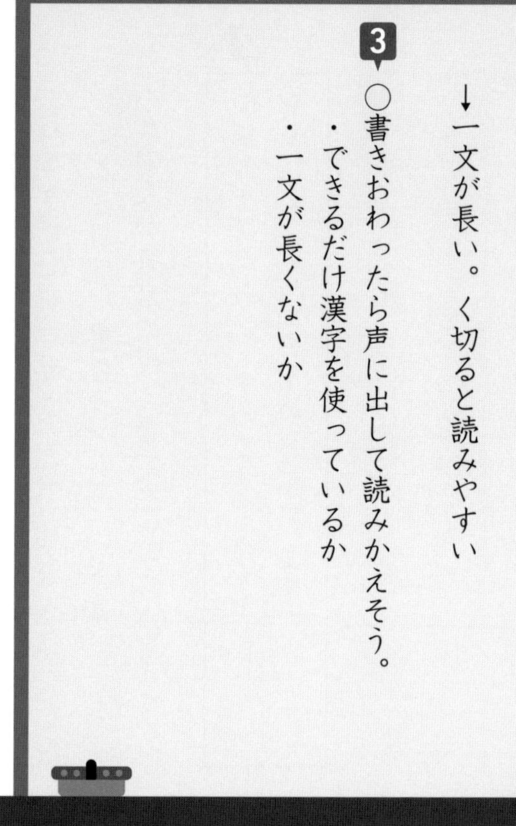

↓一文が長い。く切ると読みやすい
3
○書きおわったら声に出して読みかえそう。
・できるだけ漢字を使っているか
・一文が長くないか

授業の流れ ▷▷▷

1 前時に書いた文を友達と読み合い、発想を広げる〈10分〉

T　前回の学習で、友達が書いた文を読んでみましょう。いいなと思った文があったら教えてください。

・絵にはない、公園で友達と遊んだことが書いてあり、おもしろい日記になっていていいなと思いました。

○前時の学習を振り返り、本時のめあてを確認する。

T　今日は文章がよりよくなる書き方の工夫について学びます。

・○○さんは「今朝」や「今日」のような、時を表す言葉も使えていていいと思いました。

2 長い一文を直し、推敲のポイントを確認する〈10分〉

T　もう一度文章を見直す前に、今から先生が出す文を読みましょう。おかしいなと思うところはありますか。

・前回の「漢字の広場」学習と同じように、一文が長いので少し読みづらいです。

・「。」を付けて区切ると読みやすいです。

・「今日」ではなく、「午前」と「午後」のようにもう少し詳しく書いてもいいと思います。

・自分が書いた文章も同じようになっていないか見直したいです。

○一文が長い例を掲示し、子供の発言を書き込みながら、全体で確認する。

漢字の広場③

1 前回の学習で書いた今週の予定の文章を読み返し、おかしい部分を直そう。

p.70の挿絵
拡大コピー

・そうぞうした日記になっているのがよい
・じっさいにあったことを書いているのがよい

2 ×今日、わたしの家に友だちが遊びにきて、（ました。）ジュースとバウムクーヘンをいっしょに食べながらべん強をして、（ました。）その後いっしょにゲームをして遊びました。（今日の午前）

3 自分の書いた文章を読み返し、推敲する 〈25分〉

T　自分が書いた文章を書き直したり、新しく書いたりしましょう。書き終わった文は、使える漢字がないか、一文が長くないかを確認しましょう。

・習った漢字を使っていないから、直します。
・一文が長くなったので、途中で区切ります。
・時を表す言葉を使えています。

T　書き終わった人同士で、読み合いましょう。そして、よかったところなど、感想を伝えましょう。

・漢字も使われているし、おもしろい文章になっていていいと思いました。

よりよい授業へのステップアップ

繰り返し指導する

「漢字の広場」では、習った漢字を使うことや、一文の長さに気を付けて書く学習を繰り返し行っている。子供たちが楽しく文章を書いていると、いつの間にか、これらがおろそかになってしまうことが想定される。文章を正しく書くときの基本として、繰り返し指導することで、推敲する目をしっかりと養えるとよい。また、声に出して読むことも大切にしたい。声に出して読むことで、修正とその精度が上がることを子供が体感できるとよい。

登場人物のへんかに気をつけて読み、すきな場面について話し合おう

まいごのかぎ　6時間扱い

単元の目標

知識及び技能	・様子や行動、気持ちや性格を表す語句の量を増し、語彙を豊かにすることができる。((1)オ)
思考力、判断力、表現力等	・登場人物の気持ちの変化や性格、情景について、場面の移り変わりと結び付けて具体的に想像することができる。(C エ)
学びに向かう力、人間性等	・言葉がもつよさに気付くとともに、幅広く読書をし、国語を大切にして、思いや考えを伝え合おうとする。

評価規準

知識・技能	❶様子や行動、気持ちや性格を表す語句の量を増し、語彙を豊かにしている。(〔知識及び技能〕(1)オ)
思考・判断・表現	❷「読むこと」において、登場人物の気持ちの変化や性格、情景について、場面の移り変わりと結び付けて具体的に想像している。(〔思考力・判断力・表現力等〕C エ)
主体的に学習に取り組む態度	❸登場人物の気持ちの変化について、進んで場面の移り変わりと結び付けて具体的に想像し、学習課題に沿って話し合ったり、感想を書いたりしようとしている。

単元の流れ

次	時	主な学習活動	評価
一	1	学習の見通しをもつ 範読を聞き、感想をまとめることで、物語のおおまかな内容を捉える。	
	2	クイズを行い内容をおおまかに捉えた後、「足跡マップ」を使って、登場人物や場面、りいこの行動の様子や気持ちの変化といった物語の内容や構造を把握する。	❶
	3	完成した「足跡マップ」を全体で共有する中で、登場人物の行動や気持ちの変化など、考えの「ズレ」が生まれる所を確認する。	
二	4	「りいこの気持ちが一番変化したところはどこか」といった学習課題に取り組み、場面の移り変わりや複数の叙述と結び付けて、読み取る。	❷
	5	「りいこが一番驚いたのは、どの鍵穴のときか」といった学習課題に取り組み、気持ちの変化やその理由について考える。	❷
三	6	・再度、感想をまとめ、そのように考えた理由も書く。 学習を振り返る ・第1時の自分の感想と比べたり、友達と感想を共有したりしながら、好きな場面について話し合い、学習を振り返る。	❸

授業づくりのポイント

〈単元で育てたい資質・能力〉

この単元では、様子や行動、会話などの叙述から登場人物の気持ちを具体的に想像し、それをよりふさわしい語句で表現することのできる資質・能力を育んでいきたい。

そのためには、気持ちを表す多くの語句を知ることはもちろん、どのような叙述から登場人物の気持ちが読み取れるか知り、活用できるかが求められる。

[具体例]

○子供の感覚に委ねるのではなく、登場人物の気持ちは、「直接表現」「会話／心内語」「行動描写」「オノマトペ」「比喩」などから読み取ることができることを確認する。そして、一つ一つを学習用語（気持ちが読み取れる読解方略）として全体で共有し、掲示する。

・直接表現（叙述に表れる登場人物の気持ちが直接描かれている表現）
→「びっくりしました。」「ほっとしたような、がっかりしたような気持ちで……」

・会話や心内語（「 」や（ ）で、会話や心の中のつぶやきで気持ちが描かれている表現）
→「こんなことになるなんて（予想していなかったことに出会って驚く気持ち）」

・行動描写（登場人物の行動の様子から気持ちが描かれている表現）
→「しょんぼり歩く（悲しい、つらい）」「ふと立ち止まる（興味が湧いている、気になる）」

・オノマトペ（登場人物や場面の様子、気持ちなどを想像しやすくする表現：どんどん）
→「どんどんうつむいていって（落ち込み、元気をなくしている気持ち）」

・比喩（登場人物や場面の様子、気持ちなどを想像しやすくする表現：まるで〜、〜のような）
→「ランドセルだけが歩いているような（落ち込んでいる気持ち）」

○教科書巻末の「言葉のたから箱」の「気持ちを表す言葉」を活用して気持ちを表す言葉を集めておき、掲示してもよい。その際に、「例えば、〜のとき……な気持ちだった」と子供の経験と関連付ける時間を設ける。国語辞典も積極的に活用したい。それによって言葉の正確な意味を押さえ、実感を促すことで、自分の経験や学習に根付いた言葉を獲得でき、語彙の量が増す。

〈言語活動の工夫〉

教室で読む楽しさの１つが、自分と異なる友達の考えにふれることである。そのような共有する必然性は、「自分は〜と考えているけれど、あの子は……と考えたのだな」といった考えのズレから始まる。そのために、作品の解釈となる自分の考えをもつことが大切になる。

叙述に基づいた解釈を生み出す土台は、内容や構造の正しい把握である。語りたくなるような自分の考えを形成するためにも、誤読したままで終わらないためにも、単元冒頭での工夫が必要である。

[具体例]

○構造と内容の把握を正しく行うために、単元冒頭に「足跡マップづくり」という言語活動を設定している。足跡マップとは、中心人物の行動を話の展開に沿って捉えながら、場面ごとの気持ちや登場人物が置かれている境遇、環境などを簡単にまとめたものである。加えて、対象の場面に肯定的（＋：プラス）なイメージなのか、否定的（—：マイナス）なイメージなのか書き込んだり、キーワードとなるうさぎや鍵の有無についても書き込めるようにしている。

この「足跡マップ」のサイズはＡ３を想定しており、どのような行動をとったのかという正しい内容と構造の把握に加え、自身の解釈についても確認できるよう分かりやすく可視化される。

本時案

まいごのかぎ

本時の目標

・物語の大まかな内容を捉えたり、作中の言葉の意味を知ることができる。

本時の主な評価

・登場人物の様子やあらすじを考えながら読んだり感想を書いたりしている。

資料等の準備

特になし

3
○言葉調べ
分からない言葉は国語辞典で調べよう。
○かくにん
・登場人物　…りいこ、うさぎ
・場面　…5場面
・会話文　…かぎ（「」）で書かれているセリフ

授業の流れ ▷▷▷

1 題名読みをした後、教科書本文を範読する 〈10分〉

T　これまでどんな物語文を学習しましたか。

・「スイミー」や「くじらぐも」を読みました。

・それぞれに登場人物がいました。

○題名読みの前に、物語文の学習で学んできたこと（作品、学習用語、学習活動）を整理し、今回の学習でも生かせるようにする。

T　今日から「まいごのかぎ」を学習します。題名を聞いてどんな物語だと思いますか。

・鍵がきっと出てくると思います。

・迷子になった子が鍵を見つけるのかな。

○題名読みでは、本作品のキーワードとなる「かぎ」や「まいご」という言葉に着目しながら自由に想像できるようにしたい。

T　それでは、先生が教科書を読みます。分からない言葉に線を引きながら聞きましょう。

2 最初の感想を書いて共有する 〈15分〉

T　みなさんは「まいごのかぎ」を読んで、どんな物語だと感じましたか。「○○な物語」に当てはまる言葉や文を考えてみましょう。書ける人はその理由も書いてみましょう。

・「不思議」がたくさん出てくる楽しい物語だと思います。なぜなら、普通ではありえないことが起きているからです。

・しょんぼりしていたりいこが明るくなる物語だと思います。最後は喜んでいるからです。

○発問にあるように、直感的に感じたことを短い言葉や文章でまとめて理由を書くように指示する。この感想は、第6時でも活用するので、まとめておくとよい。

○ p.161の「言葉のたから箱」も活用し、自身のイメージに合う言葉を選べるようにする。

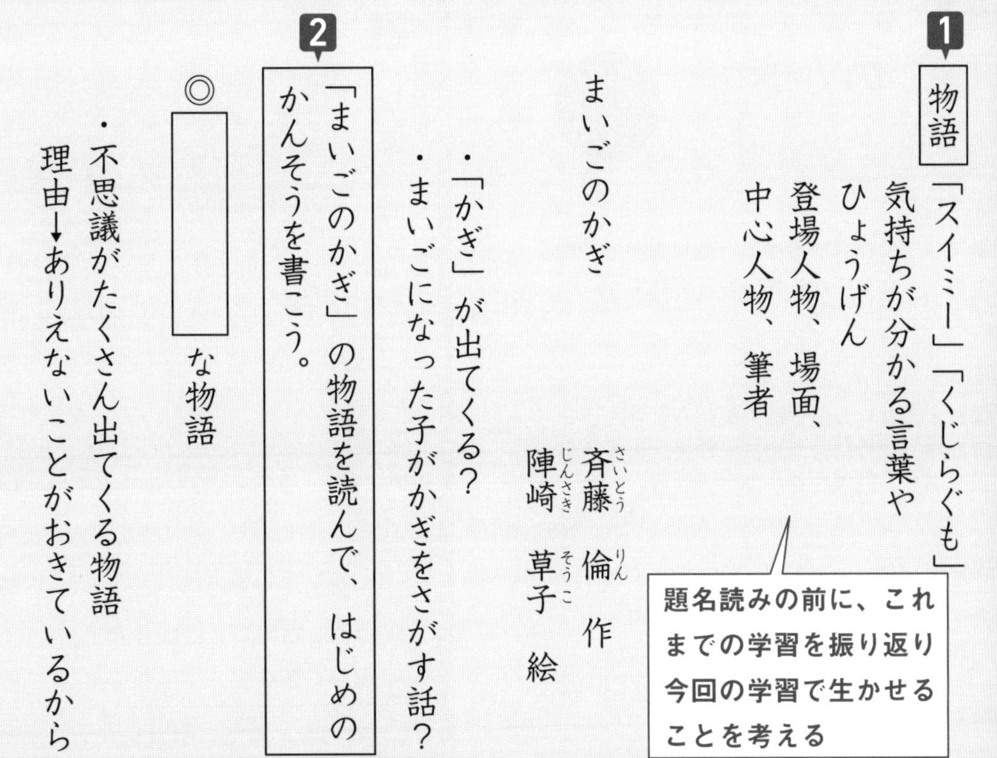

1
物語
「スイミー」「くじらぐも」
気持ちが分かる言葉や
ひょうげん
登場人物、場面、
中心人物、筆者
題名読みの前に、これまでの学習を振り返り今回の学習で生かせることを考える
まいごのかぎ
斉藤倫 作
陣崎草子 絵
・「かぎ」が出てくる？
・まいごになった子がかぎをさがす話？
2
「まいごのかぎ」の物語を読んで、はじめのかんそうを書こう。
◎
な物語
・不思議がたくさん出てくる物語
理由→ありえないことがおきているから

3 言葉の意味調べをし、作品の設定を確認する 〈20分〉

T　意味が分からない言葉を国語辞典で調べて確認しましょう。
・「うらめしそうに」はどういう意味だろう。
・「あっけにとられて」を調べてみよう。

○国語辞典を活用しながら、細かな言葉にも立ち止まって正確な意味を把握できるようにする（辞書引き対決などもよい）。

○時間があれば、言葉の意味調べ以外にも、下に示すような作品の設定を確認したり、音読練習をしたりするとよい。

【登場人物】りいこ、うさぎ
【場面】５場面（内容の区切れるところ。人・時間・場所の区切れで変わる）
【会話文】登場人物が直接声を出している言葉（かぎ（「」）で表される）

ICT 等活用アイデア

感想を共有、分析するためのテキスト・マイニング

学習過程２で、ICT を用いた「テキスト・マイニング」という方法で感想をまとめると、意見の多寡や関連性が丸の大きさや位置で視覚的に分かる。

動く　おどろく　ジブリ　ちゃう　お話　かぎ　主人公　ふしぎ　さい　かわる　見つける　こわい　いく　ふしぎいっぱい　変わる　よろこぶ　悲しむ　おもしろい　うれしい

図　ユーザーローカル AI テキストマイニングツールで分析

本時案

まいごのかぎ

本時の目標

・足跡マップを作成する中で、登場人物の行動や気持ちなどを叙述に基づいて把握することができる。

本時の主な評価

❶場面ごとのりいこの行動や気持ちを考えることで、様子や行動、気持ちや性格を表す語句の量を増し、語彙を豊かにしている。
【知・技】

資料等の準備

・足跡マップのワークシート 15-01
・教科書あらすじのミニ短冊（並び替え用）
15-02
・教科書挿絵の拡大コピー

3
○「足あとマップ」をつくろう。

p.87 挿絵（バスに手を振るりいこ）

p.82 挿絵（バス停の看板の穴に鍵をさすりいこ）

うさぎ!?
手をふってる
バス
さしている
かぎ（小さい）
バスの時刻表？

子供の発言やつぶやきは、各場面ごとに吹き出しで書く

授業の流れ ▷▷▷

1 挿絵の並び替えクイズを行う 〈5分〉

T 「まいごのかぎ」には、たくさんの挿絵がありましたね。その中から6枚の挿絵を持ってきました。今からバラバラに出すので、どんな順番だったか考えてみましょう。
・最初は落ち込んでいたと思います。
・お魚が空を飛んだのは何番目だったかな。
○並べているうちに、自然と子供たちが理由をつぶやき始めるはずである。挿絵の周囲にそういったつぶやきを書き留めていくと、次の活動のヒントになる。
・最後は、バスが一台一台と帰っていったから、最後に残ったのは時刻表だと思います。
・ドングリが落ちてきたのは木に鍵をさしたときだったから、始めの方だと思います。

2 本文の並び替えクイズを行う 〈15分〉

T ミニ短冊（あらすじ文をバラバラにしてまとめたもの）を配ります。次は、これを順番に並べてみてください。
○取り組み後、答え合わせをする。
・挿絵とつなげて考えると……。
・たしか、最後にりいこは明るい気持ちになっていたから……。
○ここでは、挿絵よりもさらに詳しく内容を思い出しながら捉え直すことをねらいとしている。様子を見て、学習過程1で並べた挿絵がヒントになることを示してもよい。
○ペアで学習を行うとよい。そうすることで、対話が生まれ、分からない部分があっても安心しながら取り組めるようになる。

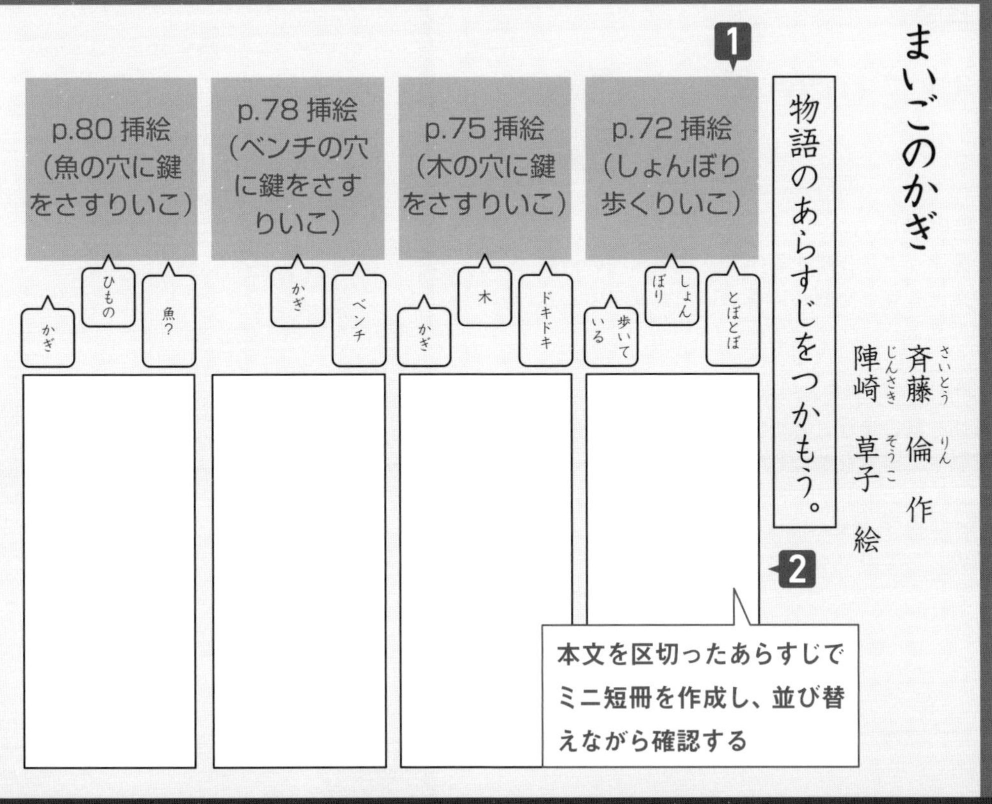

3 足跡マップについて説明し、作成する 〈25分〉

T　足跡マップとは、物語の中心人物「りいこ」がどのような行動を積み重ねたのか、分かるようにするものです。足跡マップを作りながら、物語をもっと詳しく読みましょう。

○足跡マップに取り組むのが初めての場合は、1場面は教師が中心になって、子供たちに問いかけながら黒板にまとめ、例示をするとよい。その際、「気持ちはどのような叙述から読み取れるか」や「場面」や「登場人物」などの学習用語は必ず押さえるようにする。具体例については本単元冒頭ページの授業づくりのポイントを参照してほしい。

○実態に応じて、気持ちや様子が読み取れる叙述にサイドラインを引き、全体で確認してから個別で取り組めるようにしてもよい。

よりよい授業へのステップアップ

「足跡マップ」の活用

足跡マップとは、登場人物の行動や気持ちの移り変わりを場面ごとに整理できるようにしたワークシートである。物語作品の特徴となる事柄（本作品は「かぎあなの場所」）も取り入れ、場面の様子や登場人物の様子と関連付けられるようにする。足跡マップを作成することで、物語の構造と内容を一人一人が的確に把握することができる。

本文あらすじが中央にあるものを配付し、鍵穴の場所や場面ごとの気持ち、場面の印象（＋－）を書き込んでいくことを説明するとよいだろう。

本時案

まいごのかぎ

本時の目標

・足跡マップを作成する中で、登場人物の行動や気持ちなどを叙述に基づいて把握することができる。

本時の主な評価

・叙述を基に場面ごとの出来事や、登場人物の行動や気持ちを整理している。

資料等の準備

・拡大した足跡マップのワークシート
15-01

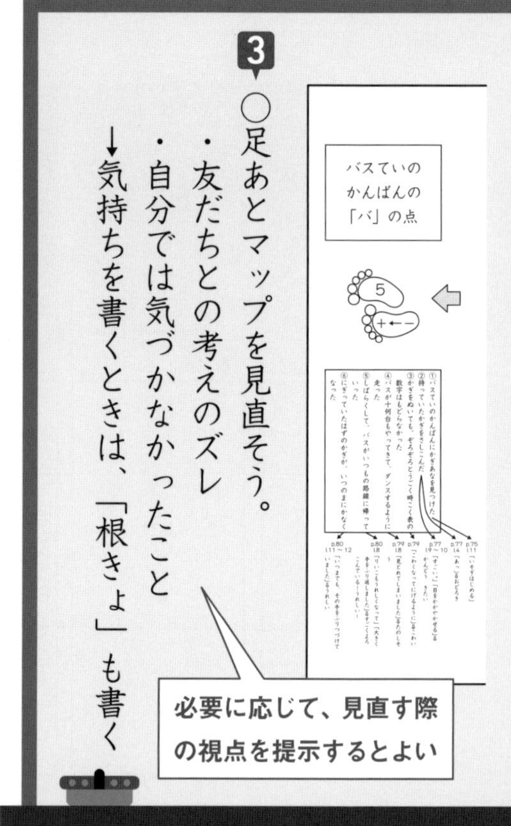

3
○足あとマップを見直そう。
・友だちとの考えのズレ
・自分では気づかなかったこと
↓気持ちを書くときは、「根きょ」も書く
バスていのかんばんの「バ」の点
5
+←−
必要に応じて、見直す際の視点を提示するとよい

授業の流れ ▷▷▷

1 足跡マップの作成と共有（グループ）〈10分〉

T　前の時間では、１人ずつ足跡マップを作成しました。今日は、読み取った場面ごとの気持ちや「＋」「－」についてグループで交流した後に、全体で交流・確認しましょう。

○本時のめあてを板書する。

T　まずはグループで10分間交流しましょう。

・１場面は、りいこがしょんぼり歩いて落ち込んでいるから「－」だと思います。

・５場面は、最初はりいこは落ち込んだり、慌てたりしているけれど、最後は明るい気持ちになっているから「－」から「＋」に変わっていると思います。

○グループで確認するときは、１人では分からなかった点や疑問に思った点を中心に、共有できるように促すとよい。

2 クラス全体で足跡マップの共有・確認をする〈25分〉

T　足跡マップを場面ごとに確認しましょう。

・１場面は、「－」だと思います。なぜなら、りいこが落ち込んでいるからです。

・確かに、教科書 p.72に「うつむきがち」と書いてあります。

・p.73に「どんどんうつむいて」とも書いてあるから、「－」な気持ちが強いと思います。

○子供の間で考えのズレが生じたときは、どちらも把握し、課題づくりの際や次時以降で活用する。

○場面の様子（不思議な出来事）や登場人物の行動について読み誤りがないか確認する。

○「気持ち」や「＋」「－」の観点を確認する中で、りいこの気持ちの変化について確実に押さえる。

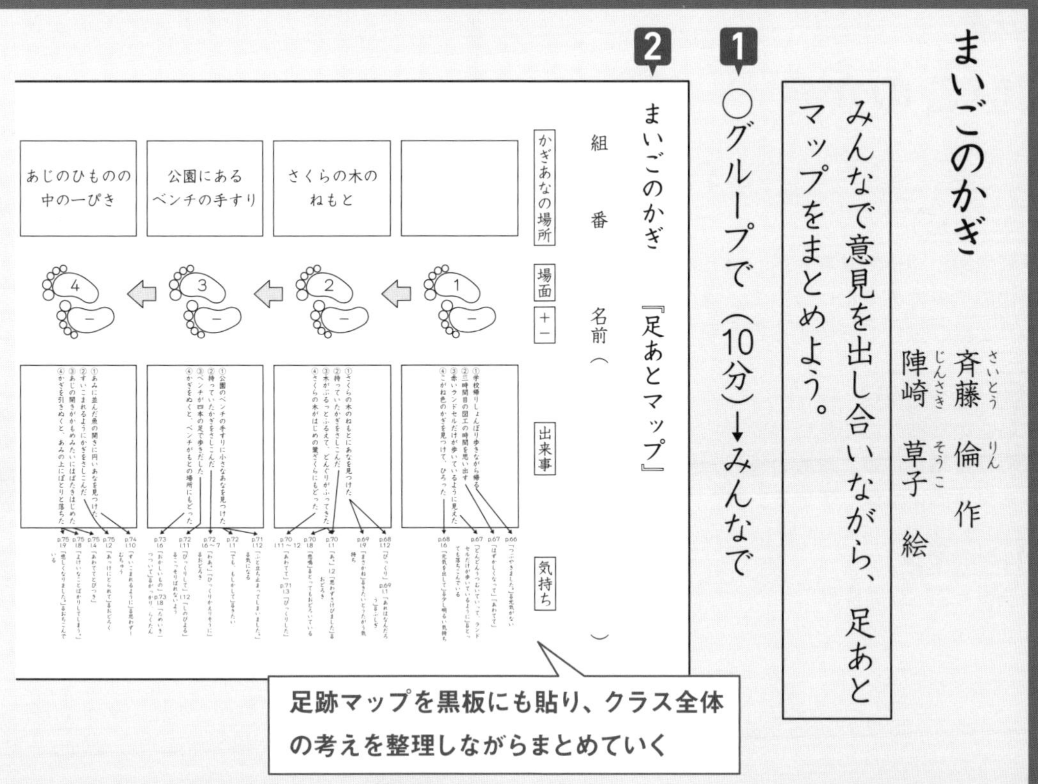

3 足跡マップを見直す 〈10分〉

T　みんなで意見を出し合うと、考えのズレや自分では気付かなかったことがあったと思います。クラスでまとめたものを参考に、自分の足跡マップをよりよくしていきましょう。

・○○さんは、５場面は「－」から「＋」と言っていたけれど、りいこは鍵をさすときに不思議なことが起こることを期待しているから、「＋」から「－」で、また「＋」だと思います。

・りいこは不思議なことが起こっても、驚いているだけでなく、ワクワクしたりドキドキしたりもしていることが分かりました。

○気持ちを書くときは根拠となる叙述も併せて記述できているか、教師から繰り返し確認したり声かけしたりするとよい。

よりよい授業へのステップアップ

課題づくり（ズレや疑問を出し合う）

足跡マップを作成・共有した際に、考えや意見のズレや疑問が生まれた場所を課題にするとよいだろう。

・りいこはどんな子か
・りいこが一番驚いたのはどの鍵穴か
・ファンタジー世界の入り口と出口はどこか
・第○場面は「＋」か「－」か
・鍵の正体はうさぎかどうか
・このお話の後、りいこは、不思議な世界に再び戻ってこられるか
・情景やオノマトペ、比喩は必要か、必要でないか

本時案

まいごのかぎ

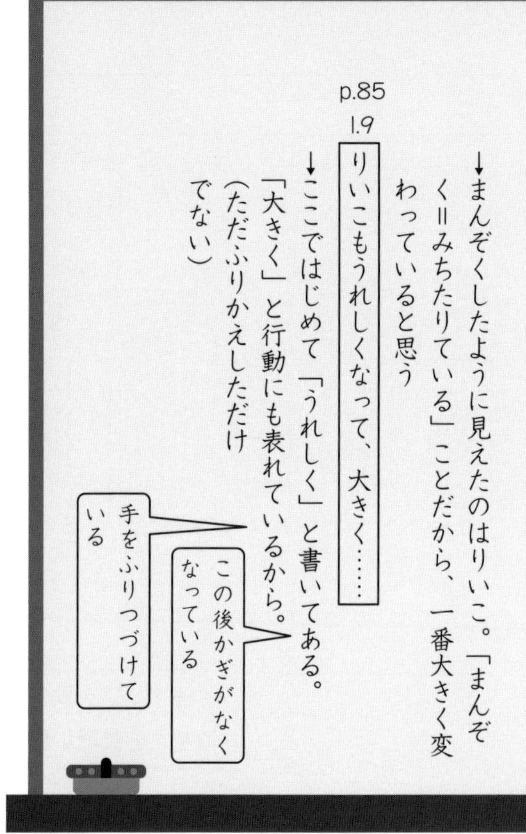

本時の目標

・学習課題について友達と話し合う中で、登場人物の気持ちの変化について、場面の移り変わりと結び付けて想像することができる。

本時の主な評価

❷りいこの気持ちの変化について、場面の移り変わりと結び付け、複数の叙述と関連付けながら具体的に想像している。【思・判・表】

資料等の準備

・教科書 p.82–83の挿絵

授業の流れ ▷▷▷

1 解決する学習課題を確認する 〈5分〉

T　足跡マップを作る中で、登場人物の気持ちや場面ごとの印象（＋－）を考えて、クラスで交流しました。その中で、りいこの気持ちが「－」から「＋」へと大きく変わっているかという疑問が生まれました。今日は、「どの一文で一番大きく変わったか」について、みんなで詳しく話し合って、考えを広げたり深めたりしましょう。

・足跡マップを見て自分がどう考えていたか確認してみよう。

・たしか、５場面でりいこの気持ちが変わったのだったな。

・５場面だとは思うのだけれど、大きく変わった一文はどこだろう。

○前時を振り返り、学習課題を確認する。

2 本文の叙述や挿絵を手がかりに自分の考えをまとめる 〈10分〉

T　りいこの気持ちが「－」から「＋」に変わったのはどこだと思いますか。ここだと思う一文に印を付けて理由を書きましょう。

・p.85 l. 8の「見とれていました」の一文だと思います。見とれたということは、夢中になって見ているということだからです。

・私は、p.85 l.10の「はっと気づいたのです」の一文だと思います。ここで初めて、りいこは自分のしてきたことが余計なことじゃないと気付いたからです。

○本時は物語全体を俯瞰し場面や登場人物の変化を捉えつつ、より細かな叙述に着目できるようにしたい。そのために、鍵や登場人物への着目を促し、場面の様子を具体的に思い描けるようにする。

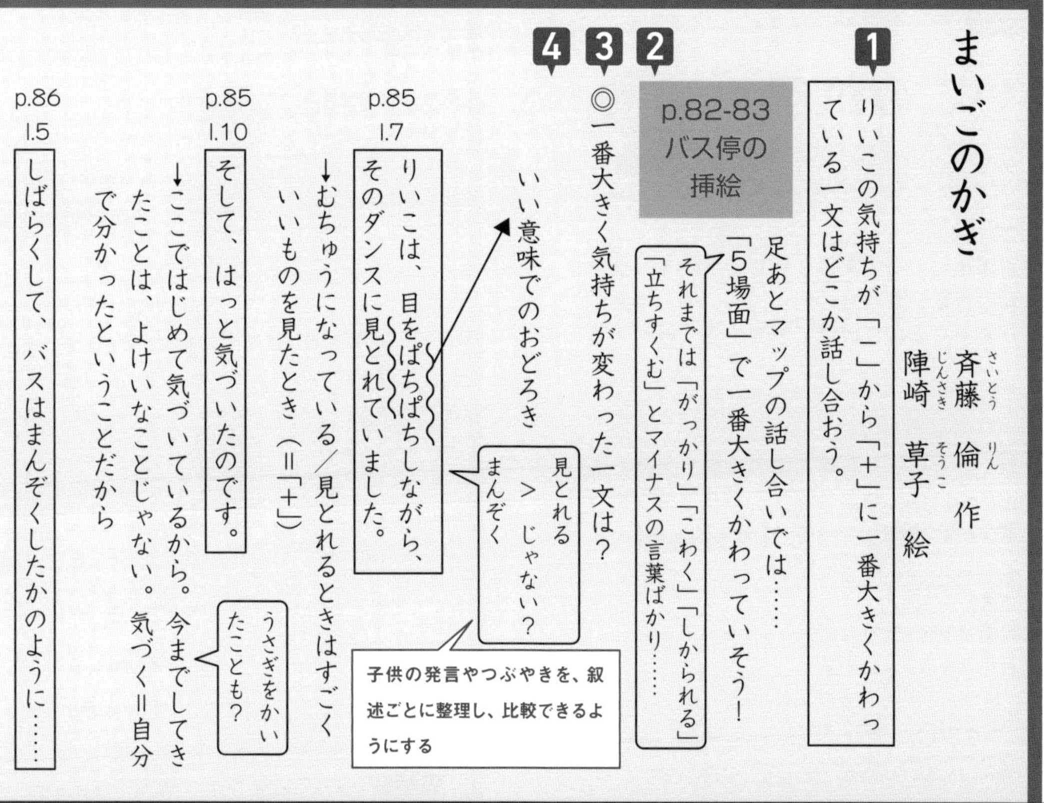

まいごのかぎ
斉藤倫 作
陣崎草子 絵
1
りいこの気持ちが「－」から「＋」に一番大きくかわっている一文はどこか話し合おう。
2
p.82-83 バス停の挿絵
足あとマップの話し合いでは……
「5場面」で一番大きくかわっていそう！
それまでは「がっかり」「こわく」「しかられる」「立ちすくむ」とマイナスの言葉ばかり……
3
◎一番大きく気持ちが変わった一文は？
4
いい意味でのおどろき
p.85 l.7
りいこは、目をぱちぱちしながら、そのダンスに見とれていました。
見とれる ＞ じゃない？ まんぞく
↓むちゅうになっている／見とれるときはすごくいいものを見たとき（＝「＋」）
子供の発言やつぶやきを、叙述ごとに整理し、比較できるようにする
p.85 l.10
そして、はっと気づいたのです。
↓ここではじめて気づいているから。今までしてきたことは、よけいなことじゃない。気づく＝自分で分かったということだから
うさぎをかいたことも？
p.86 l.5
しばらくして、バスはまんぞくしたかのように……

3 クラス全体で話し合い、考えを広げたり深めたりする　〈25分〉

T　それでは、みんなで話し合いましょう。

・私は、p.86 l.9の「うれしくなって」の文だと思います。なぜなら、ぼんやりとした他の文と違って、うれしいというりいこの気持ちがはっきりと書かれているからです。

・私は、p.86 l.5の「バスはまんぞくしたかのように」の一文だと思います。満足そうに見えたのは、りいこがそう見えたからです。他のところも変わっていると思うけれど、この一文で、「＋」の表現がはっきり出ていると思います。

○子供たちの意見を板書する際には、根拠となる本文の叙述を黄色で、理由を白色で、反対意見は青色で書くなど、ねらいに応じてチョークの色を分けるとよい。

4 自分の考えをまとめる　〈5分〉

T　「りいこの気持ちが『－』から『＋』にどの一文で一番大きく変わっているか」について、クラス全員で話し合ってきました。考えは変わったり深まったりしましたか。黒板の話し合いの記録を見ながら、ノートにもう一度課題に対する自分の考えをまとめましょう。

・話し合いをしてみて、どの人の意見も根拠がちゃんとあって、迷ってしまいました。

・「手をふりかえしました」の文だと思います。○○さんや○○さんも言っていたように、「大きく」手を振っているし、落ち込む原因にもなった「あのうさぎ」にうれしくなって手を振り返しているからです。はじめと全部つながっていて、ここで大きく変わったと思います。

本時案

まいごのかぎ

5/6

本時の目標

・学習課題について友達と話し合う中で、登場人物の行動や気持ちの変化について、場面の移り変わりと結び付けて想像することができる。

本時の主な評価

❷「驚く」といった登場人物の行動や気持ちの変化について、場面の移り変わりと結び付けて具体的に想像している。【思・判・表】

資料等の準備

・教科書挿絵の拡大コピー
・磁石のネームプレート

p.83 挿絵（時刻表が動く場面）

↓おどろいているのがつたわってくる

「とんでもない！」

↓ほかの場面とちがって、元にもどらなかった！　これはあわてる。よそうとちがう

（おどろくよりも、あせったり、こわいという気持ちが強そう）

理由も板書し、価値付ける

授業の流れ ▷▷▷

1 解決する学習課題を確認する 〈5分〉

T　足跡マップを作る中で、りいこは驚いてばかりいたことが話題に上がりました。今日は、「りいこが一番驚いたのは、どの鍵穴のときか」という課題について考えます。

・たしかに、足跡マップを見ると、どの鍵穴でもりいこは驚いているように見えます。

・でも、言葉が少しずつ違います。驚き方も違うということかな。

○学習課題を提示する前に、挿絵や足跡マップを活用し、いくつ鍵穴があったか確認することで、課題を考える手がかりとする。

○登場人物の気持ちやその変化を捉えるためにはどのような表現に着目したらよいかは、本単元冒頭ページの授業づくりのポイントを参考にしていただきたい。

2 本文の叙述や挿絵を手がかりに自分の考えをまとめる 〈10分〉

T　みなさんは、どの鍵穴のときに一番驚いたと思いますか。自分の考えをまとめましょう。

・私は木の鍵穴の場面だと思います。なぜなら、p.76 l.10に「悲鳴」という言葉があり、初めて出会う不思議なことだからです。

・私も同じ出来事が繰り返しあるときは、最初が一番驚くからです。

○考える時間を設けた後、黒板で分けた各場面にネームプレートを貼るなど視覚化することで、自分の考えが明確になり、同じ考えの友達と共有できるきっかけにもなる。

○気持ちが読み取れる叙述に注目できるように、その表現を掲示したり、丁寧に確認したりするとよい。

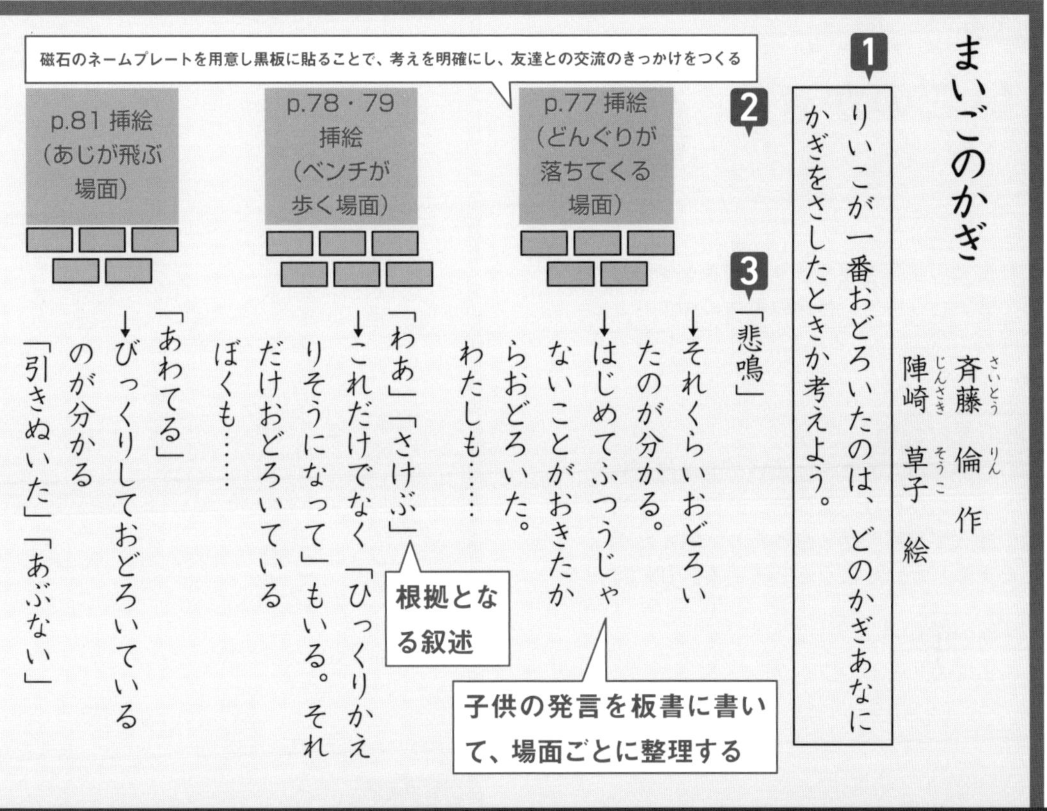

まいごのかぎ
斉藤倫 作
陣崎草子 絵
1
りいこが一番おどろいたのは、どのかぎあなにかぎをさしたときか考えよう。
2
3
「悲鳴」
↓それくらいおどろいたのが分かる。
↓はじめてふつうじゃないことがおきたからおどろいた。
わたしも……
子供の発言を板書に書いて、場面ごとに整理する
p.77 挿絵（どんぐりが落ちてくる場面）
「わあ」「さけぶ」
根拠となる叙述
↓これだけでなく「ひっくりかえりそうになって」もいる。それだけおどろいている
ぼくも……
p.78・79 挿絵（ベンチが歩く場面）
「あわてる」
↓びっくりしておどろいているのが分かる
「引きぬいた」「あぶない」
p.81 挿絵（あじが飛ぶ場面）
磁石のネームプレートを用意し黒板に貼ることで、考えを明確にし、友達との交流のきっかけをつくる

3 クラス全体で話し合い、考えを広げたり深めたりする 〈25分〉

○学習過程２で、子供の考えを把握しておき、話し合いが深まりそうなタイミングで、意図して問い返せるようにする。

T　では、みなさんの考えを発表しましょう。

・前の場面では「あっ」と言っているのがp.78では「わあ」と叫んでいるから、より驚いていると思います（叙述の比較）。

・p.84に「元にもどらない」とあるように、鍵を抜いても戻らないという予想と反対のことが起きるとびっくりするから、ここが一番驚いたと思います（経験から）。

○子供たちの意見を板書する際には、根拠となる本文の叙述を黄色で、理由を白色で、反対意見は青色で書くなど、ねらいに応じてチョークの色を分けるとよい。

4 自分の考えをまとめる 〈5分〉

T　「りいこが一番驚いたのは、どの鍵穴のときか」について、話し合いました。振り返って、自分の考えをまとめましょう。

○考えの変容を可視化するために、ネームプレートを動かす時間を取ることも効果的である。その際、考えが変容した子に、変容した理由を聞くとよい。

・私は、最初はバス停に鍵をさしたときだと思ったけれど、木に鍵をさしたときに意見が変わりました。それは、○○さんが言っていたように、最後のりいこは驚いたというより、怖くなっていると感じたからです。

・話し合ってみて、ベンチに鍵をさしたときだと思いました。それは、教科書の本文でもたくさん根拠があったからです。

本時案

まいごのかぎ

本時の目標

・これまでの学習を振り返り、好きな場面について話し合う中で、自身の考えの深まりとその要因に気付き、学んだ手応えを実感できる。

本時の主な評価

❸りいこの気持ちの変化について、場面の移り変わりと結び付けて具体的に想像し、学習課題に沿って進んで話し合ったり、学んだ手応えを実感したりしようとしている。【態度】

資料等の準備

・これまでのノートやワークシート

4

○学習のふりかえり

登場人物の気持ちやへんかを読みとるときに気をつけたこと

友だちと話してみて気づいたこと

足あとマップを作ってみて分かったこと

・行動や会話文など、登場人物の気持ちがどんなところから読みとれるか知ることが大事

・友だちと話すと、自分が思いつかなかった考えがたくさん出てきておもしろかった

授業の流れ▷▷▷

1 初発の感想を読み直す 〈5分〉

T 「まいごのかぎ」の学習も今日で最後です。今日は感想をまとめながら、学習を振り返りましょう。まず、1時間目で書いた最初の感想とその理由をもう一度読み直してみましょう。

・最初は不思議な話だと思っていました。

・明るい話だという感想が多かったです。

○本時では、作品に対する印象や感想を再度まとめる。そして、初発の感想と比べることで、作品に対する理解度の高まりや読み深まりを実感できるようにする。その際に、根拠（○ページに……とあり）、理由（△△ということは■■だから……）を分けて理解できるように指導する。

2 学習したことを基に、感想と理由を書く 〈10分〉

T これまでの学習を基に、「○○な話／物語」の○○に当てはまる言葉をもう一度考えて、その理由を書いていきましょう。

・不思議なことが起こって落ち込んでいたりいこが元気になる話だと思います。これまで話してきたように、5場面で大きく変わっていると思います。

・最初は不思議な話だと思ったけれど、今は不思議な出来事と出会って、りいこが自分のことを好きになれた物語だと思います。

○理由を書く際には、これまでの学習を生かして、ある一場面の印象に留めるのでなく、場面同士や登場人物の変容に着目できるようにしたい。

まいごのかぎ

斉藤倫（さいとうりん） 作
陣崎草子（じんさきそうこ） 絵

1 「まいごのかぎ」の学習をふりかえろう。

○さいしょのかんそう
・「ふしぎ」な話
・明るい話
・かぎがたくさん出てくる話

子供の最初の感想を板書する、もしくは1時間目の板書写真を貼るなど、最後の感想と比較できるようにする

2 3 ○すきな場面は？
〈一場面〉
↓ふしぎなかぎと出会ってドキドキする
↓りいこのようすがよく分かるから
〈二場面〉
↓はじめてふしぎなことがおこったから
↓りいこの気持ちがくるくるかわっておもしろいから
〈五場面〉
↓りいこがようやく元気になったから
↓まわりの人たちや場面のようすがとっても明るいから
↓ハッピーエンドだから

3 クラス全体で好きな場面について話し合う 〈15分〉

T　書いた感想を参考にしながら、好きな場面について話し合っていきましょう。
・わたしは不思議なことが始まった２場面が好きです。読んでいて、とても驚いたからです。
・ぼくは、５場面が好きです。それまでずっと落ち込んでいた、りいこが元気になってハッピーエンドで終わるからです。
・わたしも５場面が好きです。りいこも、バスやうさぎも喜んでいて場面全体が「＋」な気持ちだからです。
・わたしは、１場面が好きです。たしかに１場面は落ち込んでいるけれど、不思議な鍵を拾っておもしろいお話が始まる、ドキドキした感じがあるからです。

4 単元の学習を振り返る 〈15分〉

T　今回の学習で、物語をより深く理解するために役立った方法はありましたか。学習を振り返り、ノートにまとめましょう。
・行動とか会話文など、登場人物の気持ちがどんなところから読み取れるか知ることが大事だと思いました。
・友達と話すと、自分が思いつかなった考えがたくさん出てきておもしろかったです。
○学習方略（学習の取り組み方のポイントや学習ツール）などを視点として提示し、次の物語文の学習に生かせる振り返りを行う。
①登場人物の気持ちやその変化の読み取りについて
②学び方について（友達との考えの交流や感想の記述、自分の考えの形成の仕方など）

資 料

1 第2・3時 足跡マップワークシート 15-01

まいごのかぎ 「足あとマップ」

組　　番　　名前（　　　　　　　　　　　　）

かぎあなの場所	場面	＋	一	出来事	気持ち
				①学校帰りしょんぼり歩きながら帰る ②三時間目の図工の時間を思い出す ③赤いランドセルだけが歩いているように見えた ④こがね色のかぎを見つけて、ひろった	
				①さくらの木のねもとにあなを見つけた ②持っていたかぎをさしこんだ ③木がぶるっとふるえて、どんぐりがふってきた ④さくらの木がはじめの葉ざくらにもどった	
				①公園のベンチの手すりに小さなあなを見つけた ②持っていたかぎをさしこんだ ③ベンチが四本の足で歩きだした ④かぎをぬくと、ベンチがもとの場所にもどった	
				①あみに並んだ魚の開きに円いあなを見つけた ②すいこまれるようにかぎをさしこんだ ③あじの開きがかもめみたいにはばたきはじめた ④かぎを引きぬくと、あみの上にぽとりと落ちた	
				①バスていのかんばんにかぎあなを見つけた ②持っていたかぎをさしこんだ ③かぎをぬいても、ぞろぞろとつづく時こく表の数字はもどらなかった ④バスが十何台もやってきて、ダンスするように走った ⑤しばらくして、バスがいつもの路線に帰っていった ⑥にぎっていたはずのかぎが、いつのまにかなくなった	

2 第2時　教科書あらすじの短冊 15-02

①学校帰りしょんぼり歩きながら帰る
②三時間目の図工の時間を思い出す
③赤いランドセルだけが歩いているように見えた
④こがね色のかぎを見つけて、ひろった

①さくらの木のねもとにあなを見つけた
②持っていたかぎをさしこんだ
③木がぶるっとふるえて、どんぐりがふってきた
④さくらの木がはじめの葉ざくらにもどった

①公園のベンチの手すりに小さなあなを見つけた
②持っていたかぎをさしこんだ
③ベンチが四本の足で歩きだした
④かぎをぬくと、ベンチがもとの場所にもどった

①あみに並んだ魚の開きに円いあなを見つけた
②すいこまれるようにかぎをさしこんだ
③あじの開きがかもめみたいにはばたきはじめた
④かぎを引きぬくと、あみの上にぼとりと落ちた

①バスていのかんばんにかぎあなを見つけた
②持っていたかぎをさしこんだ
③かぎをぬいても、ぞろぞろとうごく時こく表の数字はもどらなかった
④バスが十何台もやってきて、ダンスするように走った
⑤しばらくして、バスがいつもの路線に帰っていった
⑥にぎっていたはずのかぎが、いつのまにかなくなった

3 第3時　足跡マップワークシートの記入例

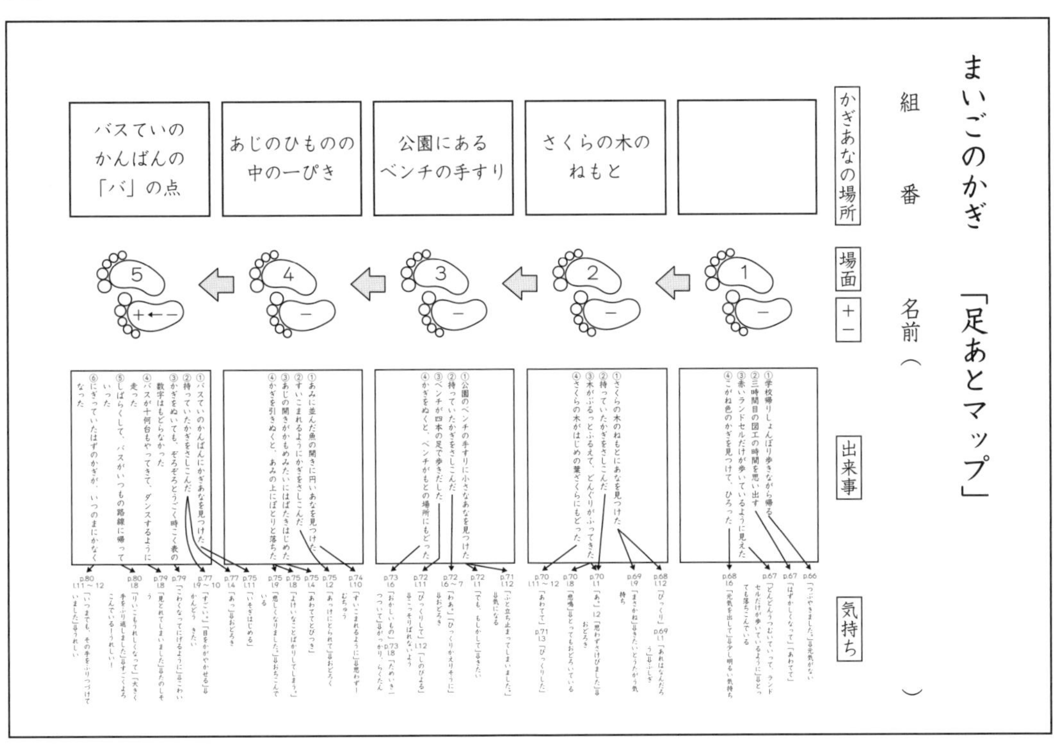

声に出して楽しもう

俳句を楽しもう　（1時間扱い）

単元の目標

知識及び技能	・易しい文語調の俳句を音読したり暗唱したりするなどして、言葉の響きやリズムに親しむことができる。((3)ア)
学びに向かう力、人間性等	・言葉がもつよさに気付くとともに、幅広く読書をし、国語を大切にして、思いや考えを伝え合おうとする。

評価規準

知識・技能	❶易しい文語調の俳句を音読したり暗唱したりするなどして、言葉の響きやリズムに親しんでいる。(〔知識及び技能〕(3)ア)
主体的に学習に取り組む態度	❷進んで俳句を音読したり暗唱したりし、表す場面を想像することを通して、言葉の響きやリズムに親しもうとしている。

単元の流れ

次	時	主な学習活動	評価
一	1	・場面を想像する中で、場面と俳句の表現をつなげる。 ・俳句を繰り返し音読したり暗唱したりしながら、言葉の響きやリズムに親しむ。	❶❷

授業づくりのポイント

〈単元で育てたい資質・能力〉

本単元で育てたい資質・能力は、〔知識及び技能〕(3)我が国の言語文化に関する事項のアである。子供たちが日常生活の中で俳句にふれ、俳句が十七音で作られていることや季語が用いられていることについて知る機会は少ない。一つ一つの句が表す場面を想像しながら、言葉の響きやリズムを感じ、俳句に親しむことが大切である。

[具体例]

○俳句という題材は、光村図書の１～３年生の教科書では本単元で初めて扱われる。また、上述したように、日常生活の中で俳句にふれている子供は少ない。教材として取り上げられている六句も、初めて耳にする子供たちが多いことが予想される。

○俳句への抵抗を減らすため、場面を想像してから俳句自体と出会うことで場面と言葉をつなげる。その上で、どこで区切ったら読みやすいのか気付いたり俳句の構成について考えたりする。このような活動を通して、十七音で表されている俳句のおもしろさに気付き、親しむことができるようにしていきたい。

〈教材・題材の特徴〉

教材として取り上げられている俳句は全部で六句ある。３名の作者は有名であり、一度は耳にしたことのある子供もいるだろう。それぞれの俳句に用いられている単語の多くは、子供たちも理解することができる言葉である。一方で、場面を想像することや理解することが難しい言葉もある。

教科書の単元末のページには、俳句で用いられている音についての説明や、それらの具体を表した歌が載っている。俳句の十七音とともに取り上げることで、音によって調子を整えていることを実感できるだろう。

[具体例]

○目の前の子供の実態に合わせ、最初に提示する句を選択する。場面が想像しやすい句は、子供が想像した場面と言葉が一致しやすくなるため、区切る位置や俳句の構成、俳句そのものについて考えやすくすることができる。

○想像しにくい句としては、与謝蕪村の「春の海終日のたりのたりかな」や、松尾芭蕉の「閑かさや岩にしみいる蝉の声」が挙げられる。これらの句は、区切りを見つけにくかったり、言葉の意味や場面が想像しにくかったりすることが予想される。そのため、子供の実態に合わせて、まずは場面が想像しやすい句から扱い、教科書は後から使用することも検討したい。

〈言語活動の工夫〉

子供が俳句に親しむためには、取り上げられている俳句の表す場面が想像したり、リズムに気付いたりできるよう俳句を何度も読むことが大切である。そこで、子供が、場面を想像したり言葉と場面をつなげたりする活動や、何度も読み返す活動を積極的に設定する。また、身近な五・七・五やお気に入りの一句を見つける活動などを通して、リズム感のある様々な表現にふれるようにしたい。

[具体例]

○１つの俳句の場面を表したイラストなどを提示し、その場面を想像する活動を設定することで、場面と俳句に用いられている言葉をつなげたい。

○言葉の調子や響きにふれるためには、何度も声に出すことが大切である。そこで、五・七・五を交互に読む「ペア読み」や、暗唱などの声に出して読む活動を設定したい。

本時案

俳句を楽しもう

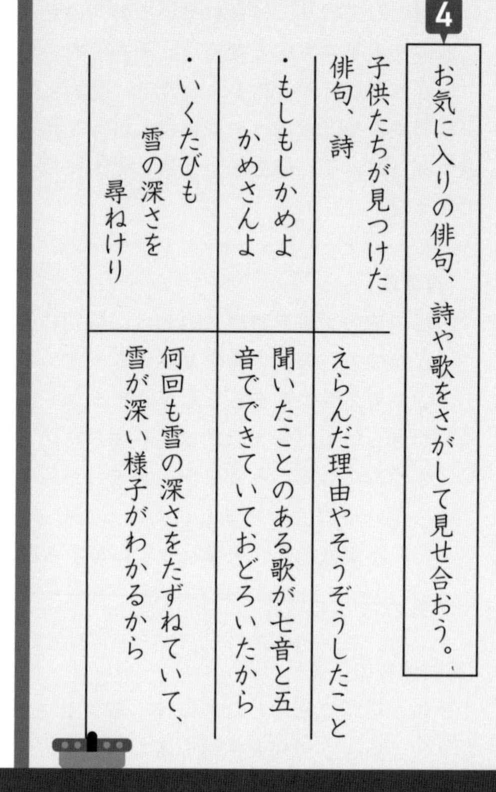

4
お気に入りの俳句、詩や歌をさがして見せ合おう。
子供たちが見つけた俳句、詩
えらんだ理由やそうぞうしたこと
・もしもしかめよ
かめさんよ
聞いたことのある歌が七音と五音でできていておどろいたから
・いくたびも
雪の深さを
尋ねけり
何回も雪の深さをたずねていて、雪が深い様子がわかるから

本時の目標

・場面を想像する中で場面と言葉をつなげ、俳句を繰り返し音読したり暗唱したりしながら、言葉の響きやリズムに親しむことができる。

本時の主な評価

❶易しい文語調の俳句を音読したり暗唱したりするなどして、言葉の響きやリズムに親しんでいる。【知・技】

❷進んで俳句を音読したり暗唱したりし、表す場面を想像したりすることを通して、言葉の響きやリズムに親しもうとしている。【態度】

資料等の準備

・俳句の場面を表しているようなイラストや写真

授業の流れ ▷▷▷

1 イラストや写真から場面を想像する（例）雪とけて 〈5分〉

T　このイラスト（写真）を見てください。どのような場面が想像できますか。

・子供がたくさんいます。

・雪があります。

T　雪はどれくらいありますか。また、季節はいつだと思いますか。

・雪が少ないので、春だと思います。

・雪の下に花が見えるので、春だと思います。

○俳句への抵抗を減らすために、イラスト（写真）の場面を想像する活動を導入として行う。地域によって想像しやすい場面は異なるため、実態に合わせて提示する。

2 俳句と出会い、俳句の特徴を知る 〈5分〉

○学習過程1で使用したイラスト（写真）と対応する俳句を提示する。

T　この文を見てください。これは俳句と言います。どのような場面が想像できますか。

・雪がとけている場面です。

・子供が村にたくさんいる場面です。

・さっきのイラストのような場面です。

T　先程のような場面を基に、この俳句は作られたのかもしれませんね。このように自然を見て、感じたことを短い文で表したものを俳句と言います。「雪とけて」のように季節を表す言葉を「季語」と言います。

○ここでは、イラスト（写真）と俳句の表現をつなげながら、俳句の特徴にふれる。

俳句を楽しもう

1

春・冬

・子どもがたくさんいる
・雪がある
・雪が少ないので
春のように見える

2

雪とけて　村いっぱいの　子どもかな
五　　　　七　　　　　　五
小林一茶

詩とイラストを照らし合わせることで俳句の内容の理解につなげる

俳句…しぜんの様子や、そこから感じたことを表したもの
…きせつを表す言葉が入っている（季語）
…五・七・五の十七音で作られている

3

・山路来て／何やらゆかし／すみれ草　松尾芭蕉
・閑かさや／岩にしみ入る／蟬の声　松尾芭蕉
・春の海／終日のたり／のたりかな　与謝蕪村
・菜の花や／月は東に／日は西に　与謝蕪村
・夏山や／一足づつに／海見ゆる　小林一茶

1つずつ提示し、読み方などを確認しながら進める

3　教科書の俳句と出会い、特徴を確認しながら、リズムに気を付けて読む〈20分〉

T　教科書 p.91を開き、はじめの 3 行を読みましょう。俳句は、五・七・五の十七音で作られていることが特徴の 1 つです。みんなで他の俳句を声に出して読んでみましょう。

T　それぞれの俳句は、どこで五・七・五に分かれていましたか。

・「山路来て」が五です。

・「月は東に」が七です。

T　教科書の俳句から 1 つ選び、覚えてみましょう。

○ここでは、俳句が五・七・五の十七音であるという特徴を確認する。声に出して読む活動を取り入れることで、どこで区切るのかを子供たちが意識することができる。

4　身の回りの五音と七音を組み合わせた詩や歌、俳句を探す〈15分〉

T　教科書に載っている俳句で、気に入ったものはありましたか。p.93にあるように、みなさんの身の回りには五音と七音を組み合わせた詩や歌、俳句がたくさんあります。見つけてみましょう。

○ここでは、様々な俳句、詩や歌などにふれられるようにする。そのために、調べたり見せ合ったりする活動を取り入れる。

「年間指導計画例」には、気に入った俳句を音読したり暗唱したりする活動が設定されている。しかし、子供が教科書に掲載されているものを気に入るとは限らない。ICT 端末を活用するなど、子供たちが一歩立ち止まれる作品に出会えるようにしたい。

言葉

こそあど言葉を使いこなそう （2時間扱い）

単元の目標

知識及び技能	・指示する語句の役割について理解することができる。((1)カ)
学びに向かう力、人間性等	・言葉がもつよさに気付くとともに、幅広く読書をし、国語を大切にして、思いや考えを伝え合おうとする。

評価規準

知識・技能	❶指示する語句の役割について理解している。(〔知識及び技能〕(1)カ)
主体的に学習に取り組む態度	❷積極的に指示する語句の役割について理解し、学習課題に沿って使おうとしている。

単元の流れ

時	主な学習活動	評価
1	学習の見通しをもつ 「こそあど言葉」の意味を知り、実際に使って確認したり使い方について考えたりする。	❶
2	学習を振り返る 例文などを基に、文章中のこそあど言葉の役割や働きを考え、使う練習をする。	❶❷

授業づくりのポイント

〈単元で育てたい資質・能力〉

本単元では、こそあど言葉（指示語）について理解し、正しく使うことを目標としている。また、理解した言葉の役割を踏まえ、こそあど言葉を使おうとする姿を表出できるようにしたい。

こそあど言葉は、子供たちが普段から自然に使っている言葉である。しかし、その役割について考える機会は少なく、無意識に使っている可能性が高い。そのため、本単元では、言葉の役割に目を向け言語化することで、理解につなげることをねらいとしている。

また、その理解を踏まえ、コミュニケーションの場や文章を読み書きする際に注目したり、効果的に使おうとしたりする力も身に付けることもねらいとしている。

〈教材・題材の特徴〉

上述したように、こそあど言葉は子供たちにとって身近な言葉であり、話し言葉や書き言葉として毎日のように使われているが、無意識に使っており、その役割について理解していない場合が多い。

教科書では、経験を想起したり体験したりする活動が設定されている。本単元でのこそあど言葉の理解を基にして、他の教材の中でも理解・活用できるための素地をつくりたい。

[具体例]

○こそあど言葉は、物事や場所などを指し示したり、尋ねたりするときに使う言葉である。同じ言葉や内容をこそあど言葉に置き換えることで、まず物事を指し示すこと。次に、文章中の言葉を指して文を短くすること。さらに、読み手や聞き手が内容を理解しやすくなること。以上の3点の働きを理解できるようにする。また、次の①②のような活動を設定してもよい。

①「うまく伝わらなかった経験」を想起したり、「教室にある物についてやり取り」したりする体験活動を通して、こそあど言葉の役割を自覚できるようにする。

②本時で示すような2つの文章を比較することを通して、役割や効果を実感できるようにする。

○国語科では、言葉そのものを学習対象としていることから、様々な領域の学習場面でこそあど言葉が使用されている。本単元以降の3年生の教科書に掲載されている説明的な文章では、「すがたを変える大豆」や「ありの行列」で、多くのこそあど言葉が使われている。こそあど言葉に目を向けることで、文と文とのつながりを読み取れるようにしたい。

〈言語活動の工夫〉

導入では、子供たちの日常生活を思い出したりその場でやり取りをしたりする中で、こそあど言葉の役割を考えるきっかけづくりを行いたい。

文章中のこそあど言葉について考えるためのきっかけは、自然と出てこないことが予想される。そのため、教師が用意した例文などを基に学習を進めるとよい。

[具体例]

○はじめから教科書を開くと、こそあど言葉の解説を読んでしまうことになる。まずは、経験を想起したり、実際に体験したりする活動を設定したい。こそあど言葉を使って教室にある物について話す活動から始めることで、子供たちの日常とつなげて言葉の役割を考えることができる。その際、あえてうまく伝わらないという経験をすることで、こそあど言葉を使用する際の注意点にも気付けるようにする。

○普段子供たちが、こそあど言葉を使用する主な場面は「会話」である。この「会話」というキーワードを板書したり発問したりすることで、「会話」以外で使われている場面や物に着目したい。「こそあど言葉見つけ」などをしてもよい。その中で、子供たちから自然と「文章」などのキーワードが出てくるように工夫する。子供たちから出てこない場合は、例文を提示することで、文章中での使い方を考える活動につなげる。例文は、こそあど言葉がなく、長文になってしまっているものや極端にこそあど言葉が多く、内容が理解できないものなどを準備しておくとよい。

本時案

こそあど言葉を使いこなそう

本時の目標

・こそあど言葉には、様々な種類があることや使い分ける必要があることを、実体験を通して理解することができる。

本時の主な評価

❶こそあど言葉には、様々な種類があることや状況に応じて使い分ける必要があることについて理解している。【知・技】

資料等の準備

・導入の活動で子供たちに提示するもの（教室にあるボール、鉛筆、本など）
・「あれ」「どれ」「それ」「これ」の短冊
・こそあど言葉一覧表（模造紙など）
17-01、17-02、17-03

こそあど言葉の一覧を

3 「こそあど言葉」とは…
物事や場所を指ししめしたり、たずねたりするときに使う言葉。

	こ	そ	あ	ど
	話し手に近い場合	相手に近い場合	どちらからも遠い場合	はっきりしない場合
物事	この これ	その それ	あの あれ	どの どれ
場所	ここ	そこ	あそこ	どこ
方向	こちら こっち	そちら そっち	あちら あっち	どちら どっち
様子	こんな こう	そんな そう	あんな ああ	どんな どう

空欄の表を用意し、穴埋めをしてもよい

授業の流れ ▷▷▷

1 こそあど言葉を使ったやり取りをする 〈8分〉

T 「あれ」（遠くのボール）を見てください。
・「あれ」だと分かりません。
・「どれ」ですか。
T 「あれ」です。
・「これ」ですか。
・「それ」ですか。
T そうです。「それ」です。
・やっと分かりました。
・ボールと言った方が分かりやすいです。
T でもボールは、この机の上にもあります。
・そのボールは、先生に近いから「あれ」は使わないと思います。
〇導入として、教室にあるものをこそあど言葉で指し示し、何を示すか考えるとよい。
〇本時のめあてを板書する。

2 身の回りのこそあど言葉を見つける 〈25分〉

T 今使ったような「これ」「あれ」「どれ」などの言葉を、「こそあど言葉」と言います。どんな場面で、こそあど言葉を使いますか。
・友達と話すときに使います。
・何かを取ってほしいときに使います。
T 誰かと会話するときに使うのですね。例えば、どのような会話ですか。
・「こっち来て」や「どっちがいい」などです。
・「そこのぞうきん取って」などで使います。
〇生活の中でこそあど言葉をどのように使っているか、具体的に出し合う。
T 会話以外にも、こそあど言葉が使われているところを見つけましょう。
・教科書の中にありました。
〇会話以外の条件も提示し、視野を広げる。

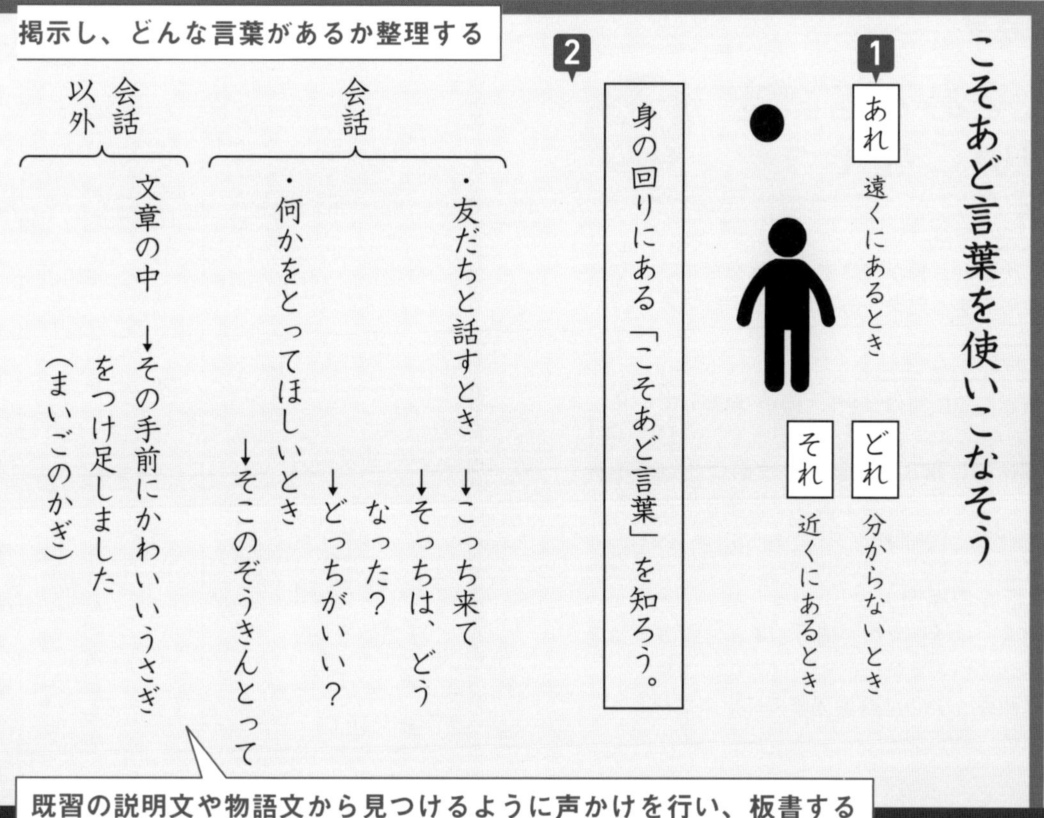

掲示し、どんな言葉があるか整理する
こそあど言葉を使いこなそう
1
あれ
遠くにあるとき
どれ
分からないとき
それ
近くにあるとき
2
身の回りにある「こそあど言葉」を知ろう。
会話
・友だちと話すとき
↓こっち来て
↓そっちは、どうなった？
↓どっちがいい？
・何かをとってほしいとき
↓そこのぞうきんとって
会話以外
文章の中
↓その手前にかわいいうさぎをつけ足しました
（まいごのかぎ）
既習の説明文や物語文から見つけるように声かけを行い、板書する

3 こそあど言葉の意味を知り、使い分ける 〈12分〉

T こそあど言葉は、物事や場所を指し示したり、尋ねたりするときに使う言葉です。たくさんの種類がありましたね。こそあど言葉を使って、友達と話してみましょう。

・あれを見て。
・どれですか。
・その筆箱かわいいね。
・どっちが好きですか。

T こそあど言葉はたくさん種類がありますが、どうやって使い分けましたか。

・指す物が近いときは「それ」を使い、遠いときは「あれ」を使いました。
・分からないときは「どれ」を使いました。

○こそあど言葉の意味を知った後で、実際に使い、学習内容の理解を促す活動にする。

よりよい授業へのステップアップ

体験を生かして言葉の意味を自覚する

体験活動では、教師があえて間違った使い方をすることで、子供たちが自然と「なぜ？」「なに？」などの問い返しができるようにする。

また、教師が用意した物を教室の様々な場所に置き、子供が自席から確認し合う活動を行うことで、様々なこそあど言葉にふれたり、意味や働きを感じたりすることができるようにする。

こそあど言葉の使い分け方を体験活動の中で問い、子供の言葉で説明できるようにしたい。

本時案

こそあど言葉を使いこなそう

本時の目標

・こそあど言葉が文章中の言葉を指すことや文を短くする効果があることを理解できる。

本時の主な評価

❶指示する語句の役割について理解している。【知・技】

❷積極的に指示する語句の役割について理解し、こそあど言葉を使った文章を作ろうとしている。【態度】

資料等の準備

・導入に使う例文の短冊（こそあど言葉が多用されている文章など）⤓ 17-04、17-05

・教科書 p.95の[2]練習問題の拡大コピー

3

わたしは、おばあさんから赤いぼうしをもらった。次の日、わたしは、それをかぶって出かけた。友だちがそれをかわいいと言ってくれた。その日からわたしは、それを毎日かぶっている。

・「それ」は、さいしょのぼうしを指している

・文が短くなって読みやすい

4

p.95

[2]練習問題にとりくもう。

p.95[2]の練習問題3問を拡大して貼るとよい

❶❷の活動を生かしながら

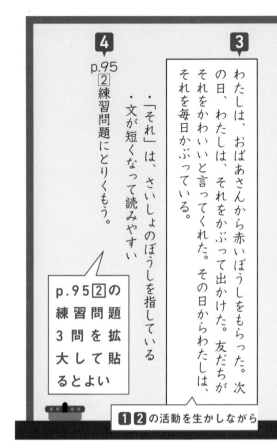

授業の流れ ▷▷▷

1 前時の振り返りを行う 〈5分〉

T　前の時間に、こそあど言葉について学習しました。どのようなこそあど言葉がありましたか。また、どのような役割がありましたか。

・「これ」「それ」「あれ」「どれ」などです。

・物事や場所などを指し示す役割があります。

T　どんなときに使いますか。

・文章の中で使われていたり、友達と話したりするときに使います。

○前時の学習を振り返る。前時の導入で行った活動を再度取り入れるなどして、こそあど言葉が物事や場所を指し示すことや、尋ねるときに使うことを再度確認する。

T　今日は、文章中のこそあど言葉について考えましょう。

○本時のめあてを板書する。

2 こそあど言葉が多用されている文章を読み、違和感を共有する 〈15分〉

T　この文章（例文1）を読んでみましょう。

・こそあど言葉がたくさん使われています。

・たくさん使われていて分かりづらいです。

T　こちらの文章（例文2）はどうですか。

・同じ言葉がたくさん出てきています。

・長くて読みにくいです。

・1つ目の文章と内容は同じだと思います。

T　これらは同じ内容の文章です。2つの文章のよいところを使って、読みやすい文章を作ってみましょう。

○ここでは、こそあど言葉の働きやその効果を考える土台をつくる。そのために2つの例文を用いて、それぞれの例文の違和感を共有することで、次の活動につなげられるようにする。

こそあど言葉を使いこなそう

1 文章の中のこそあど言葉について考えよう。

2 （れい文1）

わたしは、それをもらった。次の日、わたしは、それをかぶって出かけた。友だちがそれをかわいいと言ってくれた。その日からわたしは、それを毎日かぶっている。

・こそあど言葉がたくさん使われている
・こそあど言葉が何を指しているか分からない

（れい文2）

わたしは、おばあさんから赤いぼうしをもらった。次の日、わたしは、おばあさんからもらった赤いぼうしをかぶって出かけた。友だちがおばあさんからもらった赤いぼうしをかわいいと言ってくれた。その日からわたしは、おばあさんからもらった赤いぼうしを毎日かぶっている。

・同じような言葉が何回も出てくる
・例文1の文章と同じようなないよう

3 の文章を一文ずつ丁寧に作成していく。こそあど言葉が出た際は、何を指しているか確認する

3 こそあど言葉を使う効果などを考える 〈10分〉

T　先程の活動で考えた文章には、どのようなよさがありますか。

・文の途中に出てくるこそあど言葉は、文の最初の「おばあさんからもらった赤いぼうし」のことを言っています。
・文章が短くなって分かりやすくなります。
・読みやすくなると思います。

T　そうですね。文章の中のこそあど言葉は、それよりも前の物などを指します。

○ここでは、こそあど言葉は、そのこそあど言葉よりも前に出てくる文章中の言葉を指し、文を短くすることができることも同時に押さえる。

4 学習した内容を踏まえ、練習問題に取り組む 〈15分〉

T　こそあど言葉は、文章中の言葉を指すことや、こそあど言葉があると文章を短くすることができると分かりました。ここまで学習してきたことを踏まえて、p.95 2 の練習問題に取り組みましょう。

○全体で答え合わせをする。

T　文章を読むときは、こそあど言葉が何を指しているか気を付けて読みましょう。

○ここでは、学習内容の定着を図る。p.95 2 の練習問題をそのまま提示したり、空欄を埋めたりして作り替えた問題を提示したりするなど、様々な活用ができるとよい。

○答え合わせをした後、第1時で学習した内容も踏まえ、こそあど言葉の種類や役割、効果などをまとめて学習全体を振り返る。

資料

1 第1時　「あれ」「どれ」などの短冊（導入の活動などで使用） 17-01

あれ	どれ	それ	これ

2 第1時　こそあど言葉一覧表 17-02

		物事	場所	方向	様子
こ	話し手に近い場合	この これ	ここ	こちら こっち	こんな こう
そ	相手に近い場合	その それ	そこ	そちら そっち	そんな そう
あ	どちらからも遠い場合	あの あれ	あそこ	あちら あっち	あんな ああ
ど	はっきりしない場合	どの どれ	どこ	どちら どっち	どんな どう

3 第1時　こそあど言葉一覧表（空欄）17-03

		物事	場所	方向	様子
こ	話し手に近い場合				
そ	相手に近い場合				
あ	どちらからも遠い場合				
ど	はっきりしない場合				

4 第2時　例文1　17-04

わたしは、それをもらった。次の日、わたしは、それをかぶって出かけた。友だちがそれをかわいいと言ってくれた。その日からわたしは、それを毎日かぶっている。

5 第2時　例文2　17-05

わたしは、おばあさんから赤いぼうしをもらった。次の日、わたしは、おばあさんからもらった赤いぼうしをかぶって出かけた。友だちがおばあさんからもらった赤いぼうしをかわいいと言ってくれた。その日からわたしは、おばあさんからもらった赤いぼうしを毎日かぶっている。

あつめて整理してつたえよう

【じょうほう】引用するとき　（3時間扱い）

単元の目標

知識及び技能	・引用の仕方や出典の示し方を理解し使うことができる。((2)イ)
思考力、判断力、表現力等	・自分の考えとそれを支える理由や事例との関係を明確にして、書き表し方を工夫することができる。(B ウ)
学びに向かう力、人間性等	・言葉がもつよさに気付くとともに、幅広く読書をし、国語を大切にして、思いや考えを伝え合おうとする。

評価規準

知識・技能	❶引用の仕方や出典の示し方を理解し使っている。(〔知識及び技能〕(2)イ)
思考・判断・表現	❷「書くこと」において、自分の考えとそれを支える理由や事例との関係を明確にして、書き表し方を工夫している。(〔思考力、判断力、表現力等〕B ウ)
主体的に学習に取り組む態度	❸積極的に引用の仕方や出典の示し方を理解し使い、学習課題に沿って本などから調べたことを引用して文章を書こうとしている。

単元の流れ

時	主な学習活動	評価
1	学習の見通しをもつ ・教科書 p.96の4コマを読み、メモしておいた言葉がどの本に書いてあったか分からなくなったり、本は分かっても何ページか分からなかったりして困った経験を発表する。 ・教科書 p.96の本文を基に、「引用」について理解する。 ・「引用」の仕方の決まりを知り、2つの文章を比べることで決まりが必要な理由を考える。	❶
2	・教科書 p.97の本文を基に、「出典」について理解する。 ・「出典」の示し方を理解し、出版社名や発行年など詳しく記す理由を考える。 ・「出典」は奥付にまとめられていることを知り、様々な本の奥付を見て確かめる。 ・「こまを楽しむ」を振り返り、楽しみ方を紹介するこまを決める。	❶
3	・「こまを楽しむ」の本文を引用しながら、前時に選んだ、興味をもったこまとその楽しみ方を紹介する文章を書く。 ・書いた文章を友達と読み合い、正しく引用できているかを確かめる。 学習を振り返る ・学習のまとめとして、今後どのような学習や活動で「引用」を使うことができるか考え、発表する。	❷❸

授業づくりのポイント

〈単元で育てたい資質・能力〉

本で調べたり、人から聞いたりしたことを書き残したり、それらを基に自分の考えを述べたりした経験をもつ子供は多い。しかし、その際、「引用」の仕方や「出典」の示し方を意識していた子供はどれくらいいるだろうか。

「引用」は、自分の考えを強調したり、調べたことや考えの根拠を分かりやすく示したりするために有効な書き表し方であり、本単元において正しい方法を身に付け、今後に生かすことができるようにしたい。また、「引用」や「出典」は著作権を尊重し、保護するためにも重要であり、決まりを守ることの大切さにも目が向くようにしたい。なお、「出典」は読み手への情報提供ともなる。興味をもった読み手がその本にたどり着けるようにする心配りであることも知っておくとよい。

本単元は、中学年の「読むこと」の言語活動例アに関連が深く、また高学年の「書くこと」の指導事項エに発展することも意識しておくとよいだろう。

〈教材・題材の特徴〉

「引用」が生活に身近な行為であることを伝えるため、友達に引用元を質問されても答えられない子供の４コマが導入として描かれている。その後、「引用」の定義を端的に押さえ、４つの決まりを示し、引用の仕方を正しく理解できるように導いている。

教材の左ページでは「出典」の定義にふれ、その示し方を詳しく紹介している。出典を記録するときは、本の奥付を見ればよい。「奥付のれい」が載っているが、本を手に取り、実際に確認するとよい。

「引用」や「出典」を知識として理解するだけでなく、今後に生かすことができるように、最後に「こまを楽しむ」から引用して、興味をもったこまとその遊び方を紹介する活動を設定している。

［具体例］

○「引用」に関する知識や技能の定着を図るために、第３時で既習教材「こまを楽しむ」を用いる。この教材には、６種類のこまが段落ごとに提示され、そのこまの楽しみ方、形状や回り方の特徴、回し方などが分かりやすく説明されている。その中から興味をもったこまを１つ選び、本文を引用しながら紹介する。一人一人選ぶこまも、その紹介の仕方も異なるだろう。だからこそ、読み合う必然性が喚起されるとともに、適切に引用できているか確認し合う意味も生まれる。引用の学習なので、「こまを楽しむ」以外の文章を用いてもよい。

〈他教科との関連〉

３年生の社会科では、消防署や警察署、市役所などの公共施設を訪れたり機関が作成した資料等を調べたりし、身近な地域や市区町村を対象とした学習が展開される。また、３年生から始まる総合的な学習の時間では、情報を集め、それを基に考えを表出する場が多々ある。そのため、『小学校学習指導要領解説（平成29年告示）総合的な学習の時間編』には、情報を発信する学習において、「第３学年及び第４学年の国語科において学習する『引用の仕方や出典の示し方』を踏まえ」と関連が詳しく記されている。

学習のまとめとして、今後どのような学習や活動で生かすことができるかを考える。その際に国語科や社会科、総合的な学習の時間をはじめ、様々な教科や領域で活用できることを実感してほしい。

〈ICT の効果的な活用〉

共有：３時間目に「こまを楽しむ」の本文を引用しながら興味をもったこまとその楽しみ方を紹介する文章を書く。文書作成ソフトを用いて文章を書き、共有することで、同じこまを紹介している友達を見つけやすく、多くの文章を読み、正しく引用できているかを確かめ合える。

本時案

【じょうほう】引用するとき

本時の目標

・「引用」とその決まりを知り、決まりが必要な理由を考えることができる。

本時の主な評価

❶引用とその決まりを理解し使っている。【知・技】

資料等の準備

・社会科見学や総合的な学習の時間に子供が書いたメモ（子供に持っているよう伝えることもできる）
・教科書 p.96下段の例文の拡大コピー
・正しく引用されていない文章（掲示用に自作）

適切に引用されていない言葉を示して比較する

○なぜ、決まりがひつようなのだろう？

ぼくは、文様にどのようなねがいがこめられているかを調べました。

　ぼくがきれいだと思った「あさの葉」の文様は、植物のあさの葉ににているので、この名前がつけられました。あさは、とても生長が早くて、すぐに大きくなるので、子どもたちが元気でじょうぶにそだつことをねがう文様で、子どもの着物によく使われています。

・本の題名がないと、かくにんすることができない
・かぎ（「」）がないと、何を調べたか分からない
・長すぎて大切なところが分からない
・そのままぬき出さない
➡書いた人にしつれい

授業の流れ ▷▷▷

1 メモに関する経験を発表する 〈15分〉

T　学習や生活の中で、教科書 p.96の 4 コマ漫画のように、本に書いてあることや人から聞いたことをメモしたことはありますか。
・読書感想文を書くときに、心に残った言葉をメモしたことがあります。
・社会科の学習でスーパーを見学したとき、お店の人が話してくれたことをメモしました。
・夏休みの自由研究で調べたことをメモしたけれど、まとめるときにどの本に書いてあったか分からなくなったことがあります。
・本の名前はメモするけれど、書いてあるページまで詳しくはメモしていません。
○学習場面や生活場面の様々な状況を提示して、思い出す手助けをしたい。メモをせず、困った経験も取り上げるとよい。

2 「引用」について理解する 〈10分〉

T　みなさんは、メモをするとき、自然と「引用」をしています。「引用」とはどういうことかを確かめましょう。
○ p.96の「引用」の定義をノートなどに写す。
・「引用」という言葉を初めて知りました。
・誰かが書いたり話したりしたことをそのまま使ったら、引用していることになります。
・本に書いてあったことや誰かが言ったことと、自分が考えたことを区別していないときがありました。大丈夫だったかな。
○定義を知った子供の素直な感想を取り上げると、引用という行為が身近なものであることが共通理解できる。
○子供が社会科の学習などで実際に書いたものがあると、より引用を身近に感じられる。

引用するとき

あつめて整理してつたえよう

1

○本に書いてあることや人から聞いたことをメモしたこと

・読書感そう文を書くとき⬇心にのこった言葉

・スーパーを見学したとき⬇お店の人が話してくれたこと

・夏休みの自由けんきゅう⬇どの本か分からなくなった

・本の名前⬇○　書いてあるページ⬇×

引用とその決まりを知り、決まりがひつようなわけを考えよう。

2

○引用…ほかの人の言葉を自分の文章や話の中で使うこと

・社会科見学の新聞づくりのときに引用した

・ほかの人の言葉と自分の言葉をくべつできているかふあん

3

○引用の決まり

①本の題名をしめす

②かぎ（「」）をつけるなどして、自分の言葉とくべつする

③ひつような部分だけを使う

④元の文章を、そのままぬき出す

文章と引用の決まりを対応させる

p.96 下「あさの葉」の文様の例文コピー

3 「引用」の決まりを知り、決まりが必要なわけを考える〈20分〉

T　引用には決まりがあります。それを知り、なぜ決まりがあるのか考えましょう。

○適切に引用されていない文章を作成し、比べることで、決まりの必要性を実感できるようにする。

・本の題名がないと、後から確認することができないから困ってしまいます。

・かぎ(「 」)がないと自分が知っていることを言っているみたいで、調べたことが分かりません。

・引用を使わないと読んだ人が勘違いしたり、困ったりすることがあると思いました。

○長々と引用してしまったり、言葉を勝手に改変してしまったりすると、どのような問題が起きてしまうのか、子供と共に考えるようにするとよい。

ICT 等活用アイデア

バッドモデルをその場で修正する

学習過程３では、適切に引用されていない文章と比べる活動を取り入れている。正しく引用されている文章と並べ、改善点を見つけることで引用の決まりを理解することができる。

その際、文書作成ソフトを用いると、より引用の決まりを実感できるだろう。例えば、適切に引用されていない文章をその場で修正し、正しく引用されている文章に仕上げる活動を設ける。ノートだと、最初から文章を書き始める必要があるが、簡単に修正ができる ICT のよさを生かしたい。

本時案

【じょうほう】引用するとき

本時の目標

・「出典」とその示し方の決まりを知り、決まりが必要な理由を考えることができる。

本時の主な評価

❶出典とその示し方を理解し使っている。【知・技】

資料等の準備

・教科書 p.97上「出典」と下「奥付」の例の拡大コピー
・「奥付」を確認するための本

「第一刷発行」とは？
「刷」＝いんさつ物をすった回数

☆たくさんの本を見て、奥付や「第〇刷」をたしかめよう！

4
〇「こまを楽しむ」から、じっさいに引用してみよう。
・きょうみをもったこまを一つえらぶ
・楽しみ方とこまのくわしいせつめいとを分けて線を引く

授業の流れ ▷▷▷

1 「出典」とその示し方を理解する〈10分〉

T　引用した言葉が書かれていた本や資料などのことを「出典」といいます。引用と同じように出典の示し方にも決まりがあります。

○ p.97上「出典」の記載の例を基に決まりを板書にまとめる。

・何から引用したのかが読む人に分かるようにすれば、その人が探せます。出典を書くことも大切だと分かりました。
・書いた人、本や資料の題名を書かないと探せないから絶対に必要だと思います。
・何ページに載っていたのか書いてあると、さらに探しやすいです。
・でも、出版した会社や本を出した年まで書くのはどうしてだろう。それがなくても本や資料は探せる気がします。

2 出版社名や発行年など詳しく書く理由を考える〈10分〉

T　なぜ、出版した会社や本を出した年まで書くのか、考えたことを発表しましょう。

・同じ題名の本がいろいろな会社から出ているから、間違ってしまうかもしれません。
・国語辞典は、多くの会社が出しています。
・会社名が書いてあると、その会社に聞いたり、パソコンでも調べたりできそうです。

○「広辞苑」をはじめ、版を重ねる中で内容が変化する本を紹介すると、本を出した年を書く意味を見いだすことができる。

○教科書も改訂で内容が変わる。同じ物語でもページや挿絵が変わるので、過去の教科書があれば紹介してもよいだろう。

・同じ題名の本でも、本を出した年によって内容が変わることがあるのに驚きました。

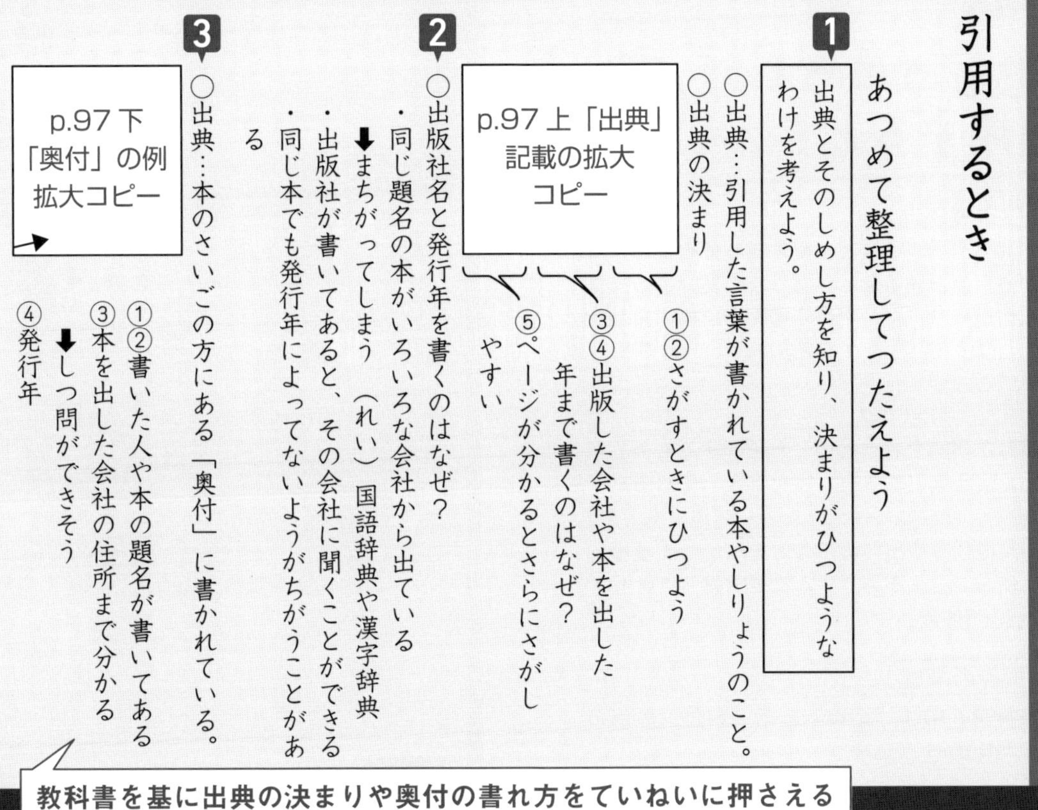

3 奥付について理解し、様々な本で奥付を確かめる〈15分〉

T　出典は、本の最後の方にある「奥付」に書かれています。p.97「奥付のれい」を見てみましょう。

・書いた人や本の題名が書いてあります。

・出版した会社の住所まで詳しく書いてあります。これなら質問もできそうです。

・本を出した年も書いてあります。その横の「第１刷発行」とは何だろう。

○版＝出版物の改版が行われた回数、刷＝印刷物を刷った回数（特に出版物で改版をせずに印刷した回数）を子供の実態に応じて教えてもよい。図書館などで多くの本を手に取り、「版」や「刷」を確かめたい。

・この本には、○刷と書いてあります。

・奥付で、その本の情報がよく分かります。

4 「こまを楽しむ」から、楽しみ方を紹介するこまを決める〈10分〉

T　これまでの学習を生かし、「こまを楽しむ」から、実際に引用してみましょう。「こまを楽しむ」から興味をもったこまを１つ選び、そのこまの楽しみ方を紹介します。線を引きながら文章を読みましょう。

○久しぶりに本文を読む子供もいるだろう。まず、こまを１つ選び、楽しみ方とこまの詳しい説明を分け、線を引くように促す。

・私は、色がわりごまにします。色がわりごまの楽しみ方は、「回っているときの色を楽しむ」ことです。

・ぼくは、たたきごまにします。「たたいて回しつづけること」が楽しみ方で、「どうの下のぶぶんをむちでたたいて、かいてんをくわえます」というのが詳しい説明です。

本時案

【じょうほう】引用するとき

本時の目標

・本文を引用するなど、書き表し方を工夫しながら自分が興味をもったこまを紹介する文章を書いたり、引用を使う場面を積極的に想起したりすることができる。

本時の主な評価

❷自分が興味をもったことを紹介するため、引用を使うなど書き表し方を工夫している。【思・判・表】

❸引用の仕方や出典の示し方を理解して積極的に使い、こまを紹介する文章を書こうとしている。【態度】

資料等の準備

・教科書 p.97上「出典」と下「奥付」の例の拡大コピー

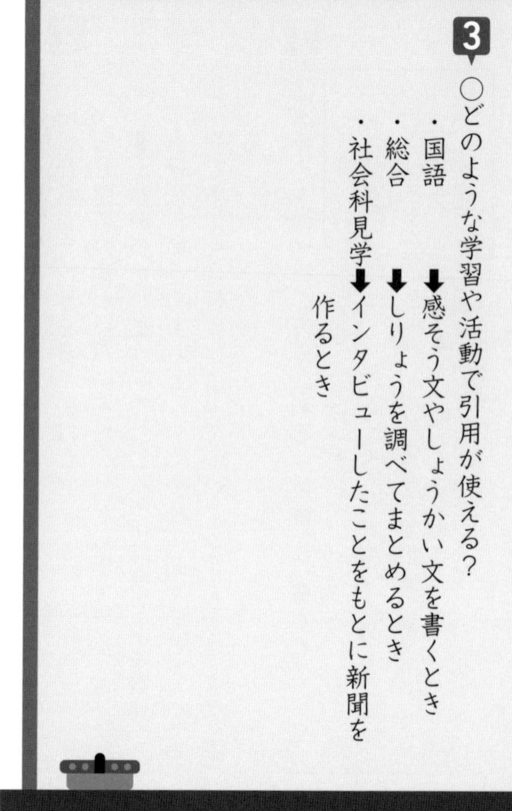

3
○どのような学習や活動で引用が使える？
・国語➡感そう文やしょうかい文を書くとき
・総合➡しりょうを調べてまとめるとき
・社会科見学➡インタビューしたことをもとに新聞を作るとき

授業の流れ ▷▷▷

1 興味をもったこまと楽しみ方を紹介する文章を書く 〈25分〉

T 前の時間に「こまを楽しむ」の中から興味をもったこまを選び、そのこまの楽しみ方と詳しい説明を分け、線を引きました。

○こまの楽しみ方は、段落の1文目に書かれている。全員で確認したい。

T 今日は、本文を引用しながらそのこまの楽しみ方を紹介する文章を書きましょう。

○「『こまを楽しむ』によると、□□ごまは、『(楽しみ方)』こまです。このこまは、『(形や回し方などの詳しい説明)』と書かれていました」など、引用した文の例を示す。

・「『こまを楽しむ』によると、色がわりごまは、『回っているときの色を楽しむ』こまです」の引用の仕方は間違っていないかな。

・詳しい説明は、どの言葉を引用しようかな。

2 書いた文章を友達と読み合い、引用の仕方を確かめる 〈10分〉

T 書いた文章を友達と読み合いましょう。

○どの言葉や文を引用するかは子供によって違ってよい。目的は正しく引用することだと確認する。余裕があれば出典も書くとよい。

○第1・2時で学習した「引用」や「出典」の決まりを黒板に貼って掲示するとよい。

・文章の題名や引用した言葉や文に、正しくかぎ（「」）を使っていてよいと思います。

・詳しい説明が長すぎるので、こまの形は書かないで、楽しみ方に関係のあるところだけを引用した方が分かりやすいと思います。

ICT 端末の活用ポイント

文書作成ソフトなら修正が簡単にできる。友達と読み合いながらその場で修正し、全員が正しく引用できたことを実感できるようにしたい。

引用するとき

あつめて整理してつたえよう

本文を引用して、きょうみをもったこまをしょうかいする文章を書き、友だちと読み合おう。

1

○きょうみをもったこまと、その楽しみ方をしょうかいしよう。

〈前の時間〉

①きょうみをもったこまを一つえらぶ

②そのこまの楽しみ方とくわしいせつめいに線を引く

〈この時間〉

③本文を引用して、こまをしょうかいする文しょうを書く

（れい）「こまを楽しむ」によると、□□ごまは、「（楽しみ方）」こまです。このこまは、「（形や回し方などのくわしい説明）」と書かれていました。

2

④友だちと読み合い、引用（や出典）の仕方をたしかめよう

・引用の決まり

・出典の決まり

第1・2時の学びを生かすように掲示する

p.96 下
「引用」の決まり

p.97 上
「出典」の決まり

3 どのような学習や活動で引用を使えるか考え、発表する〈10分〉

T　学習のまとめとして、今後どのような学習や活動で、引用を使うことができるか考え、発表しましょう。

・国語で物語文や説明文を読んで、感想文や紹介文を書くときに使えると思いました。

・総合の時間に資料を調べてまとめることがあるから、そのときに使えそうです。

T　文章だけでなく、人が話した言葉も引用できます。どんな場面で使えそうですか。

・今度社会科見学でお店に行くから、そのときに聞いたことをメモして、お店の新聞を作るときに引用してみたいです。

・算数や理科の振り返りを書くときに、「〇〇さんの『〇〇』という発言が心に残りました」というような使い方をしてみたいです。

よりよい授業へのステップアップ

「引用」との距離を縮める

私たちにとって、引用は身近な行為である。子供は日常生活で「先生が〇〇と言っていたよ」など、誰かが言ったことを自然と引用しているが、意識していないだろう。また、国語や社会、総合的な学習の時間では、文章や資料など根拠を基に考えを表す場面が多々ある。物語文の学習では、「〇ページに『〇〇』と書いてあるから〇〇だと思います」と叙述を基に考えを述べる。引用は学習や活動、日常生活に欠かせない。この学習をきっかけに引用を用いる機会を増やしたい。

つたえたいことをはっきりさせて、ほうこくする文章を書こう

仕事のくふう、見つけたよ／【コラム】符号など （10時間扱い）

単元の目標

知識及び技能	・改行の仕方を理解して文や文章の中で使うとともに、句読点を適切に打つことができる。((1)ウ) ・段落の役割について理解することができる。((1)カ)
思考力、判断力、表現力等	・相手や目的を意識して書くことを選び、伝えたいことを明確にすることができる。(B ア) ・自分の考えとそれを支える理由や事例との関係を明確にして、書き表し方を工夫することができる。(B ウ)
学びに向かう力、人間性等	・言葉がもつよさに気付くとともに、幅広く読書をし、国語を大切にして、思いや考えを伝え合おうとする。

評価規準

知識・技能	❶改行の仕方を理解して文や文章の中で使うとともに、句読点を適切に打っている。(〔知識及び技能〕(1)ウ) ❷段落の役割について理解している。(〔知識及び技能〕(1)カ)
思考・判断・表現	❸「書くこと」において、相手や目的を意識して、書くことを選び、伝えたいことを明確にしている。(〔思考力、判断力、表現力等〕B ア) ❹「書くこと」において、自分の考えとそれを支える理由や事例との関係を明確にして、書き表し方を工夫している。(〔思考力、判断力、表現力等〕B ウ)
主体的に学習に取り組む態度	❺積極的に相手や目的を意識して、集めた材料を比較したり分類したりして、伝えたいことを明確にし、学習の見通しをもって調べたことを報告する文章にして書こうとしている。

単元の流れ

次	時	主な学習活動	評価
一	1	学習の見通しをもつ 仕事の工夫について調べることを知り、学習の進め方を確認する。 調べて分かったことの中からつたえたいことをえらんで、友だちにほうこくする文章を書こう。	
二	2	身の回りにある仕事の中から、調べてみたい仕事を選ぶ。	
	3	調べる方法と、それぞれの方法で大事なことを考える。	
	4	調べる方法を決め、下調べをする。また、それを基にインタビューの準備をする。	
	5	調べて分かったことから、特に伝えたいことを選ぶ。	❸
	6	報告文の組み立てを確かめ、取材メモの内容を組み立てメモにまとめる。	❷
	7	報告文の書き方を知り、教科書 p.103「符号など」で符号の種類と使い方を押さえ、報告文（前半）を書く。	❶ ❹
	8	報告文（後半）を書き、見直して完成させる。	

三	9 10	報告文を読み合い、説明の仕方や調べた事柄について感想を伝え合う。 学習を振り返る 学習を振り返り、今後文章を書くときに気を付ける点をまとめる。	❺

授業づくりのポイント

〈単元で育てたい資質・能力〉

本単元で育てたい資質・能力の1つは、相手や目的を意識して伝えたいことを選ぶことである。相手とは、全校生徒や地域の人のように不特定多数を相手にする場合と、○年○組の○○さん、スーパーの○○さん、クラスの○○さんなど特定の人を相手にする場合がある。目的とは、何のために書くのかということである。単元の導入で、相手や目的について子供に伝えることで、情報を収集したり、文章を書いたりする際に意識することができるようにする。また、集めた情報を整理することも大切である。相手や目的を意識して、情報を比較して伝えたいことはどちらか考えたり、事柄ごとに情報を分類したりして伝えたいことが明確になるようにする必要がある。

もう1つの育てたい資質・能力は、考えとそれを支える理由や事例との関係を明確にして書くことである。自分の「伝えたいこと（考え）」を相手に理解してもらうために、「調べたこと（事例）」でより具体的にする。「考え」と「事例」のつながりを意識することが大切である。

本単元では、第5時に相手や目的を意識して伝えたいことを選ぶために、取材した情報をグループで伝え合う活動を設定した。友達から感想を聞くことで、相手が知りたいことを意識することができる。また、この活動によって、調べたことを全て載せるのではなく、取材メモをよく読み返し、「友達が知りたいこと（相手）」「自分が伝えたいこと（目的）」を意識して情報を取捨選択する力を高めたい。

〈教材・題材の特徴〉

身の回りにある仕事から、興味のある仕事について調べて報告文にまとめる教材である。生活科の町探検や社会科の学習を想起し、実際に見聞きすることのできる仕事に興味をもてるようにする。取材に十分な時間を取って何度も取材できるようにしたい。取材に行く際は、本やインターネットを活用して事前に調べ学習をすることで視点を明確にして取材することができる。また、本で調べる場合は、1つの仕事に対して複数の本を読むことが望ましい。単元に入る前から、地域の図書館や学校図書館と連携しながらたくさんの本を集めるようにしたい。

〈言語活動の工夫〉

教科書の例文を参考に報告文の書き方を学ぶ際、以下の点について留意して指導をするとよい。

・報告文は、①調べたきっかけや理由　②調べ方　③調べて分かったこと　④まとめの順で書く
・「調べて分かったこと」は、「1、2……」と「（1）（2）……」などを使い内容をまとめる
・大項目と小項目に着目できるようにする。項目ごとの伝えたいことが理解できるようにする
・引用した本も書く
・絵や写真を使うときは、伝えたいことがはっきり分かるものを選ぶ
・調べて分かったことと考えたことが区別できるように段落を分ける

〈ICT の効果的な活用〉

調査：端末の検索機能を用いて、補助的に自分の興味をもった仕事の工夫について調べる。

記録：書くことが苦手な子供には、音声入力ソフトを使って考えたことを話して、文章に変換する。また、文書作成ソフトを用いて、組み立てメモの作成や報告文を書くこともできる。

本時案

仕事のくふう、見つけたよ

本時の目標

・仕事の工夫について調べ、報告文を書くという学習の見通しをもって、活動に取り組むことができる。

本時の主な評価

・仕事の工夫について調べ、報告文を書くという学習の見通しをもって、活動に取り組もうとしている。

資料等の準備

・学校の副読本や仕事に関する本
参考①「キャリア教育支援ガイドお仕事ナビ」（1巻〜20巻）理論社
参考②青山由紀監修「仕事のくふう、見つけたよ」（全4巻）金の星社
・スーパーマーケットの写真
・ワークシート①  19-01

3 学習の進め方
①仕事について調べ、つたえることをえらぶ
②仕事のいろいろな調べ方を知る
③ほうこくする文章の書き方を知る
④読み合ってかんそうをつたえる

授業の流れ ▷▷▷

1 仕事の工夫について調べることを知る 〈10分〉

○単元が始まる前に、学校の副読本や、仕事に関する本を学級文庫に置いておく。

T この写真はどこのお店か分かりますか。みなさんがよく行くスーパーマーケットでは、どんな工夫をしているでしょうか。

・夏には、夏野菜がたくさん売られています。

・取りやすいように、店員さんがきれいに並べていました。

・お肉コーナーの人は安全のために、服を着替えていました。

・お魚やお肉のコーナーは、コンピューターで温度を調整していると聞きました。

○仕事の工夫の例は、スーパーマーケットや地域の農家など、社会科の学習や生活科の学習内容を生かすとよい。

2 教科書の例文を読み、見通しをもつ 〈20分〉

T 教科書 p.101に、スーパーマーケットの工夫についての文章があります。調べてきたことをみんなに報告する文章を「報告文」と言います。読んでみましょう。

○「報告文」という用語を押さえ、教科書 p.101の報告文の例を読む。

T みなさんも身の回りの仕事の工夫を調べて報告文を書き、友達に伝えましょう。

・ぼくは、お肉屋さんを調べたいです。

・私は警察官を調べます。

○単元を通した学習課題を確認し、板書する。

T p.99の「もくひょう」を確認しましょう。

仕事のくふう、見つけたよ

1 学習の計画を立てよう。

・夏は、夏やさいがたくさん売られている
・店いんさんがきれいにならべている
・お肉コーナーの人は服をきがえている

スーパーマーケットの様子が分かる写真などを掲示する

2 ほうこくする文章
調べたことをほうこくする文章
(相手) 友だち
(目的) 仕事のくふうを見つけてほうこくする

もくひょう

調べて分かったことの中から
つたえたいことをえらんで
友だちにほうこくする文章を書こう。

3 学習の進め方を確認する〈15分〉

T　文章を書くときに気を付けることは何か、これまでにどんなことを学びましたか。ワークシートに書きましょう。
・「はじめ・中・終わり」の文章のつくりです。
・順番が大事なことを学びました。
T　調べたことを報告する文章を書くためには、どのような活動が必要でしょうか。ワークシートに箇条書きで書きましょう。
・何の仕事を調べて伝えるかを決めます。
・報告文の書き方を知る必要もあります。
・報告する仕事について、本やインターネットで調べてみたいです。
・取材やインタビューもしてみたいです。
・私の報告する文章をみんなに読んでもらって、感想を聞きたいです。

よりよい授業へのステップアップ

子供とつくる学習計画

子供が自分で見通しをもって学習を進めることが大切であり、教師が毎時間、何をするのかを一方的に伝えるだけでは、主体的に学習する力を身に付けていくことはできない。

そこで、どんな学習の流れになるのかを考える時間を設け、教師から言われなくても、毎時間に何を学習するのかを考えられる子供を育てていく。

また、学習を進めていく中でも、子供たちと共に繰り返し学習計画を確かめて見直したり、修正したりできるようにしたい。

本時案

仕事のくふう、見つけたよ

本時の目標

・身の回りにある仕事について進んで考え、調べたい仕事を選ぶことができる。

本時の主な評価

・身の回りの仕事の中から調べたい仕事を選び、その理由や調べたいことを考えている。

資料等の準備

・ワークシート② 19-02
・パン屋、警察官などの掲示用の写真

3

○調べてみたい仕事をえらぼう。

①仕事	お肉やさん	こうばんのけいさつかん
②理由	やきとりをどうやって作っているのか知りたいから	いつもこうばんの明かりがついているから
③調べたいこと	やきとりの作り方のくふう	こうばんで何をしているのか

授業の流れ ▷▷▷

1 身の回りにある仕事について考える 〈15分〉

○パン屋、警察官などの身近な仕事の写真を掲示する。

T　私たちの町には、どんな仕事をしている人がいるのを知っていますか。

・２年生のときにインタビューした、○○パンの人です。

・交番の警察官です。

・スイミングスクールのコーチがいます。

T　他にどんな仕事があるか考えてノート（ワークシート）に書きましょう。書けたら発表してください。

・いつも行くコンビニの店長さんです。

・図書館の館長さんです。

○発表を通して仕事のイメージの共有化を図る。

2 身の回りの仕事について「調べたいこと」を挙げる〈10分〉

T　身の回りの仕事について「不思議に思ったこと、知りたいこと」などありますか。

・私の家の近くの交番は24時間明かりがついていて、何をしているのか知りたいです。

・パン屋さんのパンは、どうしてあんなにおいしいのか不思議に思います。

・ペットショップでは、売り場がどのように分かれているか知りたいです。

・スイミングのコーチはいつも泳ぎ方の手本を見せてくれるので、教え方のコツを聞いてみたいです。

○多くの仕事とその仕事について知りたいことを出し合い、選ぶ際の参考にできるようにする。

仕事のくふう、見つけたよ

身の回りにある仕事の中から調べてみたい仕事をえらぼう。

1 パン屋さんの写真

やきたておいしさのくふうは？

警察官の写真

なんで二十四時間あいているの

2 スーパーマーケットの写真

ならべ方にくふうがあるのかな

スイミングスクールのコーチの写真

いつも手本を見せてくれる教え方のコツは

ほかにはどんな仕事がある？

・花やさん　・スーパーマーケット
・図書館　・ケーキやさん
・公民館　・先生
・だいこんばたけの山下さん

3 調べたい仕事を選び、理由や調べたいことを書く 〈20分〉

T　いろんな仕事がありますね。仕事の様子を見たり聞いたりして、調べてみたい仕事を選びましょう。また、理由も考えてノート（ワークシート）に書きましょう。

・私は、お肉屋さんを調べます。理由は、お父さんがこのお肉屋さんのやきとりが大好きで、どうやって作っているか知りたいからです。

・私は、交番にいる警察官が、中で何をしているか調べてみたいです。24時間ずっと明かりがついていて不思議に思ったからです。

○理由の書き方が分からずに困っている子には教科書 p.101の例文を参考にするように声をかける。

よりよい授業へのステップアップ

他教科や既習の学びとの関連

本単元では、「仕事」について報告文を書く。「仕事」については、１年生の生活科の学習で、学校で働く人を調べたり、２年生で、地域のお店に取材をしたりしている学校もある。また、３年生では、地域のスーパーマーケットや消防署、交番、工場などについて学んでいる場合もあるだろう。他教科で学習したことや既習の内容を生かして授業を行うことで、よりその仕事に興味をもつとともに、取材の時間に余裕をもたせることができるだろう。

本時案

仕事のくふう、見つけたよ

本時の目標

・調べる方法を知り、それぞれの方法で大事なことを考え、理解することができる。

本時の主な評価

・インタビューの仕方や本の調べ方などそれぞれの調べ方の特徴を理解し、調べる方法について考えている。

資料等の準備

・特になし

3

見学

・働いている人をよく見る
・お客さんを見る
・お店の中や外の様子を見る

インタビュー

・聞きたいことをはっきりさせる。しつもんを考えておく
・インタビューの前に本で調べる
・しつもんの答えから、さらにしつもん
・メモはみじかく

授業の流れ ▷▷▷

1 調べる方法を考える 〈15分〉

T　前回の学習で、調べたい仕事を決めましたね。教科書 p.99を見てどんな方法で調べているか発表しましょう。また、これまで勉強した調べ方も思い出しましょう。

・本で調べています。
・実際にお店の人に聞いています。
・インタビューなどもよいと思います。
・インターネットでも調べられると思います。

○「聞くこと」の学習や、生活科や総合的な学習の時間の学びを振り返るようにする。

○子供から出てこない場合は、本、見学、インタビュー、インターネットなど調べる方法を教師から提示する。

2 本やインターネットで調べるときに大事なことを考える 〈15分〉

T　見学する、インタビュー、本で調べるなどの方法が出ましたね。本で調べて引用するときは、どんなことが大切でしたか。p.96「引用するとき」の学習を思い出しましょう。

・元の文章を変えたらいけないことです。
・平仮名や漢字もそのままにします。
・何の本かきちんと書かないといけません。
・引用したことはインタビューのときも変えてはいけません。

○本を引用する際の留意点については、p.160に記載されている「引用」と「出典」で簡潔に振り返ることもできる。

○インターネットでも引用するときのルールは同じであることを確認する。

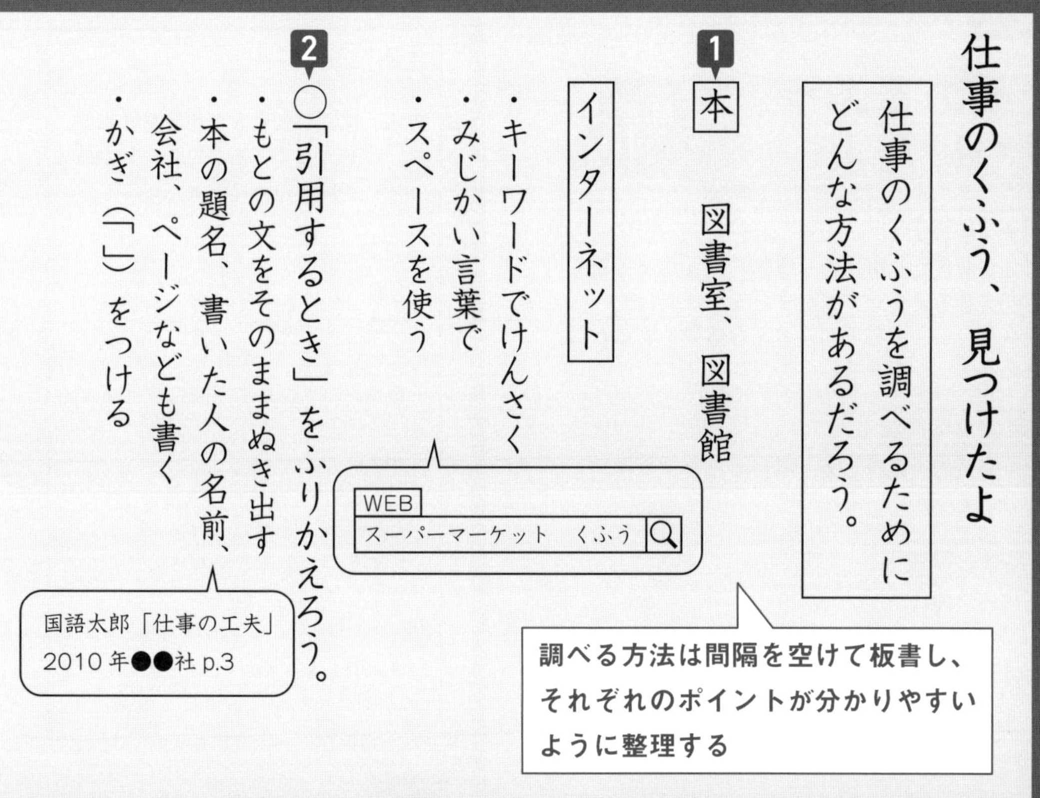

仕事のくふう、見つけたよ
仕事のくふうを調べるために
どんな方法があるだろう。
1
本　図書室、図書館
インターネット
・キーワードでけんさく
・みじかい言葉で
・スペースを使う
WEB
スーパーマーケット　くふう
2
○「引用するとき」をふりかえろう。
・もとの文をそのままぬき出す
・本の題名、書いた人の名前、会社、ページなども書く
・かぎ（「」）をつける
国語太郎「仕事の工夫」
2010年●●社 p.3
調べる方法は間隔を空けて板書し、それぞれのポイントが分かりやすいように整理する

3 見学やインタビューのときに大事なことを考える　〈15分〉

T　実際に仕事を見学するときに、大事なことは何ですか。
・きちんとお店の人にお願いをすることです。
・働いている人をよく見ることです。
T　インタビューで大事なことは何ですか。
・インタビューに行く前に何を聞きたいか質問を考えることです。
・「もっと知りたい、友だちのこと」の学習のときに、質問の種類を勉強しました。
・質問の答えから、さらに質問をすると詳しく聞くことができます。
・メモは、短く書くことが大切です。
○より詳しく学ぶために、p.148–149の「インタビュー　知りたいことをきく」を参考にするとよい。

ICT 等活用アイデア

インターネットの活用

3年生になると、インターネットで検索をして情報を集める子供もいる。仕事については、インターネットでも情報を集めやすいだろう。子供の実態に応じて活用できるように指導したい。その際は、以下の点に留意するとよい。

入力：ローマ字入力に慣れていない子供も多い。音声入力、手書き入力、平仮名入力などを活用する

ウェブサイト：子供向けのウェブサイトを使うようにする。できれば教師が事前に閲覧しておきたい

本時案

仕事のくふう、見つけたよ

本時の目標

・自分が決めた仕事に合った調べ方を考えることができる。また、インタビューに向けて、調べたいことを整理し、どんな質問をするか考えることができる。

本時の主な評価

・相手や目的を意識して、取材する方法や内容について考えている。

資料等の準備

・取材メモのれい 19-03

（れい）

仕事：パン屋さん

理由：家族が大すきなパン屋さんで、どうしてこんなにおいしいのか調べたいと思ったから

調べたいこと
・お客さんはどんなところがおいしいと思っているか
・どうやってパンを作っているか
・食パンのざいりょうは何か

しつもん
・パンを美味しくする工夫は何ですか？
・人気のパンは何ですか？
・お客さんがよろこぶためにどんなことをしていますか？
・パンの材料のこだわりはありますか？
・パンのどんなところがすきですか？（お客さん）

授業の流れ ▷▷▷

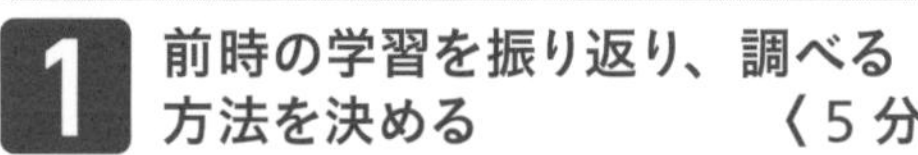

1 前時の学習を振り返り、調べる方法を決める 〈5分〉

T　前の時間は、調べる方法とそれぞれの方法で大事なことを確認しました。どんな方法がありましたか。
・本で調べる方法があります。引用するときは引用のルールに気を付けます。
・インターネットで引用するときも同じです。
・見学やインタビューなど、取材する方法もあります。調べたいことをはっきりさせたり、下調べしたりすることが大切です。
T　今日は、自分の調べたいことに合わせて調べる方法を決め、準備をしましょう。
○前時の学習を振り返り、調べる方法について確認した後、本時のめあてを板書する。
○本時では、下調べをした上でインタビューができるように準備を進める。

2 調べたい内容をはっきりさせ、本などで下調べをする 〈20分〉

T　自分が決めた仕事のどんなことを知りたいか、調べたいことを整理しましょう。
・パン屋さんのパンを美味しい理由を知りたいので、パンの材料や作り方のこだわり、気を付けていることを調べたいです。パンの美味しい作り方を調べてみます。
・スイミングスクールのコーチが泳ぎ方を教えるのが上手い理由を知りたいので、教えるときに気を付けていることや、どうやって教え方を考えているか調べたいです。泳ぎ方について詳しく説明されている本を読んでみようかな。
○調べたい内容をはっきりさせたら、必要に応じて本やインターネットなどで下調べをする時間を取ると、質問の精度が上がる。

仕事のくふう、見つけたよ

調べる方法を決めて、取材メモをつくろう。

1 調べる方法
・本、インターネット
・見学、インタビュー

⬇インタビューをするために、調べたい内容をはっきりさせて整理する。

2 ○どんなことを調べる？
・パン屋さんのパンがおいしい理由
…パンの材料や作り方、コツやこだわり
・スイミングのコーチの教え方がうまい理由
…どうやって教え方を考えているか
←
本やインターネットで下調べをするとしつもんがくわしくなる。

3 ○取材メモを作ろう。

3 相手や目的を意識して取材メモを作成する 〈20分〉

T インタビューをするときに必要な情報を整理して、取材メモを作成します。取材メモの例を参考に、まとめましょう。

・本にはパンの美味しい作り方が載っていたけれど、実際はどんな材料を使っているのか聞いてみよう。

・みんな知らないと思うから、人気のパンを聞いてみたいです。

○取材メモの例を掲示し、各項目（調べようと思った理由、調べたいこと、質問、考え）を端的に書くよう、机間指導で声をかける。

○可能であれば、次の授業までにインタビューに行けるように時間を取りたい。インタビューが難しい場合は、本やインターネットで調べたり、大人に聞くなどでも問題ない。

よりよい授業へのステップアップ

見学やインタビューの充実のために

報告文の内容をよりよくするためには、インタビューが有効な方法である。実際に話を聞くことで、その仕事への想いを「伝えたい」という気持ちが高まるだろう。本やインターネットだけでは調べられないことや、もっと詳しく知りたいことがあるときは、子供の実態に合わせて、見学やインタビューに行けるよう準備したい。

見学やインタビューに行く前に、子供たち同士で質問し合ったりし、受け答えの練習をしておくのもよい。

本時案

仕事のくふう、見つけたよ

本時の目標

・相手や目的を意識して、調べたことや取材したことの中から伝えたいこと明確にし、報告文に書く内容について考えることができる。

本時の主な評価

❸相手や目的を意識して調べたことや取材したことの中から書くことを選び、伝えたいことを明確にしている。【思・判・表】

資料等の準備

・教科書 p.100「土川さんのメモ」の拡大コピー
・ワークシート③ 19-04
・ワークシートの記入例の拡大コピー 19-04

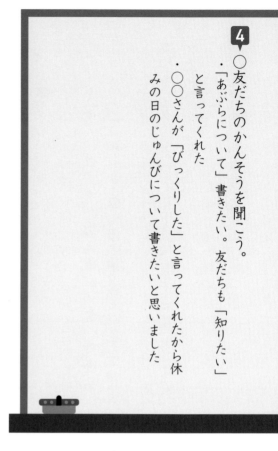

4
○友だちのかんそうを聞こう。
・「あぶらについて」書きたい。友だちも「知りたい」と言ってくれた
・○○さんが「びっくりした」と言ってくれたから休みの日のじゅんびについて書きたいと思いました

授業の流れ ▷▷▷

1 報告文に書く内容を考える 〈5分〉

○p.100「土川さんのメモ」を参考に、報告文に書く内容を考える。

T　みなさんなら、「土川さんのメモ」の中からどれを選んで文章に書きますか。理由も教えてください。

・ぼくだったら、野菜売り場の並べ方の工夫を選びます。店長さんに聞かないと分からないし、みんな知らないと思ったからです。

・いつも見かける「おすすめ」の札とちらしの関係が分かって、みんなおどろくと思うので、私はちらしを選びます。

○「自分が伝えたいこと」「相手が知りたいこと」「調べようと思った理由」など、相手や目的を意識して選ぶことを押さえる。

2 調べたことをメモにまとめる 〈20分〉

○報告文に書く内容を選ぶために、まずは調べたことを整理する。自分で書くことを選んだ後、友達の意見を聞いて、もう1度考えるようにする。

○ワークシートを配付し、記入例を黒板に貼る。整理の仕方を全体で確認する。

T　ワークシートにこのようにまとめましょう。①には調べて分かったこと、②にはそれについて考えたこと、③には取材した人や本の名前を書きましょう。

○内容が似ていたり、同じ情報があったりしたときは、同じ棚に記入するように伝える。

○調べて分かったことを整理することで、情報の内容や過不足などについて視覚化することができる。

仕事のくふう、見つけたよ

相手や目的を考えて　ほうこくする文章に書くことをえらぼう。

1

p.100
土川さんのメモ
拡大コピー

・ならべ方について調べる
↓みんな知らないと思ったから
・ちらしでせんでんした商品について調べる
↓「おすすめ」のふだとの関係が分かっておどろくから

2

○書くことを整理しよう

①調べたことをまとめる
②自分で書くことをえらぶ
③友だちの意見を聞く
④もう一度書くことをえらぶ

ワークシートの記入例を掲示し、整理の仕方を全体で確認する

3

えらんだ内容	①分かったこと	②考えたこと	③取材した人、本の名前
	こむぎこは知り合いの、のう家から一番いいものを買っている	ざいりょうからこだわっていてすごい	
○	バターがとけないように、温度のひくいへやで作っている	何度ぐらいで作っているんだろう	
	メロンパンはあっという間に売り切れていた	なぜ、メロンパンはすぐに売り切れるのか	

えらんだ理由
一番「おいしさ」にかんけいあるのは、ざいりょうのこむぎこがよいものだからだと思いました。○○さんに、「安全のため自分の店でしか売らないってすごいね。」と言われたので安全のことも入れるようにしました。

3 報告文に書く内容を選ぶ〈10分〉

T　整理できたら「友達が知りたいこと」や「自分が伝えたいこと」を意識して報告文に書く内容を選びましょう。

・ぼくは、お肉屋さんが体によい油を使っているということを伝えたいです。みんな知らないと思うし、大事だと思うからこれを選びました。

・私は、警察の人が24時間交番にいるとみんなが知ったら安心すると思うから、これを選びたいです。

○悩んでいる子供には伝えたい「相手」や「目的」を意識して選ぶように声をかける。

○ワークシートの欄に赤で丸印を付ける。

4 友達の感想を聞き、もう一度書くことを選んでまとめる〈10分〉

T　友達の意見を聞いてみましょう。

・ぼくは、お肉屋さんが体によい油を使っていると聞いて安心しました。みんな知りたいと思うので、それを載せた方がよいと思います。

・私は、お肉屋さんが休みの日の前には、いつもよりたくさん用意しているということも知らなかったので、載せたらいいと思います。

○隣同士、グループなど子供の実態に合わせて交流の場を設ける。

T　友達の意見も参考にして、最後にもう一度文章に入れる内容を考えて、理由と一緒にまとめましょう。

・○○さんが言ってくれたように、休みの前の日の準備のことも入れよう。

本時案

仕事のくふう、見つけたよ

本時の目標

・報告文における段落の役割を理解し、組み立てメモを作ることができる。

本時の主な評価

❷段落の役割について理解している。【知・技】

資料等の準備

・教科書 p.101の報告文より作成した組み立てメモの例
・ワークシート④ 19–05

〈組み立てメモ〉
・番号をふってじゅんにせつめいしている
・小見出しがある
・調べて分かったことは（1）（2）に分けている
・分かったことと考えを書いている
・全体のまとめがある

3
○組み立てメモのないようとそのかんそうをつたえ合おう。

授業の流れ ▷▷▷

1 組み立てメモの書き方を知る 〈15分〉

T　教科書 p.100②の文章の組み立てを見ましょう。どんな順番で書いてありますか。
・調べた理由、調べ方、調べて分かったこと、まとめの順で書いてあります。
・はじめ、中、おわりになっています。
○ p.101の報告文を組み立てに沿って省略し、作成した組み立てメモの例を掲示する。
T　この組み立てメモの例を見て、気付いたことはありますか。
・番号を振って順に説明しています。
・小見出しがあります。
○教科書の例文では、「調べたきっかけや理由」に書かれている「商品のならべ方」を中心に、調べて分かったことをまとめていることを確認する。

2 組み立てメモを作る 〈20分〉

T　では、前の時間に決めた報告文に書く内容を基に組み立てメモを作りましょう。
○自分が伝えたいことは何か意識しながら、題名を考え、組み立てメモを作るようにする。
○「調べて分かったこと」は、１～３つぐらいにまとめるようにする。
○組み立てメモはワークシートか ICT 端末どちらで作るか選べるようにする。
○小見出しごとに一字下げて書き、段落を意識できるようにする。

ICT 端末の活用ポイント

端末の文書作成ソフトなどを使うことで、組み立てメモに入れる内容や順番の入れ替えを簡単に行うことができる。

仕事のくふう、見つけたよ

ほうこくする文章の組み立てを考えよう。

〈つたえたいこと〉
・商品のならべ方のくふう

2 1

「スーパーマーケットの商品のならべ方のくふう」
1．調べたきっかけや理由
「どのようにならべるのか気になった」
2．調べ方
本。次に見学、店長の木村さんにインタビュー
3．調べて分かったこと
（1）　せんでんした商品の品のおき方
・「商品はちらしでせんでんする」
（本で調べたこと）
・「おすすめ品は、……」
（インタビューしたこと）
4．まとめ
しゅ材をおえて、思ったこと

3 組み立てメモを見て、グループで感想を伝え合う　〈10分〉

T　「自分が伝えたいこと」と「文章の組み立て」を相手に伝えましょう。また、困っていることがあれば相談しましょう。

○活動例

①自分が伝えたいことを話す

②調べたきっかけや理由、調べ方、調べて分かったこと、まとめについて話す

③困っている点があれば相談する

④他のメンバーは、「伝えたいことと内容があっているか」「自分が興味をもったこと」などについて感想を伝える

・私は、パンのおいしさについて書きたいけれど、「新商品」のことか「何度もパンを焼くこと」のどちらを入れるか悩んでいます。みんなはどちらの工夫を知りたいですか。

よりよい授業へのステップアップ

組み立てメモ

3年生では、書く文章の種類や特徴を踏まえて構成を考えることが大切である。組み立てメモは、調べたことを報告文にまとめる際、情報を整理するために大切な骨組みとなる。報告文は、3年生ではじめて扱われるため、最初に調べ方、理由があるという文章の構成を意識するためにも、説明文との違いを明らかにしながら丁寧に文章の構成を学習するとよい。教科書の例文を基に書き方を確認した上で、それぞれの「伝えたいこと」や「取材の内容」に合わせて組み立てを考えられるようにする。

本時案

仕事のくふう、見つけたよ／【コラム】符号など 7/10

本時の目標

・句読点を適切に打つなど、符号の決まりを理解することができる。

本時の主な評価

❶改行の仕方を理解して文や文章の中で使うとともに、句読点を適切に打っている。

【知・技】

資料等の準備

・教科書 p.101の例文の拡大コピー
・教師が作成した例文（悪い例） 19-06
・チェックリスト 19-07
・報告文を書くときのポイントを記した貼り物

・横書き・・左から右へ
読点（，）コンマ（，）
算用数字（1．2）「一つ」「二つ目」

3 ○ほうこくする文章を書こう。
↓1段落書いたらチェックする

4 ○友だちと確認しよう。・調べた理由が書いてあるか
・つたえたいことが入っているか

授業の流れ ▷▷▷

1 報告文の書き方を知る 〈15分〉

○教師が作成した例文（悪い例）を配付し、教科書 p.101の報告文と比較できるようにする。

T p.101の報告文と例文（悪い例）を比べて、教科書の文章はどんなところがよいですか。

・「1．調べたきっかけや理由」には、「伝えたいこと」がしっかり書かれています。
・調べて分かったことは、本の内容、聞いたことで段落が分かれていて読みやすいです。
・使った本の情報が引用の決まりを守って書かれています。
・調べて分かったことと考えたことを段落を分けて書いています。

○報告文を書くときのポイントについては、p.100「ほうこくする文章を書くときは」も参考に要点を押さえたい。

2 符号について知る 〈10分〉

T 例文にはかぎ（「」）も使われています。このような文章の中で使われている記号を「符号」と言います。教科書 p.103の「符号など」を読みましょう。

○「符号」について教科書で確認しながら板書し、用語と種類を押さえる。

T p.101の報告文では、かぎ（「」）以外にどんな符号が使われていますか。

・文の終わりは句点（。）が付いています。
・文を読点（、）で区切っています。
・横書きなので「一つ」は、漢字で書かれています。

○改めて、例文（悪い文）を見て、どこを修正すべきか確認すると理解しやすくなる。

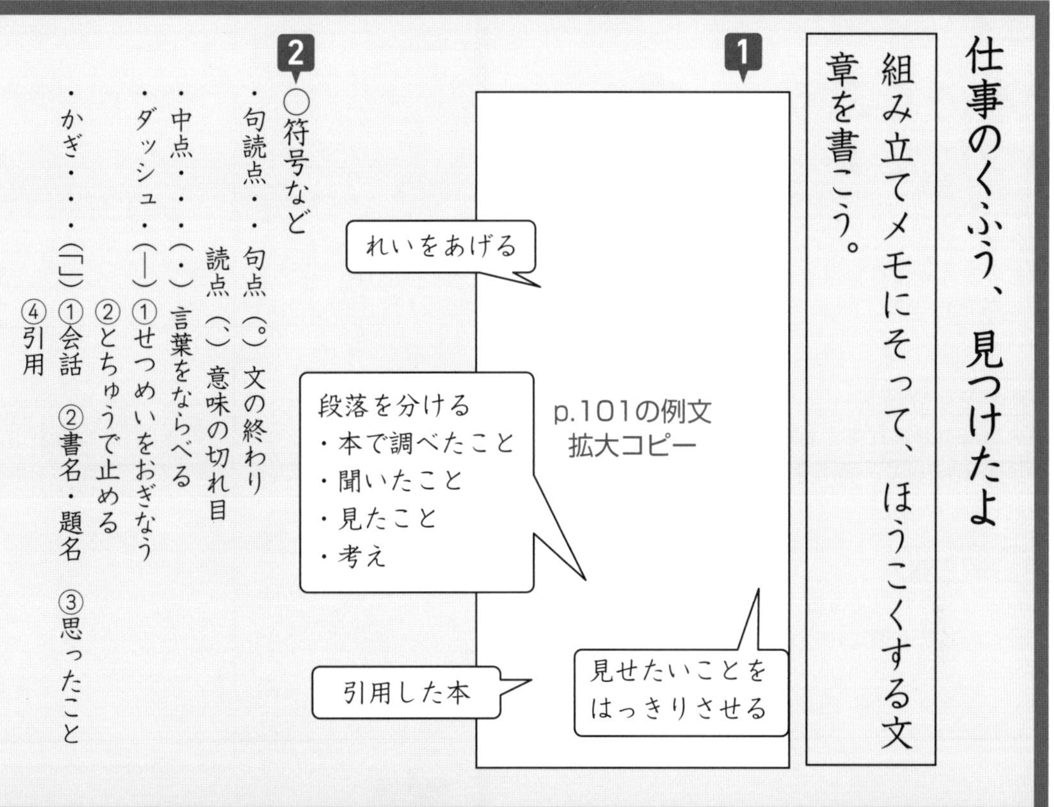

3 報告する文章を書く（前半）〈15分〉

○報告文を書く前に、組み立てメモを確認するように声をかける。

T　では、報告文を書きましょう。前の時間に作った組み立てメモを確認してから書きます。１つの段落を書いたらチェックリストで確認してから次の段落を書きましょう。

○本時は、「調べたきっかけや理由」まで書く。中心が明確な文章になるように、文章を通して「伝えたいこと」が入っているか確認するように声をかける。誤字なども点検するように声をかける。

○必要に応じてチェックリストを配付する。チェック項目は教師が選ぶとよい。

○書くことに苦手意識がある子のために、友達と相談する時間を取るようにする。

4 友達と確認する〈５分〉

T　「調べたきっかけや理由」まで書けたら、一度友達同士で読み合いましょう。感想や気付いた点があれば伝えましょう。

・○○さんはお花屋について調べるとだけあるので、もう少し詳しく書けたらよいと思います。

・○○さんは「八百屋さんの安さ」を調べる理由が、近くのスーパーと比べたことがきっかけになっていて、分かりやすいです。

○調べた理由に、伝えたいことが入っているか確認することを押さえる。

ICT 端末の活用ポイント

文章作成ソフトや共有アプリを用いて学習している場合は、自分の書いた文章を友達と共有し、互いに添削し合える。

本時案

仕事のくふう、見つけたよ

本時の目標

・自分の考えとそれを支える理由や事例との関係に気を付けて、報告文を書くことができる。

本時の主な評価

❹自分の考えとそれを支える理由や事例との関係を明確にして、書き表し方を工夫している。【思・判・表】

資料等の準備

・教科書 p.101の例文の拡大コピー
・必要に応じて前時で用いた例文（悪い例）
19-06
・チェックリスト 19-07

4 ほうこくする文章をより分かりやすくするためには？
→しゃしんをはるとよい
（取材のときにとったしゃしん、本やインターネットにのっていたしゃしんなど）

チェックリスト

授業の流れ ▷▷▷

1 前時を振り返り、「例」や「理由」の書き方を確認する 〈5分〉

T　前の時間から報告文を書き始めました。続きを書く前に、もう一度書き方のポイントを確認します。p.101の例文では、「聞いたこと」をどのように書いていますか。

・「おっしゃっていました」と書いています。

・「うかがいました」というのもあります。

T　本に書かれていることは、どうやって書かれていますか。

・「〜と書いてあった」と書いてあります。

T　野菜の並べ方の例を書くときは「たとえば」、理由を書くときは、「なぜなら」「理由は」などの言葉が使われています。

○聞いたこと、調べたことなどを報告文として書くときの書き方について、教科書 p.101の例文で確認する。

2 報告書を書く（後半） 〈25分〉

T　前回、友達と確認して気付いたことや、教科書のポイントを確認して分かったことを基に、報告文の続きを書きましょう。前回と同じように組み立てメモを確認してから書きます。

○「調べ方」では、どのような順番で調べたか、誰に聞いたかなどが書けているか確認する。「調べて分かったこと」では、例や理由が書けているか確認する。

○なかなかまとめが書けない子には、「とくに」という言葉に着目して考えるように伝える。

○必要に応じて、前時同様チェックリストを配付し、1段落ごとにチェックしながら書き進めるよう声をかける。

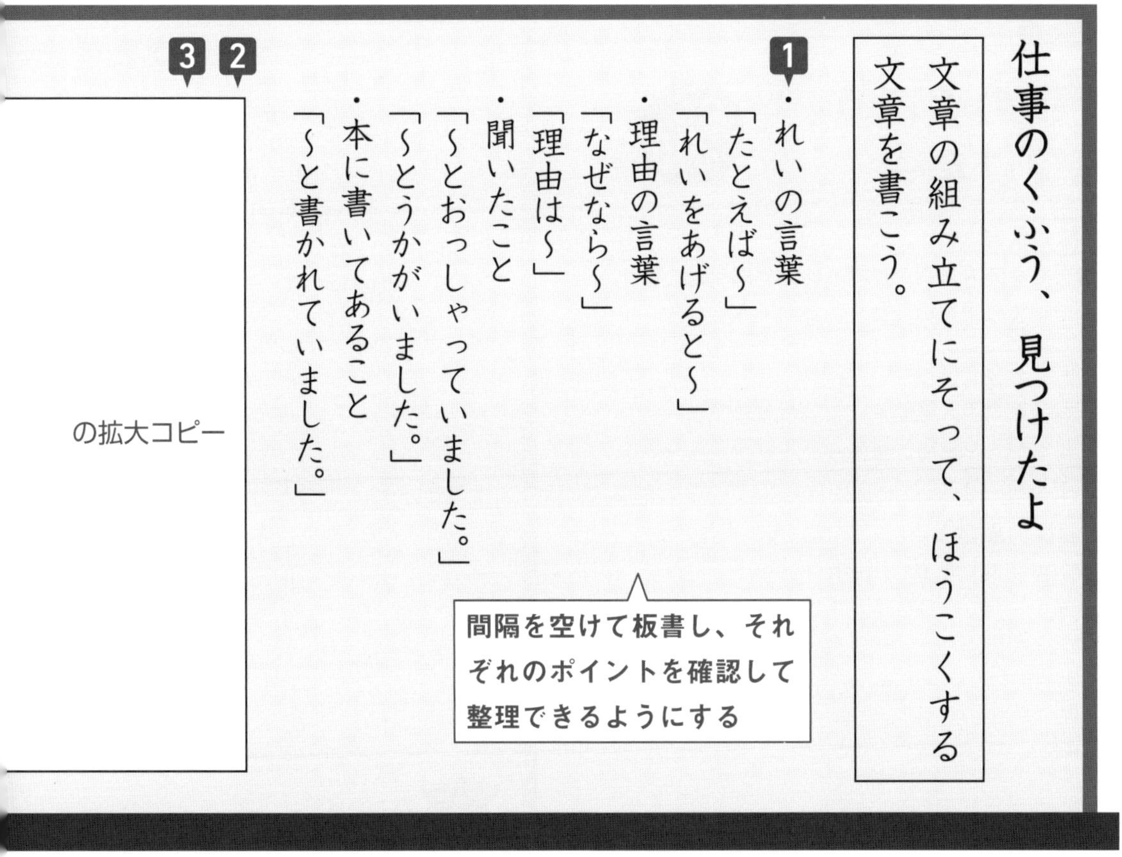

仕事のくふう、見つけたよ

文章の組み立てにそって、ほうこくする文章を書こう。

1
・れいの言葉
「たとえば～」
「れいをあげると～」
・理由の言葉
「なぜなら～」
「理由は～」
・聞いたこと
「～とおっしゃっていました。」
「～とうかがいました。」
・本に書いてあること
「～と書かれていました。」

間隔を空けて板書し、それぞれのポイントを確認して整理できるようにする

3 2

の拡大コピー

3 書いた報告文を見直す 〈10分〉

T　自分が書いた報告文を読み直して、間違いや直した方がよいところがないか、確認しましょう。

・習った漢字を使えてないところがありました。
・調べて分かったことに、例を入れていなかったので、書き足します。
・引用した本の出版社とページ数が書けていなかったので確認して書き直します。

○辞書を活用しながら漢字を確認するなど、文字や文章表現の間違いを直す。

T　小さな声でも声に出しながら読むと、間違いに気付きやすいです。自分でチェックをしたら、見直しが終わった友達と一緒に点検をしましょう。

○チェックリストを見ながら内容を確認する。

4 報告文に写真を貼る 〈5分〉

T　報告文の内容をより分かりやすく伝えるために、取材で撮影した写真や本やインターネットで調べた写真を貼りましょう。写真は、伝えたいことが分かりやすいものを選びましょう。

・八百屋さんの野菜はおすすめほど前に並べられていることを伝えたいので、棚の前と後ろが写っている写真を貼ります。

○取材をする段階で、端末の撮影機能を用いて、仕事の様子の写真を撮り、集めておくように声をかける。また、取材が難しかった場合には、本やインターネットで調べた写真を貼ってもよいこととする。

○第6時で用いたワークシートに写真を貼る場合は、教師が印刷して準備しておく。

本時案

仕事のくふう、見つけたよ

本時の目標

・報告文を読み合い、説明の仕方や調べたことについて感想を伝え合うことができる。

本時の主な評価

❺自分や友達の文章のよいところを見つけて、文章に対する感想や意見を伝え合おうとしている。【態度】

資料等の準備

・ワークシート⑤ 19-08
・付箋

4
○ふりかえり
・朝6時にせりに行って安く仕入れているのにおどろいた
・かぎ（「」）を使ったり、文末「～と言っていました」
・れいをあげてくわしく書いていた

授業の流れ ▷▷▷

1 本時の学習の見通しをもつ 〈5分〉

○別の仕事を選んだ子供同士でグループをつくる。また、人数は1グループ3～4人程度にする。

T　今日は、みんなの報告文を読み合って、感想を伝え合います。発表の流れを確認します。

○本時は、①お互いの報告文を読み合う→②報告文のよさを伝え合う→③相手のノートに付箋を貼る、という順で行う。

○付箋は内容によって色を分けてもよい（内容に関することは青色、書き方に関することは黄色など）。

○みんながお互いの書き方のよさに気付くことができるように、具体的に「よかった点」について伝えるようにすることを確認する。

2 報告文をグループで読み合い、感想を伝える 〈15分〉

T　感想を伝えるときは、文章の書き方や調べたことについて具体的にどこがよかったのか伝えましょう。

○伝えるための言葉

書き方：「～が詳しく書けているよ」「～が分かりやすい」「考えたと理由が分けて書いているのがよいと思う」など

内容：「～について知って驚いた」「～を知らなかった」「～をすごいと思った」など

○前時に使ったチェックリストも参考にして、内容だけでなく書き方のよさについても気付けるようにする。

仕事のくふう、見つけたよ

1

ほうこくする文章を読み合い感そうをつたえ合おう。

今日のながれ
①おたがいの文章を読むふせんに感そうを書く
②感そうをつたえる
③友だちのノートにふせんをはる

2

○文章を読み合い感そうをつたえ合おう。

3

〈調べたこと（ないよう）〉
・おどろいた　・はじめて知った
・すごい　・見てみたい

〈書き方〉
・れいや理由が書いてある
・つたえたいことがはっきりしている
・引用のルールが守れている
・聞いたこと、本で調べたことが分かれていて読みやすい

3 別のグループでもう一度読み合い、感想を伝える〈15分〉

T　友達の報告文を読んで、どんな感想を伝えましたか。

・調べたお店は違っていても、商品の並べ方を工夫しているお店が多いことが分かりました（内容）。

・インタビューしたことはかぎ（「」）を使っていて、文の終わりは「〜と言っていました」と書いていて、考えたことと調べたことで書き方を変えていました。

・○○さんは、「パン屋さんのおいしさの工夫」について例を挙げて詳しく書いていたので分かりやすかったです。

○友達から教えてもらった、自分の文章のよかったところの付箋を（メモなどをして）残し、今後に生かせるようにする。

4 分かりやすい報告文を全体で共有し、振り返りをする〈10分〉

T　友達の文章のよかったところを発表しましょう。

・○○さんの「八百屋さんの安さのひみつ」で、お店の人が朝6時に競りに行って安く仕入れていることに驚きました（内容）。

T　友達と文章を読み合って、よかったところやまねしたいところなどを書きましょう。なぜ、それがよかったのかという理由もノートに書きましょう。

・○○さんは、仕事の工夫とその理由について分かりやすく書いていました。お店の人から聞いたこともしっかりと区別できるように書いていて分かりやすかったです（書き方）。

本時案

仕事のくふう、見つけたよ

本時の目標

・学んだことを基に、学習を振り返ることができる。

本時の主な評価

・学んだことを基に、報告する文章の書き方について振り返ろうとしている。

資料等の準備

・ワークシート⑤ 19-08

3

○この学習で学んだことをまとめよう。

・分かったことと考えたことを区別するために、段落を分けて書くことができた

・私は、調べて分かったことを2つにした

・書くことをえらぶときに、自分のつたえたいことだけでなく、相手のことも考えてえらぶようにしたい

・つたえたいことから必要なものだけをえらんで書けるようにしたい

授業の流れ ▷▷▷

1 前時の学習を振り返り、本時のめあてを確認する 〈15分〉

T 前回、仕事の工夫の報告文を読み合いました。たくさんの工夫が見つかっておもしろかったですね。友達の報告文を読んで気付いたことや、友達からもらった感想（付箋）を見て思ったことはありますか。

・○○さんに「仕事の工夫を例をあげて説明していたところが分かりやすくてまねしたい」と言ってもらったことがうれしかったです。

・「調べた理由と分かったこと、まとめまでの流れが分かりやすくて、伝わりやすい」と言ってもらえたことが、うれしかったです。

2 報告文を書くときに大切にしたいことを確認する 〈15分〉

○教科書 p.102「ふりかえろう」の 3 つについて気を付けることができたか、ワークシートを配付し振り返る。

T 伝えたいことを内容のまとまりに分けたり、分かったことと考えたことを区別して書いたりするなど、どんな工夫をしましたか。

・調べて分かったことと考えたことは段落を分けました。文末表現も気を付けました。

・書くことを選ぶときは、自分の伝えたいことだけでなく、相手の知りたいことも考えることが大切だと知りました。

・○○さんみたいに、説明するときに分かりやすい例を挙げたいです。

・かぎ（「」）やダッシュ（—）の使い方について勉強しました。

仕事のくふう、見つけたよ

1 学習をふりかえろう。

2 知る・・・・調べて分かったことと考えたことをどのようにくべつして書きましたか。
↓段落を分けた
↓文のおわりの書き方をくふうした

書く・・・・書くことをえらぶとき、どのようなことを考えましたか。
↓相手の知りたいことと自分のつたえたいことを考えて決めた

つなぐ・・・・友だちの文章を読んで、まねしてみたいと思ったことは何ですか。
↓分かりやすいれいのあげ方（をまねしたい）

3 単元を通した振り返りを書く〈15分〉

T　この学習でどのようなことを学びましたか。また、これから文章を書くときに使いたい工夫などはありますか。振り返りをノートに書きましょう。

- 私は、分かったことと考えたことを区別するために、段落を分けて書くことができました。
- 私は、調べて分かったことを２つにしました。商品の並べ方の工夫について、詳しく書くことができました。
- これからも、書くことを選ぶときに、自分の伝えたいことだけでなく、相手のことも考えて選ぶようにしたいと思います。
- 必要なことと必要ではないことを、伝えたいことから選んで書けるようにしたいです。

よりよい授業へのステップアップ

何を学び、何を今後に生かすか

本単元では、報告文の書き方を習得した。本単元で身に付けた力を生かせるように、社会科や総合的な学習の時間等でも報告文を書く活動を積極的に設定するとよいだろう。

調べ学習の進め方、調べたことを基に文章を書く活動などは、年間を通して何度も経験する。年間カリキュラムを見通し、着実に経験を重ねていきたい。

資料

1 第1時 ワークシート① 19-01

仕事のくふう、見つけたよ

年　組　番　名前（　　　　）

もくひょう

調べて分かったことの中からつたえたいことをえらんで友だちにほうこくする文章を書こう。

文のしゅるい

ほうこく文

相手や目的

相手　クラスの友だち

目的　仕事のくふうをつたえる文をかく

これまで書く学習で学んだこと

ほうこく文を書くためには、どんな活動がひつようか

2 第2時 ワークシート② 19-02

仕事のくふう、見つけたよ

組　番　名前（　　　　）

み の回りにある仕事の中から調べてみたい仕事をえらぼう。

①み の回りにどんな仕事をしている人がいますか

②調べたい仕事は？

③理由やきっかけは？

④どんなことを調べたいですか

3 第4時　取材メモのれい　19-03

見学の場合

場所　○○パン

分かったこと

メロンパンはあっという間に売り切れていた。

考え

なぜ、メロンパンはすぐに売り切れるのか。

インタビューの場合

場所　○○パン

人　店長の森さん

しつもん

パンをおいしくするくふうは何ですか

分かったこと

こむぎこは知り合いの、のう家から一番よいものを買っている。

考え

ざいりょうからこだわっていてすごい

○仕事

パンやさん

○調べようと思った理由
　調べたいこと

わたしの家のおとうさんもお母さんもここのパンがおいしいと言っています。どうしてこんなにおいしいか調べたいと思った。

本「パンのおいしい作り方」

書いた人　国語　太郎

会社　○○出版

分かったこと

３ページ

バターがとけないように、温度のひくいへやで作っている。

考え

何度ぐらいで作っているんだろう。

調べたいこと

・お客さんはどんなところをおいしいと思っているか
・どうやってパンを作っているか
・食パンのざいりょうは何か

聞くこと

・パンをおいしくするくふうは
・人気のパンは何ですか
・お客さんがよろこぶためにどんなことをしていますか
・お客さんにパンのおいしいところを聞く

4 第5時　ワークシート③　19-04

仕事のくふう、見つけたよ

年　　組　　番　名前（　　　　　　　　）

相手や目的を考えて　書くことをえらぼう。

○友だちとそうだんして　ほうこく文に　入れることに　赤で○をつけよう。

えらんだ内容	①分かったこと	②考えたこと	③取材した人、本の名前

えらんだ理由

ワークシートの記入例

えらんだ内容	①分かったこと	②考えたこと	③取材した人、本の名前
	こむぎこは知り合いの、のう家から一番いいものを買っている	ざいりょうからこだわっていてすごい	
○	バターがとけないように、温度のひくいへやで作っている	何度ぐらいで作っているんだろう	
	メロンパンはあっという間に売り切れていた	なぜ、メロンパンはすぐに売り切れるのか	
	安全に気を付けられるようにわたしは作ったパンをスーパーには出さず、自分の店だけで売っています	安全にも気を付けていると思う	
	食パンは四時間かかる	四時間はとても長いと思う	
	焼きたてをたべてもらうために、朝三時に起きて、パンを焼き始めている	ぼくには、おきれなさそう	

えらんだ理由

一番「おいしさ」にかんけいあるのは、ざいりょうのこむぎこがよいものだからだと思いました。○○さんに、「安全のため自分の店でしか売らないってすごいね。」と言われたので安全のことも入れるようにしました。

資料

5 第6時　ワークシート④ 19-05

仕事のくふう、見つけたよ

年　組　番　名前（　　　　　　）

文章を組み立てよう。

題名	
① 調べた理由	
② 調べ方	
③ 調べて分かったこと	(1) ＿＿＿＿
	(2) ＿＿＿＿
	(3) ＿＿＿＿
④ まとめ	
絵やしゃしん	

6 第7時　例文（悪い例） 19-06

スーパーマーケットのくふう

土川りえ

1.調べたきっかけや理由

わたしは、家の人に買い物をたのまれてよくスーパーマーケットに行きます。商品のならべ方のくふうについて、調べることにしました。

2.調べ方

本、見学、店長の木村さんに話を聞きました。

3.調べて分かったこと

（1）せんでんした商品のおき方

「スーパーマーケットの仕事」という本に、商品は、ちらしでせんでんすると書いてあったので、まず、そのことについて木村さんに話をうかがいました。ひかりスーパーでは、ちらしでせんでんした商品の前に、「おすすめ品」と書いたふだを立てて売っているそうです。木村さんは、おすすめ品は、お客様がよく通る場所に、できるだけ広くおくようにして目立たせますとおっしゃっていました。

4.まとめ

スーパーマーケットで何気なく見ていたたなにも一つ一つくふうがあることを知りましたこんど、スーパーマーケットに行くときは、お店の人のくふうをさがしながら買い物をしたいと思います。

7 第7・8時　チェックリスト 19-07

チェックリスト

○ 題名
- □ つたえたいことが入っている

1．調べた理由
- □ 調べようと思った「きっかけ」や「理由」を書いている
- □「何について調べることにしたか」書いている

2．調べ方
- □ 見学した場所、インタビューした人など、どうやって調べたか書いている

3．調べて分かったこと
- □（1）（2）でないようを分けている
- □「見たこと」「聞いたこと」「本に書いてあったこと」「考えたこと」で段落を分けている
- □ 本やインターネットで引用した所は、「」になっている
- □ インタビューで聞いたことは「」になっている
- □ 分かりやすいように例をあげている
- □ 絵やしゃしんは、くふうがはっきりと分かるものになっている

4．まとめ
- □ 調べてみて思ったことを書いている

ポイント
思ったこと・考えたこと、とくにおどろいたこと、次にその場所にいくときにしたことなど書きましょう

- □ 調べた本やホームページが入っている

（例）本の場合
書いた人、「本の名前」、ページ、会社、発行年
（例）インターネットの場合
書いた人「ページのタイトル」こうしんした日、URL

全体
- □ 文のさいごは、「～です。」「～ます。」とていねいな言葉になっている
- □ 符号
  - ・文のおわりに「。」・意味のくぎれに「、」・言葉をならべるときに「・」
  - ・説明をおぎなう場合「―」（ダッシュ）
  - ・かぎ「」①会話②書名・題名③思ったこと④とくに分けたい文や言葉
  - ・横書き―「、」は「，」にする・数字は、きほん「1、2」を使う　「一つ」「二日目」などは漢字

8 第9・10時　ワークシート⑤ 19-08

仕事のくふう、見つけたよ

年　組　番　名前（　　　　）

学習をふりかえろう。

知る・・・分かったことと考えたことをくべつするための書き方

書く・・・書くことをえらぶとき、どのようなことを考えましたか

つなぐ・・・友だちの文章を読んで、まねしてみたいと思ったことは何ですか

○この学習で学んだことをまとめよう。
・どんなことが大切だと思いましたか
・どんなことを書くときに生かすことができそうですか

きせつの言葉2

夏のくらし　（2時間扱い）

単元の目標

知識及び技能	・語句の量を増し、話や文章の中で使うとともに、語彙を豊かにすることができる。((1)オ)
思考力、判断力、表現力等	・経験したことや想像したことなどから書くことを選び、伝えたいことを明確にすることができる。(B ア)
学びに向かう力、人間性等	・言葉がもつよさに気付くとともに、幅広く読書をし、国語を大切にして、思いや考えを伝え合おうとする。

評価規準

知識・技能	❶語句の量を増し、話や文章の中で使うとともに、語彙を豊かにしている。(〔知識及び技能〕(1)オ)
思考・判断・表現	❷「書くこと」において、経験したことや想像したことなどから書くことを選び、伝えたいことを明確にしている。(〔思考力、判断力、表現力等〕B ア)
主体的に学習に取り組む態度	❸進んで身の回りの物事や経験したことの中から、夏に関する言葉を見つけ、学習の見通しをもって文章を書こうとしている。

単元の流れ

次	時	主な学習活動	評価
一	1	学習の見通しをもつ ・夏のイメージを出し合う。 ・教科書 p.104-105「はなび」の詩を声に出して読み、感じたことを発表する。 ・「夏に関する言葉クイズ」をして、夏の言葉を増やす。 ・単元の学習課題を設定する。 3年○組　「オリジナル夏ブック」を作ろう。	❶
二	2	・「オリジナル夏ブック」の書き方を知り、夏を感じるものを文章で書く。 ・書いた文章を読み合う。 学習を振り返る ・新しく知った夏の言葉をノートに書き、学習を振り返る。	❷❸

授業づくりのポイント

〈単元で育てたい資質・能力〉

本単元では、くらしの中にある夏に関する言葉を出し合い、その言葉を用いて文章を作ることで、子供の語彙を豊かにすることを目指している。

夏というのは、子供たちにとって楽しみなことが多い季節だろう。夏に関する言葉を、さらに広げるために、教科書に載っている言葉を取り上げながら、言語化したり文章化したりする。そうすることで、季節を感じる言葉を増やし、実感を伴った語彙の充実を図りたい。

〈教材・題材の特徴〉

教科書 p.104–105の紙面上部では、夏を感じさせる風物詩が、イラストや言葉、詩などで表されている。「すだれ」や「かとりせんこう」という言葉は、聞いたことがない子供がいるかもしれない。イラストだけでなく、どのように使う道具なのかを、写真や動画などを通してイメージできるようにする。また、詩「はなび」は、花火を「ひのはな」という植物の花になぞらえて表現していることが特徴の作品である。詩を読んで感じたことを自由に発表しながら、「さく」や「ちる」といった、本当の花のように表現しているおもしろさを感じ取れるようにする。さらに、花火はやったこと、見たことがある子が多く、生活経験の中では身近なものであるといえる。その経験を想起し、「どんな音がしたか」「どんな色だったか」などイメージを膨らませて、学習への意欲を引き出すとよいだろう。

p.105の紙面下部では、「クーラー」や「アイスクリーム」、「かき氷」といった身近な言葉ではなく、「あみ戸」や「ところてん」など、馴染みのない言葉が紹介されているのが特徴である。そこで、これらの言葉を自分のものにするために、クイズなどを通して興味をもてるようにする。また、クラスの中で、その言葉を知っている子がいた場合には、「どうやって使う道具なのか」や「どんな味がしたか」など聞きながら、生活経験との結び付きを図るとよい。

[具体例]

○「夏に使われる道具クイズ」として教科書に載っている、「すだれ」や「ふうりん」などをクイズ形式で出題する。挿絵を提示して名前を答えたり、挿絵と名前をバラバラに提示して合わせたりと、子供の実態に応じて全員が楽しめるようにする。挿絵を提示して名前を答えていく際には、「せんぷうき」のように簡単（身近）なものから出すとよい。また、クイズを出して答えて終わりにするのではなく、写真や実物を見せたり、その道具はどうやって使うか考えたりして、実感を伴った言葉の理解へとつなげたい。

○「夏の食べ物クイズ」として教科書に載っている、「水ようかん」や「そうめん」などをクイズ形式で出題する。挿絵を出して名前を答えてもよいが、すぐに分かりそうなときには、３ヒントクイズにして連想するのもおもしろい。この３ヒントを代表の子供に考えてもらい、他の子供に出題するといった方法をとってもよい。

〈単元の流れの工夫〉

本単元の学習課題を「『オリジナル夏ブック』を作ろう」に設定した。「春のくらし」の学習のときも同じ学習課題を立てたため、子供たちは見通しをもって学習を進めることができる。「春のくらし」の学習で書いたものをもう一度読み返し、季節を比べてみるのもおもしろい。また、第一次と第二次の間を１週間ほど空けて、自分たちで夏を探す時間を取りたい（夏休み前なので、夏探しを夏休みの課題として出すのもよい）。見つけた夏を、端末のカメラ機能を用いて撮り溜めたり、教室の後方に模造紙を貼って集めたものを掲示し、自由に書き足せるようにしたりして、言葉を増やしていく。

〈ICT の効果的な活用〉

記録：端末のカメラ機能を用いて、夏ブックを作成するために、見つけた夏を写真に残して溜める。学校で見つけたり、家庭に持ち帰って見つけたりといった様々な方法が考えられる。

本時案

夏のくらし

本時の目標

・夏に関する詩や事柄、食べ物を基に、夏を感じる言葉を増やすことができる。

本時の主な評価

❶夏に関する語句の量を増し、話や文章の中で使い、語彙を豊かにしている。【知・技】

資料等の準備

・教科書 p.104の詩「はなび」の拡大コピー
・教科書 p.104、105の夏に関する言葉の挿絵のコピーや写真
・「オリジナル夏ブック」を作るまでの手順を書いた模造紙

4
○新しく知った夏の言葉や気に入った夏の言葉をノートに書こう。

模造紙などに書いておく

「オリジナル夏ブック」を作るまで
①学校や家などで見つける
②見つけた夏を記ろくする（教室後ろの紙やタブレットで）
③みじかい文でまとめる（いつ・どこで・思ったことなど）

授業の流れ ▷▷▷

1 夏のイメージを出し合い、「はなび」を音読する 〈15分〉

T　夏と聞くと、どんなことをイメージしますか（物や事柄、色など）。
・海やかき氷です。
○「夏のくらし」から自由にイメージしていき、学習への意欲を高める。
T　p.104「はなび」の詩を読んでみましょう。詩を読んで気付いたことはありますか。
・「はなび」を「ひのはな」と言っています。
・「さいて」が本当の花みたいです。
T　花火はどんな音がしますか。
・ドーンという大きな音がします。
・ヒューという音がします。
T　今日は、夏を感じる言葉を増やしていきましょう。
○本時のめあてを板書する。

2 クイズを通して、夏に関する言葉を増やす 〈20分〉

T　まず、「夏に使われる道具クイズ」です。この絵（写真）の道具の名前は何でしょう。
・うちわです。
・風鈴です。
・網戸です。
・蚊取り線香です。
T　続いて、「夏の食べ物クイズ」です。この絵（写真）の食べ物の名前は何でしょう。
・そうめんです。
・白玉です。
・みつまめです。
○様々なクイズを出して興味を引く。写真や実物を見せたり、見たことがある子に「どこで見たのか」などを聞いたりする。他にも知っているものがあるか聞くとよい。

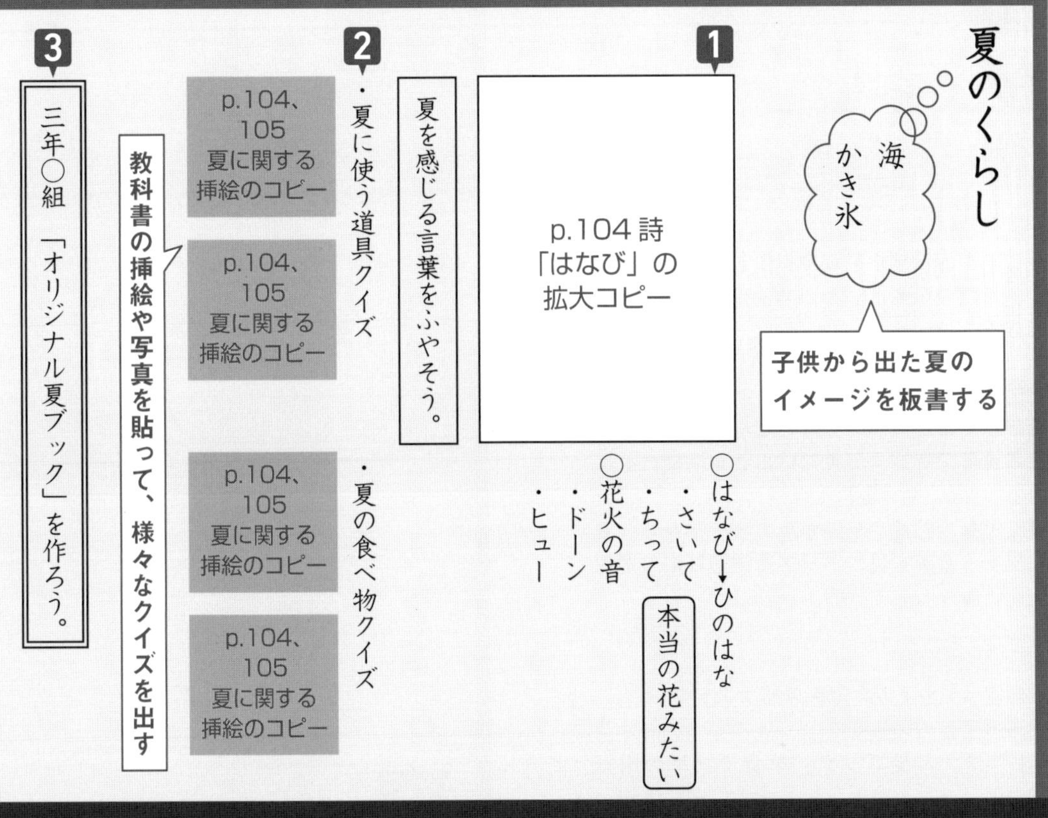

3 単元の学習課題を知り、夏ブックの作り方を知る 〈5分〉

T これから、夏の食べ物や夏を感じる言葉を探して、みんなで「オリジナル夏ブック」を作ります。

○単元の学習課題を設定する。「春のくらし」の学習のときに作った「オリジナル春ブック」を改めて見て、書き方を思い出す。

T 「オリジナル夏ブック」の作り方を確認します。３つの手順で進めます。

○探し方や記録の仕方、文章にまとめるときのポイントを示した資料を用意しておき、１つずつ確認する。

ICT 端末の活用ポイント

端末のカメラ機能を用いて、見つけた夏を写真に撮り溜めていく。休み時間や必要に応じて家庭に持ち帰るようにしてもよい。

4 本時の学習を振り返り、次時への見通しをもつ 〈5分〉

T 今日の学習で知った夏の言葉や、気に入った夏の言葉をノートに書きましょう。

・「すだれ」を初めて知りました。

・「みつまめ」を初めて知りました。

・「風鈴」が気に入りました。風鈴の音を聞いたことがないので聞いてみたいです。

・「蚊取り線香」が気に入りました。私の家にもあるか探してみたいです。

○時間があれば、全体の場で発表してもよい。

T 次の授業で、夏ブックを作ります。夏の言葉をたくさん見つけておきましょう。

○夏の言葉を見つける時間を取るために、可能であれば、次時までの間を少し空けるとよい。

本時案

夏のくらし

本時の目標

・夏に関する言葉を経験や想像したことから選び、自分の伝えたいことを明確にすることができる。

本時の主な評価

❷経験したことや想像したことなどから夏を感じる言葉を選び、伝えたいことを明確にしている。【思・判・表】

❸進んで身の回りや経験したことの中から、夏に関する言葉を見つけ、学習課題に沿って短文を作ろうとしている。【態度】

資料等の準備

・教科書 p.104下の文章例の拡大コピー
・文章の書き方の短冊
・「オリジナル夏ブック」を書くための用紙(A４)

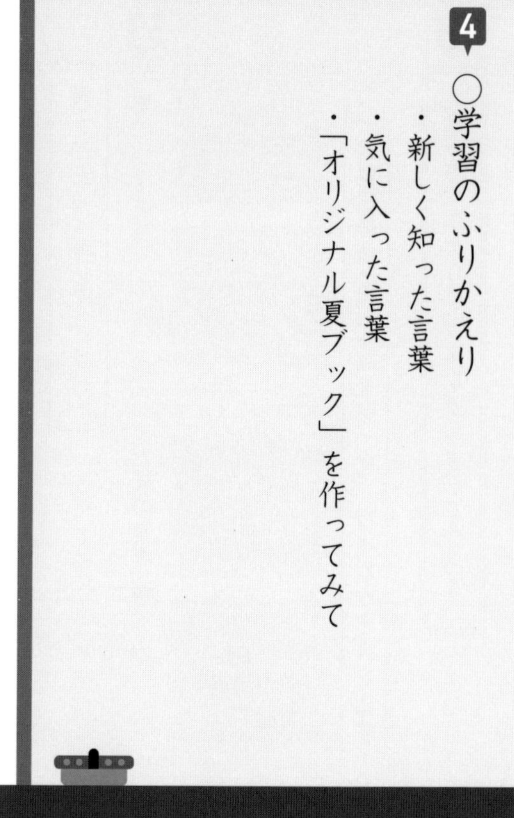

4
○学習のふりかえり
・新しく知った言葉
・気に入った言葉
・「オリジナル夏ブック」を作ってみて

授業の流れ

1 見つけた夏をグループで伝え合う〈７分〉

T　見つけた夏をグループで発表しましょう。
・昨日、校庭でせみを見つけました。
・一昨日、家ですいかを食べました。
・水曜日に、給食で夏野菜カレーが出ました。
○撮り溜めた夏の写真や、描き溜めた夏の絵を基に、いつ、どこで見つけたのかグループで発表する。その際、聞いていた子供から、質問や感想を伝えるようにする。
・何匹せみを見つけましたか。
・夏野菜カレーはおいしかったですか。
T　上手にグループで伝えることができました。それでは「オリジナル夏ブック」を作りましょう。

2 「オリジナル夏ブック」の書き方を知り、実際に書く〈25分〉

T　「オリジナル夏ブック」の書き方を説明します。
○ p.104の文章を参考にしながら、説明する。「いつ」「どこで」「何を」「見た」「食べた」「思ったこと」「感じたこと」などを短冊にして用意しておく。
T　実際に文と絵（写真）で書きましょう。
・昨日、家ですいかを食べました。甘くて美味しかったです。種がたくさんありました。
・先週の火曜日に、扇風機を出しました。スイッチを入れると風が出て、とても気持ちがよかったです。

ICT 端末の活用ポイント

絵を描くことが苦手な子は、端末で撮った写真を貼ってもよい。

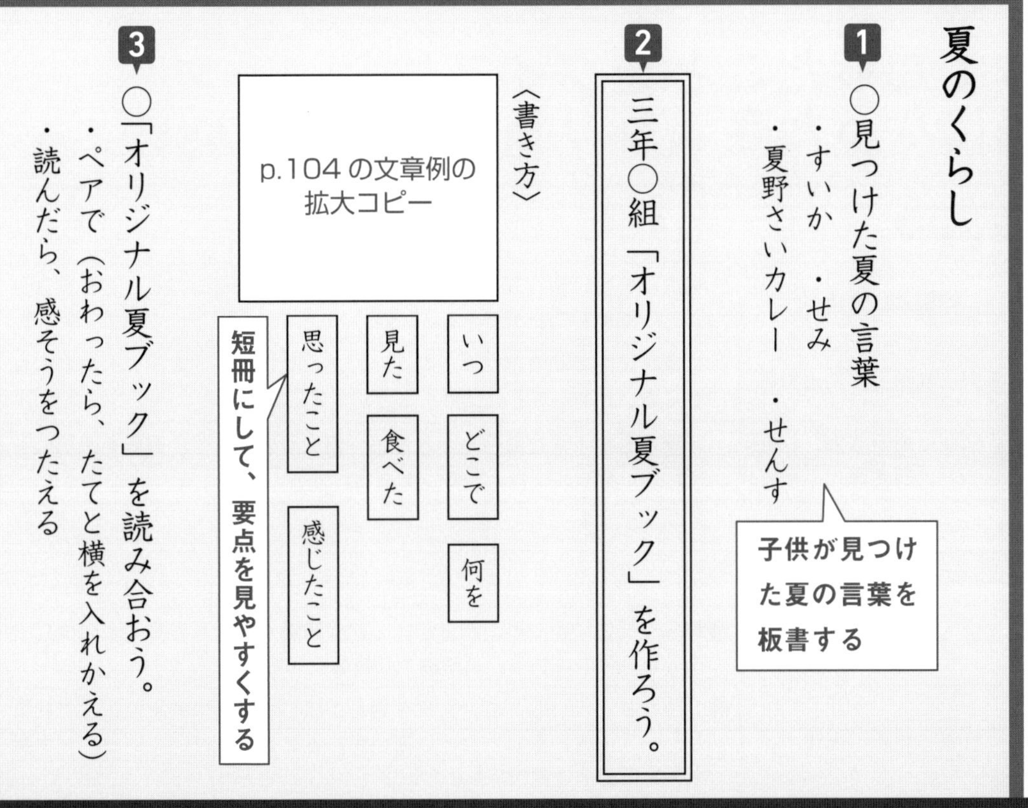

夏のくらし
1
○見つけた夏の言葉
・すいか　・せみ
・夏野さいカレー　・せんす
子供が見つけた夏の言葉を板書する
2
三年○組「オリジナル夏ブック」を作ろう。
〈書き方〉
p.104の文章例の拡大コピー
いつ
どこで
何を
見た
食べた
思ったこと
感じたこと
短冊にして、要点を見やすくする
3
○「オリジナル夏ブック」を読み合おう。
・ペアで（おわったら、たてと横を入れかえる）
・読んだら、感そうをつたえる

3 書いた「オリジナル夏ブック」を読み合う 〈8分〉

T　完成した「オリジナル夏ブック」をペアで読み合い、感想を伝えましょう。

○横や縦のペアで交換して、お互いに完成したものを読み合い、感想を伝える。

・すいかのおいしさが伝わってきました。私もすいかが好きです。

・せみの鳴き声は、私の家でもよく聞こえてきます。

・私の家にある扇風機とは違う形をしていて、おもしろかったです。

T　みんなの前で、発表してくれる人はいますか。

○時間によっては、全体で発表する時間を取ってもよい。

4 学習を振り返る 〈5分〉

T　これまでの学習を振り返り、新しく知った夏の言葉や気に入った夏の言葉、「オリジナル夏ブック」を作ってみての感想などをノートに書きましょう。

・「ところてん」を初めて知りました。食べてみたいです。

・「秋のオリジナルブック」づくりが楽しみです。

○完成した「オリジナル夏ブック」は、まとめて綴じておく。「オリジナル春ブック」と一緒に、教室に置いておくことで、いつでも子供が見られるようにする。また、「オリジナル夏ブック」の表紙は、子供に作成してもらってもよい。

本で知ったことをクイズにしよう／鳥になったきょうりゅうの話 （5時間扱い）

単元の目標

知識及び技能	・幅広く読書に親しみ、読書が、必要な知識や情報を得ることに役立つことに気付くことができる。((3)オ)
思考力、判断力、表現力等	・文章を読んで感じたことや考えたことを共有し、一人一人の感じ方などに違いがあることに気付くことができる。(C カ)
学びに向かう力、人間性等	・言葉がもつよさに気付くとともに、幅広く読書をし、国語を大切にして、思いや考えを伝え合おうとする。

評価規準

知識・技能	❶幅広く読書に親しみ、読書が、必要な知識や情報を得ることに役立つことに気付いている。(〔知識及び技能〕(3)オ)
思考・判断・表現	❷「読むこと」において、文章を読んで感じたことや考えたことを共有し、一人一人の感じ方などに違いがあることに気付いている。(〔思考力・判断力・表現力等〕C カ)
主体的に学習に取り組む態度	❸進んで図鑑や科学読み物に親しみ、本で知ったことを知らせるために、学習の見通しをもってクイズを作ろうとしている。

単元の流れ

次	時	主な学習活動	評価
一	1	学習の見通しをもつ これまでの読書経験を基に、様々な本の読み方があることに気付き、本を読んで知ったことをクイズにして友達と出し合うというおおよその見通しをもつ。	
二	2	・図鑑や科学読み物の特徴について調べる。 ・教科書 p.111–117の「鳥になったきょうりゅうの話」を読み、初めて知ったことや驚いたこと、おもしろいと思ったことを伝え合う。	❷
三	3 4	p.109「この本、読もう」などを参考にして、図鑑や科学読み物を選んで読む。 選んだ本から、初めて知ったことや驚いたこと、おもしろいと思ったことをクイズにして考える。	❶ ❶
	5	・グループでクイズ大会を開き、本の内容を紹介し合う。 学習を振り返る ・教科書 p.110「読書に親しむために」に示された観点で学習を振り返る。	❸

授業づくりのポイント

〈単元で育てたい資質・能力〉

本単元では、読書には本の種類や目的に合わせて様々な読み方があること知り、本によってどのような読み方が適切なのかを自分で考えて読める力を育みたい。そのためには、これまでの読書の経験を基に、楽しんで本を読むだけでなく、知りたいことを調べるために本を読んでいることに気付けるようにしたい。

また、知識や情報を得るためには、図鑑や科学読み物の特徴である目次・索引を活用する力を育むことが必要となる。本の特徴や読書の目的を捉えることで、幅広く読書に親しめるようにしたい。

〈教材・題材の特徴〉

新しい知識や情報を得たり、既に知っている物事について確かめたりするために、読書が役立つと自覚することが大切である。本教材では、本の読み方には「丁寧な読み方」「おおまかな読み方」があることや、図鑑や科学読み物の調べ方を学び、読書の有用性を実感することができる。

「鳥になったきょうりゅうの話」では、意外な事実への驚きなど感じたことを共有する。子供の感想に違いが出ることで、科学読み物の特徴とおもしろさを実感できるだろう。その後、自分たちで本を選び、読んだ内容からクイズを作る。そうすることで、初めて知ったことや友達が知らないであろうことを伝えたり、一人一人の感じ方の違いに楽しみながら気付いたりすることができる。

〈言語活動の工夫〉

第三次では、選んだ本の内容を友達に紹介するために、クイズ大会を行う。図鑑や科学読み物の中から１冊の本を読み、初めて知ったことや友達が知らないだろうと思うことなどからクイズを作り、子供たちで出し合う。本の種類や読後の感想によって、様々なクイズを作ることができる。クイズ大会を通して、友達が紹介した本を読みたいという思いが高まり、幅広く読書に親しむきっかけとなるだろう。

［具体例］

○クイズを画用紙で作る。４枚で構成するとよい。「本の題名、クイズに出題する本を選んだ理由」「クイズ」「クイズの答え」「本を読んだ感想」という順番で、紙芝居のように画用紙を友達に提示する。

〈ICT の効果的な活用〉

共有：子供の実態に応じて、端末のプレゼンテーションソフトを用いて、クイズを出題する問題や答えをまとめることもできる。また、作成したクイズをグループやクラス全体で交流する場面では、表紙絵や挿絵の画像、本文中の言葉を提示して、興味を引きながら分かりやすく説明すると効果的である。

本時案

本で知ったことをクイズにしよう

本時の目標

・これまでの読書経験を振り返り、本の読み方を知り、読んで知ったことをクイズにして出し合うという、学習の見通しをもつことができる。

本時の主な評価

・本には様々な読み方があることを知り、本を読んで知ったことをクイズにして出し合うという学習の見通しをもっている。

資料等の準備

・グループの数以上の図鑑
・ワークシート① 21-01
・物語と図鑑の本の読み方を記した短冊

3
〈目次〉
書かれているじゅんに見出しをならべている。
〈さくいん〉
本の後ろにあるどのページに何があるか
しめされている五十音じゅんに整理。

4
本を読んで、分かったことを
クイズにして友だちとクイズ大会を開こう。

授業の流れ ▷▷▷

1 今までの読書経験を振り返り、共有し合う 〈7分〉

T　今までどんな本を読んできましたか。思い出してみましょう。
・「お手紙」を学習した後、がまくんとかえるくんのシリーズを読みました。
・絵本で日本や世界の昔話を読みました。
・生活科の授業で野菜を育てたときに、野菜の図鑑を読みました。
○日常生活や学習の中で読んできた本を想起し、自分の読書経験を振り返るようにする。
○ワークシートを配付して、読んできた本の種類や題名を書き込む。
T　楽しんで読む本と調べるために読む本があることが分かりますね。
○導入として、様々な種類の本を読んでいる経験を共有できるようにする。

2 本の様々な読み方について考える 〈15分〉

T　物語の読み方と図鑑の読み方にはどんな違いがありますか。
・物語は、はじめから順番に読むけれど、図鑑は知りたいところを選んで読みます。
・目次を使って図鑑を読んだことがあります。
・図鑑は、見たい写真を探して読みます。
○物語の読み方と図鑑の読み方を比べて、様々な読み方があることに気付けるようにする。
T　図鑑は目次だけではなくて、索引を使って読むことができます。
○板書でまとめる際には、「ていねいに読む」「おおまかに読む」「目次から選んで読む」「索引から探して読む」という読み方があることが分かるようにする。

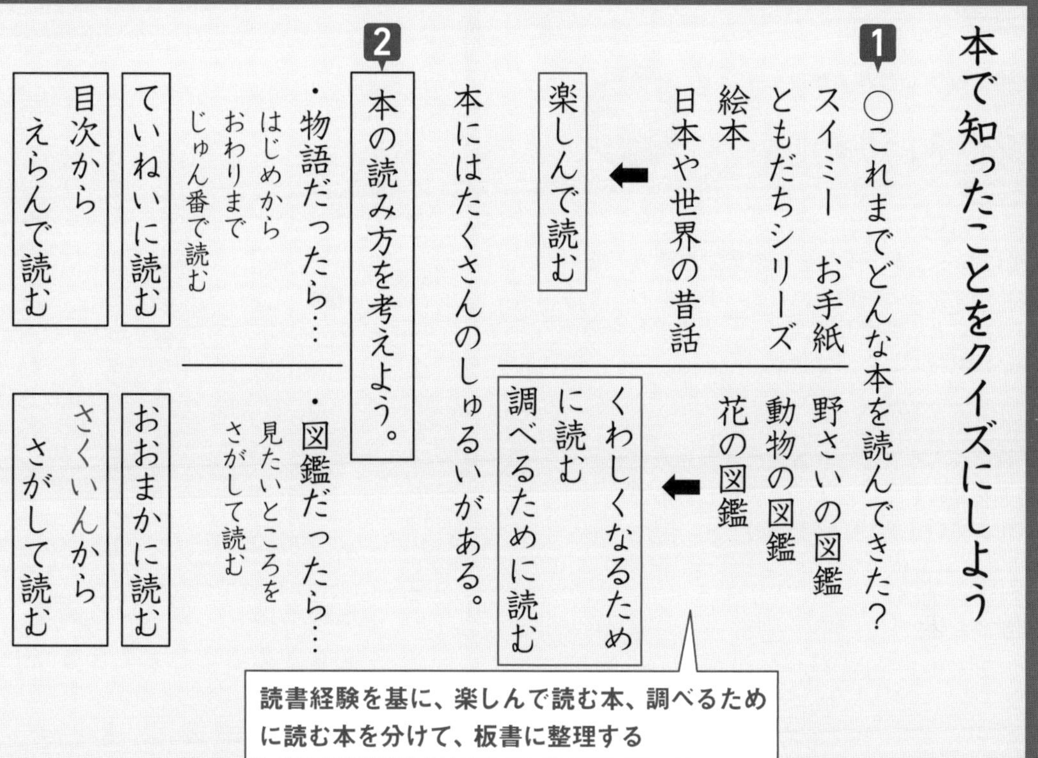

本で知ったことをクイズにしよう
1
○これまでどんな本を読んできた？
スイミー　お手紙
ともだちシリーズ
絵本
日本や世界の昔話
楽しんで読む
野さいの図鑑
動物の図鑑
花の図鑑
くわしくなるために読む
調べるために読む
本にはたくさんのしゅるいがある。
2
本の読み方を考えよう。
・物語だったら…
はじめから
おわりまで
じゅん番で読む
ていねいに読む
目次から
えらんで読む
・図鑑だったら…
見たいところを
さがして読む
おおまかに読む
さくいんから
さがして読む
読書経験を基に、楽しんで読む本、調べるために読む本を分けて、板書に整理する

3 目次と索引を使った読み方を理解する 〈15分〉

T　教科書の目次ページを開きましょう。目次には、どのようなことが書かれていますか。

・書かれている順に見出しが載っています。

・見出しのはじまりのページ数が書かれています。

○目次の書き方は教科書を参考にする。

T　図鑑の後ろにある索引のページには何が書かれていますか。

・調べたいものの名前とページ数が書いてあります。

・五十音順に書かれています。

T　実際に索引を使って図鑑を読みましょう。

○実際に図鑑をグループ分用意して、索引に何が書かれているのか確認ができると調べ方がイメージしやすい。

4 これからの学習の見通しをもつ 〈８分〉

T　実際に索引を使って、知りたいものが載っているページが分かりましたか。

・索引が五十音順だったからすぐに分かって、調べるとき役立つと思いました。

T　これから、いろいろな読み方を生かして本を読み、分かったことをクイズにして、友達と出し合う「クイズ大会」を開きます。どのようなことを頑張りたいですか。

・目次や索引を使って、知りたいことを調べられるように頑張りたいです。

・本を読んで、おもしろいと思ったことをクイズにして、楽しんでもらいたいです。

○単元を通してどのような姿を目指すのか、ワークシートに書き残すとよい。

本時案

本で知ったことをクイズにしよう／鳥になったきょうりゅうの話 2/5

本時の目標

・「鳥になったきょうりゅうの話」を読み、初めて知ったことや驚いたこと、おもしろいと思ったことを共有して、一人一人の感じ方の違いに気付くことができる。

本時の主な評価

❷「鳥になったきょうりゅうの話」から感じたことを共有して、一人一人の感じ方の違いに気付いている。【思・判・表】

資料等の準備

・科学読み物
・ワークシート② 21-02

○おもしろいと思ったこと
・木の上にくらすようになって
つばさが生えて進化したこと
・化石から色が分かること

読む人によって感じ方がちがう。

⬅

感じ方がちがうから、
自分だけのオリジナルクイズが作れる。

短冊を貼り、似ている感想をまとめることもできる

授業の流れ ▷▷▷

 図鑑と科学読み物の違いを調べる〈10分〉

T　前回の授業では、どのようなことを学習しましたか。
・目次や索引の使い方を確認しました。
T　図鑑と科学読み物には、それぞれどのようなことが書かれているか確認しましょう。
・図鑑は、絵や写真、図などを使って説明しています。
・同じ仲間のものがたくさん載っています。
・科学読み物は、１つの事について詳しく説明しています。
○教科書 p.108を参考にして、図鑑と科学読み物の特徴を理解できるよう板書に整理する。
○科学読み物のイメージがつかない子供がいることも想定して、実物の本を示すとよい。

2 「鳥になったきょうりゅうの話」を読んで、内容を理解する〈10分〉

T　今日は「鳥になったきょうりゅうの話」を読んで、感じたことを話し合います。
○本時のめあてを板書する。
T　鳥は恐竜より小さくなったのですが、どうして、小さくなったのでしょう。お話を読む前に予想してみましょう。
・鳥は小さくないと飛べないからだと思います。
・鳥は小さいと早く動くことができるからだと思います。
T　どうして小さくなったのか、実際にお話を読んで確認しましょう。
○教科書を読む前に、話に興味をもって読めるようにするため、問題を提示して、子供が答えを予想できるようにするとよい。

本で知ったことをクイズにしよう

1 ○図鑑と科学読み物について調べよう

図鑑
・絵やしゃしん、図を使って
　せつめいしている
・一さつに同じなかま
　のものが多く集まっている

科学読み物
・一つの物事について
　くわしくせつめい
　している
・題名にとり上げる
　内ようが表されている

2 鳥になったきょうりゅうの話　大島（おおしま）　英太郎（えいたろう）

読んだ感そうを話し合おう。

3 ○はじめて知ったこと
・空をとべるきょうりゅうが鳥になったこと
・虫を食べるきょうりゅうがいたこと
○おどろいたこと
・羽毛が生えているきょうりゅうがいたこと
・ねこや犬ぐらいの大きさのきょうりゅうが
　いたこと

3 読んで感じたことを共有して、感じ方の違いに気付く 〈25分〉

T　初めて知ったことや驚いたこと、おもしろいと思ったことをワークシートに書き、それを基に話し合いましょう。
・飛ぶことのできる小さい恐竜が、鳥になったことを初めて知りました。
・羽毛のある恐竜がいたことに驚きました。
T　友達の考えを聞いて、自分と同じところや違うところはありましたか。
・私は恐竜の大きさに驚いたけど、化石から色が分かることに驚いている人が多かったです。
・私と同じように、鳥が恐竜の子孫ということを初めて知った人がいました。
T　読む人によって、感じ方が違うから、自分だけのオリジナルクイズが作れますね。

よりよい授業へのステップアップ

学習環境と板書の工夫

幅広く読書に親しむことを目的にしているため、科学読み物が学校生活とつながっていることを実感できるとよい。例えば、理科で植物を育てることがあれば、植物や種に関する科学読み物を事前に用意して、子供の身近に置いておくと、手に取るきっかけとなる。

また、読んで感じたことを短冊に書いて、黒板に貼り付けたり、ホワイトボードアプリを使ったりすれば、似ている感想をグループでまとめて共有できる。そのため、感じ方の違いが視覚的に気付きやすくなる。

本時案

本で知ったことをクイズにしよう

本時の目標

・おもしろそうだと思う図鑑や科学読み物を選んで読み、必要な知識や情報を得られることに気付くことができる。

本時の主な評価

❶目次や索引を用いて、図鑑や科学読み物を読むことで、必要な知識や情報を得られることに気付いている。【知・技】

資料等の準備

・人数分以上の図鑑と科学読み物
・ワークシート③ 21-03

えらんだ本
「鳥になったきょうりゅうの話」
はじめて知ったことや
おもしろいと思ったこと
むかし、ねこや犬くらいの大きさの
きょうりゅうがいて、びっくりした。
（○ページ）

教師がモデルを示し、活動の見通しをもたせる

授業の流れ ▷▷▷

1 おもしろそうだと思う本を選ぶ 〈５分〉

T　クイズ大会を開くために、図鑑や科学読み物から、おもしろそうだと思う本を選びましょう。
・表紙の恐竜の絵が気になったから、図鑑で恐竜について調べてみたいです。
・「宇宙人っているの？」という題名が、おもしろそうなので、読んでみたくなりました。
・きれいな花を育てたいから、これから咲く花を図鑑で調べたいです。
・今、家で野菜を育てているから、野菜の育て方を図鑑で調べたいです。
○本を選べない子供がいれば、これまでに疑問に思ったことや知りたいと思ったことを尋ねて、本を選べるように支援する。
○ p.109「この本、読もう」を参考にする。

2 選んだ本を読み方を意識して読む 〈30分〉

T　選んだ本を読みましょう。
・図鑑を選んだから、知りたいことを索引を使って調べます。
・科学読み物も、写真があって分かりやすいし、おもしろいです。
・写真や絵もクイズに生かせると思います。
○前時までに学んだ本の特徴を意識して読めるようにする。
T　早く本を読み終えたら、テーマが似ている別の本を読んでみましょう。
・２冊違う植物の図鑑を読んだけど、マリーゴールドの咲く時期について同じことが書いてあるから、クイズにできそうです。
○早く読み終えた場合は、同じテーマに関する他の本を読み、書かれ方を比べてみるとよい。

本で知ったことをクイズにしよう

1 ○おもしろそうだと思う本をえらぼう。
・表紙の絵が気になるから読んでみたい
・題名がおもしろくて、読んでみたい

・本をえらべなかったら…
これまでぎもんに思ったことや、
さらに調べたいことは何か考えてみよう

（れい）
・マリーゴールドのそだて方
・カブトムシのそだて方
・うちゅうについて
・きょうりゅうのしゅるい

本が選べない子が見て、参考になるようなテーマを板書する

2 ○えらんだ本を読もう。

3 本を読んで、感じたことをまとめよう。

調べたいもの・こと
きょうりゅうについて
理由
前にきょうりゅうの図鑑を読んだことがあって、すきになったから

3 本を読んで感じたことをまとめる〈10分〉

T　選んだ図鑑や科学読み物を読んで、初めて知ったことやおもしろいと思ったこと、クイズになりそうなことをワークシートにまとめましょう。
・水をやりすぎない方がいい花もあることを初めて知りました。花の種類によって全然違うことにびっくりしました。
・カブトムシの幼虫は、半年以上も時間をかけて、さなぎになることが分かりました。クイズにしたいと思いました。
・宇宙には、たくさんの星があることに驚きました。
○教師のモデルを板書して示すことで、活動の見通しがもてるようにする。

よりよい授業へのステップアップ

様々な読み方を試す工夫

本時では、学校図書館を利用する。「図書館たんていだん」の学習を生かして、図鑑や科学読み物の場所がどこにあるのか確認することで、子供たちで活動を進められるようにする。ただし、一人一人に適した本の内容であるかを確認することが必要になる。

また、子供の実態に応じて、様々な読み方を生かすように助言する。例えば「おおまかに読んでから、気になったところをもう一度読むのもよいですね」など、知識や情報を得るために、様々な読み方ができる時間にしたい。

本時案

本で知ったことをクイズにしよう

本時の目標

・本を読んで、初めて知ったことや驚いたこと、おもしろいと思ったことを整理して、友達に伝えたいことをクイズにすることができる。

本時の主な評価

❶本を読むことで、知りたいことを調べられるよさに気付いている。【知・技】

資料等の準備

・教師が作成したクイズの作り方とクイズの例の拡大コピー
・クイズを作るための画用紙 21-04

③答えは「○」です。
ねこや犬ぐらいの大きさのきょうりゅうがいて、
小さい動物をえさにして食べていました
（答え）

④小さいきょうりゅうがいたことに
びっくりしました。きょうみがある人は
読んでほしいです
（本を読んだ感そう）

3 本で知ったことをもとに、クイズを作ろう。

授業の流れ ▷▷▷

1 本で知ったことを基に、クイズにしたいことを話し合う 〈5分〉

T　図鑑や科学読み物を読んでみて、どのようなことをクイズにしてみんなに伝えるとよいでしょうか。
・友達に教えたいから、初めて知ったことをクイズにしたいです。
・読んで自分が驚いたことです。みんなも驚くようなことをクイズにしたいです。
・おもしろいと思ったことをクイズにしたいです。
・クイズに答える人が楽しめるように、友達が知らないだろうと思うことをクイズにしたらよいと思います。
○教科書 p.110を参考にして、どのようなことをクイズにするとよいか確認すると、クイズを作る見通しがもてる。

2 教師のモデルを基に、クイズの作り方を考える 〈10分〉

T　先生が「鳥になったきょうりゅうの話」を読んでクイズを作ってみました。確認してみましょう。
・選択肢があった方が、分かりやすくて楽しく答えてくれると思います。
・本を選んだ理由や読んだ感想も伝えると、興味をもって読んでくれると思います。
T　○×で答える以外に、選択肢から選んだりすることもできそうですね。
○教科書 p.110の「クイズのれい」を読んで、クイズの出し方を具体的に示すようにする。クイズの出し方のパターンをいくつか用意しておくと、子供がクイズを作るときに参考にすることができる。

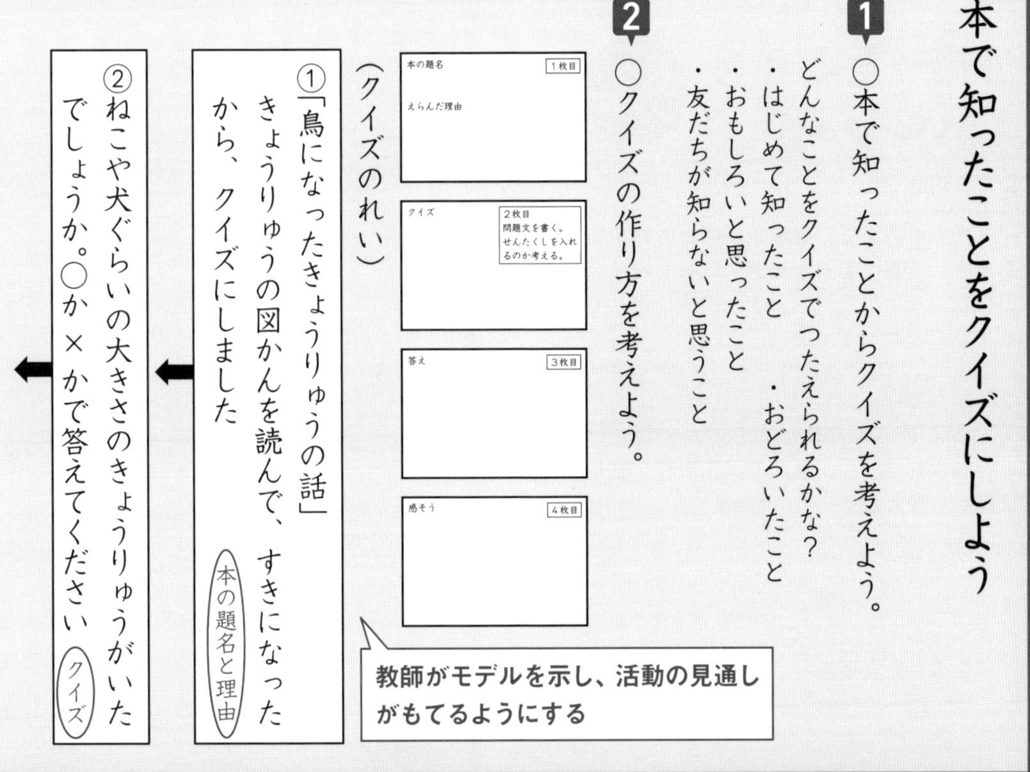

本で知ったことをクイズにしよう
1
○本で知ったことからクイズを考えよう。
どんなことをクイズでつたえられるかな？
・はじめて知ったこと　・おどろいたこと
・おもしろいと思ったこと
・友だちが知らないと思うこと
2
○クイズの作り方を考えよう。
本の題名
1枚目
えらんだ理由
クイズ
2枚目
問題文を書く。
せんたくしを入れるのか考える。
答え
3枚目
感そう
4枚目
（クイズのれい）
①「鳥になったきょうりゅうの話」
きょうりゅうの図かんを読んで、すきになったから、クイズにしました
本の題名と理由
②ねこや犬ぐらいの大きさのきょうりゅうがいたでしょうか。○か×かで答えてください
クイズ
教師がモデルを示し、活動の見通しがもてるようにする

3 クイズを作る 〈30分〉

T　友達に伝えたいことを決めて、クイズを作りましょう。

・マリーゴールドが咲く時期が何月なのかをクイズにしたいです。選択肢なしで答えてもらおうと思います。

・どちらかを選ぶクイズを作ります。地球と太陽では、どちらが大きいかをクイズにしたらおもしろそうです。

・カブトムシの幼虫がさなぎになるまで、どれくらいの時間がかかるでしょうか。答えの中から１つ選んでください。

○画用紙で作る際には、紙芝居のように問題の次の画用紙で答えが分かるようにする。また、問題を書いた画用紙の裏面に答えを載せ、ひっくり返して示す方法もある。

ICT 等活用アイデア

伝わりやすいクイズの工夫

端末のプレゼンテーションソフトを用いて、クイズを作成すると効果的である。例えば、画像を添付したり文字のスタイルを工夫したりすると、相手にとって印象に残るまとめ方ができるだろう。また、教師が作成したスライドの型を、子供が使用する端末に送ることができれば、スムーズにクイズを作成できる環境が整う。子供が端末をどこまで扱えるのか実態を把握しつつ、文字を打ち込んで自分の考えを表現する力も身に付けられるようにしていきたい。

本時案

本で知ったことを クイズにしよう

本時の目標

・クイズ大会を通して、図鑑や科学読み物を紹介し合い、読書が必要な知識や情報を得ることに役立つことに気付き、より読書に親しもうとすることができる。

本時の主な評価

❸本を紹介し合い、友達が本を読んで新たに知った内容を理解し、進んで図鑑や科学読み物に親しもうとしている。【態度】

資料等の準備

・クイズ大会の流れ（模造紙など）
・ワークシート④ 21-05
・クイズを書いた画用紙

・調べるときは、目次やさくいんを使うとよいことが分かった
・図鑑や科学読み物のとくちょうが分かった
・いろいろなかまを知りたいときは図鑑を使う
・一つのことをくわしく知りたいときは科学読み物を調べる

授業の流れ ▷▷▷

1 本時のめあてとクイズ大会の進め方を確認する 〈５分〉

T　これから、クイズ大会を開きましょう。
・クイズに答えてもらって、本のことを知ってくれたらうれしいです。
・本のおもしろいところをみんなにも伝えたいです。
・早く友達とクイズを出し合いたいです。
T　クイズ大会の流れを確認しましょう。
・クイズを出してくれた人に、感想をしっかり伝えたいです。
○クイズ大会の流れを示した掲示物を用意し、全体で確認する。クイズ大会をするときも子供自身で確認できるよう貼っておくとよい。
○発表時間は１人３分程度、４人程度のグループでクイズを出し合っていく。

2 クイズ大会を行う 〈30分〉

T　クイズに答えたら、感想を伝えましょう。
・○○さんの初めて知ったことは、私も知らなかったから、おもしろかったです。
・カブトムシの幼虫の写真が載っていて、その後の成長が気になりました。
・○×クイズになっていて、とても分かりやすくて楽しかったです。
・花の育て方が知れてよかったです。私も育てているから、読んでみたいです。
○教師は、クイズ大会の流れに合わせて、滞りなく活動しているかをグループごとに見取る。
○グループのメンバーを変える際には、違うテーマの本を読んだ子たちでグループを作るようにしたい。そうすると、様々な本に親しむきっかけになる。

本で知ったことをクイズにしよう

1

クイズ大会を開こう。

2

《クイズ大会の流れ》

①グループを作る
②クイズを出すじゅん番を決める
③クイズを出す
問題に答える } 二分
④答えた人は、感そうをつたえる } 一分
※クイズを出す人、答える人を交たいする。
一グループ　目安　十五分
⑤グループのメンバーをかえて、ふたたびクイズを出し合う

活動の流れを示して、子供自身で確認できるようにする

3

○これまでの学習のふりかえり
・本は、ていねいに読むだけではなく、おおまかに読むこともできる

3 学習を振り返る 〈10分〉

T　クイズ大会が終わりました。クイズ大会の感想を話し合いましょう。
・○○さんのクイズが、おもしろかったです。
・クイズが楽しくて、もっとたくさんの人とクイズを出し合いたいと思いました。
・宇宙の図鑑があるなんて知りませんでした。
・読んでみたい本が見つかりました。
T　教科書 p.110「読書に親しむために」を読んで、学習を振り返りましょう。
・丁寧な読み方と大まかな読み方があります。
・これからも目次や索引を使って、気になったことを本で調べていきたいです。
○これまでの学習を通して、頑張ったことや学んだことを振り返り、ワークシートで自己評価をする。

ICT 等活用アイデア

一人一人のクイズを共有する

端末のプレゼンテーションソフトを用いてスライドをまとめると、クイズ大会が終わった後も簡単に保存ができる。また、作ったスライドを全員で共有すると、クイズ大会で交流できなかった友達のクイズや、その本のおもしろさを知ることも可能である。

友達の選んだ本を知るほど、幅広く読書に親しむきっかけになるだろう。読書が必要な知識や情報を得ることに役立つと、実感できる機会をつくるようにしたい。

資料

1 第1時　ワークシート① 21-01

第一時
本で知ったことをクイズにしよう

名前

これまで、どのような本を読みましたか。

本の読み方を整理しましょう。

読む

読む

読む

読む

これからの学習でがんばりたいことを書きましょう。

2 第2時　ワークシート② 21-02

第二時
本で知ったことをクイズにしよう

名前

めあて

『鳥になったきょうりゅうの話』を読んで、はじめて知ったことやおどろいたこと、おもしろいと思ったことを話し合おう。

読んではじめて知ったことやおどろいたこと、おもしろいと思ったことを書きましょう。
（一つのわくの中に一つ書きましょう）

学習をふりかえりましょう。

3 第3時　ワークシート③ 21-03

第三時
本で知ったことをクイズにしよう

名前

クイズ大会でつたえたい本、内ようを整理しましょう。

調べたいもの・こと

調べたい理由

えらんだ本（　図鑑　　科学読み物　）
※どちらの本か、〇をつけましょう

題名

はじめて知ったことやおどろいたこと、おもしろかったことを書きましょう。

4 第４時　クイズの作り方を示す例 21-04

答え　3枚目	本の題名　1枚目 えらんだ理由
感そう　4枚目	クイズ　2枚目 問題文を書く。 せんたくしを入れるのか考える。

5 第５時　ワークシート④ 21-05

第五時
本で知ったことをクイズにしよう

名前

クイズ大会の感そうを書きましょう。

【これまでの学習のふりかえり】学習して、分かったこと	ふりかえり
いろいろな本の読み方を知ることができた	
図鑑や科学読み物のとくちょうが分かった	
図鑑や科学読み物で調べるときは、目次とさくいんを使うとよいことが分かった	

この学習で、がんばったことを書きましょう。

わたしと小鳥とすずと／夕日がせなかをおしてくる

（2時間扱い）

単元の目標

知識及び技能	・文章全体の構成や内容の大体を意識しながら音読することができる。((1)ク)
思考力、判断力、表現力等	・登場人物の気持ちの変化や性格、情景について、場面の移り変わりと結び付けて具体的に想像することができる。(C エ)
学びに向かう力、人間性等	・言葉がもつよさに気付くとともに、幅広く読書をし、国語を大切にして、思いや考えを伝え合おうとする。

評価規準

知識・技能	❶文章全体の構成や内容の大体を意識しながら音読している。(〔知識及び技能〕(1)ク)
思考・判断・表現	❷「読むこと」において、登場人物の気持ちの変化や性格、情景について、場面の移り変わりと結び付けて具体的に想像している。(〔思考力、判断力、表現力等〕C エ)
主体的に学習に取り組む態度	❸進んで詩の構成や内容の大体を意識しながら音読し、学習課題に沿って詩を読んで思ったことや感じたことを伝え合おうとしている。

単元の流れ

時	主な学習活動	評価
1	・「連」について理解し、連ごとに様子を思い浮かべながら2つの詩を音読する。 ・「わたしと小鳥とすずと」を読み、1連と2連について何と何を比べているかなど、内容を確かめる。 ・3連で、どうして「わたし」は「みんなちがって、みんないい。」と言っているのか考え、発表する。 ・「わたしと小鳥とすずと」を読み、思ったことや感じたことを伝え合う。	❶❷
2	・「夕日がせなかをおしてくる」を読み、1連と2連を比べて同じところや違うところを見つける。 ・1連と2連で、誰が、どのように「さよなら」を言っているのかを発表する。 ・「夕日がせなかをおしてくる」を読み、思ったことや感じたことを伝え合う。	❷❸

授業づくりのポイント

〈単元で育てたい資質・能力〉

本単元のねらいは、第一に、連ごとに様子を思い浮かべながら音読する知識・技能を育むことである。どちらの詩もリズムがよく、繰り返される表現が多く、内容も捉えやすいため、音読に適している。

第二に、「わたしと小鳥とすずと」では「わたし」、「夕日がせなかをおしてくる」では「ぼくら」と「太陽」に着目して詩に表された様子を具体的に想像するとともに、詩を読んで思ったことや感じたことを伝え合う力を育むことである。まずは、教科書 p.119にある「連」という言葉を理解し、連と連の内容と表現を比べる活動を設定する。その上で、詩を読んで思ったことや感じたことを進んで伝え合う姿を生み出したい。詩の解釈は、一人一人違ってよい。伝え合うことでより解釈を広げ、深めたい。

〈教材・題材の特徴〉

どちらの詩も、連ごとに内容のまとまりがはっきりしており、1連と2連がほぼ同じ形式で表されている。2つの連を比べて読み、対句になっていることに気付けるようにするとよい。

「わたしと小鳥とすずと」の3連は、1連と2連をまとめた内容となっている。2連までの内容を確かめた上で、どうして「わたし」は、「みんなちがって、みんないい」と言っているのか。また、「みんな」とは誰なのかを考えられるようにしたい。

「夕日がせなかをおしてくる」の1連と2連を比べると、1連の「よびかける」主体は「夕日」であり、2連の「どなる」主体は「ぼくら」となっていることが分かる。主体を理解することで、詩の理解もより一層確かなものになるだろう。また、この詩には題名でもある「夕日がせなかをおしてくる」や「まっかなうででおしてくる」など比喩表現が含まれており、一度読んだだけではその表現の意味を理解できない子供もいると予想される。それぞれの言葉の意味を丁寧に確かめることが必要になる。

［具体例］

○どうして「わたし」は、「みんなちがって、みんないい」と言っているのか。それを考えるために、「みんなちがって、みんないい」の「みんな」とは誰かを考える活動を設ける。「みんな」には、いろいろな対象が含まれるのに、なぜ「小鳥」と「すず」が取り上げられているのか、という点にも着目したい。語り手の目が、「小さいもの」「かよわいもの」に向けられていることが分かる。

○「わたしと小鳥とすずと」の「と」に注目する。題名は、「わたしと小鳥とすず」でもよいはずである。「と」の有無を比べることで、まだ他にも対象が続くことを示唆していることに気付けるようにする。

○主体が誰かを考えるときは、「さよなら　きみたち」「さよなら　太陽」という表現に注目するよう促す。また、夕日は呼びかけるのに、ぼくらはどなっている。その行動の違いが何を表しているのかにも目を向けたい。

○2連の「あしたの朝ねすごすな」は、「ぼくら」から次の日に「朝日」として出てくる「太陽」に向けての言葉である。夕日が朝日となり、また夕日となり……その関係を捉えることができると、この詩が日常生活の中で幾度となく繰り返される光景であることが見えてくる。

〈言語活動の工夫〉

2つの詩は、どちらもリズムがよく、繰り返される言葉が多いので、その特徴を生かし、音読発表会など音読を生かした言語活動を設定することも可能だろう。中心となる言語活動に音読を設定する場合には、ICT 端末の活用として、自らの音読を録音し、記録に残すことが考えられる。音読には、自分が理解しているかどうかを確かめる働きや、自分が理解したことを表出する働きなどがある。録音した音声を聞くことで、自らが詩をどのように理解し、表現できているのかを確かめることができる。

本時案

わたしと小鳥とすずと

本時の目標

・詩の構成を意識し、連ごとの様子を思い浮かべながら音読し、「わたしと小鳥とすずと」の内容を具体的に想像することができる。

本時の主な評価

❶詩の構成や内容の大体を意識しながら音読している。【知・技】

❷「わたしと小鳥とすずと」の内容を具体的に想像し、思ったことや考えたことを伝えている。【思・判・表】

資料等の準備

・教科書 p.118、119の詩の拡大コピー

→わたしにも小鳥にもすずにもよいところがある

4 ○詩を読んで、思ったことや考えたことをつたえ合おう。

・「みんなちがって、みんないい」

⬇元気をもらった！

・同じ言葉がくりかえされている

⬇リズムがよく、おぼえやすい

・「私と○○と△△と」という詩を自分で作ってみたい

授業の流れ▷▷▷

1 連について理解し、「わたしと小鳥とすずと」を音読する〈15分〉

T　p.118–121の２つの詩を見ると、１行空いているまとまりがいくつありますか。

・「わたしと小鳥とすずと」は３つです。

・「夕日がせなかをおしてくる」は２つです。

T　文章では、１字下げてまとまりを表していました。それを「段落」と言いましたね。

○「段落」と同じように、「連」は内容のまとまりを表すことを確認する。

T　詩では、１行空けて内容のまとまりを表します。それを「連」と言います。では、連ごとに様子を思い浮かべながら、「わたしと小鳥とすずと」を音読します。

○教師に続いて音読したり、ペアで１行ずつ交代して読んだりし、詩のリズムや繰り返されている言葉に気付けるようにする。

2 「わたしと小鳥とすずと」を読み、内容を確かめる〈10分〉

T　「わたしと小鳥とすずと」の１連と２連を比べてみましょう。何と何が比べられていますか。

・１連は、「わたし」と「小鳥」です。

・２連は、「わたし」と「鈴」です。

T　それぞれができることとできないことをノートにまとめ、発表しましょう。

○「が」と「けど」という言葉に着目すると分かりやすいことを伝えるとよい。

・わたしは空を飛べないけど小鳥は飛べます。

・小鳥は地面を速く走れないけどわたしは走れます。

・わたしはきれいな音を出せないけど鈴は出せます。

・でも鈴は、わたしのように歌は知らないです。

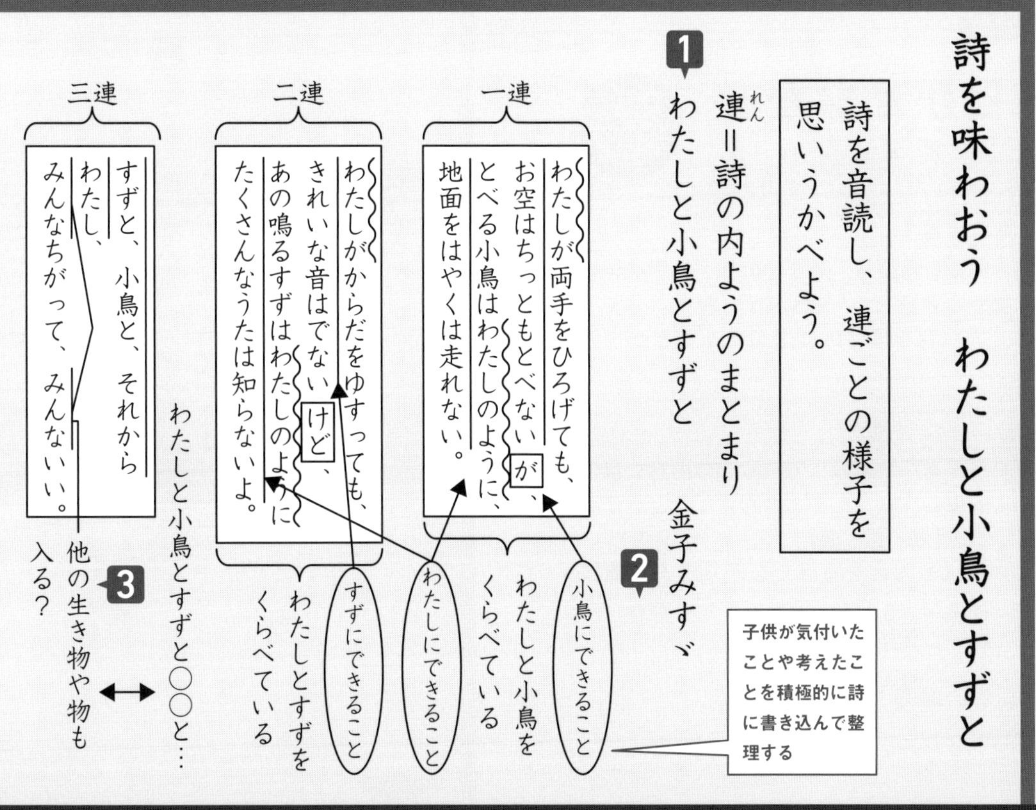

詩を味わおう　わたしと小鳥とすずと
詩を音読し、連ごとの様子を思いうかべよう。
連＝詩の内ようのまとまり
1
わたしと小鳥とすずと
金子みすゞ
一連
わたしが両手をひろげても、
お空はちっともとべないが、
とべる小鳥はわたしのように、
地面をはやくは走れない。
二連
わたしがからだをゆすっても、
きれいな音はでないけど、
あの鳴るすずはわたしのように
たくさんなうたは知らないよ。
三連
すずと、小鳥と、それから
わたし、
みんなちがって、みんないい。
2
小鳥にできること
わたしにできること
わたしと小鳥をくらべている
すずにできること
わたしとすずをくらべている
子供が気付いたことや考えたことを積極的に詩に書き込んで整理する
わたしと小鳥とすずと○○と…
3
他の生き物や物も入る？

3　3連の内容について考えたことを発表する　〈10分〉

T　3連で、「わたし」は何と言っていますか。
・「すずと小鳥とわたし、みんなちがって、みんないい」と言っています。
T　「みんな」とは、誰のことでしょう。
・「わたし」と「小鳥」と「鈴」です。
・他の生き物や物も入っているかもしれない。
○実態に応じて、なぜ小鳥と鈴が取り上げられているのか、「すずと」のあとにどんな事物が書かれそうか、考える時間を設ける。
T　どうして「わたし」は、「みんなちがって、みないい」と言っているのでしょう。
・「わたし」にも「小鳥」にも「鈴」にもよいところがあるからだと思います。
○「わたし」は、あくまで詩の語り手であり、作者の金子みすゞと断定しないようにする。

4　詩を読み、思ったことや考えたことを伝え合う　〈10分〉

T　詩を読んで思ったことや考えたことを伝え合いましょう。
○詩の内容面はもちろんのこと、リズムや繰り返しなど表現面にも着目するよう促す。
・「みんなちがって、みんないい」という言葉を聞いて元気になりました。
・生き物や物を見て、できることとできないことを考えてみたくなりました。
・リズムがよくて何度も読みたくなりました。
・同じような言葉が繰り返されているから、この時間だけで覚えることができました。
・「私と○○と△△と」という詩を、自分で作ってみようと思います。
○時間があれば振り返りをノートに記入し、次時の導入で取り上げるようにする。

夕日がせなかをおしてくる 2/2

本時の目標

・詩の構成を意識し、連ごとの様子を思い浮かべながら音読し、「夕日がせなかをおしてくる」の内容を具体的に想像することができる。

本時の主な評価

❷「夕日がせなかをおしてくる」の内容を具体的に想像し、思ったことや考えたことを伝えている。【思・判・表】
❸詩の構成や内容を意識しながら進んで音読し、思ったことや感じたことを伝え合おうとしている。【態度】

資料等の準備

・教科書 p.120、121の詩の拡大コピー

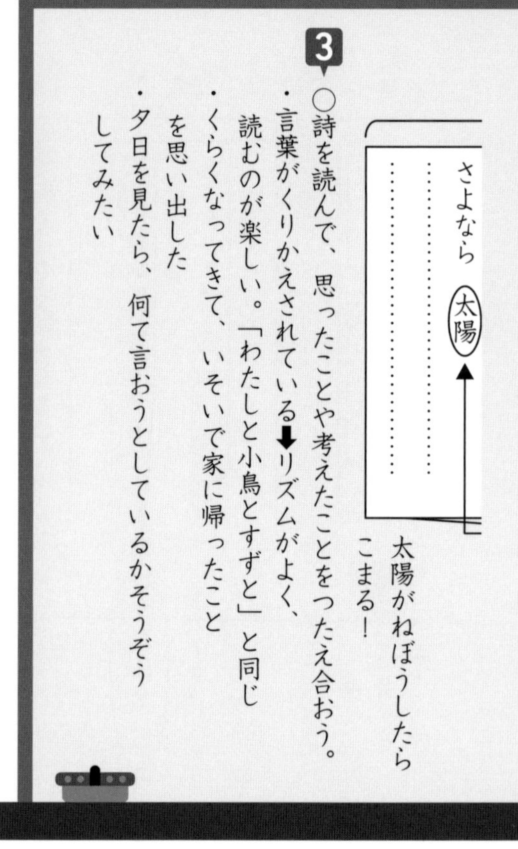

さよなら 太陽
太陽がねぼうしたらこまる！
3
○詩を読んで、思ったことや考えたことをつたえ合おう。
・言葉がくりかえされている➡リズムがよく、読むのが楽しい。「わたしと小鳥とすずと」と同じ
・くらくなってきて、いそいで家に帰ったことを思い出した
・夕日を見たら、何て言おうとしているかそうぞうしてみたい

授業の流れ ▷▷▷

1 前時を振り返り、「夕日がせなかをおしてくる」を読む 〈15分〉

T　前の時間は、「わたしと小鳥とすずと」を読みましたね。どんなことを思ったり考えたりしましたか。
・リズムがよくて何度も読みたくなりました。
・同じような言葉が繰り返されているから、その時間だけで覚えることができました。
T　今日は「夕日がせなかをおしてくる」を音読します。同じように感じるでしょうか。
○前時と同じように、詩のリズムや繰り返されている言葉に気付けるようにする。
・この詩もリズムがよくて読みやすいです。
・同じ言葉がたくさん使われています。
・太陽は大きいから声も大きいのかな。
・夕日の腕が真っ赤だったり、夕日に向かってどなったりしているのがおもしろいです。

2 2つの連を比べ、同じところや違うところを発表する 〈20分〉

T　1連と2連を比べて、気付いたことや思ったことを発表しましょう。
・1連と2連のリズムが全部同じです。「さよなら　さよなら」からの4行は、言葉がほとんど同じです。
・「夕日がせなかをおしてくる」という1行目も、1連と2連で同じになっています。
・2〜4行目は、言葉が違います。
・1連は太陽が呼びかけていて、2連は「ぼくら」がどなっているのが違います。
・1連で「さよなら」と言われているのは「ぼくら」、2連では「太陽」です。
・「あしたの朝ねすごすな」は、「ぼくら」は寝坊で済むけれど、太陽が寝過ごしたら朝がこないからみんな困ってしまいます。

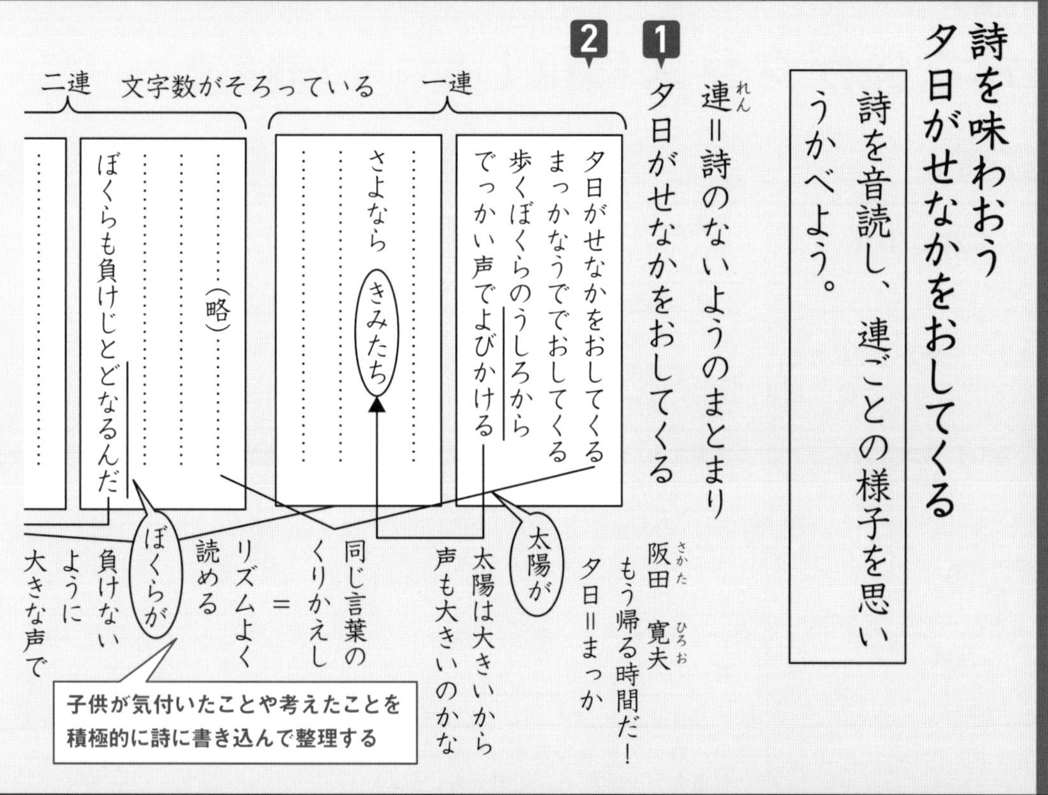

詩を味わおう
夕日がせなかをおしてくる
詩を音読し、連ごとの様子を思いうかべよう。
1
夕日がせなかをおしてくる
阪田寛夫
もう帰る時間だ！
夕日＝まっか
2
連＝詩のないようのまとまり
一連
文字数がそろっている
二連
夕日がせなかをおしてくる
まっかなうででおしてくる
歩くぼくらのうしろから
でっかい声でよびかける
さよなら
きみたち
（略）
ぼくらも負けじとどなるんだ
太陽が
太陽は大きいから声も大きいのかな
同じ言葉のくりかえし
＝
リズムよく読める
ぼくらが
負けないように大きな声で
子供が気付いたことや考えたことを積極的に詩に書き込んで整理する

3 詩を読み、思ったことや考えたことを伝え合う 〈10分〉

T　詩を読んで、思ったことや考えたことを伝え合いましょう。

○詩の内容面はもちろんのこと、リズムや繰り返しなど表現面にも着目するよう促す。

・この詩もリズムがよく、言葉が繰り返されているので、読むのが楽しかったです。

・１連と２連で、太陽と「ぼくら」が逆になっていて、おもしろかったです。

・暗くなるまで公園で遊んで、急いで家に帰ったときのことを思い出しました。

・夕日に腕があって、本当に背中を押してきたらどんな気持ちになるかな。

・今度夕日を見たら、何て言おうとしているか想像してみたいと思いました。

○時間があれば、振り返りを書き、共有する。

ICT 等活用アイデア

音読を録音し、記録に残す

本単元で扱う２つの詩は、どちらもリズムがよく、同じ言葉や同じような表現が繰り返されているので、音読に適している。子供は声に出す楽しさを存分に感じることができるだろう。

時間があれば、自分の音読を録音し記録に残すと、学びの財産になる。また、ペアやグループで読み方を工夫したり動作をつけたりし、それを映像で残すことも可能だろう。「オリジナルわたしと○○と△△と」を作り、学習支援ソフトで共有するなど様々な活動を生み出すことができそうだ。

対話の練習

こんな係がクラスにほしい　（3時間扱い）

単元の目標

知識及び技能	・考えとそれを支える理由や事例について理解することができる。((2)ア)
思考力、判断力、表現力等	・目的や進め方を確認して話し合い、互いの意見の共通点や相違点に着目して、考えをまとめることができる。(A オ) ・目的を意識して、日常生活の中から話題を決め、集めた材料を比較したり分類したりすることができる。(A ア)
学びに向かう力、人間性等	・言葉がもつよさに気付くとともに、幅広く読書をし、国語を大切にして、思いや考えを伝え合おうとする。

評価規準

知識・技能	❶考えとそれを支える理由や事例について理解している。(〔知識及び技能〕(2)ア)
思考・判断・表現	❷「話すこと・聞くこと」において、目的や進め方を確認して話し合い、互いの意見の共通点や相違点に着目して、考えをまとめている。(〔思考力、判断力、表現力等〕A オ) ❸「話すこと・聞くこと」において、目的を意識して、日常生活の中から話題を決め、集めた材料を比較したり分類したりしている。(〔思考力、判断力、表現力等〕A ア)
主体的に学習に取り組む態度	❹進んで互いの意見の共通点や相違点に着目して考えをまとめ、学習の見通しをもってグループで話し合い、考えを整理してまとめようとしている。

単元の流れ

時	主な学習活動	評価
1	学習の見通しをもつ ・クラスの係活動を振り返り、新しくつくりたい係を考える。 ・思いついた係とその仕事を付箋に書いたり発表したりする。	❶
2	・グループで話し合い、クラスにほしい係についての考えを整理してまとめる。 ・その係がクラスにほしい理由を出し合ったり質問したりするなどして、考えを広げる。 ・話し合ったことを目的や仕事内容に分けて付箋に書き、話し合ったことを整理する。	❷❸
3	・グループで話し合ったことを全体で発表する。 ・それぞれのグループの発表を聞いて、感想を伝え合う。 学習を振り返る ・教科書 p.123「たいせつ」の項目を確認し、グループの話し合いの様子を振り返る。	❹

授業づくりのポイント

〈単元で育てたい資質・能力〉

本単元では、出された意見について質問したり補足したりして話し合うことを経験する。本単元で身に付けたい話し合い方は、「目的に沿って互いの意見の共通点や相違点を聞きとること」と「自分の考えに理由や事例を加えて話すこと」である。また、このような話し合い方の土台となるのが、互いの意見を認めながら話し合おうとする態度である。目的に応じた話し合いの過程を振り返る活動を通して、よりよい話し合い方を理解し、今後の学習活動や日常生活の場面で生かせるようにしたい。

〈教材・題材の特徴〉

本教材は、2学期係決めの話し合いを題材にしている。学期初めには、「何の係にしようかな」と考える子供は多く、自分事として取り組みやすい題材である。学級活動で行う係決めでは、同じ係のメンバーと話し合うことが多く、異なる係の意見を取り入れて話し合うことは少ない。本教材では、係活動を出し合い、係を決める前にグループで話し合う活動が設定されている。さらに、グループでの話し合いを全体で共有することで、係活動について様々なアイデアを見いだすことができる。

これらのことから、本教材は、クラスにあるとよい係活動という客観的な視点に立って考え、多面的に物事を捉えながら話し合うことに適した教材だといえる。

〈言語活動の工夫〉

本単元における言語活動の軸は、グループでの話し合いである。

[具体例]

○1グループ3人、または4人で構成する

一人一人に考えを話す意識をもたせ、互いの意見を聴く意識を持続することができるのに適した人数。

○考えを広げる意識を大事にする

意見を出し合う場合、アイデアの善しあしを気にして、考えが広がらないことがある。係活動に関する意見や質問は、その係を選んだ人が係活動を考える上で参考にするアイデアだということを共有し、積極的に意見を出し合うことを大切にする。

○聞いてもらえる雰囲気づくり

p.123「たいせつ」に挙げられている「たがいの考えをみとめながら話し合う」ことを基本とする。相手の意見に頷いたり「なるほど」と反応したりして一度受け入れる、理由を聞く、否定しないなど、基本的なルールを共有する。

○理由や事例を加えて意見を伝える

話し合いの環境を整え心構えを共有しても、それぞれの意見が相手に理解されないのでは話し合いが成立しない。そこで、「自分が○○をいいと思うのは……（理由)」や「○○をすると、例えば……（事例)」など、相手が納得するような話し方を身に付ける必要がある。

〈ICT の効果的な活用〉

共有：1学期末の振り返りシート（係活動欄）をデータ化、または端末で集計しておき、クラス全体で共有できるようにする。夏休みの間に1学期の出来事を忘れてしまう場合もあるため、成果と課題を把握するのに役立つ。

本時案

こんな係がクラスにほしい

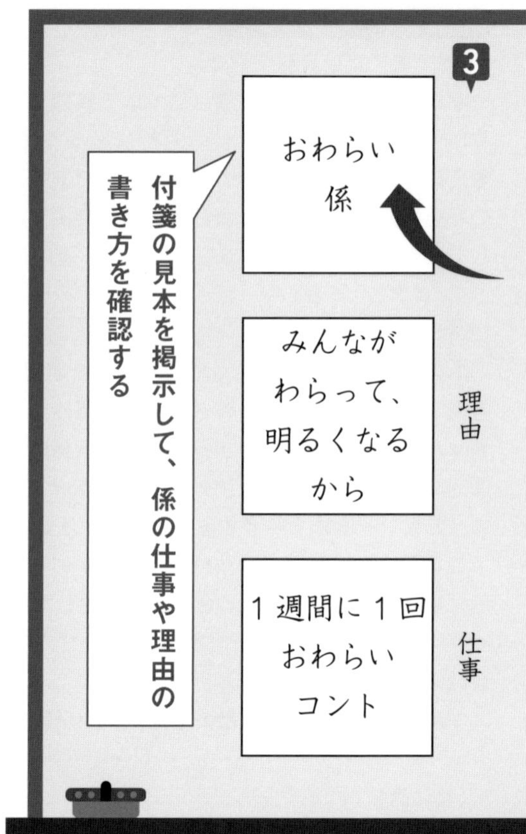

本時の目標

・これまでの係活動を振り返り、学校生活を楽しくするためにクラスにほしい係について話し合おうという学習の見通しをもつことができる。

本時の主な評価

クラスにほしい係とその理由などを考え、付箋に書いている。【知・技】

資料等の準備

・付箋の見本（コピー用紙Ａ４）

授業の流れ ▷▷▷

1 これまでの係活動を振り返る 〈10分〉

Ｔ　みなさんは１学期にどんな係に取り組みましたか。実際に行った活動やそのときの様子を話し合いましょう。

・かざり係をしました。こいのぼりの折り紙や、七夕かざりを作ってかざりました。

・お笑い係をしました。昼休みにお笑いコントをして、みんなが笑ってくれたのでよかったです。

Ｔ　うまくいった係がありますね。反対に、困ったことはありませんでしたか。

・天気係で、みんなに天気予報を伝えていました。でも、みんなの役に立っていたのか分かりません。

・２学期は、多くの人に楽しんでもらえる係活動にしたいです。

2 みんなの学校生活を楽しくする係について考える 〈15分〉

Ｔ　振り返りで、役に立っているか分からない、楽しんでほしいという意見が出ました。２学期はどんな係があるといいですか。

・みんなを楽しませてくれる係です。

・クラスを明るい気持ちにしてくれる係です。

Ｔ　学校生活が楽しくなりそうですね。今日は、クラスにあったらいいなという係を考えましょう。

・お笑い係は２学期もあった方がいいな。

・あいさつ係もクラスが明るくなりそう。

・クイズ係があったら楽しそうだな。

・お祝い係をして、誕生日をお祝いしたいな。

〇自分がしてみたい係、あるとよさそうな係など、複数の視点を提示することで、どちらか考えやすい方を選択できるようにする。

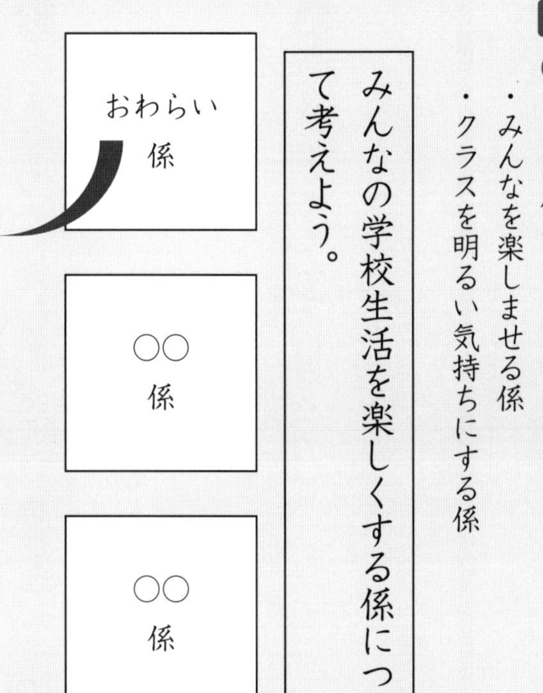

こんな係がクラスにほしい
1
○一学期の係をふりかえって
・かざり係……こいのぼりのおり紙や七夕かざりを作ってかざった
・おわらい係…昼休みにおわらいコント
みんながわらってくれたのでよかった
・天気係………みんなに天気予報をつたえた
みんなのやくに立ったのか？
2
○どんな係があるといいだろう。
・みんなを楽しませる係
・クラスを明るい気持ちにする係
みんなの学校生活を楽しくする係について考えよう。
おわらい
係
○○
係
○○
係

3 思いついた係の仕事や理由を付箋に書き出す 〈20分〉

T　いろいろな係が出ていました。今から思いついた係の仕事やほしい理由を考え、付箋に書きましょう。

・係の仕事はいくつ書いたらいいですか。

○付箋の見本を掲示して説明する。

T　お笑い係の場合は「仕事は昼休みにお笑いコントをする」です。１学期は週に何回係の仕事をしましたか。

・１回です。

T　それなら、「週に１回、昼休みにお笑いコントをする」と書くとよいですね。

○書き方に困るようであれば、具体例を提示して、活動することや時間帯、頻度、場所などを引き出すようにする。

○付箋はノートに貼り、次時に備える。

よりよい授業へのステップアップ

理由を引き出す、教師の問いかけ

本時の主な活動は、学校生活を楽しくする係を自分で考え、書き出すことである。その係がほしい理由について「楽しいから」「あるといいから」など漠然としたことしか書けないことが考えられる。そこで、「どうして楽しく感じるのか」「クラスにどんないいことがあるか」と問いかけると、「みんなが笑って、クラスが明るくなるから」など、少しずつ具体的に理由を書けるようになるだろう。

本時案

こんな係がクラスにほしい

本時の目標

・クラスにほしい係について、理由を添えて伝えたり質問したりして話し合い、互いの意見の共通点や相違点に着目して、考えをまとめることができる。

本時の主な評価

❷お互いの意見について質問したり、よりよい意見を出したりして話し合い、話し合ったことを基に、自分の考えをまとめている。

【思・判・表】

❸各班の発表を聞き比べたり、質問したりしてクラスにほしい係について考えている。

【思・判・表】

資料等の準備

・ワークシートと書き方例 23-01、23-02
・付箋（3 cm× 7 cm が使いやすい）

3 ○グループで話し合ったことを整理しよう。
・元気係　…　たんじょう日の友だちに歌を歌う
・おいわい日係　…　たんじょう日の人におめでとう
↓係を一つにするか、どちらかに仕事をまかせるか

4 ○自分の考えをまとめよう
↓ほしい係とその理由をノートに書く

授業の流れ ▷▷▷

1 話し合いの目的と内容を確認する 〈10分〉

T　前の時間に、2学期の係について話し合いました。どんな係があるとよいと考えましたか。
・みんなが楽しくなるような係です。
・クラスが明るくなる係です。
T　学校生活を楽しくする係ですね。今からグループでほしい係と仕事、その理由について話し合います。ワークシートに前回書いた付箋を貼って話し合いましょう。
○ワークシートを配付する。
・「仕事②」の欄は、ない場合はどうしますか。
・「しつもん」の欄は何を貼りますか。
T　「仕事②」には、話し合いで新しく思いついた仕事を貼ります。「しつもん」には質問やよりよい係になる意見などを貼ります。

2 クラスにほしい係についてグループで話し合う 〈15分〉

○教師は、各グループの様子を見て回り、お互いの考えた意見について、質問したりよりよい意見を出したりして話し合えるようにサポートする。
①一人一人が発言すること
②質問をすること（必要に応じて教師が質問してもよい）
③その係がほしい理由をつけ足したり仕事を加えたりして、係についての考えを広げること

ICT 端末の活用ポイント

グループのワークシートをプロジェクターやモニターで映し、話しているところを拡大提示することで、内容理解の支援になる。

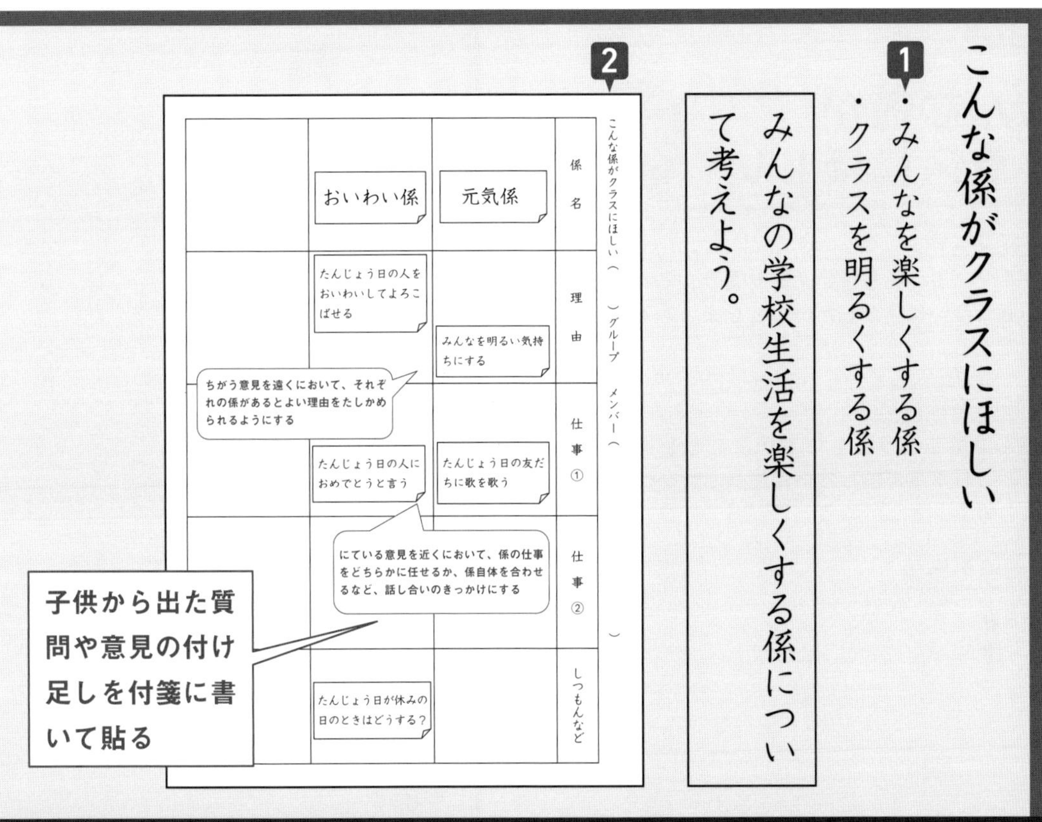

こんな係がクラスにほしい
1
・みんなを楽しくする係
・クラスを明るくする係
みんなの学校生活を楽しくする係について考えよう。
2
こんな係がクラスにほしい（　）グループ　メンバー（　）
係名
理由
仕事①
仕事②
しつもんなど
元気係
おいわい係
たんじょう日の人をおいわいしてよろこばせる
みんなを明るい気持ちにする
ちがう意見を遠くにおいて、それぞれの係があるとよい理由をたしかめられるようにする
たんじょう日の友だちに歌を歌う
たんじょう日の人におめでとうと言う
にている意見を近くにおいて、係の仕事をどちらかに任せるか、係自体を合わせるなど、話し合いのきっかけにする
子供から出た質問や意見の付け足しを付箋に書いて貼る
たんじょう日が休みの日のときはどうする？

3 グループで話し合ったことを整理する 〈10分〉

T　各グループで質問や意見をたくさん出し合っていますね。意見が似ているものは近くに、違う意見は離して貼り、考えを整理します。何か似ている意見は出ましたか。

・元気係の仕事の「誕生日の友だちに歌を歌う」と、お祝い係の「誕生日の人に『おめでとう』と言う」というのが似ていました。

T　誕生日の人を祝う係が2つになりますね。それでは、係の仕事をどちらかに任せるのか、係を1つにするのかどうしますか。このように、出てきた意見を比べて、係や仕事を整理しましょう。

○発表が出ない場合は、教師がグループのワークシートを見取り、例として取り上げるようにする。

4 クラスにほしい係について、自分の考えをまとめる 〈10分〉

T　グループで話し合いをして、自分がクラスにほしいと思った係を選びましょう。そして、その係がクラスにあるとよい理由を考えてノートに書きましょう。

○理由を書くのに困っている子には、ワークシートの記述や板書に着目させ、納得のいくものを写すなど、具体的な支援を行う。

ICT 端末の活用ポイント

アンケート機能のあるアプリを使って、「ほしい係アンケート」を作成し、個人の端末で回答する。票を集めた係やその理由を紹介することで、みんなに受け入れられる理由について考えることができる。

本時案

こんな係がクラスにほしい

本時の目標

・グループでの話し合いを振り返り、これからの話し合いに生かしたいことをまとめることができる。

本時の主な評価

❹進んで話し合うときに大切なことを振り返り、これからの話し合いに生かしたいことをまとめようとしている。【態度】

資料等の準備

特になし

○みんなが意見を言えた
○友だちの意見に「うなずき」や「いいね」
△しつもんを多くしたかった
○つけ足しで係の仕事が新しいアイデア

3
○これからの話し合いに生かしたいことをまとめよう。

授業の流れ ▷▷▷

1 グループで話し合ったことを発表する 〈15分〉

T　グループで話し合ったことを発表しましょう。
・あいさつ係があるといいと思いました。朝から元気よくあいさつすると一日が気持ちよく過ごせるからです。朝一人一人に気持ちのよいあいさつをします。
T　質問や感想はありませんか。
・あいさつでクラスを明るくするのはとてもよいと思います。質問ですが、朝だけにしたのはなぜですか。
・帰りも考えましたが、まずは朝にしっかりあいさつをしようと思いました。慣れてきたら、帰りも元気よくあいさつしたいです。
○相手の意見を肯定する態度を褒めて、互いに認めることの意識を高める。

2 グループで話し合いの様子について振り返る 〈20分〉

T　教科書 p.123の「たいせつ」を見ましょう。話し合うときに大切なことは何ですか。
・全員が意見を出すことです。
・互いの考えを認めながら話し合うことです。
・質問や付け足しで、考えを広げることです。
T　「たいせつ」の内容を基に、各グループで話し合いの仕方を振り返りましょう。
・グループのみんなが話せてよかったです。
・友だちの考えに頷いたり「いいね」と言ったりして認めていました。
・質問がもう少し出るとよかったです。
・あいさつ係が天気予報を調べて、雨のときはいつも以上に元気よくあいさつするのはいいアイデアだと思いました。
○グループでの振り返りを全体でも共有する。

こんな係がクラスにほしい

1 グループで話し合ったことを発表しよう。

・あいさつ係…朝元気のよいあいさつ　気持ちいい
朝　一人ひとりに　あいさつする
朝だけ？…まずは朝。なれたら帰りも

・〇〇〇係　…

理由、仕事を行分けする。質問は「？」をつける

2 〇話し合いの様子をふりかえろう。

「たいせつ」
・全員が意見を出す
・おたがいの意見をみとめ合う
・しつもんやつけ足しで考えを広げる

3 話し合うときに大事にしたいことについてまとめる 〈10分〉

T　これから、話し合いのときに心掛けたいこととその理由をノートにまとめましょう。

〇自分の考えを書き表すことに苦手意識をもっている子供には、次のような支援が考えられる。

①板書の記述をヒントにする
②友達が書いたことを参考にする
③子供のノートをモニターに映す
④教師が子供の様子を見取り、「どんなことに気を付けた？」など、問いかけながら考えを引き出す

ICT 端末の活用ポイント

書くことに苦手意識をもつ子供には、考えを音声入力して提出できるようにする。音声文字起こしツールも活用できる。

ICT 等活用アイデア

「話す・聞く」様子を振り返る学習こそ、ICT 活用の出番

「話す・聞く」の学習は、自分の話し方・聞き方をメタ的に捉えることが効果的である。しかし、音声言語である「話す・聞く」の活動は、文字として残らないため、記憶が曖昧になり、振り返りが抽象的になってしまう。

そこで、本単元では動画撮影や音声入力を取り入れた。自分の話し合う様子や発する言葉を客観的に見直せる機会を設けることで、話し方、聞き方のよさや改善点が明確になる。「話す・聞く」学習における振り返りこそ、ICT 活用の本領を発揮する場面である。

資 料

1 第２時　ワークシート（A３サイズ配付用）⤓ 23-01

こんな係がクラスにほしい（　　　）グループ　メンバー（　　　　　　）

係名	理由	仕事①	仕事②	しつもんなど

2 第2時　ワークシートの書き方例（掲示用）23-02

こんな係がクラスにほしい（　　）グループ　メンバー（　　）

係名	元気係	おいわい係	
理由	みんなを明るい気持ちにする	たんじょう日の人をおいわいしてよろこばせる	
仕事①	たんじょう日の友だちに歌を歌う	たんじょう日の人におめでとうと言う	
仕事②			
しつもんなど		たんじょう日が休みの日のときはどうする？	

ちがう意見を遠くにおいて、それぞれの係があるとよい理由をたしかめられるようにする

にている意見を近くにおいて、係の仕事をどちらかに任せるか、係自体を合わせるなど、話し合いのきっかけにする

生活の中で読もう

ポスターを読もう　（2時間扱い）

単元の目標

知識及び技能	・比較や分類の仕方を理解し使うことができる。((2)イ)
思考力、判断力、表現力等	・文章を読んで理解したことに基づいて、感想や考えをもつことができる。(C オ) ・目的を意識して、中心となる語や文を見つけることができる。(C ウ)
学びに向かう力、人間性等	・言葉がもつよさに気付くとともに、幅広く読書をし、国語を大切にして、思いや考えを伝え合おうとする。

評価規準

知識・技能	❶比較や分類の仕方を理解し使っている。(〔知識及び技能〕(2)イ)
思考・判断・表現	❷「読むこと」において、文章を読んで理解したことに基づいて、感想や考えをもっている。(〔思考力、判断力、表現力等〕C オ) ❸「読むこと」において、目的を意識して、中心となる語や文を見つけている。(〔思考力、判断力、表現力等〕C ウ)
主体的に学習に取り組む態度	❹進んで文章を読んで理解したことに基づいて、感想や考えをもち、学習課題に沿って考えたことを伝え合おうとしている。

単元の流れ

時	主な学習活動	評価
1	学習の見通しをもつ ・身の回りには、どのようなポスターがあるのかを発表する。 ・「キャッチコピー」について確認した上で、教科書 p.124「ポスターのれい」を見て、工夫しているところを話し合う。	❸
2	・p.126–127の（ア）（イ）のポスターを比べ、同じところや違うところを見つけ、どちらのポスターの方がお祭りに行きたくなるか、誰に向けて作られたポスターなのかなどを話し合う。 学習を振り返る ・p.125「たいせつ」を基に本単元を振り返る。	❶ ❷ ❹

授業づくりのポイント

〈単元で育てたい資質・能力〉

公共交通機関、公共施設、商店をはじめ、街にはポスターがあふれており、目にする機会も多い。子供にとっても身近な存在のポスターであるが、改めてどのような工夫がされているのか、立ち止まって考えることに本単元の大きな意味がある。本単元を通して、人を引き付けるために、キャッチコピーを含め言葉と絵や写真をどのように組み合わせているかなど、ポスターのつくりに関する様々な感想や考えをもつ力を育みたい。

また、２枚のポスターを比較し、読み取った情報を基に共通点や相違点を整理する。その上で、情報を届けたい相手やそのポスターが作られた目的を考えるなど、「情報の整理」に関する知識及び技能を育むことも本単元の目的である。

〈教材・題材の特徴〉

まず、p.124に「ポスター」の定義が書かれている。それを押さえた上で、読書週間のポスターの例を用いて、ポスターの作られ方を学ぶ。知らせたい内容（情報）が正確に、分かりやすく相手に届くように、どのような絵や写真が使われているのか、またキャッチコピーなどの言葉が載せられているのかを具体的に学ぶことができる。

p.125以降は、情報を届けたい相手が違うことで、どのようにポスターのつくりが変わってくるのかが明確に表れている２枚のポスターを比較する活動が設けられている。「どちらかだけにあること」など情報を比較・整理するための観点が示されており、どちらのポスターがお祭りに行きたくなるか、知らせたい相手や知らせたい情報は何かなどについて感想や考えをもちやすくなっている。

[具体例]

○ p.124の読書週間のポスターのキャッチコピーは「ホッと一息　本と一息」。韻を踏み、印象に残るフレーズとなっている。また、「ホッと一息」に合わせ、擬人化されたポットがコーヒーを飲みながら本を読む絵が描かれている。知らせたい内容は10月末から読書週間が始まることであり、この期間は、ゆっくりと読書をしませんかというメッセージが伝わってくる。温かな配色、親しみやすい字体など、この１枚のポスターには工夫がたくさんある。気付いた工夫をたくさん出し合うことは、次時のコスモス祭りのポスターを比較する際の観点をもつことにつながる。

〈言語活動の工夫〉

本単元では、コスモス祭りという架空のお祭りのポスターを比較する活動が設定されている。２枚のポスターは、つくりの工夫や目的、届けたい相手などを比べやすいように違いが明確になっている。最終的には、「生活の中で読もう」という単元名のとおり、日常生活で目にするポスターも同じように読めるようになることを目指したい。そのためには、実際のポスターを集め、比較したり目的や相手を考えたりする活動を取り入れることも有効である。

[具体例]

○ポスターを集め、画像を端末で共有し、街にはどんな種類のポスターが多いのかを分析することは、情報の整理につながる。行事案内、マナー啓発、商品宣伝、募集など、ポスターには様々な目的があることに気付くだろう。

○商品宣伝や人材の募集を目的とする場合、類似のポスターを見かけることがある。例えば、洗濯機や英会話スクールなどのポスターでは、同じような内容でも届けたい相手によって、言葉や絵、写真、色彩などがかなり異なる。可能な範囲で学習に用いると、より学習と生活が結び付く。

本時案

ポスターを読もう

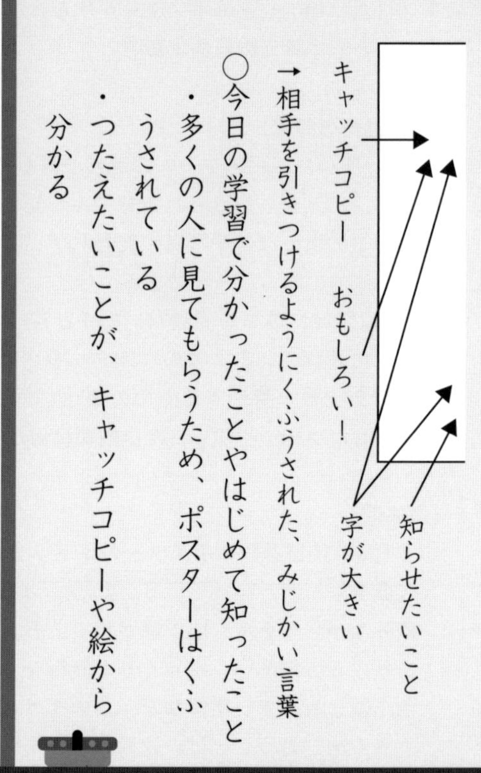

キャッチコピー　おもしろい！
→相手を引きつけるようにくふうされた、みじかい言葉
字が大きい
知らせたいこと
○今日の学習で分かったことやはじめて知ったこと
・多くの人に見てもらうため、ポスターはくふうされている
・つたえたいことが、キャッチコピーや絵から分かる

本時の目標

・ポスターのつくりを理解し、工夫している点などを見つけることができる。

本時の主な評価

❸キャッチコピーなどの中心となる語や文をはじめ、ポスターの工夫している点を見つけている。【思・判・表】

資料等の準備

・教科書 p.124の「ポスターのれい」の拡大コピー

授業の流れ ▷▷▷

1 「ポスター」について理解する 〈5分〉

T　みなさんは、ポスターを見たことがありますか。

・家の近くの交番に貼ってあります。

・学校にもスポーツチームや美術館のポスターが貼ってあるから毎日見ています。

T　では、ポスターとはどんなものでしょう。

・大きな紙に写真や絵が載っているものです。

・短くて、心に残る言葉が書かれています。

・ぱっと見て何を伝えたいのかが分かります。

○教科書 p.124にあるように「行事の案内、マナーの呼びかけ、商品の宣伝など、知らせたいことを一枚の紙にまとめたもの」「言葉と絵、写真などを組み合わせて、人を引きつける工夫がされているもの」という定義を、子供の言葉を使って押さえたい。

2 ポスターにはどのような目的があるか発表する 〈15分〉

T　では、なぜポスターが貼られているのでしょうか。

・家の近くの掲示版にお祭りのポスターが貼ってあるのは、たくさんの人に来てほしいからだと思います。

・道にポイ捨て禁止のポスターがあります。ポイ捨てする人を減らしたいからです。

・レストランに行ったとき、おすすめ商品のポスターがありました。ぜひ食べてほしいからだと思います。

ICT 端末の活用ポイント

単元開始前に、この学習について説明し、タブレットやデジタルカメラなどを使って身近にあるポスターを集める活動を設定するとよい。集めたポスターは、学習過程３で活用する。

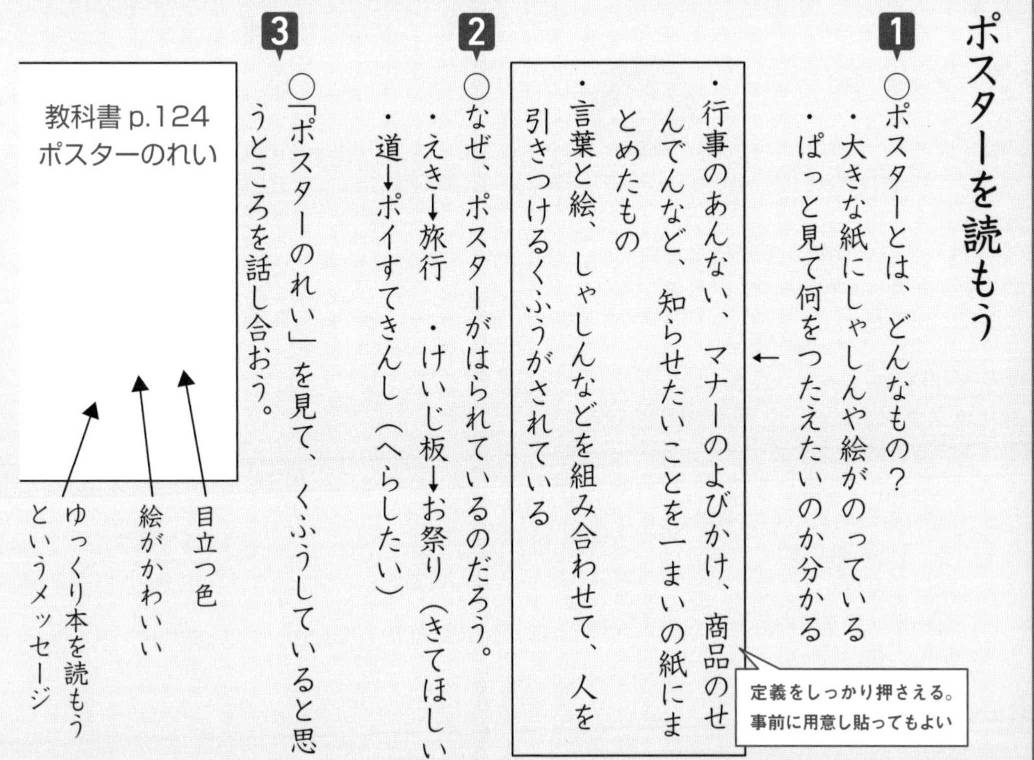

ポスターを読もう
1
○ポスターとは、どんなもの？
・大きな紙にしゃしんや絵がのっている
・ぱっと見て何をつたえたいのか分かる
←
・行事のあんない、マナーのよびかけ、商品のせんでんなど、知らせたいことを一まいの紙にまとめたもの
・言葉と絵、しゃしんなどを組み合わせて、人を引きつけるくふうがされている
定義をしっかり押さえる。事前に用意し貼ってもよい
2
○なぜ、ポスターがはられているのだろう。
・えき→旅行　・けいじ板→お祭り（きてほしい）
・道→ポイすてきんし（へらしたい）
3
○「ポスターのれい」を見て、くふうしていると思うところを話し合おう。
教科書 p.124
ポスターのれい
目立つ色
絵がかわいい
ゆっくり本を読もうというメッセージ

3 「ポスターのれい」を見て、工夫している点を話し合う　〈25分〉

T　「ポスターのれい」を見てみましょう。
・ポットみたいなかわいい絵が描かれています。
・読書週間のことが書かれています。
・キャッチコピーがあります。
T　キャッチコピーは、「ホッと一息　本と一息」です。工夫していると思うところはどんなところですか。話し合いましょう。
・キャッチコピーや読書週間の字が大きく書かれています。
・おもしろいキャッチコピーになっています。
・絵がかわいくて目立つ色を使っています。
・ゆっくり本を読みませんか、というメッセージが言葉と絵から伝わってきます。
○時間があれば、今日の学習で分かったことや初めて知ったことを発表する。

ICT 等活用アイデア

実際のポスターを集める

タブレットやデジタルカメラなどを使って実際のポスターを撮影して集めると、街にはどんなポスターが多いのかが分かる。仲間分けをすることで、それぞれのポスターが貼られている目的を考えるきっかけとなる。

同じような商品や会社のポスターが集まれば、それらを比べることで対象としている相手や伝えたいメッセージが違うことを実感できる。

なお、ポスターを撮影する際は周りにいる人が映らないようにするなど、注意すべき点をしっかりと伝えたい。

本時案

ポスターを読もう

本時の目標

・２枚のポスターを比較して違いを見つけ、その違いが生まれる理由について感想や考えをもつことができる。

本時の主な評価

❶２枚のポスターを比べ、共通点や相違点を見つけている。【知・技】
❷ポスターの描かれ方の違いを理解した上で、違いが生まれる理由について感想や考えをもっている。【思・判・表】
❹ポスターに関心を持ち、工夫している点などについて進んで感想や考えをもち、伝え合おうとしている。【態度】

資料等の準備

・教科書 p.126–127の「コスモス祭り」のポスター（ア）と（イ）の拡大コピー

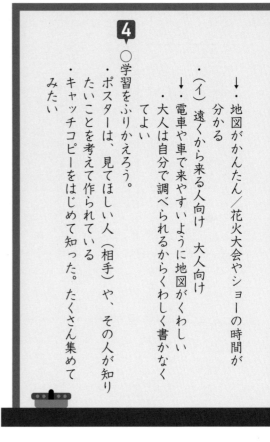

↓・地図がかんたん／花火大会やショーの時間が分かる
・（イ）遠くから来る人向け　大人向け
↓・電車や車で来やすいように地図がくわしい
・大人は自分で調べられるからくわしく書かなくてよい

4
○学習をふりかえろう。
・ポスターは、見てほしい人（相手）や、その人が知りたいことを考えて作られている
・キャッチコピーをはじめて知った。たくさん集めてみたい

授業の流れ ▷▷▷

1 ポスターを比べ、同じところや違うところを見つける 〈15分〉

T　同じお祭りのポスターを比べ、同じところや違うところを見つけましょう。
・２枚とも「コスモス祭り」という言葉が大きくて、いつやるのか、どこでやるのか、問い合わせるところが書かれています。
・写真とキャッチフレーズが違います。
・（ア）は、花火大会やキャラクターが目立っています。何時に何が行われるのかも分かりやすいです。
・（イ）は、地図が細かく描かれていて、電車や車で行くのに便利そうです。

ICT 端末の活用ポイント

教科書に直接書き込んでもよいが、タブレット上で２枚のポスターの共通点、相違点を書き込むと共有しやすくなる。

2 どちらのポスターがお祭りに行きたくなるか話し合う 〈10分〉

T　２枚のポスターには同じところと違うところがありますね。あなたは、どちらのポスターの方がお祭りに行きたくなりますか。
・私は（ア）です。「みんな集まれ」というキャッチコピーと笑顔の写真を見て、楽しそうだと思ったからです。
・僕も（ア）です。花火大会が見たいです。
・「50万本の世界へ」というキャッチコピーがすてきだし、とても広いコスモス畑を見てみたくなったので（イ）のポスターの方が行きたくなりました。
・（イ）はポスター全体がコスモスの赤色なので目立つし、きれいだなと思いました。
・（ア）の方が、字がかわいらしいです。（イ）は大人向けみたいに感じました。

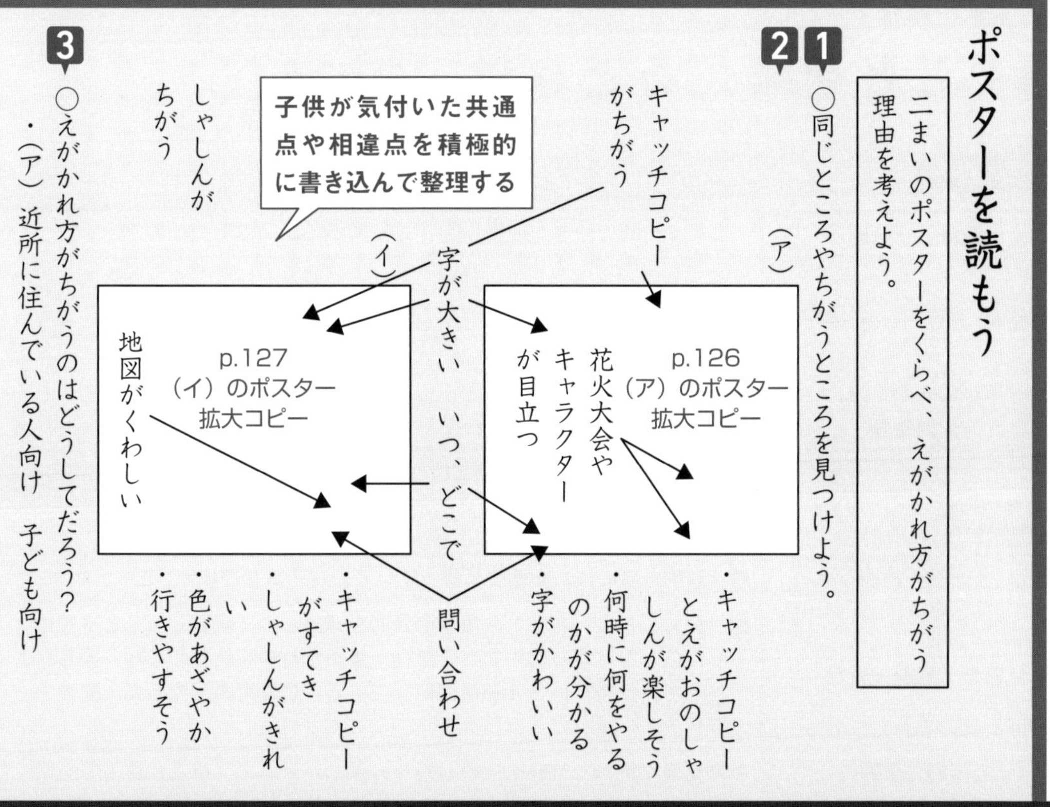

3 2枚のポスターの描かれ方が違う理由を考える　〈10分〉

T　なぜ、描かれ方に違いがあるのでしょう。

・（ア）は子供が行きたくなるポスターで（イ）は大人向けのポスターです。見てほしい相手が違うからだと思います。
・（ア）は子供が楽しみにしそうな花火大会や、コスモスくんショーが何時にやるのかも分かるようになっています。
・大人の人はパソコンなどでそのお祭りを詳しく調べられるけれど、子供はできないから時間も書いているのだと思いました。
・（イ）は遠くから来る人向けで、（ア）は近所に住んでいる人向けだと思います。

T　見てほしい人（相手）や、その人がほしい情報などを考えて、ポスターは作られているのですね。

4 「たいせつ」を基に、学習を振り返る　〈10分〉

T　この学習で、初めて知ったことやおもしろいなと思ったことを発表しましょう。

・キャッチコピーという言葉を初めて知りました。
・ポスターにはいろいろな工夫があって、おもしろいなと思いました。

T　これからやってみたいことはありますか。

・ポスターを見るときに、なぜその絵や写真を載せているのかを考えてみたいです。
・キャッチコピーを集めてみたいです。
・どんな人に見てもらうために作ったポスターなのか想像してみたいです。
・クラスで係のポスターを作るときに、色や絵、キャッチフレーズを工夫したいです。

書くときに使おう

書くことを考えるときは　（2時間扱い）

単元の目標

知識及び技能	・比較や分類の仕方を理解し使うことができる。((2)イ)
思考力、判断力、表現力等	・相手や目的を意識して、経験したことや想像したことなどから書くことを選び、集めた材料を比較したり分類したりして、伝えたいことを明確にすることができる。(B ア)
学びに向かう力、人間性等	・言葉がもつよさに気付くとともに、幅広く読書をし、国語を大切にして、思いや考えを伝え合おうとする。

評価規準

知識・技能	❶比較や分類の仕方を理解し使っている。(〔知識及び技能〕(2)イ)
思考・判断・表現	❷「書くこと」において、相手や目的を意識して、経験したことや想像したことなどから書くことを選び、集めた材料を比較したり分類したりして、伝えたいことを明確にしている。(〔思考力、判断力、表現力等〕B ア)
主体的に学習に取り組む態度	❸粘り強く集めた材料を比較したり分類したりして、伝えたいことを明確にし、学習課題に沿って夏休みの思い出などを書こうとしている。

単元の流れ

時	主な学習活動	評価
1	学習の見通しをもつ ・夏休みの思い出を図に表したり、書く内容を決めたりするなど、図を基に文章を考えるという学習の見通しをもつ。 ・教科書 p.128の例を基に観点を増やし、図を広げながら書く内容を決める。	❶
2	・図を基に文章を書く。 学習を振り返る ・書いた文章を友達と読み合い、図を通して相手に伝わる文章になっているか確かめる。	❷❸

授業づくりのポイント

〈単元で育てたい資質・能力〉

中学年では、相手や目的を意識した上で、集めた材料を比較したり分類したりして整理することに重点が置かれている。

本単元では、相手や目的を意識して、経験したことや想像したことなどから書くことを選び、集めた材料を比較したり分類したりして、伝えたいことを明確にする力の育成をねらいとする。子供たちは、図を活用しながら取材活動を行うことが初めてだったり、慣れていなかったりする場合があるだろう。一人一人の子供が積極的に図を活用できるように支援したい。

［具体例］

○「書くときに使おう」の単元は、２年生上巻の教科書から系統立てて掲載されている。その内容は、２年生「推敲」、３年生「取材」、４年生「推敲」、５年生「構成」、６年生「推敲」である。取材活動の指導は、３年生のみに設定されている。よって、図などの活用を中心に、書くための土台づくりに重点を置きたい。図を初めて使ったり慣れていなかったりする場合、考えの広げ方などを丁寧に扱いたい。設定した題材によっては、図の広げ方が異なるため、以下のような方法を試みることも必要である。

①いつ、どこ、なぜ、など５Ｗ１Ｈ言葉を使いながら広げる方法

②「出来事」「その具体」「会話」「色」「数」「感じたこと」など、低学年の学習を生かしながら項目を立てる方法

このような内容を扱う中で、経験したことや想像したことなどから書くことを選んだり、集めた材料を比較・分類したりして、伝えたいことを明確にする力の育成を目指したい。

〈広げ方の例〉

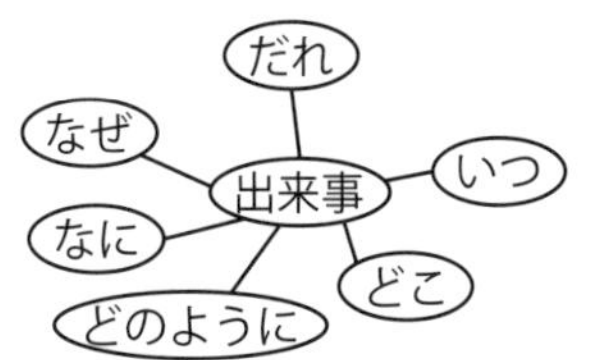

①５Ｗ１Ｈを用いて広げる方法

②観点を用いて広げる方法

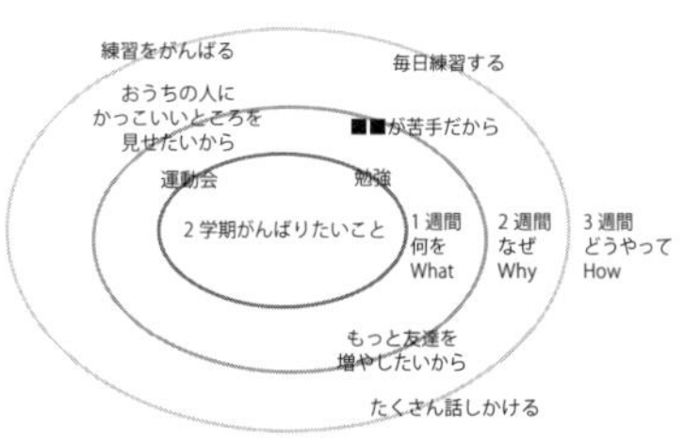

同心円状に同じ観点等で広げる方法

〈教材・題材の特徴・言語活動の工夫〉

夏休みの思い出から、友達に知らせたいことを書く教材である。夏休みの思い出を題材とするため、その具体は多岐にわたるが、家庭による実態を考慮する必要がある。テーマについては、個別最適な学びを促すために、子供たちと一緒に考えてもよいだろう。その際、「クラスの友達に伝えたいこと」などの大枠を示すことで、相手意識をもってテーマ選択に取り組むことができる。（テーマ例：２学期頑張りたいこと／好きな○○／はまっていること／気になったニュースなど）

〈ICT の効果的な活用〉

分類・整理：学習支援ソフトを活用することで、記述・削除などにおける作業を効率化できる。

共有：学習支援ソフトを活用することで、図などの共有が可能になり、活動を進めることが苦手な子供の支援に効果的である。

本時案

書くことを考えるときは

本時の目標

・図を使いながら考えを広げ、伝えることを決めることができる。

本時の主な評価

❶比較や分類の仕方を理解し使っている。【知・技】

資料等の準備

・図の例① 25-01
・ワークシート 25-03

3
つたえることを決めて、考えを広げよう。

いつ・どこ・だれ
何・なぜ・どのように
↓自分でしつもんをしてくわしくする

4
伝えるテーマ…お祭りに行ったこと
ヨーヨーすくいをしたこと

子供の発言や2の例を基に板書するとテーマ決定のイメージがしやすい

授業の流れ ▷▷▷

1 書くためのテーマを出し合う 〈8分〉

T 「○○に伝えよう」の○○には、どんな言葉が当てはまると思いますか。
・「友達」だと思います。
・私は「先生」が入ると思います。
・「正確に」や「詳しく」だと思います。
T 今、考えを出してくれた「友達」や「先生」に何か伝えたいことはありますか。
・夏休みの思い出です。
・2学期に頑張りたいことです。
○ここでは、書く内容を決めるための土台づくりを行う。書く活動を行う際は、子供たちが書きたいと思う題材を設定することが大切になる。また、相手意識や目的意識をもつことも大切になる。問い返しを行いながら進める。

2 図を使って考えを広げる方法を知る 〈17分〉

T 例えば、「夏休みの思い出」を伝えるテーマに設定したとします。みなさんは、夏休み中にどのようなことをしましたか。
・旅行に行きました。
・お祭りに行きました。
・家でゲームをしていました。
T 次に、伝えたいことを詳しくします。旅行はどこに行きましたか。
・北海道です。
T 伝えることを考えるときは、思いつくことをつなげて図を作り、考えを広げる方法があります（図の例を掲示する）。
○発言に対して5W1Hで問い返すことで、具体を引き出す。
○他のテーマでも同様のことを行うとよい。

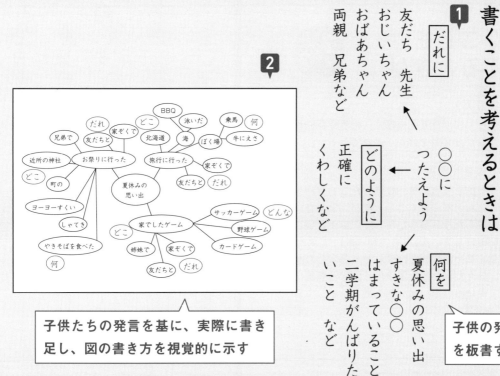

1

書くことを考えるときは

だれに

友だち　先生
おじいちゃん
おばあちゃん
両親　兄弟など

○○に
つたえよう

どのように

正確に
くわしくなど

何を

夏休みの思い出
すきな○○
はまっていること
二学期がんばりたいこと　など

子供の発言を板書する

2

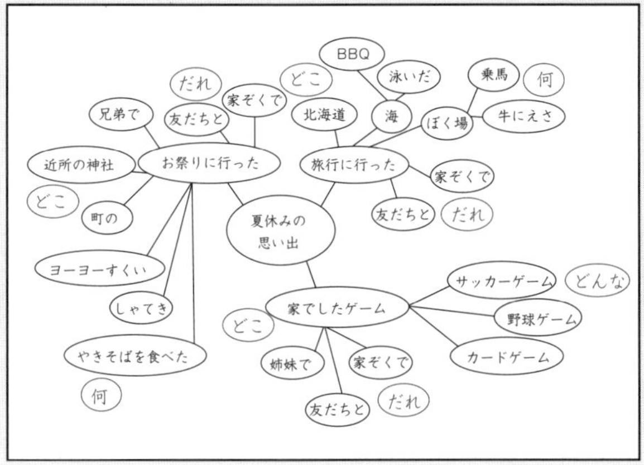

子供たちの発言を基に、実際に書き足し、図の書き方を視覚的に示す

3 テーマを決め、図を使って考えを広げる 〈17分〉

T　では、自分で決めたテーマで何を伝えたいか、図を使って考えを広げてみましょう。誰に伝えるのかも考えましょう。

○まずは、全体で図の書き方を確認する。

T　みんなで一緒にやってみましょう。ノートの真ん中にテーマを書きます。その周りには、テーマから思いつく言葉を書きましょう。３～５個書けるとよいです。

T　次に、書いたことを詳しくしていきます。自分が書いた言葉に「いつ、どこ、だれ、なに、なぜ、どのように」など、自分で質問をしてみましょう。

○教師がもっている視点（感じたこと、会話、数、色、大きさなど）を共有しながら、具体を引き出す。

4 図を基に伝える内容を決定する 〈３分〉

T　図を使って考えを広げることができましたね。広げた中で、どれが一番伝えたいですか（伝えられそうですか）。

・海に家族で旅行に行ったことです。
・お祭りで、ヨーヨーすくいをしたことです。
・２学期、算数の勉強を頑張りたいことです。

T　それは、誰に伝えますか。

・先生です。
・友達です。
・おじいちゃん、おばあちゃんです。

○もう一度、誰に対して書くのかを確認し、相手意識をもてるようにする。

T　みなさんも伝える相手と内容が合っているか確認しましょう。次の時間は、図を使いながら文章を書いていきます。

本時案

書くことを考えるときは

本時の目標

・図を使って広げた考えを基に、相手や目的を意識しながら文章を書くことができる。

本時の主な評価

❷相手や目的を意識して、経験したことや想像したことなどから書くことを選び、集めた材料を比較したり分類したりして、伝えたいことを明確にしている。【思・判・表】
❸粘り強く集めた材料を比較したり分類したりして、伝えたいことを明確にし、学習課題に沿って夏休みの思い出などを書こうとしている。【態度】

資料等の準備

・図の例② 25-02
・教科書 p.129の例文の拡大コピー

・図の中の言葉をつなげる
・図にはない言葉を書いてもいい
・読点（、）や句点（。）をつける

3
○書いた文章を友だちと読み合おう。
（れい）わたしは、○○について書きました。えらんだ理由は、二つあります。一つ目は、○○だからです。二つ目は、△△だからです。

授業の流れ ▷▷▷

1 図を基にした文章の書き方について考える 〈8分〉

T 今日は、前回作成した図を基に文章を書きます。みなさんは、このような図（p.128の図に書き加えたもの）を作成しましたね。この図を基に文章を書くと、このよう（p.129の例文）になります。文章にはどのようなことが書かれていますか。
・夏休みの一番の思い出が書いてあります。
・毎朝、野菜を採ったことが書いてあります。
・おばあちゃんに言われたことが書いてあります。
T 図にないことも文章には書いてありますね。このように、図で書いた言葉に付け加えたり、言葉と言葉をつなげたりしながら文章を書きます。
○前時を振り返り、本時のめあてを板書する。

2 図を基に文章を書く 〈20分〉

T 作成した図を基に、自分が選んだ相手に伝えるための文章を書きましょう。
・何の話を書こうかな。
・なかなか決まらないし、書くのが難しいな。
・どんどん書き進めていいですか。
○書く活動を進める中で、話のまとまりで段落を作成すること、句読点の付け方や文末表現の統一などもあわせて指導する。
○１人で書き進めることが難しい子供には、図と例文を比べて、対応するものを同じ色のマーカーで囲み確認するなどの支援をする。

ICT 端末の活用ポイント

文書作成ソフトを活用すると、加除修正が容易なため、段落や句読点、文末表現の統一の指導が行いやすい。

書くことを考えるときは

1

p.128 の図に書き加えた図を貼る

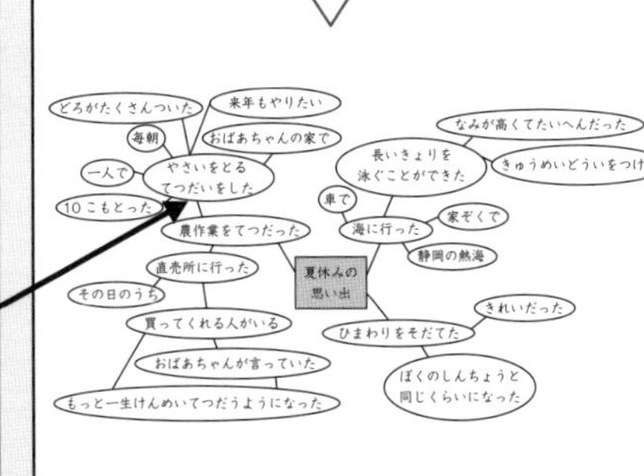

図から文にすることが難しいため、図と文を対応させながら一文ずつ丁寧に扱うようにする

p.129 例文を拡大コピーして貼る

2

文章を書いてみよう。

　ぼくの夏休みのいちばんの思い出は、おばあちゃんの家で農作業をてつだったことです。
　ぼくは、毎朝、やさいをとりました。そして、とったやさいを、その日のうちに直売所に持っていきました。おばあちゃんに、
「直矢がとったやさいを買ってくれる人がいるんだよ。」
と言われてから、もっと一生けんめいてつだうようになりました。
　来年も、農作業をてつだいに行きたいです。

3 書いた文章を友達と読み合う 〈17分〉

T　書いた文章を友達と読み合いましょう。その際、まずは図と文章を並べて見せながら、なぜその題材やエピソードを選んだのかを伝えましょう。次に、お互いの文章を読み合いましょう。

○完成した文章を読み合う前に、全体で教師がお手本を見せてもよい。
（例）私は、おばあちゃんの家で農作業をしたことを選びました。理由は、２つあります。１つ目は、一番の思い出だからです。２つ目は、図で広げたときにたくさん広げることができたからです。

○３人組、隣の席、班など、子供たちの実態に応じて読み合う人数や組み合わせを工夫する。

よりよい授業へのステップアップ

「相手意識」と図から文章への接続

　相手を意識することで、使用する言葉は変わるはずである。例えば、祖父に伝える場合は「算数の計算を頑張るんだ」といった、下線部の表現を選ぶこともある。相手や目的に合わせて、使う言葉を自覚できるようにしたい。

　また、図から文章を書くことは、教師の想定よりも難しい。学習過程１は図と文章を提示することで文章化する過程であるが、文章は提示せず、図の言葉を基にクラス全体で文章を作成する活動も考えられる。書く活動が苦手な子供も多いため、丁寧に指導したい。

資料

1 第1時　図の例①（5W1Hを書き込んだもの）25-01

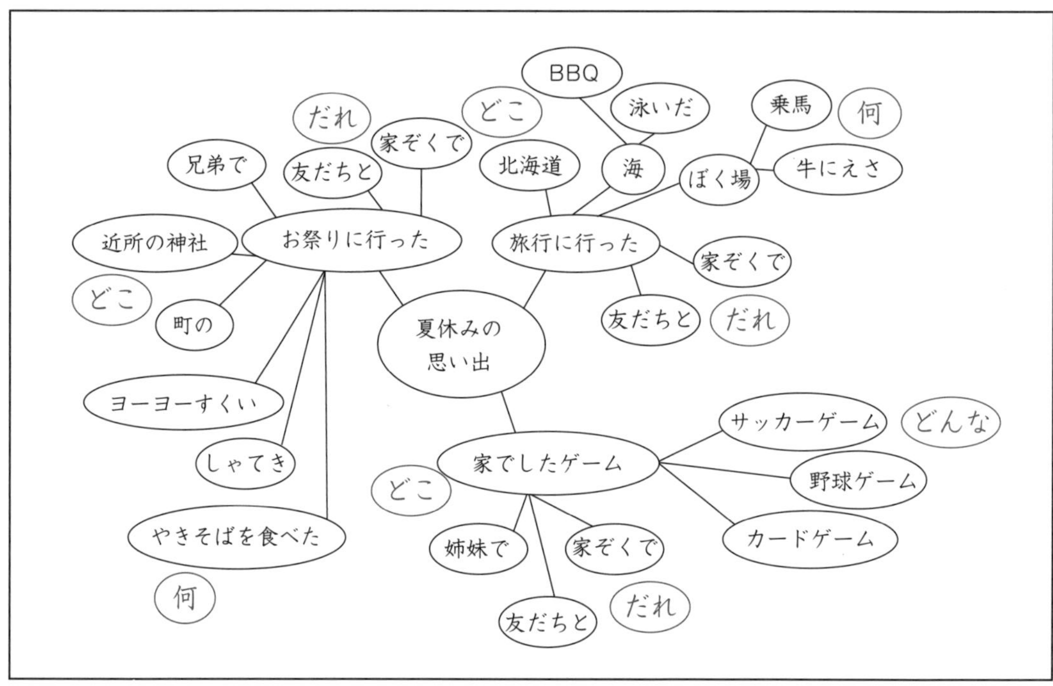

2 第2時　図の例②（教科書 p.128の図に書き加えたもの）25-02

書き加えた例：毎朝／直売所に行った／買ってくれる人がいる／一生けんめいになった／来年もやりたい　など

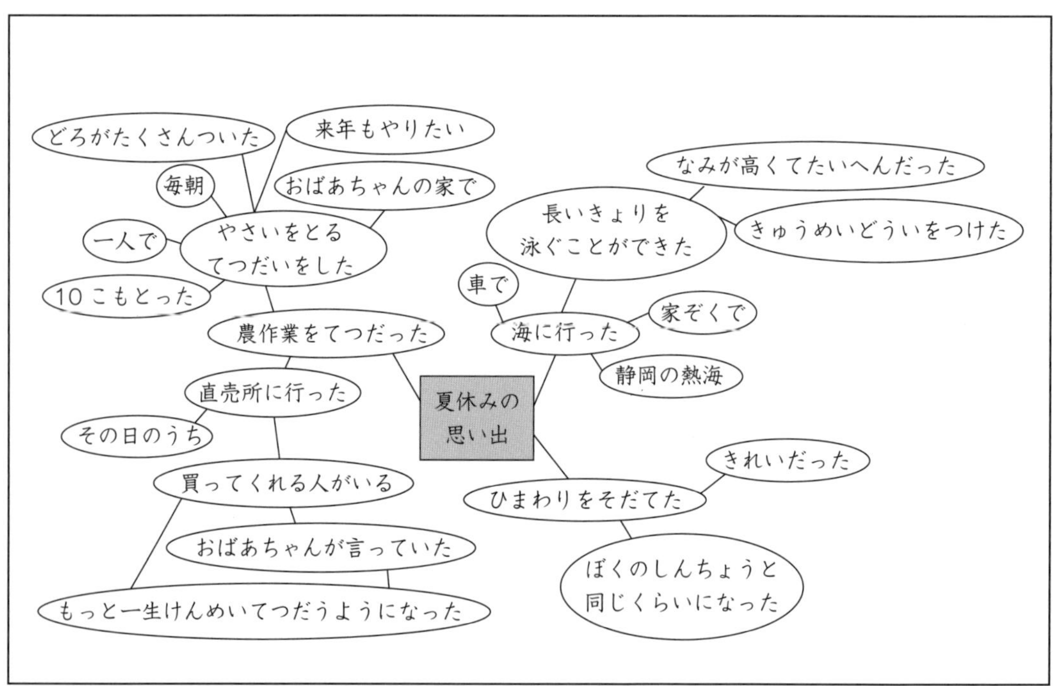

3 第１時　図作成用のワークシート（子供に配付してもよい） 25-03

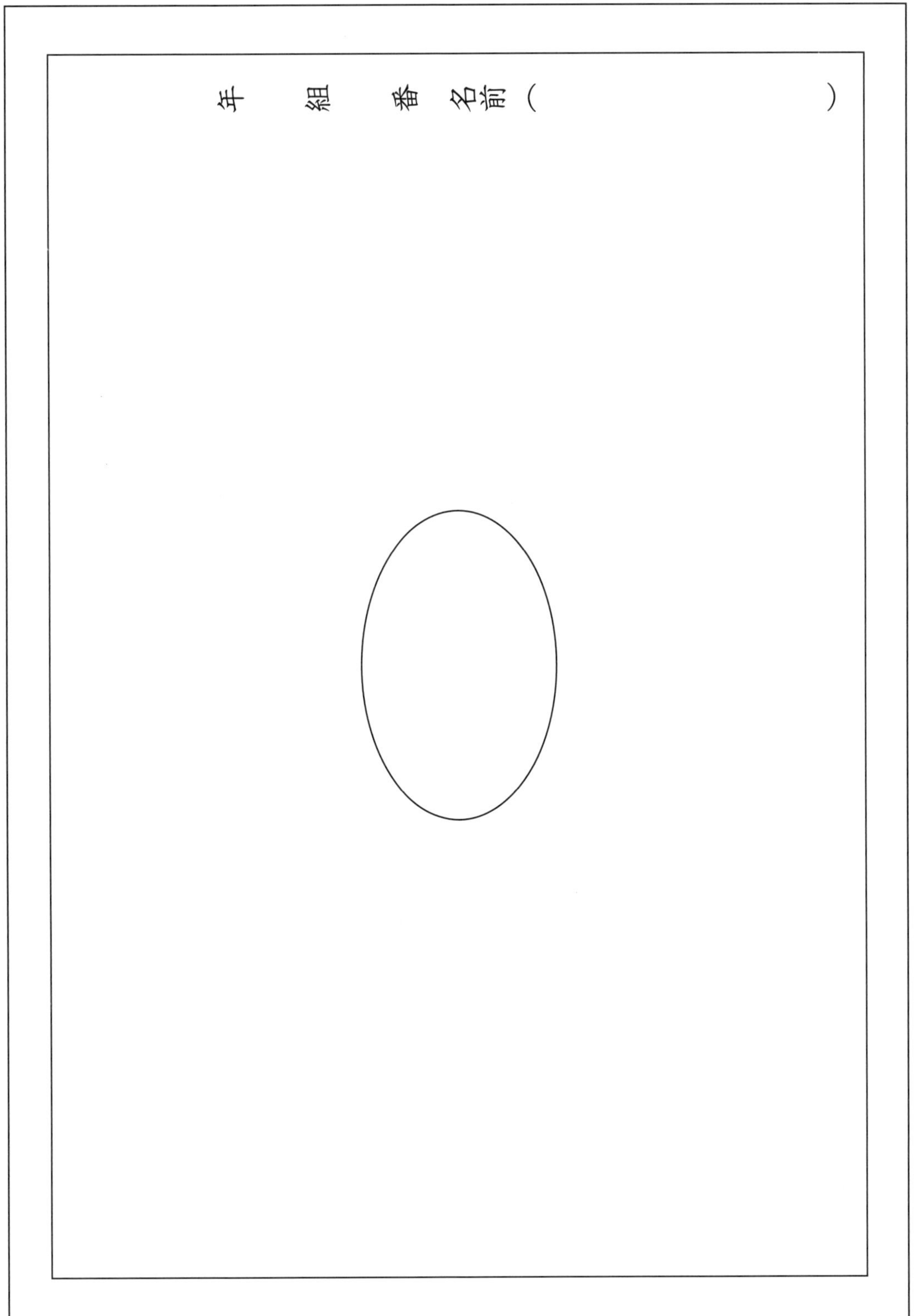

言葉

漢字の組み立て　3時間扱い

単元の目標

知識及び技能	・漢字が、へんやつくりなどから構成されていることについて理解することができる。((3)ウ)
学びに向かう力、人間性等	・言葉がもつよさに気付くとともに、幅広く読書をし、国語を大切にして、思いや考えを伝え合おうとする。

評価規準

知識・技能	❶漢字が、へんやつくりなどから構成されていることについて理解している。(〔知識及び技能〕(3)ウ)
主体的に学習に取り組む態度	❷漢字がへんやつくりなどから構成されていることについて粘り強く理解し、学習課題に沿って漢字の構成を捉えようとしている。

単元の流れ

時	主な学習活動	評価
1	学習の見通しをもつ ・漢字パズルをして「へん」「つくり」の漢字の組み立てを知る。 ・漢字の左側にあり大まかな意味を表す部分を「へん」、右側の部分を「つくり」ということを知り、「へん」「つくり」でできている漢字について調べる。 ・調べた漢字を交流し、「へん」の名称や意味について共有したり、「つくり」が大まかな意味を表す場合もあることを理解したりする。	❶
2	・漢字パズルをして「へん」「つくり」以外の漢字の組み立てを知る。 ・漢字の大まかな意味を表す部分によって、それぞれ「かんむり」「あし」「にょう」「たれ」「かまえ」ということを知り、「へん」「つくり」以外でできている漢字について調べる。 ・調べた漢字を交流し、漢字の部分の名称や意味について共有する。	❶
3	・漢字には大まかな意味を表している部分があること、それぞれの名称や意味について確認する。 学習を振り返る ・学習内容を生かした漢字パズル（またはクイズ）を作り、交流することで漢字の組み立ての学習を振り返る。	❷

授業づくりのポイント

〈単元で育てたい資質・能力〉

本単元では、多くの漢字がへんやつくりなどいくつかの部分で組み合わされていることや、部分には意味があることを学習する。そして、複数の漢字の構成部分に着目することで、同じ部分をもつ漢字は似た意味をもっていることに気付いていく。本単元の学習をきっかけに、部分を組み立て、効率よく漢字を覚えたり、部分の意味を基に未習漢字の意味を考えたりできるようになることが期待できる。新出漢字数が多くなる学年であることから、漢字の構成部分に着目するよさを感じるとともに、漢字に対する興味・関心を高めるようにしたい。

〈教材・題材の特徴〉

本教材では、まず漢字のへんとつくりについて取り上げ、次に「かんむり」と「あし」「にょう」「たれ」「かまえ」と展開する。へんは「きへん」「さんずい」など既習漢字に多く見られ、導入の題材として適している。その後、へんやつくり以外の部分に着目することで、様々な組み立て方に関心をもち、漢字についての理解を広げることができるようになっている。また、教材の各部分の説明には全て「おおまかな意味を表す部分」という言葉があり、漢字の意味を担っている部分に注目するようになっている。教材には、部分の名称や漢字・熟語の例が多く紹介されており、漢字・熟語の意味を基にして部分の表す意味を捉えることができる。

〈言語活動の工夫〉

本単元の言語活動として、漢字パズルを設定する。漢字の組み立てを意識し、パーツを組み合わせて多くの漢字をつくることをねらいとしている。

第１・２時では、導入場面で教師が用意した漢字パズルに取り組むことで、組み合わせ方を工夫して漢字をつくる楽しさを感じることができるようにする。

[具体例]

○第１時ではへんとつくりのパーツのみ、第２時では「かんむり」「あし」「にょう」「たれ」「かまえ」のパーツが含まれる漢字パズルを用いることにする。難易度が上がるが、各部分の形に着目するようになる。活動する中で、パズルにないパーツを考え、次々と漢字をつくっていくことが期待できる。基本的には教師が用意したパーツを用いるが、同じパーツをもつ漢字を仲間分けし、共通の意味を考えられるようにするためにも、子供から「この漢字は？」「このパーツは？」と疑問を発する姿を大切にして漢字への興味・関心を高めたい。同じ仲間の漢字が多いと共通の意味に着目しやすくなるからである。

○第３時では、第１・２時に行う漢字パズルを通して、「パズルを作りたい」という気持ちが高まっているだろう。そこで、第１・２時で調べた漢字を使って、漢字パズル（またはクイズ）づくりをする。漢字に親しみ、調べたことを活用する活動を通して理解を深めたい。

〈ICT の効果的な活用〉

調査：端末の検索機能を用いて、漢字の構成部分の名前や意味などを調べる。漢字の構成に着目した調べ学習を行うために、教科書巻末の漢字の一覧や国語辞典などを活用するのが好ましい。端末による検索は、自分で調べることが難しい学習者への学習支援となる。

共有：ホワイトボードアプリなどを用いて作った漢字パズルを共有し、解き合う。必要に応じて、作成過程も共有することで、アイデアを参考にして、誰もが取り組めるよう配慮する。

記録：調査した漢字を部分に分けて記録し、プレゼンテーションソフトを用いて漢字パズルを作成する。漢字の部分を背景なし、図設定にし、重ねたり拡大縮小したりして組み合わせられるようにするとよい。

本時案

漢字の組み立て

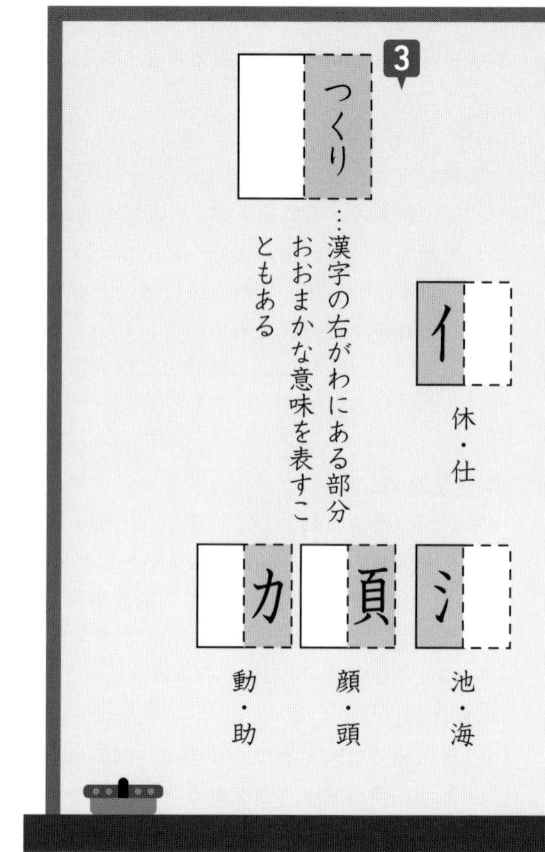

本時の目標

・漢字パズルや漢字集めの活動を通して、漢字の中には大まかな意味を表す「へん」と「つくり」で組み立てられているものがあることを理解できる。

本時の主な評価

❶漢字には、「へん」と「つくり」で組み立てられているものがあり、それらの部分は漢字の大まかな意味を表していることを理解している。【知・技】

資料等の準備

・教科書 p.130の漢字のへんとつくりのカード
・「ごんべん」のカード
・「きへん」「さんずい」「にんべん」のカード
・「おおがい」「ちから」のカード

26-01

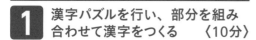

授業の流れ ▷▷▷

1 漢字パズルを行い、部分を組み合わせて漢字をつくる 〈10分〉

T　カードを２つずつ組み合わせて漢字をつくり、ノートに書きましょう。
○黒板に提示したカードを２つ組み合わせてできる漢字を考え、ノートに書く。
T　黒板のカードを動かして、どんな漢字ができたか確かめましょう。
・「科」「組」「池」「教」ができます。
○カードのように、左右の部分が組み合わさってできる漢字を知っているか尋ね、次の学習へとつなげる。

ICT 端末の活用ポイント

様々な「へん」と「つくり」の画像を用意し、プレゼンテーションソフトなどに画像を貼り付ける。より多様な組み合わせを試すことができるようにすると、意欲が高まる。

2 「へん」を知り、同じ「へん」の漢字を集める 〈20分〉

○左に「ごんべん（言）」が書かれたカードを提示する。
T　この部分を使って漢字をつくりましょう。
・「記」「語」「詩」「話」「読」などができます。
・全部、国語で勉強することだと思います。
T　そうですね。実は、「ごんべん」の漢字は言葉に関係する意味があります。このように、漢字の左側部分にあって、大まかな意味を表す部分を「へん」といいます。
T　これらは「きへん」「さんずい」「にんべん」といいます。同じへんをもつ漢字を集めましょう。（「林」「村」、「池」「海」、「休」「仕」など）
○ p.150「これまでに習った漢字」や p.154「この本で習う漢字」を参照する。

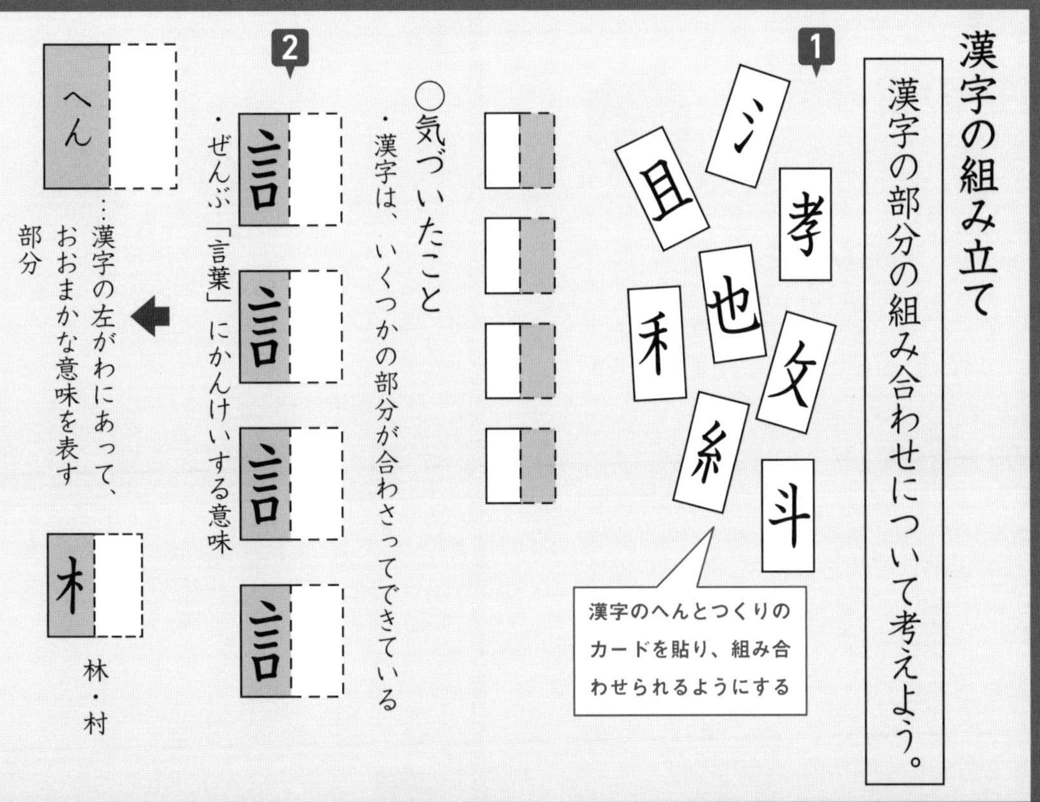

漢字の組み立て
漢字の部分の組み合わせについて考えよう。
1
氵
孝
目
也
禾
攵
糸
斗
漢字のへんとつくりのカードを貼り、組み合わせられるようにする
○気づいたこと
・漢字は、いくつかの部分が合わさってできている
2
・ぜんぶ「言葉」にかんけいする意味
言
言
言
言
へん
…漢字の左がわにあって、おおまかな意味を表す部分
木
林・村

3 「つくり」を知り、同じ「つくり」の漢字を集める 〈15分〉

○右に「ちから」「おおがい」が書かれたカードを提示する。

T 左の空白をうめて漢字をつくりましょう。

・「顔」「頭」、「動」「助」などができます。

・「顔」と「頭」は似ています。

・「動」「助」はどちらも力を使うと思います。

T 漢字の右側にある部分のことを「つくり」といいます。これらの漢字のように「つくり」が漢字の大まかな意味を表すこともあります。

T 教科書の「この本で習う漢字」「これまでに習った漢字」を見て、同じ「つくり」の漢字を集めましょう。

・「教」「数」、「朝」「期」、「詩」「持」「待」などがありました。

ICT 等活用アイデア

集めた漢字の共有で漢字パズルづくりへの意欲づけ

端末の提出機能やオンラインホワイトボードを用いて集約する。オンラインホワイトボードを用いる場合は、子供が操作して、同じへんやつくりの漢字を仲間分けする。また、提出機能を用いた場合はモニタや各自端末を見ながら仲間分けする。授業で扱ったへんやつくりの漢字を知るだけでなく、授業で扱わなかったへんやつくりの漢字を共有することで、「何へんかな」「どんな意味かな」と漢字への関心が高まるだろう。

本時案

漢字の組み立て

本時の目標

・漢字パズルや漢字集めの活動を通して、「へん」や「つくり」以外にも大まかな意味を表す「かんむり」「あし」「にょう」などで組み立てられているものがあることを理解できる。

本時の主な評価

❶漢字には、「へん」と「つくり」以外にも「かんむり」や「あし」、「にょう」などで組み立てられているものがあり、それらの部分は漢字の大まかな意味を表していることを理解している。【知・技】

資料等の準備

・「かんむり」「あし」「にょう」「たれ」「かまえ」のカード ⤓ 26-02、26-03

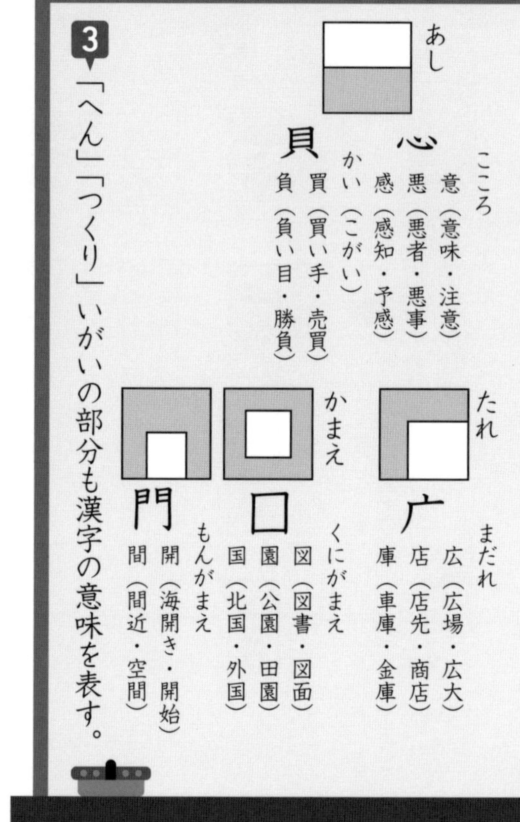

授業の流れ ▷▷▷

1 へんとつくり以外の漢字の組み合わせについて考える 〈10分〉

○黒板に漢字の部分を切り取ったカードを貼り、漢字パズルを行う。
「罒」「首」「广」「門」「ヨ」「日」「ム」「貝」「雨」「辶」

T　この漢字パズルでは、どのような組み合わせ方がありましたか？

・上の部分と下の部分の組み合わせがありました。

・まわりを囲んでいるものとその中の部分の組み合わせもあります。

T　今日は、へんやつくり以外の組み合わせ方について考えましょう。

○下の図を黒板に提示する。

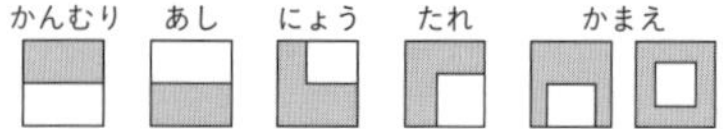

2 へんやつくり以外の部分について知り、漢字を集める 〈20分〉

T　「艹」を「くさかんむり」といいます。「くさかんむり」をもつ漢字は何がありますか。

・「花」があります。

・「薬」もくさかんむりです。

T　「花」は「花見」や「開花」などの言葉がつくれます。「薬」はどうですか。

・「目薬」や「薬草」などができます。

T　今から黒板に漢字のある部分を書きます。どれか選んで、その部分をもつ漢字を集め、ノートに書きましょう。

○「たけかんむり」「あめかんむり」「こころ」「かい」「しんにょう」「まだれ」「くにがまえ」「もんがまえ」を提示し、子供が選んで漢字集めを行うようにする。

○教科書や国語辞典を使って漢字集めをする。

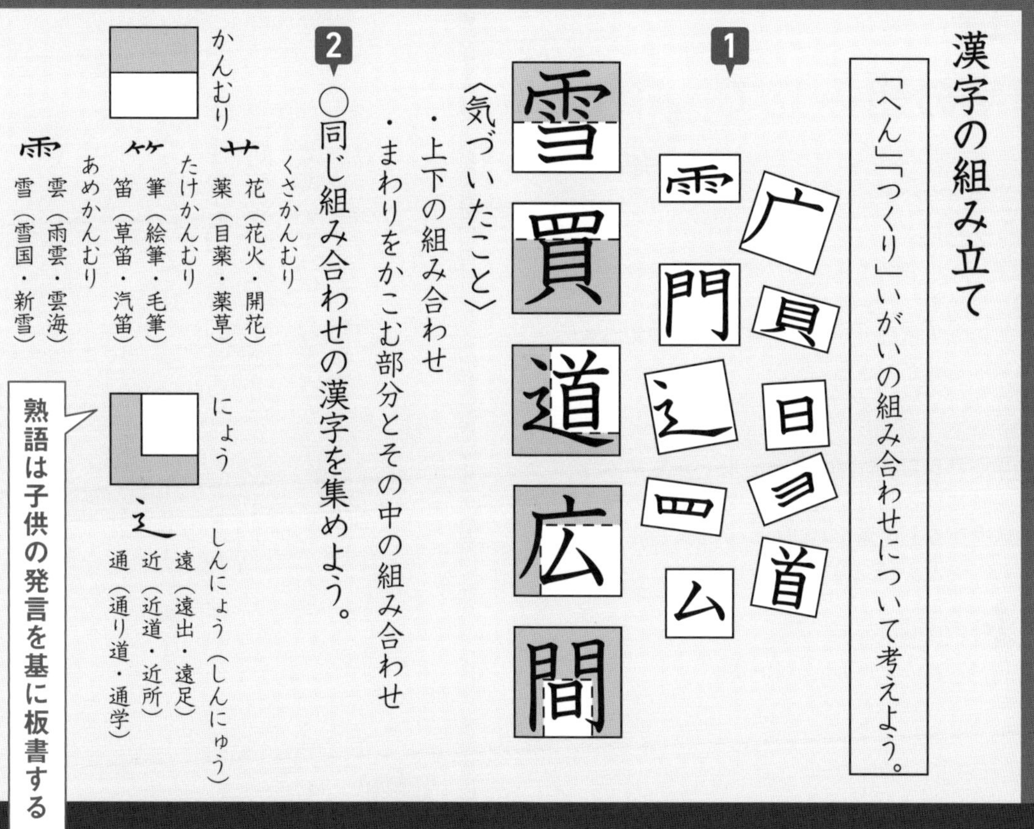

3 部分が示すおおまかな意味について考える 〈15分〉

○同じ部分をもつ漢字に注目し、漢字の意味について考える。

T 「悪」「想」「急」を並べてみると、どれもあしの部分に「心」がありますね。どうして「心」が付いているのでしょうか。

・３つの漢字には、全て「心」が関係しているからだと思います。

・「心」は想いや気持ちと似ているからです。

T へんやつくり以外の部分も漢字の意味を表していますね。他にも同じ部分をもつ漢字があります。どんな意味か考えましょう。

・しんにょうの漢字は、道や距離を意味していると思います。

・もんがまえの漢字は、全て戸や門に関係しています。

よりよい授業へのステップアップ

形は同じでも意味が違う漢字

３年生までに習う漢字で、「もんがまえ」がつく漢字は、「門」「間」「開」「聞」がある。が、「聞」の意味を表す部分は「耳（みみ）」である。そこで、「『聞』は教科書の例に載ってないので、もんがまえではありませんか」と問いかける。すると「載っていないだけだと思います」「門と関係ないから違うと思います」などの意見が出るだろう。

それぞれの意見について話し合ったり、漢字の部分について説明を読んだりして、漢字のおおまかな意味をもつ部分が判断基準だと気付くようにしたい。

本時案

漢字の組み立て

本時の目標

・漢字パズルやクイズづくりを通して、多くの漢字にふれ、「へん」や「つくり」など漢字を組み立てる部分やその意味に対して関心を高めることができる。

本時の主な評価

❷漢字が「へん」や「つくり」などから組み立てられていることを理解し、これまでの学習内容を生かして漢字パズルやクイズを作ろうとしている。【態度】

資料等の準備

・漢字パズルのシート 26-04

（れい）「にんべん」と「き」を合わせると何？

3
○漢字の組み立てを学習したふりかえり
・部分を組み合わせると、たくさん漢字ができた
・同じ部分を使う漢字がある
・漢字の部分には意味があっておもしろい
・組み合わせで考えるとおぼえやすそう

授業の流れ ▷▷▷

1 漢字パズルやクイズをして、学習のめあてを立てる 〈10分〉

T 漢字パズルを解きましょう。
・「イ」と「木」で「休」ができます。
・「音」と「心」で「意」ができます。
・「音」と「日」で「暗」にもなります。
T 同じ部分でもへんやあしと組み合わせると別の漢字になります。他にもありますか。
・「園」と「遠」ができます。
T 次は漢字クイズです。「くさかんむり」に「楽」を組み合わせるとできる漢字は何でしょう。
・「くさかんむり」は上の部分だから、下に「楽」をつけると「薬」になります。
T 今日は漢字の部分に注目して、漢字パズルやクイズを作りましょう。
○本時のめあてを板書する。

2 グループで漢字パズルやクイズを作る 〈20分〉

T どうすれば、漢字パズルや漢字クイズをつくることができますか。
・漢字を２つに分けて、パズルのピースを作ります。
・いろいろな「へん」や「かんむり」のピースをつくるとできそうです。
・クイズは「へん」などの部分と、組み合わせる部分の名前を問題にするとできます。
T それでは、漢字パズルと漢字クイズの「作り方のコツ」を確認します。
○「作り方のコツ」を板書し、確認する。
T グループで相談しながら、楽しい漢字パズルや漢字クイズを作りましょう。
○グループ活動にすることで、協力を促し、一人一人が創作できるようにする。

漢字の組み立て

漢字の部分に注目して、漢字パズルやクイズを作ろう。

1 〈漢字パズル〉

〈漢字クイズ〉
「くさかんむり」に「たのしい」を組み合わせるとできる漢字は何でしょう。

2 ○漢字パズルやクイズの作り方のコツ
〈漢字パズル〉
・二つの部分に分けてピースをつくる
・「へん」「かんむり」などの部分をピースにする
〈漢字クイズ〉
・「○○へん」など部分の名前を問題にする
・組み合わせる部分の名前を問題にする

3 作った漢字パズルや漢字クイズを解き合い、振り返る 〈15分〉

T　各グループで、漢字パズルやクイズを解いてみましょう。

○ワークショップ形式で、各グループで前半・後半のメンバーに分かれる。前半のメンバーが他グループの問題を解いて回っている間は、後半のメンバーが自分のグループの当番をする。時間（5分程度）で交代する。

T　漢字パズルやクイズを作ったり、解いたりして思ったことはありますか。

・部分を組み合わせると、たくさんの漢字をつくることができました。
・同じ部分を使う漢字が多くありました。
・漢字の部分には意味があっておもしろいと思いました。
・組み合わせで考えると覚えやすそうです。

ICT 等活用アイデア

部分の拡大・縮小で、漢字の見方を広げる

本単元では、漢字のへんとつくりのカードを用いたが、端末のプレゼンテーションソフトに漢字の部分の画像を貼り付けると、それらを組み合わせて漢字をつくることができる。漢字の部分を拡大・縮小し、大きさや幅を変えることも容易になる。例えば、「晴」「星」の部分である「日」のように、へんを異なる部分に変形することができる。どちらの漢字も「日」は太陽に関する意味を表している。組み立て方という枠を超えて、部分の意味に着目して漢字を捉えられるようになる。

資料

1 第1時 「へん」と「つくり」のカード 26-01

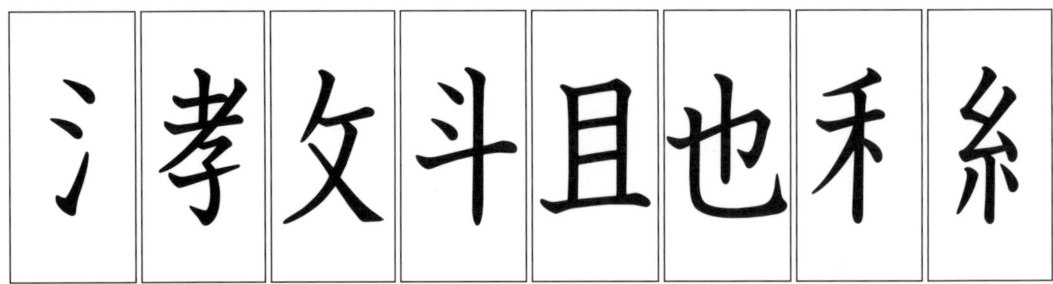

2 第2時 「かんむり」と「あし」のカード 26-02

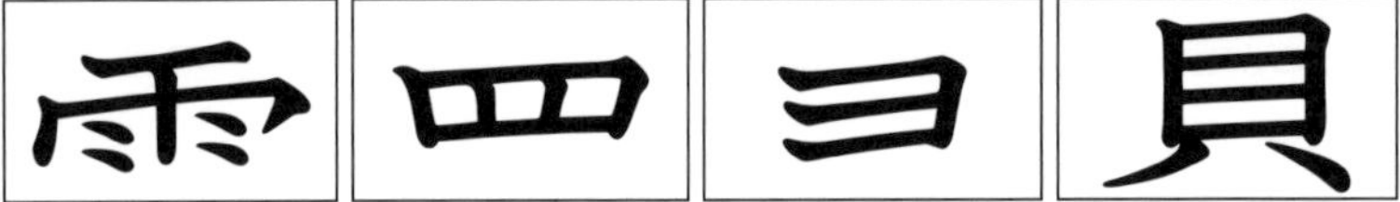

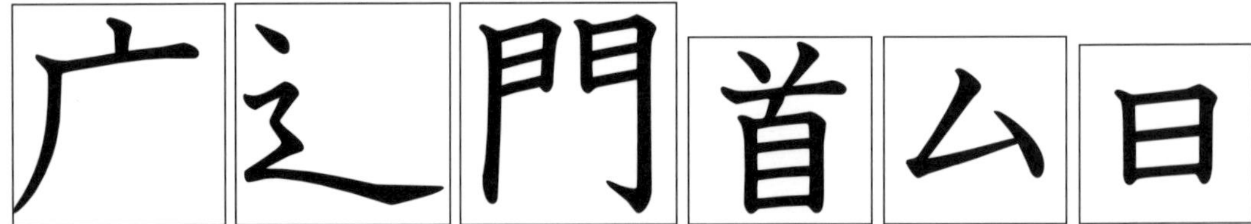

3 第2時 へんやつくり以外の漢字のつくりカード 26-03

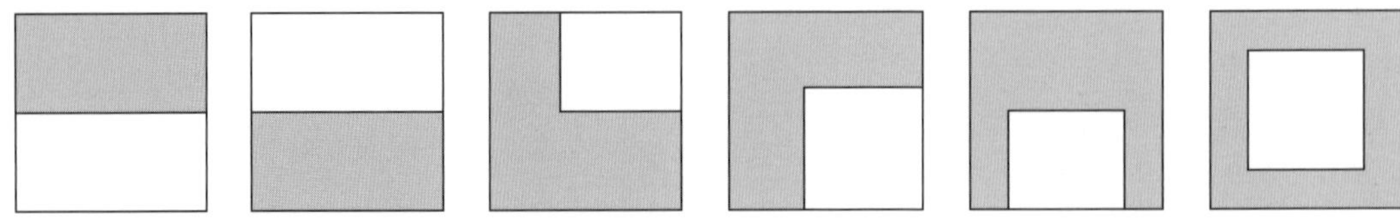

4 第３時　漢字パズルのシート（画用紙などにコピーして切り取って使う）

26-04

「へん」と「つくり」

「かんむり」と「あし」

「にょう」と「たれ」

「かまえ」

言葉

ローマ字　（4時間扱い）

単元の目標

知識及び技能	・日常使われている簡単な単語について、ローマ字で表記されたものを読み、ローマ字で書くことができる。((1)ウ)
学びに向かう力、人間性等	・言葉がもつよさに気付くとともに、幅広く読書をし、国語を大切にして、思いや考えを伝え合おうとする。

評価規準

知識・技能	❶日常使われている簡単な単語について、ローマ字で表記されたものを読み、ローマ字で書いている。(〔知識及び技能〕(1)ウ)
主体的に学習に取り組む態度	❷進んでローマ字で表記されたものを読み、学習課題に沿ってローマ字で書いたり入力したりしようとしている。

単元の流れ

次	時	主な学習活動	評価
一	1	学習の見通しをもつ ・身の回りにあるローマ字表記を想起し、ローマ字表記のよさについて考える。 ・学んだローマ字を使って名刺を作るという学習の見通しをもつ。 ・「ローマ字表の見方」を知り、ローマ字で表記されたものを読む。 ・「ローマ字表の見方」を知り、ローマ字を声に出して読む練習をする。 ・アルファベットの書き方を知り、行ごとにローマ字で書く練習をする（訓令式）。 ローマ字を使って名しを作ろう。	❶
二	2	・「書き表し方の決まり」について、①のばす音「＾」②つまる音 ③読み間違い防止の「'」④人名・地名の表記を知る。 ・ローマ字表や教科書 p.136(3)の「書き表し方の決まり」を参考にして、ローマ字で表記されたものを読んだり、ローマ字で書き表したりする。	❶
	3	・ローマ字には、書き方が2つあることを確認する（ヘボン式）。 ・キーボードのローマ字入力について知り、書き表し方との違いを確認する。 ・キーボードでローマ字入力の練習をする。	❶
三	4	・ローマ字を使った名刺づくりをする。 学習を振り返る ・ローマ字を学び、できるようになったことやこれから生かしていきたいことについて、端末で入力するなどして書きまとめる。	❷

授業づくりのポイント

〈単元で育てたい資質・能力〉

本単元では、ローマ字で表記されたものを読んだり、ローマ字で書き表したり入力したりできるようになることを目標にしている。ローマ字による表記は、道路標識や駅のホームの表示、看板、建物の名称など様々な所で見られる。また、GIGA スクール構想によって 1 人 1 台端末が配備された近年、ローマ字入力は小学生においても必要なスキルとなった。つまり、ローマ字を理解し、ローマ字で表現することは生活面・学習面において基本的なスキルである。加えて、アルファベットを用いたローマ字には、日本語を知らない外国人と発音を共有できるなど、ローマ字で表記するよさを感じることができるようにしたい。

〈教材・題材の特徴〉

ローマ字は、アルファベットのいくつかを使って書き表す日本語である。ローマ字表記は訓令式（ta/ti/tu/te/to）とヘボン式（ta/chi/tsu/te/to）の 2 つがあるが、混乱しないように決まりの分かりやすい訓令式を中心に学習する。ヘボン式は補足・発展として単元の後半に扱い、外国語活動の一部で再度確認するなど、国語科以外の時間で取り上げながら習得を目指す方が現実的である。本教材では、ローマ字の筆記と入力、2 つの表現技能を扱う。「のばす音」には「＾」を用いたり「つまる音」には子音を重ねたりするなど、ローマ字表記の決まりがあるが、入力の場合には当てはまらない決まりもある。そのため、筆記と入力においてそれぞれ固有の決まりがあると理解する必要がある。本単元の第三次では、筆記と入力の両方を用いて取り組む表現活動を設定している。

〈言語活動の工夫〉

本単元の終末には言語活動「名刺づくり」を設定する。言語活動に意欲をもって取り組めるようにするために、単元導入の段階で、学んだローマ字を使って名刺を作るという「学習の見通し」をもつ必要がある。また、名刺を作るときは、学習を生かせるような名刺のサイズやレイアウトを工夫する。

[具体例]

○例えば、以下のような「学習の見通し」をもって言語活動に取り組みたい。

①ローマ字表記の資料を提示し、身の回りにあるローマ字表記について考える。すると、駅のホームの案内など具体的な記載場所が挙がる。なぜローマ字が使われているのかを考えることで、外国人に分かりやすいなど、アルファベット表記のよさを捉えることができる。

②実際の名刺（または、教師の自作）を紹介し、名刺が働く人のコミュニケーションに役立っていることを知る。ローマ字は、社会に出て働く上でも活用されていることに気付き、ローマ字表記への関心が高まるだろう。

○名刺を手書きで作る場合は、英罫線を引いたワークシートを使い、「g」や「j」など、小文字のアルファベットを書く場所に注意して表記できるようにする。

〈ICT の効果的な活用〉

調査：端末の検索やカメラ、記録などの機能を用いて、校内のローマ字掲示の画像を収集する。

表現：端末の描画ツールを用いて、校内掲示物を作成する。ローマ字入力したそばに英罫線を引き、印刷後に筆記するスペースを設定するとよい。

本時案

ローマ字

本時の目標

・身の回りにあるローマ字表記について話し合ったりローマ字表の見方を知ったりして、単元全体の学習の見通しをもつことができる。

本時の主な評価

❶日常使われている簡単な単語について、ローマ字で表記されたものを読んだり、ローマ字で書いたりしている。【知・技】

資料等の準備

・教科書 p.137ローマ字表の拡大コピー
・p.138⑴写真の拡大コピー

1 ローマ字

(1)

p.138写真「森林公園駅」

平がなと英語かな？

しんりんこうえん

(2)

p.138写真「鍛冶橋通り」

何て書いてある？

英語の部分が読めたら

〇〇〇〇とおり？
KAJIBASHI DÔRI

(3)

p.138写真「交番」

何と読むのかな

いろんなところにある

KOBAN

子供の発言やつぶやきを板書する

授業の流れ ▷▷▷

1 身の回りにあるローマ字表記について知る 〈5分〉

○ローマ字表記の写真を提示し、身の回りにあるローマ字表記について考える。

T　写真には何と書いてありますか。
・3つとも英語で書いてあります。
・森林公園は漢字で読めます。
・これ（「鍛冶橋通り」）は何と書いてあるのか分かりません。
・「KOBAN」は何と読むのか分かりません。

T　このように、アルファベットを使って書き表すことをローマ字表記といいます。どこかで見たことありますか。
・道路標識で見たことがあります。
・駅のホームや電車の中の表示もあります。
・会社の名前もローマ字が使われているのを見たことがあります。

2 ローマ字を使うよさを知り、名刺を作る学習の見通しをもつ 〈5分〉

○子供から、ローマ字に対する印象などを聞き取るようにする。そして、ローマ字を使うことのよさやできるようになりたいことについて尋ね、学習への意欲を喚起する。

T　身の回りにたくさんローマ字を見つけることができますね。どうしてローマ字で書かれているのでしょう。
・外国の人が読めるからです。
・もし標識や看板に知らない漢字で書いてあっても、ローマ字で読めるからです。
・外国の人に自分の名前を伝えるときに役立つかもしれません。

T　外国人や自分たちにとってもローマ字を使うとよい点がありますね。これから学ぶローマ字を使って最後には名刺を作りましょう。

○ローマ字がある所
・道路のかんばん
・駅のホーム
・お店の名前

2 ⬇

○ローマ字を使うよさ
・外国人のため
・知らない漢字の読み方
・外国人に名前をつたえる

ローマ字を使って
名しを作ろう。

3 ローマ字の書き表し方を知ろう。

p.137
ローマ字表の
拡大コピー

ローマ字表の見方

①ア行の音は１字
②カ行から下は２字以上
・ア段（たて）は「a」がつく
・カ行（横）は「k」がつく
③［　］の中はべつの書き方
④「きゃ」「きゅ」「きょ」などは
３字

4 ○ローマ字で書いてみよう！

２音
・かき →
・さる →
・きしゃ→

３音
・スイカ →
・キツネ →
・タイヤ →

3 ローマ字表の見方を知る〈25分〉

○ p.136、p.137を見ながら、「ローマ字の表の見方」を１つずつ確認する。

○①を確認した後、「a」「i」「u」「e」「o」を使ったローマ字を書く（例「ao」「ue」「ie」）。②の内容については、「子音＋母音」という組み合わせの仕組みに気付けるようにする。

T　②には「表をたてに見てみましょう」と書いてあります。何か気付きましたか。

・ア段には全部「a」が付いています。

・エ段には全部「e」が付いています。

T　では、「表を横に見ると」どうですか。

・カ行は全て「k」が左にあります。

・他の行も同じ組み合わせになっています。

○③と④については確認程度とし、読み書きの繰り返し練習で習得できるようにする。

4 簡単な単語をローマ字で書き表す〈10分〉

○「２音ローマ字集め」を行い、ゲーム感覚を楽しみながら、ローマ字表記の練習ができるようにする。

T　「２音ローマ字集め」をします。２音とは、「かさ」「はし」などです。どんな言葉が思いつきますか。

・「かき」「さる」があります。

・「汽車」は２音ですか。

T　「き」「しゃ」の２音です。では、ローマ字表を見て、思いつく２音の言葉をローマ字で書いてみましょう。

○集めたローマ字で読み方クイズを行い、ローマ字にふれる機会を増やす。

○時間があれば２音を３音に変えて行い、書き表す機会を増やす。

本時案

ローマ字

本時の目標

・伸ばす音やつまる音、読み違えを防ぐ記号など、ローマ字の書き表し方の決まりを理解することができる。

本時の主な評価

❶ローマ字の書き表し方の決まりに気を付けて、ローマ字を読んだり書いたりしている。【知・技】

資料等の準備

・ローマ字表記が載っている写真や絵
・英罫線ワークシート 27-01

1 ローマ字

(1) YHM JT 05 横浜 よこはま Yokohama

(2) TYO JK 26 東京 とうきょう Tôkyô

(3) JC 62 青梅 おうめ Ôme

の部分を隠して提示する

授業の流れ ▷▷▷

1 身の回りにあるローマ字表記を読む 〈5分〉

○伸ばす音「ˆ」やつまる音などがあるローマ字表記の写真などを提示し、前時と違うローマ字の書き表し方に関心をもつようにする。

T 前回、駅のホームでローマ字が使われていると言っている人がいました。黒板の①から③は何という駅か分かりますか。

・(1)は「よこはま」です。
・(2)の「ˆ」は何だろう。
・「と」「きょ」だから「とうきょう」です。
・(3)は「あおうめ」という漢字です。でも、ローマ字を読むと「おうめ」と読めます。

T 「ˆ」の記号に注目してください。今日は、このようなローマ字の書き表し方の決まりについて学びましょう。

○本時のめあてを板書する。

2 ローマ字の書き表し方の決まりを知る 〈30分〉

○教科書 p.136の①と②の決まりを確認し、伸ばす音、つまる音のある言葉をローマ字で書く。③は「'」がある表記とない表記を比較して、違いに気付けるようにする。

T ゆっくり書くので、声に出して読んでください（「z」「e」「n」「i」「n」と書く）。

・「ゼニン」と読めました。
・「ゼンイン（全員）」と読むと思います。

T 2通りの読み方ができるのはなぜですか。

・「n（ん）」と「ni（に）」と読めるからです。

T このような場合、「'」を付けて、読み間違えないようにします（「zen'in」）。

○④では、人名や地名など大文字を用いる場合があることや、言葉をつなぐ印「-」を用いることもあることを説明する。

2 ローマ字の書き表し方の決まりを知ろう。

①〜④に関する言葉を子供から引き出す

①のばす音

「a」「i」「u」「e」「o」の上に「^」

・おじいさん→ozîsan

・ろうそく →rôsoku

②つまる音

「っ」の次の音のはじめの文字をかさねる

・しっぽ → sippo

・がっきゅう→ gakkyû

③はねる音

読みまちがえないように「'」

○zen'in→ぜんいん　×zenin→ぜにん

○kon'ya→こんや　×konya→こにゃ

④人名や地名

・はじめの文字や全部を大文字

Kitada Naoya　TÔKYÔ

・言葉をつなぐしるし「-」

Kagawa-ken

3 ○ローマ字集め　書いてみよう！

・ぶどう → ローマ字

・ラッコ → ローマ字

・カーペット → ローマ字

・じてんしゃ → ローマ字

・ほっかいどう → ローマ字

ローマ字に直した後は、ひらがなを隠して読むクイズをしてもよい

3 書き表し方の決まりに注意して、読み書きする 〈10分〉

○教科書 p.135の①②の問題に取り組んだ後は、「ローマ字集め」をしてクイズ感覚でローマ字の読み書きにふれる。

T　ローマ字集めをします。「のばす音」「つまる音」のある言葉を探して、ローマ字で書きましょう。「gakkô」のように、決まりが2つ以上ある言葉も探してみましょう。

○クイズ感覚で楽しむために、次のような問題を隣の席同士でお互いに出し合うようにするとよい。

①出題者がローマ字を書き、読みを当てるクイズ

②子供が見つけた言葉を発表し、それを聞いた他の子供がローマ字で書き表すクイズ

よりよい授業へのステップアップ

読む、書く時間をたっぷり取る

ローマ字の学習は、アルファベットを使ったり、仮名・漢字表記にはない決まりがあったりと覚えることが非常に多い。そのため、説明が多くなり、実際に読む・書く時間が少なくなることが心配される。子供たちがローマ字を読んだり、書いたりする時間を多くとれるよう、学習計画を立てたい。

ローマ字を使ったゲームやローマ字集めなどの活動を通して、子供たちが言葉を探し、それを読む・書く中で、決まりなどを１つずつ確認して習得できるようにしたい。

本時案

ローマ字

本時の目標

・「si（し）」「shi（し）」など書き方が2つあるものがあることを知り、キーボードのローマ字入力と書き表し方との違いに気を付けて、ローマ字で書いたり入力したりすることができる。

本時の主な評価

❶ローマ字の書き表し方とローマ字入力の仕方との違いに気を付けて、ローマ字で書いたり入力したりしている。【知・技】

資料等の準備

・英罫線ワークシート 27-01
・キーボード見本用イラスト 27-02

ローマ字

1 ローマ字には書き方が2つあることをたしかめよう。

・ロッカー
rokkâ

・ふでばこ
hudebako
fudebako

・マジック
majikku
mazikku

2 どっちを書けばよい？

①書き方が2つ…どちらでも○
「つ」→ tu , tsu
「ち」→ ti , chi
「つち」→ tuti,tuchi,tsuti,tsuchi

授業の流れ ▷▷▷

1 ローマ字表記を読み書きする 〈5分〉

○前時で学習した「のばす音」「つまる音」のある言葉を取り上げ、ローマ字で書き表す。また、書き方が2つある言葉を取り上げることで、本時の学習への関心を高める。

T　次の言葉をローマ字で書きましょう。「ロッカー」「ふでばこ」「マジック」。

・ロッカーは「rokkâ」と書きます。
・前回の授業で学習した「のばす音」と「つまる音」の書き方が出てきました。
・筆箱は「hudebako」と書きます。
・私は「fudebako」と書きました。どちらを書けばいいですか。

○2通りの書き方があるものに気付いた子供の発言を取り上げ、次の活動につなげる。

○本時のめあてを板書する。

2 書き方が2つあるローマ字を確認する 〈10分〉

T　書き方が2つあるものもありますね。教科書 p.137のローマ字表を見て、書き方が2つあるものを見つけましょう。

・「つ」は「tu」と「tsu」の2つあります。
・「ち」も「ti」「chi」の2つあります。

T　では「つち」は何通り書けますか。

・「tuti」と「tuchi」で書けました。
・「tsuchi」と「tsuti」も書けると思います。

T　書き表し方が2つあるものを組み合わせると、たくさんの書き方ができますね。どれを使っても構いませんが、どれでも読めると便利ですね。

○組み合わせ次第で、書き方が2つ以上の言葉も多くある。多く書き出すことで、ローマ字にふれる機会を増やす。

3 ○ローマ字入力とへんかんの仕方を知ろう。

「a」「i」「u」「e」「o」に印をする

入　力…コンピューターに文字や記号を入れること

へんかん…入力した文字を漢字やかたかなにして表すこと

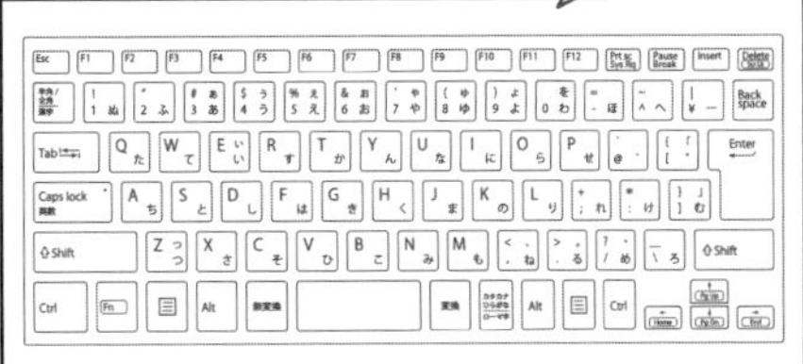

②「ぢ」「づ」「を」「ん」の入力
「DI」→ぢ　「DU」→づ
「WO」→を　「NN」→ん

③のばす音は平がなと同じ
「ROUSOKU」→ろうそく

ローマ字入力だけに当てはまるものを色チョークで囲う

④つまる音は次の音のはじめの文字をかさねる
「KIPPU」→　きっぷ

⑤のばす音があるかたかな「ー」をうち、へんかんする
「NO－TO」→ノート

3 ローマ字入力・変換の仕方を知る　〈15分〉

T　ローマ字入力と変換の仕方を確認します。まず、入力と変換とは何ですか。

・入力は、コンピューターに文字や記号を打ち込んで入れることです。

・変換は、入力した文字を漢字やかたかなに変えることです。

○教科書 p.135「ローマ字入力」を音読し、入力と変換の用語を確認した後、書き表し方と比較する。

T　書き方の同じ所と違う所は何ですか。

・①の２通りの書き方はどちらでもよいことと、④のつまる音の入力は書くときと同じです。

・②のような「DI」「DU」「WO」「NN」と決まっている音は入力するときだけです。

・③⑤の伸ばす音の入力は書くときと違います。

4 ローマ字入力を練習する　〈15分〉

○ p.134 3 の問題を端末でローマ字で入力する。「ローマ字入力」の仕方にならい、スペースキーで変換できることを確認する。

○ローマ字入力の練習をする。

①言葉集め
「○色のもの」「スポーツ」「食べ物」など

②五十音早打ち（１分チャレンジ）
「あいうえおかきくけこさし……」

③国語教科書の文章の入力

ICT 端末の活用ポイント

早い段階からローマ字入力の経験を積んでおくことで、確実に身に付けることができる。ウェブブラウザのタイピングツールなどを活用し、日常的に取り組めるようにしたい。

本時案

ローマ字

本時の目標

・ローマ字の書き表し方やローマ字入力の仕方にならって、名刺を作ることができる。

本時の主な評価

❷ローマ字の書き表し方やローマ字入力の仕方にならって、ローマ字を書いたり入力したりしようとしている。【態度】

資料等の準備

・ローマ字フラッシュカード
・キーボードの見本 27-02
・名刺カード 27-03

ローマ字

1

inu	hakutyô
hikôki	densya
tatsumaki	ônami
nyûsu	jugyô
asa	shin'ya

子供の人数分用意したい。出した問題を黒板に掲示し、全員が読めるようにする

授業の流れ

1 身の回りにあるローマ字表記を読む 〈5分〉

○これまでの学習で読めるようになったローマ字をフラッシュカードにして提示する。

T　1人ずつ順番にローマ字で書かれたカードを見せるので、読んでみましょう。

・「いぬ」

・「ひこうき」

T　分からない場合は、ゆっくり確認してもよいです。カードを渡すので、表を見ながら読んでみましょう。

・「たつまき」です。

T　自分で読めましたね。すばらしい。

○フラッシュカードの準備は、画用紙などの表にローマ字表記、裏に仮名文字、漢字表記で作成する方法や、プレゼンテーションソフトやアプリなどで作成する方法がある。

2 外国語活動や特別活動などで使う名刺を作る 〈25分〉

○外国語活動や特別活動で用いるなど、名刺を作る目的を共通理解し、書く内容を話し合う。

T　他の学習でも活用できる名刺を作ります。書く内容を決めましょう。

・名前、フルネームが必要です。

・住所も書いた方がよいと思います。

T　会社などで使う名刺は、会社名や住所を載せていますが、みなさんが作る場合は住所が必要ですか。

・住所は載せない方がいいと思います。

・代わりに学校名を載せるといいと思います。

T　他に、どんな内容を載せて紹介しますか。

・好きな食べ物や趣味がいいと思います。

T　では、名前と学校名、趣味を載せましょう。あと1つは自分で選んで書きましょう。

2 ローマ字を使って名しを作ろう。

下線部は漢字や仮名文字

小学校

名前

すきな○○

英罫線はローマ字

〈のせるとよいもの〉

・名前　・学校名　・しゅみ

・好きな食べ物（スポーツ、遊びなど）

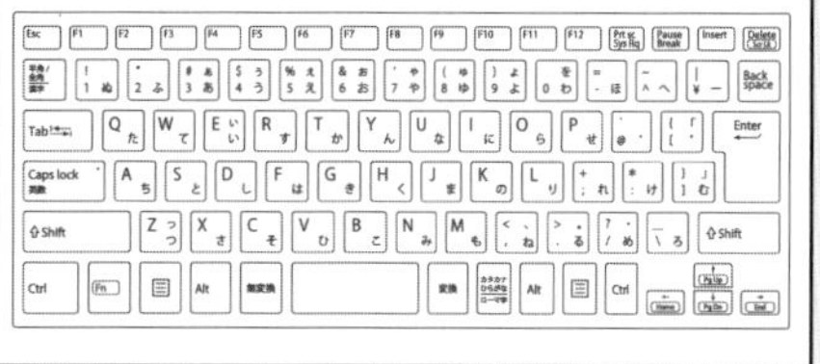

3

○ローマ字を学習して

・ローマ字が読めるようになって楽しい

・いろんなローマ字を見つけたい

・ローマ字で書くのが楽しかった

・書くのがむずかしかったから、これからも書いておぼえたい

○名刺に書く内容がたくさんあると、情報が多くなり筆記が難しくなるため内容を限定する。

○名刺カードには、表裏に記入する枠を設けておく。ローマ字表記の場所には、英罫線（幅広タイプ）を引いておく。

○教科書のローマ字表や p.136「書き表し方の決まり」を確認しながら取り組むことで、正確に書き表すことができるようにする。

ICT 端末の活用ポイント

端末のアプリを用いても、名刺づくりの活動を行うことができる。子供の実態に合わせて選択したい。

〈名刺のテンプレートを準備する〉

①ローマ字表記をする英罫線を引く

②英罫線の上に、ローマ字入力できる枠を貼る。端末を用いることで、手書きと入力の両方を使って名刺づくりをすることができる

3 ローマ字入力で学習の振り返りをする　〈15分〉

○ローマ字の学習で、分かったことやできるようになったこと、楽しかったことなどについて、端末の文書作成ソフトや学習支援ソフトを活用し、ローマ字入力する。

T　学習の振り返りを端末に入力しましょう。

・ローマ字の学習をしました。読むことはできるようになりました。これからも書いたり、読んだりしたいです。

○ローマ字入力の速さに、個人差が大きく表れることが想定できる。早く入力できた子供をミニ先生として、友達のサポートをしてもらうよう工夫する。自力でローマ字入力をして文を書く経験を積み重ねて、ローマ字入力やローマ字で書き表すことへの関心を高めていきたい。

1 第２・３時　英罫線ワークシート 27-01

2 第3・4時　キーボードの見本 27-02

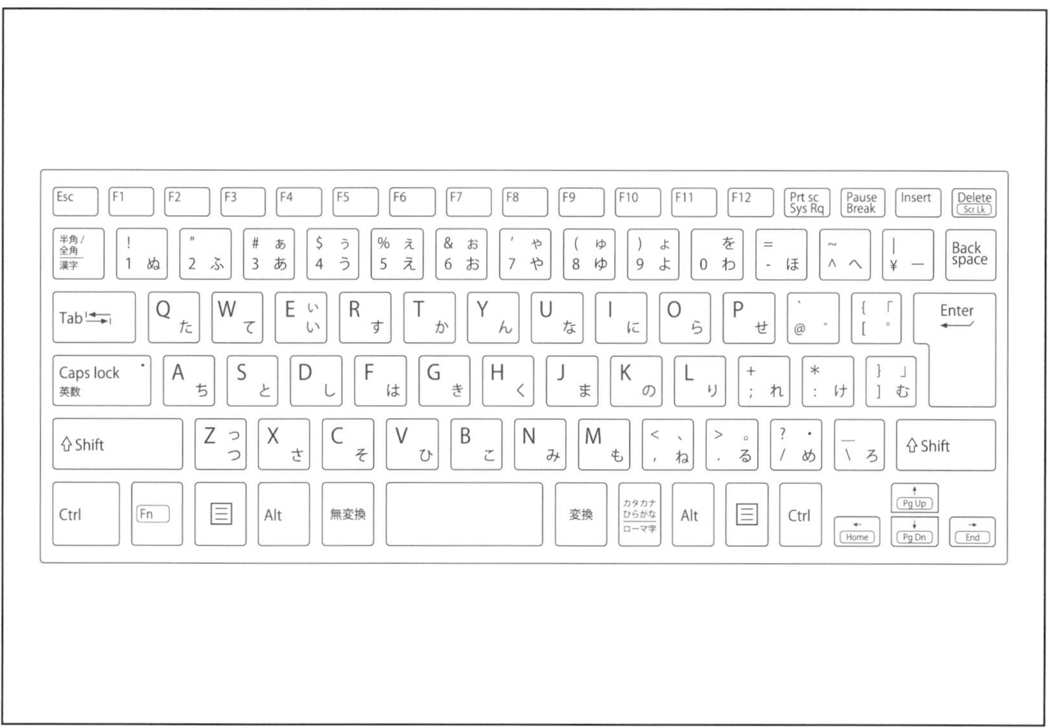

3 第4時　名刺カード 27-03

小　学　校

名　前

すきな○○

監修者・編著者・執筆者紹介

＊所属は令和５年11月現在

[監修者]

中村　和弘（なかむら　かずひろ）　東京学芸大学教授

[編著者]

茅野　政徳（かやの　まさのり）　山梨大学大学院准教授
櫛谷　孝徳（くしや　たかのり）　神奈川県相模原市立清新小学校教諭

[執筆者]　＊執筆順

		〔執筆箇所〕
中村　和弘	（前出）	●まえがき　●「主体的・対話的で深い学び」を目指す授業づくりのポイント　●「言葉による見方・考え方」を働かせる授業づくりのポイント　●学習評価のポイント　●板書づくりのポイント　● ICT 活用のポイント
茅野　政徳	（前出）	●第３学年の指導内容と身に付けたい国語力　●引用するとき　●わたしと小鳥とすずと／夕日がせなかをおしてくる　●ポスターを読もう
櫛谷　孝徳	（前出）	●よく聞いて、じこしょうかい　●どきん　●わたしのさいこうの一日／つづけてみよう　●漢字の音と訓
田中　真琴	神奈川県川崎市立はるひ野小学校教諭	●春風をたどって　●気もちをこめて、「来てください」
清水　一寛	山梨大学教育学部附属小学校教諭	●図書館たんていだん　●国語辞典を使おう
曽根　朋之	東京学芸大学附属竹早小学校教諭	●漢字の広場①　●漢字の広場②　●漢字の広場③
小林昂太朗	神奈川県小田原市立千代小学校教諭	●春のくらし　●夏のくらし
島　穂菜美	佐賀県武雄市立山内西小学校教諭	●もっと知りたい、友だちのこと／［コラム］きちんとつたえるために
青木　大和	千葉大学教育学部附属小学校教諭	●文様／こまを楽しむ／［じょうほう］全体と中心
安藤　浩太	東京都昭島市立光華小学校主任教諭	●まいごのかぎ
堀之内志直	山梨大学教育学部附属小学校教諭	●俳句を楽しもう　●こそあど言葉を使いこなそう　●書くことを考えるときは
腰越　充	神奈川県川崎市立西有馬小学校教諭	●仕事のくふう、見つけたよ／［コラム］符号など
髙橋　亮	神奈川県相模原市立宮上小学校教諭	●本で知ったことをクイズにしよう／鳥になったきょうりゅうの話
青木　友彦	兵庫教育大学附属小学校教諭	●こんな係がクラスにほしい　●漢字の組み立て　●ローマ字

『板書で見る全単元の授業のすべて 国語 小学校3年上～令和6年版教科書対応～』付録資料について

本書の付録資料は、東洋館出版社ホームページ内にある「マイページ」からダウンロードすることができます。なお、本書のデータを入手する際には、会員登録および下記に記載しているユーザー名とパスワードが必要になります。入手の方法は以下の手順になります。

【東洋館出版社 HP】

URL https://www.toyokan.co.jp 東洋館出版社 検索

❶東洋館出版社オンラインのトップページにある「丸いアイコン」をクリック。

❷会員の方はメールアドレスとパスワードを入力しログイン、未登録の方は「アカウント作成」から新規会員登録後ログイン。

❸マイアカウントページにある「ダウンロードコンテンツ」をクリック。

❹対象の書籍をクリック。下記のユーザー名、パスワードを入力。

ユーザー名：shokoku_3j
パスワード：Tr29a534

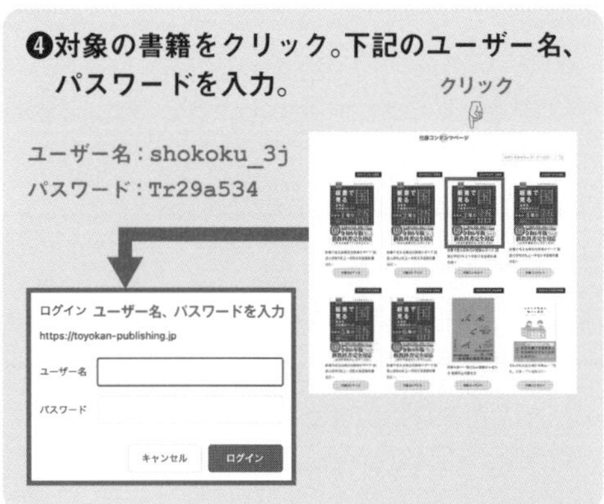

【使用上の注意点および著作権について】

- リンク先にはパソコンからアクセスしてください。スマートフォンではファイルが開けないおそれがあります。
- PDFファイルを開くためには、Adobe Readerなどのビューアーがインストールされている必要があります。
- 収録されているファイルは、著作権法によって守られています。
- 著作権法での例外規定を除き、無断で複製することは法律で禁じられています。
- 収録されているファイルは、営利目的であるか否かにかかわらず、第三者への譲渡、貸与、販売、頒布、インターネット上での公開等を禁じます。
- ただし、購入者が学校での授業において、必要枚数を生徒に配付する場合は、この限りではありません。ご使用の際、クレジットの表示や個別の使用許諾申請、使用料のお支払い等の必要はありません。

【免責事項・お問い合わせについて】

- ファイル使用で生じた損害、障害、被害、その他いかなる事態についても弊社は一切の責任を負いかねます。
- お問い合わせは、次のメールアドレスでのみ受け付けます。tyk@toyokan.co.jp
- パソコンやアプリケーションソフトの操作方法については、各製造元にお問い合わせください。

カスタマーレビュー募集

本書をお読みになった感想を下記サイトにお寄せ下さい。レビューいただいた方には特典がございます。

https://toyokan.co.jp/products/5396

板書で見る全単元の授業のすべて
国語 小学校３年上
～令和６年版教科書対応～

2024(令和６)年４月１日　初版第１刷発行

監 修 者：中村　和弘
編 著 者：茅野　政徳・櫛谷　孝徳
発 行 者：錦織　圭之介
発 行 所：株式会社東洋館出版社
〒101-0054　東京都千代田区神田錦町２丁目９番１号
コンフォール安田ビル２階
代　　表　電話 03-6778-4343　FAX 03-5281-8091
営 集 部　電話 03-6778-7278　FAX 03-5281-8092
振　　替　00180-7-96823
U　R　L　https://www.toyokan.co.jp

印刷・製本：藤原印刷株式会社

装丁デザイン：小口翔平＋村上佑佳（tobufune）
本文デザイン：藤原印刷株式会社
イラスト：すずき匠（株式会社オセロ）

ISBN978-4-491-05396-7　Printed in Japan